ALTE ABENTEUERLICHE REISEBERICHTE

David Livingstone

David Livingstone

Zum Sambesi und quer durchs südliche Afrika 1849–1856

Herausgegeben von
Heinrich Pleticha

Mit 27 Abbildungen

Thienemann
Edition Erdmann

Die in diesem Band enthaltenen Illustrationen sind der zweibändigen deutschen Erstausgabe von Livingstones Aufzeichnungen »Missionsreisen und Forschungen in Süd-Afrika« entnommen, die 1858 im Hermann Costenoble Verlag, Leipzig, erschienen ist.

CIP-Kurztitelaufnahme der Deutschen Bibliothek
Livingstone, David:
Zum Sambesi und quer durchs südliche Afrika
1849−1856 / David Livingstone.
Hrsg. von Heinrich Pleticha. − 2. Aufl. − Stuttgart:
Thienemann, Edition Erdmann, 1985.
(Alte abenteuerliche Reiseberichte)
Einheitssacht.: Missionary travels and
researches in South Africa ⟨dt.⟩
1. Aufl. im Erdmann-Verl., Tübingen
ISBN 3-522-60260-9

Alle Rechte vorbehalten
© 1980 Edition Erdmann Verlags-GmbH, Tübingen
© 1985 Edition Erdmann in K. Thienemanns
Verlag, Stuttgart
Umschlag und Einband: Hilda und Manfred Salemke
Satz: C.F. Müller, Karlsruhe
Druck: Mohndruck, Gütersloh
Bindearbeiten: Josef Spinner, Ottersweier

INHALT

DAVID LIVINGSTONE – LEBEN UND WERK
Seite 7

ERSTES KAPITEL
Seite 17

ZWEITES KAPITEL
Seite 54

DRITTES KAPITEL
Seite 84

VIERTES KAPITEL
Seite 100

FÜNFTES KAPITEL
Seite 124

SECHSTES KAPITEL
Seite 138

SIEBTES KAPITEL
Seite 152

ACHTES KAPITEL
Seite 180

NEUNTES KAPITEL
Seite 224

ZEHNTES KAPITEL
Seite 256

ELFTES KAPITEL
Seite 281

ZWÖLFTES KAPITEL
Seite 307

DREIZEHNTES KAPITEL
Seite 329

VIERZEHNTES KAPITEL
Seite 357

WORTERKLÄRUNGEN
Seite 386

QUELLEN UND LITERATUR
Seite 391

DAVID LIVINGSTONE – LEBEN UND WERK

Nur eine schmucklose Platte im Boden der Westminster-Abtei in London kennzeichnet das Grab des Afrikaforschers David Livingstone. Und doch hat Großbritannien ihm damit höchste Ehren erwiesen; denn er ruht hier im Pantheon des britischen Reiches an der Seite seiner Könige. Eine solche Auszeichnung wurde – bis auf Kolumbus – keinem anderen Entdecker zuteil. Livingstone hat sie verdient. Wenn er als der bedeutendste Afrikaforscher und als einer der größten Entdecker überhaupt bezeichnet wird, so sind solche Superlative durchaus berechtigt. Merkwürdigerweise sind seine Leistungen aber keineswegs allgemein bekannt, erreichten seine Reisewerke bei weitem nicht die Auflagen und den Popularitätsgrad anderer Klassiker der Entdeckungsliteratur und erinnert sich ein breites Publikum heute an seinen Namen nur noch im Zusammenhang mit der sogenannten Errettung durch Henry Morton Stanley.

Dabei ist nicht nur die wissenschaftliche Leistung des Forschers höchst beachtenswert, sondern auch sein Lebensweg von der frühesten Jugend bis zu seinem einsamen Tod in Zentralafrika. Es ist ein Weg von seltener Geradlinigkeit und ohne Kompromisse, der von einem armseligen Haushalt in Schottland bis zur letzten Ruhestätte in der Westminster-Abtei führt.

Livingstone wurde am 29. März 1813 in Blantyre in der Nähe von Glasgow in Schottland geboren. Er stammte aus einer alten Bauernfamilie, doch hatte schon der Großvater seinen kleinen Besitz verkauft und sich in der Hoffnung auf bessere Lebensbedingungen Arbeit in einer der damals gerade aufblühenden Baumwollspinnereien gesucht. Der Vater verdiente sein Geld als Teekrämer, die Mutter mußte mehr schlecht als recht die Kinder versorgen. Kein Wunder also, daß David schon mit zehn Jahren in die Fabrik geschickt wurde, um durch seinen kleinen Verdienst zur Verminderung der familiären Sorgen beizutragen. Livingstone berichtete in der Einleitung zu seinem nachfolgend abgedruckten ersten großen Reisewerk selbst über diese harten Jahre. Seine Erinnerungen sind dabei etwa vergleichbar mit den Autobiographien Heinrich Schliemanns oder Maxim Gorkis. Lesehunger und Lernbegier des Jungen beeindruckten tief.

Mit einem Teil des ersten Wochenverdienstes kaufte er sich ein Lehrbuch der lateinischen Sprache. Am Abend nach der Arbeit besuchte er von acht bis zehn Uhr eine Feierabendschule, die von den Fabrikbesitzern eingerichtet worden war. Dann studierte er daheim bis Mitternacht weiter, und oft riß ihm, wie er erzählt, die Mutter das Buch aus den Händen, weil er um sechs Uhr früh wieder mit der Arbeit beginnen mußte. Nebenbei verschlang er in seiner Lesewut alle Bücher, die er nur auftreiben konnte, vor allem naturwissenschaftliche Werke und Reiseliteratur. Weniger interessierten ihn theologische Werke und religiöse Erbauungsbücher, sehr zum Mißfallen des Vaters, der seine Ansicht von der Notwendigkeit solcher Lektüre sogar mit dem Stock durchzusetzen suchte. Dann aber fielen ihm Thomas Dicks »Philosophie der Religion« und »Philosophie eines künftigen Lebens« in die Hände, und diese Werke eröffneten ihm die Erkenntnis, daß sich Religion und Wissenschaft durchaus vereinen ließen und nicht im Gegensatz zueinander stehen mußten, wie er bisher angenommen hatte.

Nach ihrer Lektüre reifte in dem Mann der Plan, als Missionar nach China zu gehen. Es war kennzeichnend für Livingstones praktische Auffassung, daß er zugleich beschloß, sich eine solide medizinische Ausbildung zu verschaffen, um für den erstrebten Beruf besser geeignet zu sein. So kaufte er sich einige ältere medizinische Werke und setzte mit ihnen zuerst einmal sein Selbststudium fort. Er war inzwischen vom Ansetzer zur Spinnmaschine aufgerückt, an der er zwar angestrengter arbeiten mußte, dafür aber besser entlohnt wurde. »Die mühsame Arbeit des Baumwollspinnens, zu welcher ich in meinem 19. Lebensjahr befördert wurde, war ausnehmend streng für einen hageren Jüngling von schwächlichem Körperbau«, erklärte er selbst. Während er seine Maschine bediente, legte er die Bücher auf ihr zurecht, um nebenbei lesen zu können.

Der bessere Lohn ermöglichte es ihm, im Sommer genügend für den Unterhalt der Familie zu verdienen und im Winter an der Universität Glasgow Vorlesungen über Medizin und Theologie zu besuchen. Er hoffte, sein Ziel ohne fremde Unterstützung erreichen zu können, schloß sich aber auf Empfehlung einiger Freunde schließlich einer Missionsgesellschaft in London an. »Sie sendet weder die bischöfliche, noch die presbyterianische Kirche, noch die der Independenten, sondern das Evangelium Christi zu den Heiden.« Auch diese Entscheidung war kennzeichnend für Livingstone, der sich in religiösen Fragen weitgehende Unabhängigkeit bewahren wollte. Wir begegnen dieser mit Toleranz gepaarten Einstellung immer wieder in seinen Büchern. Selten nur fallen kritische Worte über eine christliche Religionsgemeinschaft oder über Andersgläubige, und wenn, dann dürfen wir sicher sein, daß sie einem berechtigten, wohlüberlegten Urteil entspringen.

Die Missionsgesellschaft unterstützte den jungen Mann, der in Glasgow seine medizinischen Studien mit einer Arbeit über die Anwendung des Stethoskops abschloß. Sein Plan, nach China zu gehen, scheiterte allerdings an den politischen Verhältnissen; denn der sogenannte Opiumkrieg verhinderte jede missionarische Tätigkeit. Dafür lernte er aber Robert Moffat (1795–1883) kennen, der im Auftrag der »Missionary Society« schon 1816 nach Südafrika gegangen war und 1820 bei den Betschuanen in Kuruman eine Missionsstation gegründet hatte. Er galt als einer der besten Kenner Südafrikas und der dortigen Verhältnisse und lenkte Livingstones Aufmerksamkeit auf das noch weitgehend unerschlossene Gebiet. Dieser nahm die Anregung dankbar auf, vertiefte noch ein Jahr seine theologische Ausbildung und schiffte sich 1840 nach Afrika ein.

Die folgenden Jahre verbrachte er zuerst als Missionar und Arzt auf der Station Moffats, der selbst noch bis 1843 in England weilte. Seine wenige freie Zeit verwandte er auf naturwissenschaftliche Studien und das Erlernen der Eingeborenendialekte. Kleinere Reisen in die Gegend nördlich von Kuruman überzeugten ihn, daß sich dort ein neues, günstiges Betätigungsfeld bot, und so gründete er eine erste eigene Station in Mabotsa. 1844 heiratete er Mary Moffat, eine Tochter des Missionars, die mit ihm zusammen 1845 weiter nördlich nach Tschowane zog, wo sich Livingstone bei dem Bahuena-Häuptling Setschele niederließ. Eine schwere Dürreperiode zwang ihn aber, die Station 1847 nach Kolobeng im westlichen Betschuanenland zu verlegen.

Sein Bericht über die Arbeit in Kolobeng gibt zugleich einen erschütternden Einblick in die Mentalität der in dieser Gegend lebenden verwilderten Buren, die nicht mit den Bewohnern des Kaplandes gleichgesetzt werden dürfen. Für sie waren die Eingeborenen nur Wild, das man jagen konnte. Sie gingen auf Sklavenfang aus und wollten natürlich jede missionarische Tätigkeit in ihren »Jagdgründen« verhindern. Livingstone erzählt von ihrem Überfall auf seine Station. Er klagt dabei nicht an, betrauert nur den Verlust seiner Bücher, die von den Horden zerrissen worden war. Doch er erkannte, daß er vorerst nicht länger in Kolobeng bleiben konnte und entschloß sich deshalb im Juni 1849, zu Beginn der für Reisen in Südafrika günstigen Jahreszeit, eine größere Entdeckungsreise durch die Kalahari zu unternehmen und den Ngami-See zu suchen, von dessen Vorhandensein er durch Jäger und Eingeborene Kenntnis erhalten hatte. Die Kosten für das Unternehmen trugen überwiegend die beiden englischen Elefantenjäger Oswell und Murray, die ihn begleiteten.

Livingstone nahm auch seine Familie mit auf die Reise. Für ihn hatte diese wie auch alle folgenden Expeditionen von vornherein friedlichen Charakter. In den Eingeborenen sah er Freunde und Brüder, was ihn jedoch nicht hinderte, nötigenfalls auch sehr energisch aufzutreten. Gewalt verabscheute er, und deshalb kam es auf seinen Reisen auch nur selten zu Zusammenstößen, die sich durchwegs bereinigen ließen. So kann es auch kaum größere Gegensätze geben als ihn und Henry Morton Stanley. Livingstone suchte die Begegnung, war sich bei allen Reisen seiner eigentlichen missionarischen Aufgabe voll bewußt. Stanley dagegen suchte häufig genug Konfrontation und setzte seinen Willen mit Gewalt durch. Niemand wird dessen Leistungen schmälern wollen, seine entdeckungsgeschichtlichen Werke faszinieren auch heute noch, aber sie bleiben letzten Endes typische Zeugnisse eines sogenannten Willensmenschen, wobei er vielfach das Geschehen bewußt dramatisierte, während Livingstone nur sehr zurückhaltend berichtet und wissenschaftliche und historische Details geschickt in die Darstellung einbaut. So können seine Werke auch als Quellen zur Geschichte Afrikas im 19. Jahrhundert dienen.

Am 1. August entdeckte die Reisegesellschaft tatsächlich den Ngami-See. Es war ein beachtenswerter Erfolg für den damals in der wissenschaftlichen Welt noch völlig unbekannten fünfunddreißigjährigen Missionar, der zugleich sein Leben von Grund auf verändern sollte; denn von nun an widmete er sich in zunehmendem Maß der geographischen Forschung. So zog er in den beiden folgenden Jahren nochmals mit der Familie in die Kalahari, erreichte 1850 wieder den Ngami-See und kam 1851 zu dem Makololo-Häuptling

Sebituane. Da er aber erkannte, daß dieses Reisen mit Frau und Kindern ihn behinderte und die Familie zugleich gesundheitlich gefährdete, gab er seine Missionsstation endgültig auf und schickte seine Angehörigen nach England zurück, während er selbst im Juni 1852 jene große Reise antrat, die ihn berühmt machen sollte und den Hauptinhalt des folgenden Buches bildet.

Die Kenntnis des südlichen Afrika war um die Mitte des 19. Jahrhunderts noch ausgesprochen dürftig. Die Portugiesen hatten lediglich den Unterlauf des Sambesi bis zu den Quebrabasaschnellen, also knapp fünfhundert Kilometer flußaufwärts, erforscht. Der Versuch Francisco de Lacerdas, Ende des 18. Jahrhunderts einen Weg quer durch das südliche Afrika zu finden, war gescheitert, der Forscher selbst hatte am Meru-See den Tod gefunden. Livingstone beabsichtigte, den Lauf des Sambesi näher zu erforschen und zugleich einen geeigneten Weg von den Wohngebieten der Makololo zur Westküste zu finden und damit gleichzeitig die Missionsarbeit zu erleichtern. Von Kapstadt aus ging er zuerst nach seiner alten Station Kolobeng und von da auf der ihm schon bekannten Route nordwärts nach Linyanti, dem Hauptort der Makololo. Sekeletu, der Sohn Sebituanes, unterstützte diese Pläne mit beachtenswerter Weitsicht.

Von Linyanti aus zog Livingstone, wie wir im folgenden ausführlich lesen, erst am Sambesi aufwärts, überquerte die Wasserscheide zwischen Sambesi und Kongo, wandte sich dann beim Dilolo-See nach Nordwesten und erreichte schließlich nach erheblichen Strapazen Ende Mai 1854 die portugiesische Niederlassung Loanda an der Atlantikküste. Die Reise war zwar ein wesentlicher Beitrag zur Erforschung Afrikas, doch bewies sie gleichzeitig, daß sich die verfolgte Route praktisch nicht nutzen ließ. Kurz entschlossen kehrte Livingstone deshalb auf dem fast gleichen Weg wieder nach Linyanti zurück und wandte sich im November 1855 nach Osten, um dem Sambis abwärts bis zum Indischen Ozean zu folgen. Gleich zu Beginn dieses neuen Reiseabschnitts entdeckte er die großen Wasserfälle des Sambesi, die er nach seiner Königin Victoria-Fälle benannte. Ende Mai 1856 erreichte er die Ostküste des Erdteils bei Quilimane und hatte damit innerhalb von vier Jahren das südliche Afrika als erster europäischer Reisender durchquert.

Mit der Rückkehr in die Heimat schließt unser Buch. Seine Berichte machten den sechsundvierzigjährigen Forscher mit einem Schlag berühmt und brachten ihm hohe Auszeichnungen, lenkten ihn aber gleichzeitig für einige Jahre von seinen ursprünglichen wissenschaftlichen und humanitären Zielen ab; denn die britische Regierung ernannte ihn zum Konsul für Ostafrika mit Sitz in Quilimane. Doch war man in London klug genug, ihn nicht zu eng an die Kolonialverwaltung zu binden, sondern die nötige Freiheit für kleinere Forschungsaufgaben zu lassen und ihn vor allem im Kampf gegen die Sklaverei zu unterstützen. So unternahm er in den Jahren von 1858 bis 1864 acht kleinere, meist weniger beachtete Reisen, auf denen er den Unterlauf des Sambesi genauer erforschte und den Schire flußaufwärts bis zum Njassa-See verfolgte und zweimal den Rowuma befuhr. Da spektakuläre Erfolge ausblieben, regten sich die üblichen Neider. Unsachliche Kritik vergällte ihm 1864 einen Aufenthalt in der Heimat. Um so begieriger griff er daher den Vorschlag der Königlichen Geographischen Gesellschaft auf, das große Rätsel der Nilquellen lösen zu helfen.

1858 hatten Richard F. Burton und John H. Speke den Tanganjika-See und kurz danach Speke den Victoria-See entdeckt, es war ihnen aber nicht gelungen, die Trennung der Flußsysteme von Nil und Kongo zu klären. So reiste Livingstone 1865 in einem Alter, in dem andere Forscher sich längst zur Ruhe setzten, weil sie sich den Strapazen nicht mehr gewachsen fühlten, erneut nach Ostafrika. Hier knüpfte er bewußt an die vorangegangenen kleinen Unternehmungen an, und statt von Sansibar aus auf dem üblichen Karawanenweg nach Westen zu ziehen, fuhr er erneut den Rowuma aufwärts bis zum Njassa-See und zog an dessen Westufer vorbei nach Norden. Eine nach England gelangte Nachricht, er sei hier ermordet worden, konnte glücklicherweise von einer rasch ausgeschickten Suchexpedition widerlegt werden. Unter schwierigen Umständen erreichte Livingstone im April 1867 das Südende des Tanganjika-Sees. Überall stieß er dabei auf die grauenvollen Spuren arabischer Sklavenjäger. Seine viel zu wenig bekannten posthum veröffentlichten Tagebücher sind eine schwere Anklage gegen diese Verbrechen und erschüttern noch heute jeden Leser.

Vom Tanganjika-See aus wandte er sich westwärts, gelangte noch im November des gleichen Jahres zum Meru-See und im Juli des darauffolgenden zum Bangweolo-See. Von da aus kehrte er wieder nach Norden zurück, wo er in Ujiji, dem Endpunkt des Karawanenweges am Ostufer des Tanganjika-Sees Nachschub an Lebensmitteln und Medikamenten vorzufinden hoffte. Aber diese Vorräte waren gestohlen worden. Statt daraufhin die an sich schon lange und erfolgreiche Expedition abzubrechen und an die Ostküste zurückzukehren, beschloß er trotzdem, erneut in das Gebiet westlich des Sees vorzustoßen und dort die Flußsysteme zu erkunden.

Livingstone war zu diesem Zeitpunkt der Lösung des Problems sehr nahe, wenn er auch seine Aufmerksamkeit zu stark auf mögliche Quellflüsse des Nil konzentrierte und die Möglichkeit einer Verbindung dieser Flüsse mit den Kongo außer acht ließ. Immerhin gelangte er westwärts bis Nyangwe, einem wichtigen Stützpunkt der Sklavenhändler am Lualaba, den er für den Oberlauf des Nils hielt. Unruhen der Eingeborenen und Intrigen der Sklavenhändler verhinderten eine Weiterfahrt flußabwärts und damit die Erkenntnis, daß es sich hier um einen der Quellflüsse des Kongo handelte, wie erst neun Jahre später Stanley beweisen sollte.

So aber kehrte er nach Ujiji zurück. Seine lange Abwesenheit und Aussagen von Eingeborenen hatten in Europa erneut das Gerücht von seiner Ermordung aufkommen lassen und schwere Besorgnis ausgelöst. Deshalb sandte der New Yorker Zeitungsverleger James Gordon Benett im November 1869 Henry Morton Stanley, einen seiner rührigsten jungen Reporter, auf die Suche nach Livingstone. Dieser kam nach verschiedenen Zwischenaufenthalten erst im Herbst 1870 nach Sansibar und zog von da aus mit einer großen Hilfskarawane in das Innere. Er erreichte Ujiji nur fünf Tage, nachdem Livingstone vom Lualaba zurückgekehrt war.

Man kann über dieses erste Afrika-Unternehmen Stanleys denken, wie man will und es auch als den raffiniert aufgezogenen Coup eines Reportes bezeichnen, zwei große Vorzüge aber wird niemand leugnen können: Livingstone erhielt dadurch endlich den dringend benötigten Nachschub gerade zur rechten Zeit, um neuen Lebensmut zu gewinnen. Das spürt man deutlich aus seinen Tagebuchaufzeichnungen vom 28. Oktober. Und mehr noch, zwischen den beiden ungleichen Männern keimte eine echte Freundschaft auf, Stanley wurde zum Schüler Livingstones, dessen Werk er mit der Erforschung des Kongo weiterführte.

Gemeinsam umfuhren die beiden das Nordufer des Tanganjika-Sees, danach kehrte Stanley wieder nach Osten zurück, während sich Livingstone standhaft weigerte ihn zu begleiten. Der zähe alte Schotte, der schon krank und möglicherweise auch vom Tode gezeichnet war, wollte um jeden Preis sein Werk vollenden. Allein blieb er im Innern des Erdteils zurück und wartete nur auf neuen Proviant, den ihm Stanley von der Küste aus schicken sollte. Am 19. März 1872, fünf Tage nach der Abreise Stanleys und am Tag seines 59. Geburtstages, schrieb er in sein Tagebuch: „Mein Jesus, mein König, mein Leben, mein Alles. Dir weihe ich von Neuem mein ganzes Leben. Nimm mich an und gewähre mir, mein erbarmender Vater, mein Leben zu vollenden, ehe dieses Jahr seinen Lauf vollbracht. In Jesu Namen bitte ich es. Amen, so sei es.«

Seine Bitte sollte sich nicht erfüllen. Er zog erst einmal an der Ostseite des Tanganjika-Sees südwärts erneut bis zum Bangweolo-See und umwanderte, stets nach den Nilquellen suchend, dessen Osthälfte. Aber die Strapazen dieser letzten Reise waren zuviel für den geschwächten Körper. Am 27. April 1873 vermerkte er ein letztes Mal in seinem Tagebuch: »Völlig erschöpft und bleibe – erholen...« In der Hütte eines Eingeborenendorfes machte er Rast. Dort fanden ihn am Morgen des 1. Mai seine schwarzen Diener vor dem Bett kniend, der Kopf ruhte auf den gefalteten Händen. Der Tod hatte ihn im Gebet überrascht.

Die treuen Diener unter der Führung von Susi und Chuma begruben sein Herz unter einem Baum und balsamierten den Leichnam auf primitive Weise ein. Dann transportierten sie ihn heimlich und unter größten Strapazen zur Küste, eine Tat tiefster Treue, die noch ein letztes Mal bewies, wie beliebt Livingstone bei seinen Leuten gewesen war! Die kleine Karawane erreichte den Indischen Ozean, und ein Schiff brachte den toten Forscher in die Heimat, wo er am 18. April 1874, ein Jahr nach seinem Tod, in der Westminster-Abtei beigesetzt wurde.

Die folgende Ausgabe bringt den etwas gekürzten Text der ersten deutschen Übersetzung seiner »Missionary Travels and Researches in South Africa« (London 1857) von 1858. Die Kürzungen beschränken sich dabei überwiegend auf nur für die Erscheinungszeit interessante und wesentliche naturkundliche Angaben sowie auf einige theoretische Erörterungen zu den bis dahin ungeklärten geo-

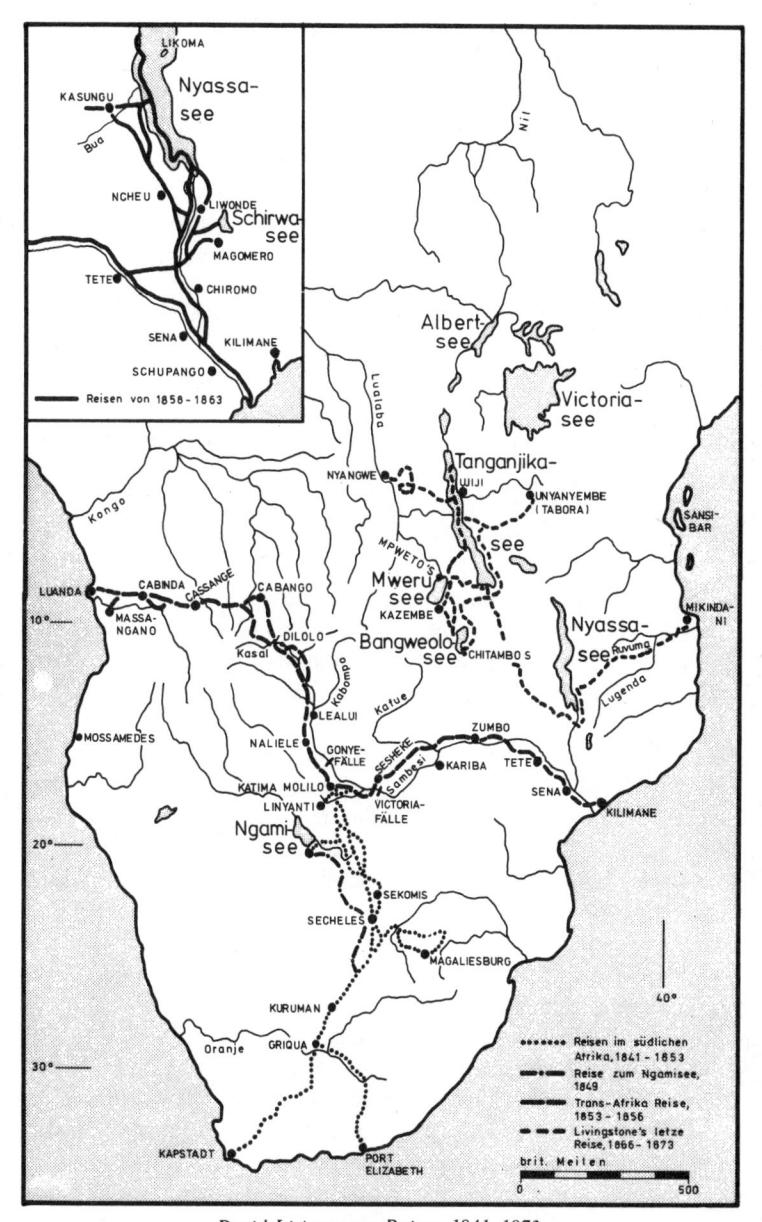

David Livingstones Reisen 1841–1873

graphischen Problemen. Die Substanz des eigentlichen Reiseberichts blieb unangetastet. Berichtigt wurde die Rechtschreibung der alten Ausgabe, beibehalten dagegen die Namensschreibung.

Heinrich Pleticha

Erstes Kapitel

Die allgemeinen Weisungen, welche ich von den Direktoren der Londoner Missions-Gesellschaft erhielt, veranlaßten mich, sobald ich Kuruman und Lattakoo erreichte, welches damals wie noch heutzutage ihre am weitesten vom Kap landeinwärts gelegene Station war, meine Aufmerksamkeit nordwärts zu richten. Ich hielt mich daher nicht länger in Kuruman auf, als für die Rast meiner Zugochsen notwendig war, die von der langen Reise von der Algoa-Bucht her ziemlich abgetrieben waren, brach dann in Begleitung eines anderen Missionars nach dem Bakuena- oder Bakwain-Lande auf, und fand Setschele mit seinem Stamme in Schokuane angesiedelt. Kurz darauf kehrten wir wieder nach Kuruman zurück; da jedoch unsere Zwecke durch eine zeitweise Exkursion dieser Art durchaus nicht zu erreichen waren, so nahm ich mir vor, sobald wie möglich einen neuen Streifzug ins Innere anzutreten. Nach einem etwa dreimonatigen Aufenthalt in Kuruman, welches eine Art Hauptstation in diesem Lande ist, kehrte ich nach einem Ort zurück, welcher ungefähr fünfzehn englische Meilen südlich von Schokuane liegt und Lepelole (jetzt Litubaruba) hieß. Um mir eine möglichst genaue Kenntnis der Landessprache zu verschaffen, schloß ich mich hier ungefähr ein halbes Jahr lang von allem Umgang mit Europäern ab, und verschaffte mir durch diese mir auferlegte schwere Probe eine Einsicht in die Lebens- und Denkweise, die Gesetze und die Spache jenes Teils der Betschuanas, die man Bakuena nennt – Kenntnisse, welche mir in meinem Verkehr mit denselben von unberechenbarem Vorteile waren.

Auf dieser zweiten Reise nach Lepelole – welches beiläufig gesagt von einer Höhle dieses Namens so heißt – begann ich Vorbereitungen zu einer Niederlassung und leitete einen Graben zur Bewässerung von Gärten aus einem Strome ab, welcher damals reichlich floß, jetzt aber ganz trocken ist. Als diese Vorbereitungen schon ziemlich weit gediehen waren, wandte ich mich nordwärts, um die Bakaa und Bamangwato, sowie die Makalaka zu besuchen, welche zwischen dem 22. und 23.° südlicher Breite wohnen. Das Bakaa-Gebirge war vorher von einem Handelsmanne besucht worden, der mit allen seinen Leuten dem Fieber erlag. Als ich den nördlichen Teil dieser Basalthügel in der Nähe von Letlotsche umging, war ich nur zehn Tage von dem unteren Teile des Zouga entfernt, welcher auch unter dem Namen Ngami-See bekannt ist; wäre ich also nur auf Entdeckungsreisen ausgegangen, so hätte ich schon damals (1842) jenen See entdecken können. Der größte Teil dieser Reise über Schokuane hinaus ward zu Fuße gemacht, weil die Zugochsen krank geworden waren. Einige unserer Begleiter, welche erst neuerdings zu uns gestoßen waren und nicht wußten, daß ich einigermaßen mit ihrer Sprache bekannt war, unterhielten sich so, daß ich es hören konnte, über mein Aussehen und meine Kräfte folgendermaßen: »Er ist nicht stark, er ist ganz hager und erscheint nur stämmig, weil er sich in diese Säcke (die Beinkleider) gesteckt hat; es wird ihn bald aufreiben.« Da wallte in mir das hochländische Blut auf und machte mich gleichgültig gegen die Strapazen, sie allesamt mehrere Tage nacheinander in ihrem geschwindesten Schritte zu erhalten, bis ich sie andere und entsprechendere Ansichten über meine Leistungsfähigkeit als Fußwanderer unter sich austauschen hörte.

Auf dem Rückwege nach Kuruman, als ich mein Gepäck nach der beabsichtigten Niederlassung bringen wollte, traf mich die Nachricht, daß jener Stamm der Bakuena, der sich mir so freundlich erwiesen hatte, durch die Barolongs aus Lelepole vertrieben worden sei, so daß vorerst meine Aussichten auf die Gründung einer Ansiedelei daselbst vereitelt waren. Es war eine jener periodischen Fehden um den Besitz von Hornvieh ausgebrochen, welche seit unvordenklichen Zeiten hier landesüblich zu sein scheinen, und hatte die Beziehungen der Stämme untereinander so sehr umgewandelt, daß ich mich von neuem aufmachen mußte, um mich nach einer passenden Örtlichkeit zu einer Missionsstation umzusehen.

Da mehrere Leute vom Stamme der Bamangwato mich nach Kuruman begleitet hatten, so mußte ich sie und ihr Eigentum wieder an ihren Häuptling Sekomi zurückgeben. Dies machte abermals eine Reise zu dem Wohnorte dieses Häuptlings nötig, wobei ich zum ersten Male eine Entfernung von mehreren hundert englischen Meilen auf Ochsen reitend zurücklegte.

Zum Rückweg nach Kuruman wählte ich mir das schöne Tal von Mabotsa (25° 14' südlicher Breite, 26° 30' östlicher Länge?), weil es der Sitz einer Missionsstation war, und dorthin siedelte ich im Jahr 1843 über. Hier trug sich ein Ereignis zu, bezüglich dessen ich in England häufig befragt worden bin und das ich, ohne die lästigen Fragen von Freunden, lieber für mich behalten hätte, um es einst in meinen alten Tagen meinen Kindern zu erzählen. Die Bakatla des Dorfes Mabotsa wurden sehr von Löwen beunruhigt, welche bei Nacht in die Viehhürden einbrachen und ihnen die Kühe zerrissen, ja sogar am hellen Tage die Herden angriffen. Letzteres war eine solch ungewöhnliche Begebenheit, daß die Leute sich behext wähnten; sie glaubten, wie sie zu sagen pflegten, von einem benachbarten Stamme in die Gewalt der Löwen übergeben worden zu sein. Einmal zogen sie aus, um die Tiere anzugreifen; da sie aber im Vergleich zu den Betschuanas im allgemeinen bei derartigen Anlässen ein ziemlich feiger Menschenschlag sind, so kehrten sie wieder nach Hause zurück, ohne einen einzigen erlegt zu haben.

Nun ist es wohl bekannt, daß, wenn aus einem Rudel Löwen auch nur ein einziger getötet wird, die übrigen sich den Wink zunutze machen und diesen Teil des Landes meiden. Das nächste Mal nun, als die Herden wieder angegriffen wurden, zog ich mit den Leuten aus, um ihnen Mut einzuflößen, damit sie durch Erlegung eines dieser Räuber sich die übrigen vom Halse schaffen sollten. Wir fanden die Löwen auf einem kleinen Hügel, der etwa eine Viertelmeile lang und mit Bäumen bedeckt war. Wir bildeten einen Kreis von Männern um den Hügel her, und die Leute rückten nach und nach dicht zusammen, während sie miteinander den Hügel hinaufstiegen. Ich war noch unten auf der Ebene mit einem eingeborenen Schulmeister, namens Mebalwe, einem ausgezeichneten Mann; da sah ich einen der Löwen auf einem Felsstück innerhalb des nun geschlossenen Kreises von Männern sitzen. Mebalwe feuerte auf ihn, noch ehe ich es konnte, und die Kugel traf auf den Felsen, auf welchem das Tier saß. Der Löwe biß nach der getroffenen Stelle, wie ein Hund nach einem Stecken oder Stein schnappt, der nach ihm geschleudert worden ist; dann sprang er davon, brach durch den sich öffnenden Kreis und entwischte unbelästigt. Die Männer scheuten sich, ihn anzugreifen, vermutlich weil sie an Hexerei glaubten. Als der Kreis wieder geschlossen worden war, gewahrte ich zwei andere Löwen in demselben; allein wir scheuten uns zu feuern, um nicht die Menschen zu treffen, und sie ließen auch diese Tiere ausbrechen. Hätten die Bakatla nach dem dortigen landesüblichen Brauche gehandelt, so wären die Löwen bei ihrem Versuche, die Kette zu durchbrechen, mit Speeren erlegt worden. Wir sahen wohl, daß wir die Leute nicht dazu bringen konnten, einen der Löwen zu töten, und machten uns daher wieder auf den Heimweg nach dem Dorfe; als wir aber um das Ende des Hügels herumgingen, sah ich eines dieser Raubtiere wie zuvor auf einem Felsstück sitzen, nur hatte es diesmal einen kleinen Busch vor sich. Da es nur etwa dreißig Schritt von mir entfernt war, so zielte ich durch das Gebüsch hindurch auf seinen Leib und feuerte beide Teile auf ihn ab. Da schrien die Männer: »Er ist getroffen! Er ist getroffen!« Andere riefen: »Er hat auch von einem anderen Schützen eine Kugel bekommen! Laßt uns zu ihm hingehen!« Ich hatte niemanden außer mir auf den Löwen feuern sehen, bemerkte jedoch, wie der Löwe hinter dem Busche seinen Schweif voll Grimm ganz steil in die Höhe richtete, wandte mich daher zu den Leuten und sagte: »Wartet ein wenig, bis ich wieder geladen habe.« Während ich aber die Kugeln in den Lauf stieß, hörte ich einen Schrei. Ich schrak zusammen, blickte mich halb um und sah den Löwen gerade im Begriff, auf mich loszuspringen. Ich stand auf einer kleinen Anhöhe, er packte mich im Sprung an der Schulter und wir beide stürzten miteinander auf den Boden nieder. Er brüllte dicht an meinem Ohr entsetzlich und schütttelte mich dann, wie ein Dachshund eine Ratte schüttelt. Diese Erschütterung verursachte eine Betäubung, etwa wie diejenige, welche eine Maus fühlen muß, nachdem sie zum ersten Male von einer Katze geschüttelt worden ist. Sie versetzte mich in einen träumerischen Zustand, worin ich keine Empfindung von Schrecken und kein Gefühl von Schmerz verspürte, obschon ich mir vollkommen dessen bewußt war, was mit mir vorging. Dieser Zustand glich demjenigen, den Patienten unter dem Einfluß einer nur teilweisen Narkose durch Chloroform beschreiben, sie sehen die ganze Operation, aber fühlen das Messer nicht. Diese eigentümliche Lage war nicht das Ergebnis irgendeines geistigen Vorgangs. Das Schütteln hob die Furcht auf und ließ keine Regung von Entsetzen beim Umblick nach dem Tiere aufkommen. Es mögen wohl alle Tiere, welche von den großen Fleischfressern getötet werden, diesen eigentümlichen Zustand empfinden; und ist dies der Fall, so erkennen wir darin eine gnädige Vorkehrung unseres

»Sein Gewehr mit Feuerschloß versagte aber auf beiden Läufen«

allgütigen Schöpfers zur Verminderung der Todesqual. Als ich mich umdrehte, um das Gewicht abzuschütteln, denn der Löwe hatte mir eine Tatze auf den Hinterkopf gesetzt, sah ich seine Augen auf Mebalwe geheftet, welcher aus einer Entfernung von zehn bis fünfzehn Schritten auf ihn zu feuern versuchte. Sein Gewehr mit Feuerschloß versagte aber auf beiden Läufen. Der Löwe verließ mich nun augenblicklich und griff Mebalwe an, den er in den Schenkel biß. Ein anderer Mann, dem ich früher einmal das Leben gerettet hatte, als er von einem Büffel in die Luft geschleudert worden war, versuchte nun den Löwen mit dem Speer niederzustoßen, während er Mebalwe biß. Jetzt verließ das Tier Mebalwe und packte den andern an der Schulter, allein in diesem Augenblick wirkten die beiden Kugeln, die er erhalten hatte, und er brach verendend zusammen. Das Ganze war eine Sache von wenigen Augenblicken, und wohl eine Wirkung des Todeskampfes. Um nun den Zauberbann an ihm aufzuheben, machten die Bakatla am folgenden Tage ein großes Freudenfeuer über dem Körper des erlegten Löwen, der nach ihrer Aussage der größte gewesen sein sollte, welchen sie je gesehen hatten. Das Tier hatte mir nicht nur den Knochen zu Splittern zermalmt, sondern am Oberarm auch noch elf Zahnwunden hinterlassen.

Eine Wunde von den Zähnen dieses Tieres gleicht einer Schußwunde, hat gewöhnlich eine sehr starke Eiterung und Schorfbildung zur Folge und verursacht Schmerzen, welche man noch lange nachher periodisch in dem verletzten Körperteile fühlt. Ich trug bei jener Gelegenheit eine Jacke von gewürfeltem schottischem Wollenzeuge (Tartan), welche nach meinem Dafürhalten das ganze Gift von den Zähnen aufsaugte, die mir das Fleisch durchbohrten; denn meine beiden Kampfgenossen hatten die eigentümlichsten Schmerzen auszustehen, während ich nur mit der Unbequemlichkeit eines steifen Gelenkes im Oberarm davonkam. Der Mann, den der Löwe an der Schulter gepackt hatte, zeigte mir seine Wunde, die in demselben Monat des darauffolgenden Jahres in der Tat von neuem aufgebrochen war – ein merkwürdiger Punkt, welcher die Aufmerksamkeit der Forscher gewiß verdient.

Ich schloß mich an den Stamm an, welcher Bakuena heißt, und dessen Häuptling, ein gewisser Setschele, damals mit seinen Leuten an einem Orte namens Schokuane wohnte. Mich überraschte schon von Anbeginn die Intelligenz dieses Mannes und die auffallende

Art und Weise, wie wir beide uns gegenseitig voneinander angezogen fühlten. Da dieser merkwürdige Mann nicht allein das Christentum angenommen hat, sondern auch dessen Lehren seinem Volke auslegt, so will ich hier einen kurzen Abriß seiner Lebensgeschichte geben.

Sein Urgroßvater Motschoasele war ein großer Reisender und der erste, von welchem die Bakuena je die Kunde von dem Dasein weißer Männer erhielten. Zu seines Vaters Lebzeiten passierten zwei weiße Reisende, die nach meinem Dafürhalten Dr. Cowan und Kapitän Donovan gewesen sein müssen (im Jahre 1808) das Land und fuhren den Limpopo-Fluß hinab, wo sie mit ihrer ganzen Reisegesellschaft vom Fieber aufgerieben wurden. Die Regenmacher jener Gegend fürchteten, ihre Wagen möchten den Regen vertreiben und ließen dieselben daher in den Fluß werfen. Dies ist die wahrheitsgetreue Schilderung des Ausgangs jener Expedition, wie sie mir von dem Sohne des Häuptlings erzählt wurde, in dessen Dorfe sie umkamen. Er erinnerte sich, noch als Knabe von einem ihrer Pferde gegessen zu haben, und sagte, es schmecke wie Zebrafleisch.

Als Setschele noch ein Knabe war, wurde sein Vater, der ebenfalls Motschoasele hieß, von seinem eigenen Volke ermordet, weil er sich die Weiber seiner reichen Unterhäuptlinge angeeignet hatte. Die Kinder blieben verschont, und ihre Freunde luden Sebituane, den Häuptling der Makololo, welcher sich damals in dieser Gegend befand, ein, sie wieder in ihre Stelle als Häuptlinge einzusetzen. Sebituane umzingelte bei Nacht die Stadt der Bakuena, und morgens mit Tagesgrauen verkündigte sein Herold mit lauter Stimme, er sei gekommen, den Tod des Motschoasele zu rächen. Darauf schlugen alsbald Sebituanes Leute um die ganze Stadt herum laut auf ihre Schilde, was einen panischen Schreck unter den Einwohnern verursachte. Diese stürzten wie aus einem brennenden Theater aus der Stadt hinaus, während die Makololo sich ihrer Wurfspeere gegen die erschrockenen Bakuena mit jener Geschicklichkeit bedienten, durch die sie berühmt sind. Sebituane hatte seinen Leuten die Weisung gegeben, die Söhne des Häuptlings zu schonen; und einer derselben traf den Setschele und brachte ihn dadurch in Gewahrsam, daß er ihn durch einen wuchtigen Schlag auf den Kopf mit einem Knüppel bewußtlos niederwarf. Der Usurpator ward hingerichtet und Setschele, in seine Häuptlingswürde wieder eingesetzt, fühlte sich sehr zu Sebituane hingezogen. Die hier erwähnten Umstände führten mich endlich, wie späterhin allmählich sich zeigen wird, nach dem neuen wohlbewässerten Lande, wohin eben dieser Sebituane mir vor vielen Jahren vorangezogen war.

Setschele heiratete die Töchter von dreien seiner Unterhäuptlinge, welche aus Anlaß ihrer Blutsverwandtschaft ihm in seinem Unglück beigestanden hatten. Dies ist eine der üblichen Weisen, um sich der Lehnspflicht eines Stammes zu versichern. Die Regierungsform ist patriarchalisch, und jeder Mann ist kraft der Vaterschaft Häuptling über seine eigenen Kinder. Sie erbauen ihre Hütten um die seinige herum, und je höher die Zahl seiner Kinder steigt, desto mehr wächst auch sein Ansehen. Daher gelten Kinder als eine der größten Segnungen und werden immer liebevoll behandelt. Beinahe im Mittelpunkt eines jeden Hüttenkreises befindet sich ein Ort, eine sogenannte Kotla mit einer Feuerstelle; hier arbeiten, essen oder sitzen sie beisammen und plaudern über die Tagesneuigkeiten. Ein armer Mann schließt sich an die Kotla eines Reichen an und gilt als ein Kind des letzeren. Ein Unterhäuptling hat eine Anzahl solcher Kreise um sich her, und die Ansammlung von Kotlas um die große, die sich im Mittelpunkte des Ganzen befindet und die des bedeutendsten Häuptlings ist, bildet die Stadt. Der Hüttenkreis unmittelbar um die Kotla des Häuptlings besteht aus den Hütten seiner Weiber und denjenigen seiner Blutsverwandten. Er fesselt die Unterhäuptlinge an sich und seine Regierung dadurch, daß er, wie wir es bei Setschele gesehen, ihre Töchter heiratet oder ihre Verheiratung mit seinen Brüdern veranlaßt. Die Verwandtschaften mit angesehenen Familien sind unter ihnen sehr beliebt. Trifft man auf eine Gesellschaft von Fremden und wird die Verwandtschaft des Vornehmsten unter ihnen mit irgendeinem Oheim eines gewissen Häuptlings nicht von seinen Begleitern sogleich gebührend laut kundgegeben, so hört man ihn sicher denselben zuflüstern: »Sagt dem Fremden, wer ich bin.« Dies führt gewöhnlich dazu, daß man einem einen Teil seines Stammbaumes an den Fingern herzählt, und endet mit der wichtigen Ankündigung, daß der Anführer des Trupps ein entfernter Vetter irgendeines wohlbekannten Herrschers ist.

Setschele war auf diese Weise in seine Häuptlingswürde eingesetzt worden, als ich seine Bekanntschaft machte. Bei der ersten Gelegenheit, wo ich den Versuch machte, einen öffentlichen Gottesdienst zu halten, bemerkte er mir, es sei unter seinem Volke üblich, wenn demselben irgendein neuer Gegenstand vorgetragen werde, Fragen darüber zu stellen, und daher bat er mich um die Erlaubnis, mir in diesem Falle ebenfalls Fragen vorlegen zu dürfen. Als ich mich vollkommen bereit erklärte, ihm auf alle seine Fragen zu antworten, erkundigte er sich, ob meine Vorfahren auch schon etwas von einem künftigen Gericht gewußt hätten. Ich bejahte diese Frage, und begann ihm das Schauspiel »des großen weißen Thrones und den Anblick dessen zu schildern, der darauf sitzen soll und vor dessen Antlitz Himmel und Erde vergehen werden usw.« Er sagte: »Du erschreckst mich – diese Worte machen alle meine Gebeine erbeben – ich habe gar keine Kraft mehr in mir; aber meine Vorfahren lebten ja zu derselben Zeit wie die deinigen, und wie kommt es, daß sie uns nicht früher Kunde von diesen entsetzlichen Dingen gebracht haben? Sie wanderten alle dahin in der Finsternis, ohne zu wissen, wohin sie gingen.« Ich zog mich aus der Verlegenheit, indem ich ihm die geographischen Schranken im Norden und die nur allmähliche Ausbreitung unserer Kunde vom Süden schilderte, zu dem wir erst durch Schiffe Zugang erhalten mußten; und ich drückte ihm meinen festen Glauben aus, daß, wie Christus verheißen, die ganze Welt noch einmal durch das Evangelium werde erleuchtet werden. Er deutete nach der großen Wüste Kalahari und sagte: »Du kannst nie durch dieses Land hindurch zu den Stämmen kommen, welche jenseits desselben wohnen; es ist dies, gewisse Jahreszeiten ausgenommen, wo eine ungewöhnliche Menge Regen fällt und Wassermelonen deshalb besonders gut gedeihen, – sogar für uns Schwarze unmöglich. Selbst wir, die wir doch die Gegend kennen, würden ohne jene umkommen.« Ich versicherte ihn nochmals meines festen Glaubens an die Worte Christi, und so schieden wir.

Sobald Setschele eine Gelegenheit zum Lernen hatte, machte er sich mit einem solchen Fleiß ans Lesen, daß er, der wegen seiner Vorliebe für die Jagd zuvor verhältnismäßig hager gewesen war, nun aus Mangel an Leibesbewegung ganz korpulent wurde. Oswell erteilte ihm den ersten Unterricht in den Buchstaben, und er erlernte das Alphabet am ersten Tage meines Aufenthalts in Tschonuane. Er war in jeder Hinsicht ein ungewöhnlicher Mann unter seinem Volke, denn ich kam nie in die Stadt, ohne daß er mich bat, mir einige Kapitel aus der Bibel vorlesen zu dürfen.

Setschele fuhr drei Jahre lang fort, sich beharrlich zu unserem Glauben zu bekennen; und da ich endlich mehrere der Schwierigkeiten dieser eigentümlichen Lage begriff und zugleich Mitleid mit den armen Weibern fühlte, die bei weitem die besten unserer Schüler waren, so drängte es mich gar nicht, von ihm so rasch zu verlangen, daß er durch die Taufe ein volles Bekenntnis ablege und sich aller seiner Weiber bis auf ein einziges entledige. Zudem war sein hauptsächlichstes Weib gerade diejenige Person des ganzen Stammes, von welcher am wenigsten zu erwarten war, daß sie je etwas anderes werden würde, als eine von Grund aus unsaubere Jüngerin der alten Schule. Seither hat sie sich, wie ich höre, in mancher Hinsicht sehr gebessert; allein ich habe sehr häufig mit angesehen, wie Setschele sie aus der Kirche fortschickte, damit sie wenigstens einen Rock anziehe, und wie sie jedesmal mit herunterhängender Unterlippe davonging, das leibhaftige Bild unaussprechlichen Ekels über seine neuen Ansichten.

Als er endlich die Taufe von mir begehrte, fragte ich ihn einfach, wie er, der doch die Bibel in seiner Hand habe und sie zu lesen imstande sei, glaube, daß er handeln müsse. Er ging nach Hause, gab jedem seiner überflüssigen Weiber eine neue Kleidung und alle seine eigenen Habseligkeiten, die sie für ihn in ihren Hütten zu verwahren pflegten, schickte sie damit zu ihren Eltern zurück und ließ diesen sagen, er habe den Weggeschickten keinerlei Vergehen vorzuwerfen, sondern entäußere sich ihrer nur, weil er den Willen Gottes zu befolgen wünsche. An dem Tage, wo er und seine Kinder getauft wurden, kam eine Menge Volk, um dieser Feierlichkeit beizuwohnen. Etliche glaubten, infolge einer törichten Verleumdung, welche die Feinde des Christentums im Süden ausgestreut hatten, die Bekehrten würden nun einen Absud vom »Gehirne toter Menschen« trinken müssen, und waren sehr erstaunt, daß man zur Taufe nur Wasser anwandte. Da ich mehrere von den alten Männern während des Gottesdienstes wirklich Tränen vergießen sah, so befragte ich sie nachher um die Ursache ihres Weinens. Sie weinten darüber, daß es mit ihrem Vater ein solches Ende genommen habe.

Sie schienen zu glauben, ich habe einen bösen Bann über ihn geworfen und er sei mir nun ganz verfallen. Hier begann nun ein Widerstand, wie wir ihn zuvor nicht gefunden hatten. Alle die Freunde der weggeschickten Weiber wurden die Widersacher unserer Religion. Der Besuch der Schule und Kirche verminderte sich bis auf sehr wenige außer der eigenen Familie des Häuptlings. Sie alle behandelten uns zwar noch mit achtungsvollem Wohlwollen, aber dem Setschele selbst sagten sie Dinge, derentwegen er nach seiner eigenen Aussage, wenn sie ihm früher gesagt worden wären, an den Tollkühnen unversöhnliche Rache genommen haben würde. Er war eine schmerzliche Erfahrung, nach alldem, was wir getan hatten, unsere Arbeiten so wenig gewürdigt und anerkannt zu sehen; allein wir hatten den guten Samen ausgesät und hegen keinen Zweifel, daß derselbe noch einmal aufgehen wird, obwohl wir es vielleicht nicht erleben werden, ihn Früchte tragen zu sehen.

Ich breche diese Schilderung des Häuptlings ab und fahre damit fort, eine ebenso flüchtige von unserem Verkehr mit seinem Volke, den Bakuena, zu geben. Als wir uns zuerst unter ihnen niederließen, hatten wir ihnen ein kleines Stück, soviel als zu einem Garten hinreichte, abgekauft, obschon dies in einem Lande kaum notwendig war, wo der Gedanke, Land zu kaufen, ein ganz neuer war. Sie hatten erwartet, daß wir um Überlassung eines passenden Platzes nachsuchen und von demselben sodann sogleich Besitz ergreifen würden, wie es von jedem anderen Mitglied des Stammes geschah. Allein wir erklärten ihnen, wir sollten jedem Anlaß zu künftigen Streitigkeiten vorbeugen, wenn das Land einmal im Werte gestiegen sein, oder wenn ein törichter Häuptling zur Regierung gelangt sein würde, der, wenn wir große oder kostbare Gebäude darauf errichtet hätten, etwa auf das Ganze Ansprüche zu erheben versucht wäre. Diese Gründe wurden für stichhaltig angesehen. Wir bezahlten daher einen Wert von ungefähr fünf Pfund Sterling an Waren für ein Stück Grund und Boden, und es ward ein Übereinkommen getroffen, daß ein ähnliches Grundstück jedem anderen Missionar und an jedem anderen Platze, wohin der Stamm übersiedeln möge, zugeteilt werde. Die einzelnen Bedingungen dieses Kaufes klangen dem Ohre dieser Leute zwar seltsam, wurden aber trotzdem vom Stamme bereitwillig angenommen.

Der Ort, wo wir uns zuerst unter den Bakuena niederließen, heißt Tschonuane, und wurde zufällig während des ersten Jahres unseres dortigen Aufenthalts von einer jener langen Dürren heimgesucht, welche von Zeit zu Zeit sogar in den allerbegünstigsten Bezirken von Afrika vorkommen.

In unserem zweiten Jahr fiel aber wiederum kein Regen. Im dritten folgte dieselbe außerordentliche Dürre. Während dieser beiden Jahre fielen buchstäblich keine zehn Zoll Regen und der Kolobeng trocknete ganz aus; es kamen so viele Fische um, daß die Hyänen aus der ganzen Gegend sich zu diesem Labsale versammelten und doch nicht imstande waren, die faulenden Massen aufzuräumen. Ein großer alter Alligator, der unseres Wissens niemals Unheil angerichtet hatte, ward hoch auf dem Trocknen unter anderen Opfern im Schlamme gefunden. Das vierte Jahr war gleich ungünstig, da nicht einmal so viel Regen fiel, um das Getreide zur Reife zu bringen. Es war eine schwere Heimsuchung. Als das Wasser sich verzog, gruben wir im Bett des Flusses immer tiefer und gaben uns Mühe, nur so viel Wasser zu bekommen, um die Obstbäume für bessere Zeiten am Leben zu erhalten, allein es war vergeblich.

Es wollte also kein Regen fallen; die Bakuena glaubten, ich habe Setschele mit irgendeinem zauberhaften Banne gefeit, und schickten mir abends häufig Deputationen, aus den ältesten, ratgebenden Männern des Stammes bestehend, welche mich dringend anflehten, ich möchte ihm erlauben, doch nur einige wenige Regenschauer zu machen. »Das Getreide wird hinsterben, wenn du es verweigerst, und wir werden zerstreut werden. Laß ihn nur dieses eine Mal Regen machen, und wir wollen alle, Männer, Weiber und Kinder, in die Schule kommen und singen und beten, so lange du willst!« baten sie. Vergebens stellte ich ihnen vor, ich lasse Setschele ganz nach seinen eigenen Begriffen von Recht handeln, da er das Gesetz hierfür in der Bibel niedergelegt finde; und es war mir betrübend, in ihren Augen hartherzig zu erscheinen. Die Wolken sammelten sich oft verheißungsvoll über uns, und rollender Donner schien uns erfrischende Regengüsse bringen zu wollen; allein am folgenden Morgen stieg die Sonne wieder an einem klaren wolkenlosen Himmel auf; und selbst diese Anzeichen von trübem Wetter waren weit weniger häufig, als Tage voll Sonnenschein in London sind.

Der Hopo oder die große Falle zum Fangen des Wildes

Das Betragen der Leute während dieser lange andauernden Trockenheit war ein auffallend gutes. Die Weiber entledigten sich der Mehrzahl ihrer Zierate, um Getreide von begünstigteren Stämmen zu kaufen. Die Kinder durchstreiften das Land nach allen Richtungen hin und suchten die mancherlei Knollen und Wurzeln, die zum Lebensunterhalt dienen können, und die Männer gingen auf die Jagd. Sehr bedeutende Mengen von großem Wild: Büffel, Zebras, Giraffen, Tsessebes, Kamas oder Hartebeests, Kokongs oder Gnus, Pallahs, Nashörner u. a. m. fanden sich an einigen Quellen in der Nähe von Kolobeng zusammen, und es ward daher in deren Nachbarschaft zu ihrer Erlegung eine große Fanggrube erbaut, welche hierzulande Hopo genannt wird. Der Hopo besteht aus zwei Verhauen oder Hecken in Gestalt des Buchstabens V, welche in der Nähe des Winkels sehr hoch und dicht sind. Anstatt daß aber beide Hecken im Winkel zusammenstoßen, sind sie so angelegt, daß sie eine schmale Gasse von etwa fünfzig Armslängen bilden, an deren Ende eine Grube von sechs bis acht Fuß Tiefe und zwölf bis fünfzehn Fuß Breite und Länge angebracht ist. Über die Ränder der Grube sind Baumstämme gelegt, besonders über den Rand zunächst der Stelle, wo die Tiere in das Loch hinunterspringen sollen, und auf der gegenüberliegenden Seite, über welche sie, wie man voraussetzt, versuchen werden zu entkommen, wenn sie hinuntergefallen sind. Die Stämme hängen so lose über den Rand, daß sie das Entkommen beinahe unmöglich machen. Das Ganze ist sorgfältig mit kurzen grünen Binsen bedeckt, wodurch die Vertiefung einer versteckten Fallgrube ähnlich wird. Da die Hecken gewöhnlich ungefähr eine englische Meile lang sind und an ihren Enden etwa ebensoweit voneinander abstehen, so kann ein Stamm, der um die Grube herum einen Kreis von drei bis vier Meilen bildet und nach und nach näher zusammenrückt, darauf rechnen, eine große Menge Wild einzuschließen. Dieses wird dann unter Geschrei nach dem engen Teile des Hopo getrieben, die dort versteckten Männer schleudern ihre Wurfspeere unter die bestürzten Rudel, die erschreckten Tiere rennen immer weiter bis zu der Öffnung, die sich am Ende der zusammenlaufenden Hecken befindet, und stürzen in die Grube, die sich bis zum Rande füllt und einem lebenden Knäuel ähnlich zu sein scheint. Manche entkommen, indem sie über die anderen hinwegspringen. Es ist ein gräßlicher Anblick: die Männer,

Die Grube am Ende des Hopo

vor Aufregung ganz wild, stoßen mit wahnwitzigem Vergnügen die lieblichen Tiere nieder; andere von diesen armen Geschöpfen, vom Gewicht ihrer toten und sterbenden Leidensgefährten zu Boden gedrückt, müssen ersticken, und oft gewahrt man, wie bei ihren letzten Versuchen sich aufzuraffen, die ganze Masse auf- und niederwogt.

Die Bakuena erlegten häufig in einer Woche sechzig bis siebzig Stücke großes Wild in ihren verschiedenen Hopos; und da jedermann, Arme wie Reiche, an der Jagdbeute seinen Anteil hatte, so beseitigte das Fleisch die schlimmen Folgen einer ausschließlichen Pflanzenkost. Wenn die Armen, die kein Salz hatten, nur von Wurzeln leben mußten, so wurden sie oft von schlechter Verdauung geplagt. Wir hatten häufig Gelegenheit, auch zu anderen Zeiten derartige Krankheitsfälle zu beobachten, denn die ganze Gegend hatte kein Salz und daher konnten nur die Reichen sich solches kaufen. Die eingeborenen Ärzte kannten die Ursache der Krankheit sehr gut und verordneten daher unter ihren Heilmitteln immer auch Salz. Da aber die Doktoren selber kein Salz hatten, so wandten sich die Armen an uns um Hilfe in derartigen Fällen. Wir machten uns den Wink zunutze und heilten fortan die Krankheit dadurch, daß wir nur einen Teelöffel voll Kochsalz ohne alle anderen Arzneien reichten.

Ein anderer ungünstiger Einfluß, mit welchem die Mission zu kämpfen hatte, war die Nachbarschaft der Boers von den Caschan-Bergen, die auch unter dem Namen »Magalies-Berg« bekannt sind. Man darf diese durchaus nicht mit den Kapkolonisten verwechseln, welche man zuweilen ebenfalls mit diesem Namen bezeichnet. Das Wort Boer bedeutet einfach das deutsche »Bauer«, jedoch in seiner weitesten Bedeutung als einer, der den Boden bebaut, ein Landwirt. Die Boers aber sind nicht mit dem nüchternen, fleißigen und höchst gastlichen Bauernstande des Kaplandes zu verwechseln. Die freien Boers, welche hier gemeint sind, bilden leider einen hiervon ganz verschiedenen Menschenschlag. Sie bestehen aus Leuten, welche sich aus allerhand Gründen dem Bereich der englischen Gesetze entzogen, und denen sich englische Deserteure und allerhand schlechtes Gesindel in ihren fernen Wohnplätzen beigesellt haben. Der große Vorwurf, welchen viele Boers gegen das englische Gesetz erhoben haben und noch erheben, ist der, daß es keinen Unterschied zwischen Schwarzen und Weißen mache. Sie fühlten sich beeinträchtigt durch die angeblich schweren Verluste, welche sie bei der Emanzipation ihrer hottentottischen Sklaven erlitten haben, und beschlossen für sich selber die Gründung eines Freistaats, worin sie ohne Belästigung die »geeignete Behandlung der Schwarzen« forttreiben könnten. Ich brauche wohl kaum hinzuzusetzen, daß die »geeignete Behandlung« immer das wesentlichste Element der Sklaverei, nämlich die gezwungene unbezahlte Arbeit in sich begriff.

Eine Abteilung dieses Menschenschlages war unter der Anführung des verstorbenen Hendrick Potgeiter bis zu den Caschan-Bergen in das Innere eingedrungen und hatte sich in einer Landschaft niedergelassen, aus welcher ein Häuptling der Zulu-Kaffern, namens Mosilikatze, durch den bekannten Kaffer Dingaan vertrieben worden war; und die Stämme der Betschuanen, die so eben dem harten Druck der Herrschaft dieses grausamen Häuptlings entronnen waren, begrüßten die Weißen mit fröhlichem Willkommen. Sie kamen zwar, wie sie sagten, als Weiße und Befreier; allein die Betschuanen fanden bald, »daß Mosilikatze grausam war gegen seine Feinde und freundlich gegen diejenigen, welche er sich unterwarf; daß aber die Boers ihre Feinde erschlugen und ihre Freunde zu Sklaven machten«. Die Stämme behalten nämlich zwar den Schein von Unabhängigkeit, müssen aber alle Feldarbeiten für die Boers zwangsweise verrichten, sie müssen düngen, jäten, ernten, Häuser, Dämme und Kanäle bauen und gleichzeitig noch für ihren eigenen Unterhalt Sorge tragen. Ich habe es mit meinen eigenen Augen gesehen, wie Boers in ein Dorf kamen und nach ihrer gewohnten Weise zwanzig bis dreißig Weiber verlangten, die ihre Gärten jäten sollten; ich habe es gesehen, wie diese Weiber sich mit ihren Nahrungsmitteln auf dem Kopfe, ihren Kindern auf dem Rücken und den Feldbau-Gerätschaften auf der Schulter, nach dem Schauplatze der unvergüteten harten Arbeit begaben. Es fällt den Boers gar nicht ein, ein Hehl aus der Gemeinheit zu machen, mit welcher sie sich auf diese Art unbezahlter Arbeit bedienen; im Gegenteil lobt jeder von ihnen, vor allen Potgeiter und Gert Krieger, die Anführer, selbst seine eigene Menschlichkeit und Gerechtigkeit, womit er eine solch unparteiische und billige Anordnung trifft: »Wir lassen die Leute für uns arbeiten, zum Ersatz dafür, daß wir ihnen erlauben, in unserem Lande zu wohnen.«

Jene neue Art von Sklaverei haben sie aber nur deshalb eingeführt, um auf diese Weise die Feldarbeiten besorgen zu lassen. Der Bedarf an Dienstboten für das Hauswesen muß durch Raubzüge gegen Stämme, welche reichlich mit Viehherden versehen sind, aufgebracht werden. Die Portugiesen können zwar Beispiele anführen, daß Schwarze durch den Hang zu starken Getränken so tief entartet sind, daß sie sich buchstäblich selber verkaufen; allein seit Menschengedenken hat in keinem einzigen Falle ein Betschuanenhäuptling irgendeinen seiner Leute oder ein Betschuane sein Kind verkauft. Daher die Notwendigkeit der Raubzüge, um Kinder aufzugreifen. Und selbst jene vereinzelten Boers, welche um der Gewinnung von Sklaven willen an solchen Zügen nicht teilnehmen, vermögen nur selten zu widerstehen, wenn man ihnen von einer beabsichtigten Empörung des zum Opfer ausersehenen Stammes erzählt, und bei der Verteilung des geraubten Viehs einen schönen Anteil in Aussicht stellt.

Ein Mensch in einem zivilisierten Lande kann es nur mit Mühe begreifen, daß ein Verein von Menschen, welche die gewöhnlichen Attribute der Menschlichkeit besitzen (und diese Boers entbehren keineswegs der besseren Regungen und Gefühle unserer Natur), nach einem zärtlichen Abschied von Weib und Kind verabredetermaßen aufbrechen sollen, um hernach mit kaltem Blut Männer und Weiber niederzuschießen, welche zwar allerdings von anderer Farbe sind, allein doch dieselben Neigungen und Gefühle besitzen wie sie selber. Ich sah und sprach Kinder in Boershäusern, welche nach ihrer eigenen Schilderung und dem Geständnisse ihrer Herren gefangengenommen worden waren, und in mehreren Fällen vermochte ich die Eltern dieser Unglücklichen zu erfragen, obschon es unter den Boers ein durch lange Erfahrung erprobter Grundsatz der Vorsicht ist, die Kinder wo möglich so jung zu nehmen, daß sie bald ihre Eltern und auch ihre Muttersprache vergessen. Sie leben inmitten einer eingeborenen Bevölkerung, welche ihnen an Kopfzahl weit überlegen ist, und wohnen an Quellen, welche viele Meilen weit voneinander entfernt liegen; daher fühlen sie sich gewissermaßen in derselben unsicheren Lage wie die Amerikaner in den südlichen Staaten. Die erste Frage, welche sie dem Fremden vorlegen, betrifft den Frieden; und wenn sie hören, daß irgendein Stamm der Eingeborenen gegen den anderen mißvergnügt oder neidisch sei, so machen sie sogleich einen regelrechten Aufstand daraus. Selbst den Sanftesten und Nachsichtigsten unter ihnen erscheinen dann strenge Maßregeln mit unvermeidlicher Notwendigkeit geboten, so daß auch dem blutigsten Gemetzel, welches daraus entsteht, keinerlei Gewissensbisse folgen, weil es ein unabänderliches Gebot zur Aufrechthaltung des Friedens ist. Der verstorbene Hendrick Potgeiter hielt sich im eigentlichen Sinne des Worts für den Friedensstifter des Landes.

Allein wie kommt es, daß die Eingeborenen, die doch den Boers an Kopfzahl so ungemein überlegen sind, sich nicht gegen diese erheben und sie vernichten? Der Volksstamm, unter welchem die Boers leben, sind Betschuanen, keine Kaffern, obschon niemand diesen Unterschied jemals von einem Boer erfährt. Die Geschichte kennt nicht ein einziges Beispiel, wo die Betschuanen, nicht einmal diejenigen unter ihnen, welche Feuergewehre besitzen, die Boers oder die Engländer angegriffen hätten. Wenn es ja einmal vorgekommen ist, so ist es nach meiner Überzeugung weder in der Kapkolonie selber, noch über diese hinaus, allgemein bekannt geworden. Die Betschuanen haben sich verteidigt, wenn sie angegriffen wurden, wie wir es bei Setschele gesehen haben; allein auf einen Angriffskrieg gegen die Europäer haben sie sich niemals eingelassen. Mit den Kaffern allerdings verhält es sich anders, und der Unterschied ist den Grenzboers stets so augenfällig gewesen, daß seit dem Zeitpunkte, da sie mit dem Gebrauch der Schießgewehre vertraut sind, auch nicht ein einziger Boer je versucht hat, sich im Kaffernlande niederzulassen oder als Feind ihnen im Felde gegenüberzutreten. Die Boers haben allgemein eine sehr entschiedene Abneigung gegen jede Kriegführung mit weittragenden Feuerwaffen an den Tag gelegt; daher gehen sie ihnen lieber aus dem Wege und machen sich an die sanfteren, mehr verweichlichten Betschuanen, und haben es den Engländern überlassen, ihre Händel mit den Kaffern auszumachen und die Kriegskosten mit englischem Gold zu bezahlen.

Die Bakuena zu Kolobeng hatten den Anblick verschiedener, in Sklaverei geknechteter Stämme unmittelbar vor ihren Augen, – die Bakatla, die Batlokua, die Bahukeng, die Bamosetla und zwei andere Bakuenastämme seufzten alle unter dem Druck unvergüteter Zwangsarbeit. Dieses Übel hätte sich aber nicht als ein so großes erwiesen, wenn nicht die jungen Männer dieser Stämme, um Vieh zu erhalten, das für sie das einzige Mittel ist, um unter ihrem Volke zu Ansehen und Einfluß zu gelangen, die Gewohnheit gehabt hätten, ihre Heimat zu verlassen, um, wie die Schnitter aus Irland und dem schottischen Hochlande, sich Arbeit in der Kapkolonie zu verschaffen. Wenn sie nämlich hier drei bis vier Jahre gearbeitet hatten, wo man sie meist zum Bau von steinernen Deichen und Dämmen für die holländischen Landwirte verwendet, so waren sie herzlich froh, wenn sie nach Ablauf dieser Zeit mit ebenso vielen Kühen in ihre Heimat zurückkehren konnten. Stellten sie sich dann einem ihrer Häuptlinge vor, so galten sie fortan in ihrem Stamme als ganz angesehene Männer. Diese freiwilligen Arbeiter standen bei den Holländern unter dem Namen Mantatees in großem Ansehen. Man bezahlte sie durchschnittlich mit einem Schilling per Tag und einem großen Laib Brot auf je sechs Mann. Eine Menge solcher Arbeiter, die mich früher etwa 1200 Meilen landeinwärts vom Kap gesehen hatten, erkannten mich mit einem lauten Freudengelächter, als ich bei Roggefelt und Bokkefelt, wenige Tagereisen von Kapstadt entfernt, wo sie im Freien arbeiteten, bei ihnen vorüberkam. Ich unterhielt mich mit ihnen und den Ältesten der holländischen Kirche, für welche sie arbeiteten, und fand, daß dieses System für beide Teile vollständig befriedigend war. Ich glaube nicht, daß es in der ganzen Gegend des Caschan- oder Magalies-Berges auch nur einen einzigen Boer gibt, welcher in Abrede stellt, daß, weil diese Arbeit der Kolonie zunutze kommt, man sich ein Gesetz daraus machte, diese Arbeiter ihres sauer verdienten Viehs zu berauben, wofür sie den einleuchtenden Grund aufstellen: »Wenn diese Burschen arbeiten wollen, so sollen sie für uns arbeiten«, obschon sie sich prahlend rühmen, daß dieselben in diesem Falle keinen Lohn erhalten würden.

Wo nur immer ein Missionar wohnt, dahin kommen sicherlich auch Händler. Sie hängen gegenseitig voneinander ab, und der eine unterstützt den anderen in seiner Arbeit; allein die Erfahrung zeigt, daß die beiden Beschäftigungen nicht gut in derselben Person vereinigt werden können. Eine derartige Vereinigung würde zwar moralisch kein Unrecht sein, denn nichts wäre billiger und apostolischer zugleich, als daß derjenige Mann, welcher seine Zeit der geistlichen Wohlfahrt eines Volkes widmet, auch einige weltliche Vorteile aus einem redlichen Handelsverkehr ziehen könnte, welchen die ausschließlich auf ihre eigene Bereicherung abzielenden Händler in ihrer Bescheidenheit als nur ihnen allein zukommend betrachten. Allein wenn es auch recht und billig ist, daß Missionare Handel treiben, so macht es doch das gegenwärtige System der Missionen ganz untunlich, daß sie ihre Zeit auf diese Beschäftigung verwenden. Keiner von all den Missionaren, mit welchen ich jemals in Berührung kam, trieb Handel; und während die Händler, die wir in das Land einführten und daselbst in sicheren Schutz nahmen, reich wurden, sind die Missionare ohne Ausnahme arm geblieben und auch arm gestorben. Die Jesuiten – in Afrika wenigstens – waren zu ihrer Zeit klüger als wir; sie bildeten große einflußreiche Gemeinschaften und legten es darauf an, die Fähigkeiten eines jeden Bruders auf diejenige Bahn zu lenken, welche für ihn die passendste zu sein schien. So durfte der eine, der sich mit Vorliebe der Naturgeschichte widmete, dieser Neigung folgen; ein anderer, welcher sich zur Literatur hingezogen fühlte, fand Muße zur Fortsetzung seiner Studien; und wer eine besondere Anlage für den Tauschhandel hatte, den ließ man zur Aufsuchung von Elfenbein und Goldstaub reisen, so daß er zu gleicher Zeit unter fernen Stämmen die Ausübung der religiösen Handlungen seiner Mission besorgte und dennoch die Mittel fand, den Brüdern, welche er in der Zentral-Ansiedlung zurückgelassen hatte, eine wirksame Unterstützung zukommen zu lassen. Wir Protestanten haben in der bequemen Überzeugung von unserer Überlegenheit Missionare ausgesandt, für deren nackten Lebensunterhalt kaum genügend gesorgt ist, und sind nur freigebig mit unseren Lobsprüchen für diejenigen, welche nicht weltlich gesinnt sind, selbst wenn unsere Knauserei sie zwingt, beinahe wie der verlorene Sohn zu leben.

Englische Händler verkauften diejenigen Artikel, welche die Boers am meisten fürchten, nämlich Waffen und Schießbedarf; und wenn die Zahl der Schießgewehre in einem Stamme sich auf fünf belief, so erregte es eine solche Bestürzung unter unseren Nachbarn, daß sogleich in allem Ernste eine Expedition von mehreren hundert Boers beratschlagt wurde, um die Bakuena ihrer Gewehre zu berauben. Da ich wußte, daß die letzteren eher in die Wüste Kalahari geflohen wären, als ihre Waffen ausgeliefert hätten und Sklaven geworden wären, so begab ich mich zu dem Kommandanten,

Gert Krieger, machte ihm Vorstellungen über das Unrecht und die Nachteile jeder solchen Expedition, und verlangte von ihm den Aufschub derselben. Aber als ich meinen Zweck erreicht hatte, verlangte Krieger andererseits von mir, ich solle als Spion unter den Bakuena tätig sein.

Ich erklärte mich außerstande, seinem Wunsche zu willfahren, selbst wenn meine Grundsätze als Engländer sich diesem Anmuten nicht widersetzt hätten, und führte ihm ein Beispiel an, wo Setschele ohne mein Vorwissen mit seiner ganzen Streitmacht ausgezogen war, um einen Unteranführer zu bestrafen. Dieser Mann, Kake mit Namen, rebellierte und ward hierbei von seinem Schwiegervater unterstützt, welcher schon bei Gelegenheit des Todes von Setscheles Vater einer von den Königsmördern gewesen war. Mehrere von denen, welche Setscheles Vater treu geblieben waren, wurden von Kake mißhandelt, als sie, um sich in der Wüste Häute zu holen, sein Gebiet passierten. Als dies vorfiel, hatten wir uns kaum erst unter den Bakuena niedergelassen, und Setschele holte sich bei mir Rat. Ich riet ihm zu milden Maßregeln, allein die Boten, welche er an Kake sandte, wurden mit den Worten verhöhnt: »Es ist ein bloßer Vorwand, daß er behauptet, dem Wunsche des Lehrers zu folgen; Setschele ist eine feige Memme; er mag kommen und fechten, wenn er es wagt.« – Als die Kränkung beim nächsten Male sich wiederholte, sagte mir Setschele, er wolle auf die Elefantenjagd ausziehen; da ich nun das System der Spionage kannte, welches unter allen Stämmen gang und gäbe ist, so enthielt ich mich stets aller Nachfragen, aus welchen man hätte vermuten können, daß ich ihnen mißtraue. Ich schenkte also seinem Vorgeben Glauben. Er bat mich, ihm einen gußeisernen Topf zum Kochen zu leihen, da ihre irdenen sehr zerbrechlich sind; ich gab ihm einen solchen und eine Handvoll Salz, mit der Bitte, mir die beiden leckersten Bissen am Elefanten, den Rüssel und den Vorderfuß, heimzusenden. Er brach auf, und ich hörte nichts mehr von ihm, bis wir die Bakuena ihre Verwundeten nach Hause bringen sahen und einige der Weiber das laute Jammergeschrei um die Toten anstimmen und andere den gellenden Jubel des Siegesgeschreies ausstoßen hörten. Nun erst ward uns klar, daß Setschele den Rebellen angegriffen und verjagt hatte.

Manche Boers besuchten uns später zu Kolobeng, die einen, um sich ärztlichen Rat zu holen, die anderen, um gerade mit denjenigen Artikeln Handel zu treiben, welche ihre eigenen Gesetze und ihre Politik ihnen verbieten. Wenn ich zufällig einem von ihnen in der Stadt begegnete, der seine Musketen und Pulver zum Verkauf ausbot, so begann er gewöhnlich eine Entschuldigung herzustammeln, er sei ein armer Mann und dergleichen; ich unterbrach ihn aber stets und sagte ohne Umstände, ich hätte mit den Boers und ihren Gesetzen nichts zu schaffen. Bei solchen Besuchen wurde alles aufgeboten, etwas Genaues über die Gewehre und Kanonen zu ermitteln, und die Boers, die keine Ahnung von dem vorherrschenden Spioniersystem haben mochten, richteten immer emsige und angelegentliche Fragen deshalb an diejenigen Betschuanen, welche etwas Holländisch radebrechen konnten. Es ist besonders bemerkenswert, daß das System des Aushorchens und Spionierens unter diesen wilden Stämmen ebenso gut entwickelt ist als in Österreich und Rußland. Es ist ein Beweis von Barbarei. Jeder Angehörige eines Stammes glaubt sich verpflichtet, dem Häuptling alles zu berichten, was zu seiner Kenntnis kommt; und wird er von einem Fremden ausgefragt, so gibt er entweder Antworten, in denen sich die äußerste Verstandesbeschränktheit verrät, oder solche, die nach seiner Ansicht seinem Häuptling angenehm sein werden.

Mir scheint, daß daraus die Märchen entstanden sind, als könnten sie nicht über zehn zählen, wie man von den Betschuanen ungefähr um dieselbe Zeit behauptete, wo Setscheles Vater eintausend Stücke Hornvieh abzählte, als einen Anfang für den künftigen Viehreichtum seines jungen Sohnes.

Im vorliegenden Falle also erfuhr Setschele alle Fragen, welche an seine Leute gerichtet wurden, und fragte mich, wie man darauf antworten müsse. Mein Bescheid war: »Sprich die Wahrheit.« Jeder erklärte also nunmehr, es sei keine Kanone vorhanden; allein unsere Freunde beurteilten die Antwort nach dem, was sie selber unter solchen Umständen gesagt haben würden, und wurden in der Ansicht bestärkt, daß die Bakuena wirklich großes Geschütz besäßen. Das war in gewisser Hinsicht wohltätig für uns, insofern die Furcht acht Jahre lang sie abhielt, einen Raubzug nach unserer Richtung hin zu machen. Während der acht Jahre meines Aufenthalts verging kein Winter, ohne daß nicht einige Stämme im Osten des Landes von den Boers um Vieh und Kinder gebrandschatzt wurden. Sie verfahren dabei folgendermaßen: befreundete Stämme werden gezwungen, eine Abteilung berittener Boers zu begleiten, und da man sich der Pferde nur im Winter ohne Gefahr, sie durch Krankheit einzubüßen, bedienen kann, so finden solche Expeditionen auch nur in dieser Jahreszeit statt. Erreichen die Boers das Lager des zu überfallenden Stammes, so werden die befreundeten Eingeborenen in Front aufgestellt, um, wie sie sagen, einen »Schild« zu bilden; die Boers feuern alsdann kaltblütig über ihre Köpfe hinweg, bis die zum Opfer ausersehenen Männer fliehen und Vieh, Weiber, und Kinder den Bedrängern überlassen. Dies geschah während meines Aufenthaltes im Innern neunmal, und bei keiner Gelegenheit ward auch nur ein Tropfen Boersblut vergossen. Die Kunde von diesen Taten verbreitete sich rasch unter den Bakuena, und Setschele erhielt mehrmals Briefe von den Boers mit der Weisung, zu ihnen zu kommen, sich ihnen als ihr Vasall zu unterwerfen und den englischen Händlern, die um Feuerwaffen zu verkaufen ins Land kämen, den Heimweg zu weisen. Allein die Entdeckung des Ngami-Sees, welche wir weiter unten schildern werden, lockte die Tauschhändler in fünffach größerer Anzahl ins Land, und Setschele erwiderte: »Gott hat mich zum unabhängigen Häuptling gemacht und hierher gesetzt, aber nicht ihr. Ich ward niemals von Mosilikatze bezwungen, wie diejenigen Stämme, welche ihr jetzt beherrscht; und die Engländer sind meine Freunde. Ich erhalte von ihnen alles, was ich wünsche. Ich kann sie nicht hindern, zu gehen, wohin sie wollen.« – Wer sich aus seinen früheren Jahren noch der angedrohten französischen Invasion in England erinnert, der kann sich den Eindruck vorstellen, welchen die beständige Gefahr eines Einfalls der Boers auf die Gemüter der Bakuena ausübte; wer Ähnliches nicht erlebt hat, kann sich gar nicht denken, welche Plage die ewigen Botschaften und Drohungen der eigenmächtigen Behörden der Boers vom Magaliesberg waren. Und als zu all diesen höchst unangenehmen Belästigungen in Folge der Dürre auch noch Mangel an Nahrungsmitteln kam, so können wir uns, so sehr uns dies auch leid tat, über die geringe Neigung der Bakuena, sich im Christentum unterrichten zu lassen, doch nicht verwundern.

Die Sage von dem schwarzen Topf nahm bald einen ernsthaften Charakter an. Ich versuchte unter den, den Boers vom Magaliesberg unterworfenen Stämmen dadurch Nutzen zu stiften, daß ich auf verschiedenen Punkten eingeborene Lehrer anstellte. »Ihr müßt die Schwarzen lehren, daß sie uns nicht gleich seien,« sagte Hendrick Potgeiter, der Oberbefehlshaber, zu mir. – Andere Boers meinten, ich könnte ebenso gut die Paviane auf den Felsen, als die Afrikaner unterrichten, traten aber zurück, als ich ihnen vorschlug, zu untersuchen, ob sie oder meine eingeborenen Schüler besser lesen könnten. Zwei von ihren Geistlichen kamen, um die Kinder der Boers zu taufen; da ich mich nun mit der Hoffnung tröstete, mit der Unterstützung dieser guten Männer den Widerwillen ihrer Gemeinde gegen die Unterweisung der Schwarzen überwinden zu können, so besuchte ich sie. Allein mein Besuch endete mit einem tückischen Streiche, welchen mir der Befehlshaber der Boers spielte, indem er mich unter Versicherungen der größten Freundschaft veranlaßte, nach Kolobeng zurückzukehren, während er auf einem anderen Wege einen Brief an die übrigen Missionäre im Süden sandte und von denselben meine unverzügliche Abberufung verlangte, »weil ich ihren Feinden eine Kanone geliehen habe.« An die Kolonialregierung wurde ebenfalls ernstlich berichtet, daß die Geschichte wahr sei, und so kam es, daß ich in Folge davon für einen Mann von sehr verdächtigem Charakter angesehen wurde.

Ich verzeichne diese Einzelheiten in Betreff der Boers nicht in der Absicht, um spöttisches Lächeln über ihre Unwissenheit hervorzurufen, sondern um das Mitleid ihrer Freunde anzuregen. Sie führen beständig ihre Gesetze im Munde, allein in der Anwendung ist ihr Gesetz nur das Recht des Stärkeren. Die Betschuanen konnten nicht begreifen, warum unter ihren Befehlshabern immerwährender Wechsel stattfand. »Wahrlich,« meinten sie, »man weiß nie, wer bei diesen Boers der Häuptling ist. Wie die Buschmänner haben auch sie keinen König – sie müssen also die Buschmänner der Engländer sein.« – Die Vorstellung, daß ein Menschenstamm so unverständig sein könne, keinen erblichen Häuptling zu haben, däuchte diesen Leuten so absurd, daß ich – um nicht eben so töricht zu erscheinen – mich genötigt sah, ihnen zu sagen, die Engländer seien so ängstlich bemüht, den königlichen Namen zu erhalten, daß sie sogar eine junge Dame zu ihrem Häuptling gemacht haben. Dies erschien ihnen als ein höchst schlagender Beweis von unserem gesunden Menschenverstande, und wir werden noch weiter unten sehen, was für ein Vertrauen ihnen meine Schilderung von unserer Königin einflößte.

Als Pretorius den Oberbefehl über die Boers übernommen hatte, fühlten sich diese so ermutigt, daß sie den Entschluß faßten, fortan keinen englischen Tauschhändler mehr über Kolobeng hinausgehen zu lassen, indem sie den Stamm der Bakuena zerstreuten und alle Missionare vertrieben. Sir George Cathcart proklamierte die Unabhängigkeit der Boers – das Beste, was er hätte tun können, wenn sie zwischen uns und den Kaffern gewesen wären. Man schloß einen Vertrag mit den Boers, in welchem ein Artikel betreffs des freien Durchzugs der Engländer durch ihr Gebiet nach dem jenseits desselben liegenden Lande und ein anderer aufgenommen wurde, infolgedessen keine Sklaverei auf dem unabhängigen Gebiete geduldet werden sollte. Hierdurch sollten die Wünsche der Regierung Ihrer Majestät im Mutterlande ausgedrückt werden. – »Was soll aber mit den Missionaren geschehen?« fragten die Boers. – »Mit denen könnt ihr es halten, wie ihr wollt!« soll die Antwort des Bevollmächtigten gewesen sein. Diese Bemerkung, wenn sie überhaupt gemacht wurde, war vermutlich nur im Scherz getan worden: arglistige Männer setzten sie jedoch in Umlauf, so daß man ganz allgemein an ihre Richtigkeit glaubte; diese Ansicht ist noch immer die herrschende im Lande und führte wahrscheinlich bald darauf zur Zerstörung von drei Missionsstationen. Der verstorbene Pretorius sandte im Jahre 1852 die Boers in einer Stärke von vierhundert Mann aus, um die Bakuena anzugreifen. Die Boers rühmten sich, die Engländer hätten alle Schwarzen in ihre Gewalt gegeben und ihnen versprochen, sie in der Unterjochung derselben dadurch zu unterstützen, daß sie gar keine Vorräte an Schießbedarf mehr in das Land der Betschuanen gelangen lassen wollten: hierauf überfielen sie die Bakuena, erschlugen ihnen eine beträchtliche Anzahl von Erwachsenen und schleppten zweihundert von unseren Schulkindern in die Sklaverei. Die Eingeborenen verteidigten sich unter Setscheles Anführung, bis der Einbruch der Nacht ihnen erlaubte, in die Berge zu flüchten, und da bei dieser Verteidigung eine Anzahl Feinde getötet wurden – die ersten, die jemals in diesem Lande durch die Betschuanen fielen –, so ward mir das Verdienst beigemessen, den Stamm im Erschlagen der Boers unterwiesen zu haben. Zur Rache dafür ward mein Haus geplündert, das jahrelang unter dem Schutze der Eingeborenen vollkommen sicher gestanden hatte. Englische Männer von Ansehen und Bildung, welche Cummings Fußstapfen folgten, um im Innern des Landes zu jagen, und den Bakuena bedeutende Vorräte zur Aufbewahrung gegeben, auch mehr als achtzig Stück Hornvieh als Vorspann für die Heimreise zurückgelassen hatten, wurden ihres ganzen Eigentums beraubt und fanden bei der Rückkehr nach Kolobeng nur die Gebeine der Wächter über den ganzen Platz zerstreut. Die Bücher einer guten Bibliothek – mein einziger Trost in der Einsamkeit – wurden zwar nicht fortgeschleppt, aber die Blätter herausgerissen und überall umhergestreut. Mein Vorrat von Arzneien ward zerstört und alle unsere Möbel und Kleidung fortgeschleppt und öffentlich versteigert, um die Kosten des Raubzuges zu decken.

Ich erwähnte diese Vorfälle nicht, um ein klägliches Wehgeschrei über meine Verluste zu erheben, oder um Mitleid für mich zu erregen; denn obschon es mir leid tat um den Verlust von Wörterbüchern usw., welche die Gefährten meiner Knabenzeit geworden waren, so gewährte mir die Plünderung im Grunde genommen doch erst vollständige Freiheit für meine Expedition nach dem Norden, und ich habe seither auch nie nur einen Augenblick lang Kummer um irgend etwas von dem gehabt, was ich damals einbüßte. Die Boers beschlossen, das Innere zu verschließen, und ich war entschlossen, das Land zu öffnen; wir werden noch sehen, wer von uns beiden in seinem Vorhaben am glücklichsten war – sie oder ich.

Eine kurze Schilderung der afrikanischen Hauswirtschaft dürfte für den Leser nicht uninteressant sein. Der gänzliche Mangel an Läden und Werkstätten zwang uns, alle unsere Bedürfnisse selber aus dem Rohmaterial herzustellen. Braucht man Backsteine zum Bau eines Hauses, so muß man zunächst aufs Feld hinausgehen, einen Baum fällen und in Bretter sägen, um daraus die Backsteinformen zu machen; das Material für Türen und Fenster steht ebenfalls noch draußen im Walde; und will man bei den Eingeborenen geachtet sein, so muß man sich ein Haus von anständigem Umfang bauen, das eine Unmasse Handarbeit kostet. Die Leute können nicht viel helfen, denn so gern die Bakuena auch um Lohn arbeiten, so haben sie doch eine seltsame Ungeschicklichkeit, etwas viereckig zu machen, denn ihre Hütten sind, wie bei allen Betschuanen, rund. Bei drei großen Häusern, die ich mir zu verschiedenen Zeiten erbaute, mußte ich jeden Backstein und jedes Stück Holz mit eigener Hand viereckig machen.

Hat man das Mehl gemahlen, so schickt sich die Frau an, es in Brot zu verwandeln; man baut sich gewöhnlich einen improvisierten Ofen dadurch, daß man in einem Ameisenhaufen ein großes Loch aushölt und eine rohe Steinplatte statt der Tür benützt. Eine andere Methode, welche die Australier anwenden könnten, um etwas Besseres als ihre »dampers« herzustellen, besteht darin, daß man ein tüchtiges Feuer auf ebenem Boden macht, alsdann, wenn die Erde hinreichend erhitzt ist, den Teig in eine kleine Bratpfanne mit kurzem Stiel tut oder einfach auf die heiße Asche legt, hierauf einen metallenen Topf darüber stürzt, die heiße Asche um denselben herumlegt und dann ein kleines Feuer darüber macht. Hat man den Teig mit Sauerteig, der vom vorigen Backen noch übrig ist, angemacht und eine bis zwei Stunden in der Sonne stehen lassen, so bekommt man ein treffliches Brot.

Wir bereiteten uns die Butter selbst in einem steinernen Kruge, der als Butterfaß diente; ebenso auch die Kerzen; Seife fabrizierten wir aus der Asche der Halsola-Pflanze oder aus Holzasche, welche aber in Afrika so wenig Alkalien enthält, daß man vier bis sechs Wochen lang unausgesetzt Lauge anwenden muß, ehe man Seife bekommt. Das Gefühl, ganz auf sich selbst angewiesen zu sein, ist aber kein erdrückendes; man freut sich vielmehr, wenn man wie Alexander Selkirk mit eigenem Scharfsinn sich alle Bequemlichkeiten verschafft; und das eheliche Leben ist ein um so süßeres, wenn so viel Angenehmes unmittelbar aus den Händen der rührigen und strebsamen Hausfrau hervorgeht.

Manchem mag es eine ganz romantische Lebensweise erscheinen; es ist ein Leben voll werktätiger Nächstenliebe, wie es der gute Mensch auch zu Hause genießen kann. Man nehme einen einzelnen Tag als Beispiel für das Ganze. Wir standen sehr früh auf, weil wie heiß auch der Tag gewesen sein mochte, Abend, Nacht und Morgen in Kolobeng immer köstlich erfrischend waren; kühl ist nicht das geeignete Wort in einem Lande, wo man sich weder eine größere Kälte noch eine Zunahme der Hitze wünschen darf und wo man bis Mitternacht im Freien sitzen kann, ohne Husten oder Rheumatismus befürchten zu müssen. Nachdem wir zwischen sechs und sieben Uhr Familienandacht und Frühstück abgehalten, gingen wir aus, um Schule zu halten für alle, die sich einstellten – Männer, Weiber und Kinder waren allesamt eingeladen. War um elf Uhr die Schule vorüber, so war die Missionarsfrau von häuslichen Geschäften in Anspruch genommen, während der Missionar selbst irgendeine Handarbeit als Schmied, Zimmermann oder Gärtner zu besorgen hatte, je nachdem gerade dieses oder jenes für uns selbst oder für die Leute notwendig war. Half er den letzteren, so arbeiteten sie wieder für uns im Garten oder halfen bei einer anderen Beschäftigung, und geschickte Arbeit ward so gegen ungeschickte eingetauscht. Nach dem Mittagsbrot und einer Stunde Mittagsrast besorgte die Frau ihre Kleinkinderschule, welche den Zöglingen, die von ihren Eltern ganz sich selber überlassen wurden, ungemein lieb war, so daß sie sich gewöhnlich bis zu hundert Köpfen stark einfanden; oder sie hielt dafür Nähschule, welche verschiedene Klassen hatte, um den Mädchen diese Kunst beizubringen; auch diese fand großen Beifall. Den ganzen Tag hindurch mußte jede Handleistung beaufsichtigt werden, und Mann und Frau arbeiteten, bis die Sonne unterging. Nach Sonnenuntergang begab sich der Mann in die Stadt, um dort mit jedem sich zu unterhalten, der dazu aufgelegt war – bald über allgemeine Gegenstände, bald über Religion. An drei Abenden in der Woche hielten wir, sobald das Melken der Kühe vorüber und es dunkel geworden war, einen öffentlichen Gottesdienst und eine Art Anschauungsunterricht über profane Gegenstände, der durch Bilder und Muster unterstützt wurde. Mit diesen Andachtsübungen wechselte der Besuch der Kranken und die Verabreichung von Arzneien an dieselben sowie die Austeilung von Nahrungsmitteln an Arme und Elende, und sonstige Hilfsleistungen. Wir bemühten uns, die Zuneigung der Leute dadurch zu gewinnen, daß wir für ihre körperlichen Bedürfnisse sorgten. Die kleinsten Freundschaftsdienste, ein verbindliches Wort und ein höflicher Blick sind nach der Ansicht des heiligen Xaver ein nicht zu verschmähender Teil der Waffenrüstung eines Missionars. Auch soll man sich ja bemühen, selbst der Niedrigsten gute Meinung sich zu erwerben, wenn man sie mit Höflichkeit gewinnen kann. Ihre freundliche Gesinnung im großen und ganzen bedingt den guten Ruf, den man zur Förderung und Popularisierung des Evangeliums sehr gut anwenden kann. Betätigt man gegen die leichtsinnigen oder ruchlosen Widersacher des Christentums wohlwollende Aufmerksamkeit auf ihrem Kranken- und Schmerzenslager, dann können sie niemals unsere persönlichen Feinde werden. Hier, wenn irgendwo, erzeugt Liebe wiederum Liebe.

Während unseres Aufenthalts zu Kolobeng waren wir, solange die Dürre anhielt, für unseren Getreidebedarf gänzlich von Kuruman abhängig. Einmal waren wir sogar so heruntergekommen, daß wir von Kleien leben und diese dreimal nacheinander mahlen mußten, um sie in feines Mehl zu verwandeln. Wir entbehrten schmerzlich die Fleischkost, welche hier ein weit dringenderes Lebensbedürfnis zu sein scheint, als sich die Anhänger der reinen Pflanzennahrung denken können. Da wir allein waren, konnten wir das frische Fleisch eines geschlachteten Tieres nicht mit anderen teilen in der Absicht, es regelmäßig wieder ersetzt zu bekommen. Setschele bekam als Häuptling die Brust von jedem Tiere, das zu Hause oder auswärts geschlachtet wurde, und er sandte uns auf das Verbindlichste während unseres ganzen Aufenthalts einen reichlichen Anteil von dieser Fleischabgabe; allein diese Geschenke kamen natürlicherweise so unregelmäßig, daß wir gar oft froh waren, wenn wir nur ein Gericht Heuschrecken bekamen. Diese Insekten sind in jenem Lande ein wahrer Segen, so daß selbst die Regendoktoren sie manchmal durch ihre Beschwörungen herbeizubringen versprachen. Die Heuschrecken haben einen entschieden vegetabilischen Geschmack, welcher je nach den Gewächsen wechselt, von denen sie sich nähren. Es gibt einen physiologischen Grund, warum Heuschrecken und Honig zusammen gegessen werden sollten. Viele werden geröstet und zu Mehl gestoßen, das sehr schmackhaft ist, wenn es mit Salz gegessen wird, und auf diese Weise auch monatelang aufbewahrt werden kann. Gekocht schmecken sie unangenehm; allein wenn sie geröstet sind, würde ich Heuschrecken bei weitem den Seekrebsen vorziehen, obschon ich beide wo möglich missen möchte.

Auf unseren Reisen fehlte es uns oft gar sehr an Kochfleisch, wenn auch nicht überhaupt an Nahrung. Meine Kinder verspürten dies ganz besonders, und die Eingeborenen gaben ihnen, um ihr Mitleid an den Tag zu legen, eine Art große Raupen zu essen, welche ihnen sehr zu munden schienen. Sie konnten nicht ungesund sein, da die Eingeborenen selber sie in großen Mengen verzehrten.

Ein anderes Nahrungsmittel, welches unsere Kinder mit Begierde verzehrten, war ein großer Frosch, der bei den Eingeborenen Matlametlo hieß.

Diese gewaltigen Frösche, welche in gekochtem Zustande wie junge Hühner aussehen, fallen nach der Ansicht der Eingeborenen aus Gewitterwolken herab, weil nach einem schweren Gewitterregen die Tümpel, welche mit Wasser gefüllt sind und dasselbe mehrere Tage lang zurückhalten, plötzlich von diesen lautquakenden streitsüchtigen Tieren wimmeln. Diese Naturerscheinung kommt selbst in den trockensten Teilen der Wüste vor und an Stellen, wo ein gewöhnlicher Beobachter gar keine Spur von Leben bemerkt. Wir wurden einst in einem Teil der Wüste Kalahari, wo wir auf einer Strecke von einer Tagesreise oder mehr gar keine Aussicht hatten, Wasser für unsere Zugtiere zu bekommen, von der Nacht überfallen, als ich zu meiner Überraschung an dem schönen stillen Abend das Quaken von Fröschen vernahm. Ich ging so weit hinaus, bis ich bemerkte, daß die Musiker sich zwischen mir und unserem Feuer befanden, und erkannte, daß sie über nichts anderes so vergnügt sein konnten als über die Aussicht auf baldigen Regen. Von den Buschmännern erfuhr ich später, daß der Matlametlo sich ein Loch an der Wurzel gewisser Büsche aushöhlt und sich während der Monate der Trockenheit darin versteckt. Da er selten aus demselben herauskommt, so macht sich eine große Spinnenart dieses Loch zunutze und bringt ihr Gewebe vor seiner Öffnung an; der Frosch bekommt auf diese Weise ein Fenster und einen Vorhang unentgeltlich, und niemand als ein Buschmann würde auf den Einfall kommen, unter einem Spinnengewebe nach einem Frosch zu suchen. Bei dem vorerwähnten Anlaß war alle unsere Mühe, sie aufzusuchen, vergeblich, und da sie erst dann die Höhlen verlassen und die von Gewitterschauern angefüllten Löcher und Tümpel aufsuchen, wenn der Regen wirklich fällt, und die Betschuanen sich unter ihren Kleidern aus Fellen verbergen, so scheint der plötzliche und auf allen Seiten gleichzeitig angestimmte Chor den Glauben zu begünstigen, als ob sie aus den Wolken heruntergefallen wären.

Um auf die unter den Boers in den Caschan-Bergen wohnenden Stämme wohltätig einzuwirken, machte ich zweimal eine Reise von je dreihundert englischen Meilen in die Gegenden ostwärts von Kolobeng. Setschele war bei den Boers so verrufen, daß er sich nicht unter sie wagte, obschon er mich gar zu gern auf meinen Reisen begleitet hätte. Diese Gehässigkeit gegen ihn rührte nicht von Viehdiebstahl her, den er etwa begangen hätte, denn in der Tat gab nie irgendein Stamm der Betschuanen Veranlassung, daß man ihn dieses unter den Kaffern so gewöhnlichen Verbrechens beschuldigen konnte. Der Viehdiebstahl ist tatsächlich in dieser Gegend unbekannt, außer im wirklichen Kriege. Sein Unabhängigkeitssinn und seine Liebe zu den Engländern waren die einzigen Vergehen, die sie ihm zum Vorwurf machen konnten. Auf meiner letzten Reise zu den Boers gab er mir das Geleite bis an den Fluß Marikwe, schenkte mir hier zur Abreise noch zwei Diener, die nach seinen eigenen Worten »seine Arme sein sollten, um mir zu dienen«, und drückte sein Bedauern aus, daß er nicht selbst mit mir gehen könne. – »Gesetztenfalls wir zögen nordwärts«, sagte ich, »würdest du mit mir gehen?« Er erzählte mir nun die Geschichte, wie Sebituane ihm das Leben gerettet hatte, und erging sich in Lobsprüchen über den weit und breit gerühmten Edelmut dieses wirklich großen Mannes. Bei dieser Gelegenheit faßte ich zuerst den Plan, durch die Wüste nach dem Ngami-See zu reisen.

Bei diesem Anlaß enthüllte sich noch weit mehr als seither das hinterlistige Betragen der Boers, welche, durch einen abgeschickten Brief meine Entfernung aus dem Lande hatten bezwecken wollen, sowie ihre wohlbekannte Politik, welche ich bereits geschildert habe. Als ich mit Hendrick Potgieter von der Gefahr sprach, welche damit verbunden sei, wenn man diesen armen Wilden das Evangelium Jesu Christi vorenthalte, geriet er in einen großen Zorn und rief einen seiner Begleiter herbei, der mir antworten sollte. Er drohte jeden Stamm zu überfallen, der einen eingeborenen Lehrer aufnehmen würde, und doch versprach er seinen ganzen Einfluß aufzubieten, damit die seiner Herrschaft unterworfenen Stämme mir keine Hindernisse in den Weg legen könnten. Ich mußte deutlich einsehen, daß in dieser Richtung nichts weiter mehr geschehen konnte; darum begann ich alle mögliche Auskunft über die Wüste einzuziehen, mit dem festen Vorsatz, falls es irgend tunlich wäre, durch dieselbe hindurchzureisen. Sekomi, der Häuptling der Bamangwato, kannte einen Weg dahin, den er aber sorgfältig geheimhielt, weil die Gegend am See ungemein reich an Elfenbein war und er große Massen davon auf sehr billige Weise bezog.

Setschele, welcher alles europäische Wesen sehr hoch schätzte und auf seine eigenen Interessen stets ein sehr scharfes Auge hatte, wünschte natürlich ebenfalls einen Teil an jenem einladenden und ergiebigen Felde zu bekommen. Auch wollte er gerne Sebituane besuchen, teils vielleicht in dem Wunsche, vor demselben mit seinen neuen Kenntnissen zu prunken, hauptsächlich aber, wie ich glaube, weil er sich sehr übertriebene Vorstellungen von den Wohltaten machte, die er von der Freigebigkeit dieses berühmten Häuptlings empfangen würde. Dem Alter und der Familie nach ist Setschele dem Sekomi überlegen, denn als der ursprüngliche Stamm sich in die Bamangwato, Bangwaketse und Bakuena teilte, behielten die Bakuena sich die erbliche Häuptlingswürde vor; ihr Häuptling Setschele besitzt daher gewisse Vorrechte vor Sekomi, dem Häupling der Bamangwato. Wenn die beiden miteinander reisten oder jagten, so konnte Setschele von Rechts wegen die Köpfe des von Sekomi erlegten Wildes beanspruchen.

Außerdem sind noch mehrere Spuren von sehr alten Übereinkommen und Hoheitsrechten unter den Stämmen vorhanden. Der ältere Bruder von Setscheles Vater wurde blind und übergab die Häuptlingswürde Setscheles Vater. Die Nachkommen dieses Mannes bezahlen dem Setschele keinen Tribut, obschon er der eigentliche Herrscher ist und über dem Haupt dieser Familie steht, und Setschele, der doch in allen anderen Beziehungen unumschränkt und der Oberste ist, nennt ihn Kosi oder Häuptling. Die übrigen Stämme werden die ersten Kürbisse einer neuen Ernte niemals früher essen, bevor sie hören, daß die Bahurutse sie »angebissen« haben, und es findet bei dieser Gelegenheit eine öffentliche Zeremonie statt, bei der der Sohn des Häuptlings zuerst von der neuen Ernte kostet.

Setschele sandte auf meinen Rat Boten an Sekomi, um mir die Erlaubnis zu erbitten, daß ich den Weg durch sein Land einschlagen dürfe, und begleitete dieses Gesuch mit dem Geschenk eines Ochsen. Sekomis Mutter jedoch, welche einen großen Einfluß auf ihren Sohn ausübt, verweigerte die Genehmigung, weil ihre Geneigtheit nicht durch ein Geschenk erkauft worden war. Dies veranlaßte eine neue Gesandtschaft, und der angesehenste Mann im ganzen Stamme der Bakuena nächst Setschele wurde mit einem Ochsen für Sekomi und seine Mutter abgeschickt. Allein auch dieser erhielt einen abschlägigen Bescheid. Es hieß: »Die Matebele, die Todfeinde der Betschuanen, wohnen in der Richtung des Sees, und sollten sie den weißen Mann erschlagen, so wird ein großer Haß von seiner Nation auf uns fallen.«

Die genaue Lage des Ngami-Sees war mindestens ein halbes Jahrhundert lang ganz richtig von denjenigen Eingeborenen nachgewiesen und bezeichnet worden, die ihn besucht hatten, als der Regen in der Wüste noch häufiger und reichlicher war als in neueren Zeiten. Man hatte auch viele Versuche gemacht, ihn auf dem Wege durch die Wüste in der bezeichneten Richtung zu erreichen; allein diese Versuche hatten sich als unmöglich ergeben, sogar für Griquas, denen man, da sie von Buschmännern abstammen, eine größere Fähigkeit, den Durst zu ertragen, zutrauen sollte. Es wurde uns daher klar, daß wir einen Erfolg nur dann erwarten könnten, wenn wir die Wüste umgingen, anstatt sie der Mitte nach zu durchschneiden. Die geeignetste Zeit zu einem derartigen Versuche wäre etwa um das Ende der Regenzeit, im März oder April, gewesen, wo wir wahrscheinlich Tümpel von Regenwasser angetroffen hätten, welche während des regenlosen Winters immer austrocknen. Ich teilte meine Ansicht einem afrikanischen Reisenden, dem Oberst Steele mit, welcher damals Adjutant des Marquis von Tweedale in Madras war, und er setzte davon zwei andere Herren in Kenntnis, deren Freundschaft wir uns während ihrer Reisen in Afrika erworben hatten, nämlich den Major Vardon und Oswell. Alle diese Herren waren so entzückt von der Jagd und den Entdeckungsreisen in Afrika, daß die beiden Erstgenannten den letzteren sehr um das Glück beneidet haben mögen, welches ihm vergönnte, Indien zu verlassen, um von neuem die Vergnügungen und Strapazen des Wüstenlebens anzutreten. Ich glaube, Oswell entsagte seiner hohen Stellung und kam unter sehr bedeutenden pekuniären Opfern in keiner anderen Absicht herüber, als um die Grenzen des geographischen Wissens auszudehnen. Bevor ich noch etwas von seiner Ankunft wußte, war ich mit den von Setschele gestellten Führern dahin übereingekommen, ihnen als Vergütung ihrer Dienste meinen Wagen zu borgen, um darin so viel Elfenbein mit nach Hause zu nehmen, als sie sich von dem Häuptling am See verschaffen könnten. Als aber Oswell endlich anlangte und Murray mitbrachte, übernahm er es, sämtliche Kosten für die Führer zu tragen, und hat auch diese freigebige Absicht vollkommen durchgeführt.

Setschele selbst wäre gern mit uns gegangen; allein ich fürchtete, der so viel besprochene und angedrohte Überfall der Boers könnte während unserer Abwesenheit stattfinden und alsdann mich ein Vorwurf treffen, weil ich ihn mitgenommen hätte. Ich redete ihm daher diesen Einfall aus und stellte ihm vor, er wisse wohl, daß Oswell ebenso entschlossen sein würde wie er, durch die Wüste hindurchzudringen.

Ehe ich jedoch die Begebenheiten dieser Reise schildere, will ich eine kurze Beschreibung der großen Wüste Kalahari geben, damit der Leser sich einen Begriff von den Strapazen machen kann, welche wir zu bestehen hatten.

Die ganze Strecke von dem Orange-Flusse im Süden, unter 29° südlicher Breite, bis zum Ngami-See im Norden, und ungefähr vom 24° östlicher Länge bis in die Nähe der Westküste, ist eine Wüste genannt worden, weil sie kein fließendes Wasser und nur sehr wenig Brunnen enthält. Dieser Landstrich entbehrt aber keineswegs des Pflanzenwuchses und der Bewohner, denn er ist mit Gras und einer großen Menge Schlingpflanzen bedeckt, und weist überdem auch weite Strecken von Gebüsch und sogar von Bäumen auf. Er ist außerordentlich flach, aber an verschiedenen Teilen von den Betten früherer Flüsse durchschnitten; ungeheure Herden Antilopen, welche wenig oder gar kein Wasser benötigen, schweifen über diese pfadlosen Ebenen hin. Die Bewohner, Buschmänner und Bakalahari, stellen dem Wilde und den zahllosen Nagetieren und kleineren Arten des Katzengeschlechts nach, welche sich von den letzteren nähren. Der Boden ist im allgemeinen hellgefärbter weicher Sand, beinahe reine Kieselerde. Die Betten der alten Flüsse enthalten viel Alluvialboden, und da dieser durch die glühende Sonnenhitze ganz ausgetrocknet wird, so bleibt das Regenwasser in einigen Tümpeln mehrere Monate des Jahres hindurch stehen.

Die Menge Gras, welche in dieser merkwürdigen Wüste wächst, ist überraschend sogar für diejenigen, welche Afrika genauer kennen. Das Gras sproßt gewöhnlich in Büscheln, mit kahlen Stellen dazwischen, oder die Zwischenräume werden von Schlingpflanzen eingenommen, deren Wurzeln tief unter dem Boden liegen und daher wenig von den Wirkungen der sengenden Sonnenhitze verspüren. Die Zahl der Pflanzen mit Wurzelknollen ist sehr groß, und sie sind so eingerichtet, daß sie Nahrung und Feuchtigkeit zugeführt bekommen, selbst wenn während der anhaltenden monatelangen Trockenheit dies anderswo unmöglich wäre.

Die menschlichen Einwohner dieses Landstrichs bestehen aus Buschmännern und Bakalahari. Erstere sind wahrscheinlich die Ureinwohner des südlichen Teils des Kontinents; letztere die Überbleibsel von der ersten Auswanderung der Betschuanen. Die Buschmänner leben aus freier Wahl, die Bakalahari gezwungen in der Wüste, aber beide sind große Freunde der Freiheit. Die Buschmänner unterscheiden sich durch Sprache, Rasse, Sitten und Aussehen. Sie sind die einzigen wirklichen Nomaden in diesem Lande, bebauen niemals den Boden und halten auch keinerlei Haustiere, außer armseligen Hunden. Mit der Lebensweise des Wildes sind sie so genau vertraut, daß sie demselben auf seinen Wanderungen nachziehen und ihm von einem Orte zum andern nachstellen; sie tun auf diese Weise der übermäßigen und außerordentlichen Vermehrung des Wildes ebenso wirksam Einhalt, als die übrigen größeren fleischfressenden Tiere. Die Hauptnahrung der Buschmänner besteht in Wild; außerdem sammeln die Weiber noch Wurzeln und Bohnen und Früchte der Wüste ein.

Diejenigen von ihnen, welche die heißen sandigen Ebenen der Wüste bewohnen, zeigen gewöhnlich jene hageren ausgetrockneten Gestalten, welche große Anstrengungen und harte Entbehrungen ertragen können. Manche sind von niedriger Statur, obschon keine Zwerge. Diejenigen Individuen, welche man nach Europa gebracht hat, sind ihrer außerordentlichen Häßlichkeit wegen dazu ausersehen worden, und so haben sich die Begriffe der Engländer von dem ganzen Stamme auf gleiche Weise gebildet, wie wenn man die häßlichsten Engländer als die Repräsentanten der ganzen britischen Nation in Afrika zur Schau ausstellen wollte. Daß sie viel Ähnlichkeit mit Pavianen haben, ist gewissermaßen wahr, gerade so, wie diese und andere Affen in manchen Stücken erschrecklich menschenartig aussehen.

Die Furcht vor den Besuchen von Betschuanen fremder Stämme veranlaßt die Bakalahari, ihre Wohnsitze fern von Wassersammlungen zu wählen, und sie verbergen ihre Vorräte zuweilen dadurch, daß sie die Gruben mit Sand füllen und ein Feuer über der Stelle anmachen. Wenn sie Wasser zu ihrem Gebrauch holen

Bakalahari-Frauen an einem Tümpel der Wüste

wollen, so kommen die Weiber mit zwanzig bis dreißig Wassergefäßen in einem Sack oder Netz auf dem Rücken. Diese Wassergefäße bestehen aus den Schalen von Straußeneiern, deren jede ein Loch an dem einen Ende hat, gerade groß genug, daß man mit dem Finger hinein kann. Die Weiber binden ein Büschel Gras an das Ende eines ungefähr 2 Fuß langen Schilfrohrs, und stecken dieses in ein Loch, das sie so tief gegraben haben, als ihr Arm reicht; dann stampfen sie den feuchten Sand um das Schilfrohr wieder fest. Bringen sie nun den Mund an das offene Ende des Rohrs und saugen daran, so bildet sich unten in dem Gras ein leerer Raum, in welchem sich das Wasser sammelt und in kurzer Zeit bis zum Munde emporsteigt. Eine Eierschale wird nun neben das Schilfrohr auf den Boden gesetzt, einige Zoll unter dem Munde der Saugenden. Ein Strohhalm leitet das Wasser in die Höhlung des Gefäßes, während sie es einen Mundvoll um den anderen heraufziehen. Das Wasser läßt man an der Außenseite des Strohhalms, nicht durch denselben hinablaufen. Wenn man es versucht, Wasser in eine Flasche zu spritzen, welche in einiger Entfernung unter dem Munde steht, so wird man sogleich einsehen, wie zweckmäßig diese Vorkehrung der Buschweiber ist, dem Strom die nötige Richtung vermittelst eines Strohhalmes zu geben. Der ganze Wasservorrat muß auf diese Weise durch den Mund des Weibes wie durch eine Pumpe gehen und wird, sobald er nach Hause gebracht worden ist, sorgfältig vergraben. Ich bin in Dörfer gekommen, wo wir, wenn wir trotzig und gebieterisch aufgetreten wären und jede Hütte durchstöbert hätten, doch nichts gefunden haben würden; allein wenn wir uns ruhig niederließen und geduldig warteten, bis die Dorfbewohner zu einer günstigen Meinung über uns gekommen waren, so brachte bald ein Weib eine Eierschale voll von dem köstlichen Naß aus irgendeinem unbekannten Versteck herbei.

ZWEITES KAPITEL

So war die Wüste beschaffen, zu deren Durchreise wir uns nun anschickten – ehemals eine Region des Schreckens für die Betschuanen wegen der Menge Schlangen, welche daselbst hausten und von verschiedenen Mäusearten lebten, und wegen des furchtbaren Durstes, welchen die Leute oft erdulden mußten, wenn ihre Wassergefäße nicht groß genug waren für die Entfernungen, die man zurücklegen mußte, bevor man Quellen erreichte.

Unmittelbar vor der Ankunft meiner Reisegefährten war ein Häuflein Leute aus der Gegend des Sees in Kolobeng eingetroffen und hatten sich mir als Abgesandte ihres Häuptlings Letschulatebe vorgestellt, der mich zum Besuche jenes Landes einladen ließ. Sie machten uns so glänzende Schilderungen von der Menge Elfenbein, das sich dort fände, daß die Führer der Bakuena mindestens ebenso begierig waren, nach dem See vorzudringen, als wir selbst es wünschten. Dies war ein Glück, da wir wußten, daß der Weg, auf welchem die Fremden hergekommen waren, nicht mit Wagen passiert werden konnte.

Die Herren Oswell und Murray kamen Ende Mai, und wir alle brachen am 1. Juni 1849 wohlbehalten nach der unbekannten Region auf. Wir zogen nordwärts, zunächst durch eine Reihe mit Bäumen bedeckter Hügel nach Schokuane, dem früheren Wohnsitze der Bakuena, und gelangten bald auf die große Straße zu den Bamangwatos, welche zumeist im Bett eines ehemaligen Flusses oder Wadi hinführt, dessen Lauf früher die Richtung von Norden nach Süden gehabt haben mußte. Das umliegende Land ist vollkommen flach, aber mit lichtem Wald und Busch bewachsen und hat Überfluß an Gras; die Bäume sind im allgemeinen eine Akazienart, Monato genannt, welche schon weiter südlich auftritt und bis nach Angola hin allgemein vorkommt.

Der Boden ist sandig, und es finden sich hier und da Spuren, daß an Stellen, welche jetzt gar kein Wasser mehr haben, früher Brunnen und Viehstationen vorhanden waren.

Zu Maschue – wo wir eine nie versiegende Quelle frischen Wassers in einer Sandsteinhöhe fanden – verließen wir den Weg nach den Bamangwato-Hügeln, und wandten uns nordwärts in die Wüste. Nachdem wir unsere Zugochsen an dem Brunnen Lobotani, ungefähr nordwestlich von Bamangwato, getränkt hatten, reisten wir zunächst weiter nach Serotli, einer wirklichen Quelle in der Kalahari-Wüste. Die ganze Umgegend ist mit Gebüsch und Bäumen einer Leguminosenart mit lilafarbigen Blüten bedeckt. Der Boden besteht aus weichem weißem Sande, der für die Ochsen sehr anstrengend ist, denn die Räder sinken bis über die Felgen ein und sind kaum vorwärtszubringen. Zu Serotli fanden wir nur einige Löcher, denjenigen ähnlich, welche der Büffel und das Nashorn machen, wenn sie sich im Schlamme wälzen. In der Ecke eines solchen Loches entdeckten wir ein wenig Wasser, das unsere Hunde im Nu aufgeleckt haben würden, wenn wir sie nicht hinweggetrieben hätten. Und doch war dies, wie es schien, der ganze Vorrat für einige achtzig Ochsen, zwanzig Pferde und etwa ebensoviele Menschen. Unser Führer Ramotobi aber, welcher seine Jugend in der Wüste verlebt hatte, erklärte, es sei hier Wasser genug vorhanden, obschon es nicht danach aussähe. Wir erwarteten nichts Gutes, doch holten wir schnell die Spaten herbei; allein unsere Führer verschmähten ein solch neumodisches Hilfsmittel und begannen ohne Umstände den Sand mit ihren Händen herauszukratzen. Es war dies der einzige Ort, an dem wir für eine Strecke von siebzig Meilen, also bei unseren schwerfälligen Wagen für eine Reise von drei Tagen, noch Wasser zu finden hoffen konnten. Mit Finger und Spaten wurden zwei von diesen Löchern so weit ausgehöhlt, daß sie Gruben von etwa 6 Fuß Tiefe und ebensoviel Breite bildeten. Unsere Führer empfahlen uns besonders dringend, die harte Sandschicht am Boden nicht zu durchbrechen, weil sie wußten, »daß dann das Wasser davonlaufen würde«. Sie haben ganz recht, denn das Wasser scheint auf dem beginnenden Sandstein aufzuliegen. Der Wert dieses Ratschlags bewährte sich, als ein Engländer von nicht eben glänzenden Geistesgaben denselben nicht beachtete, und in den Brunnen von Mohotluani die sandige Schicht am Boden durchstach; das Wasser verschwand sofort und der Brunnen wurde nutzlos. Als wir auf die erwähnte Schicht stießen, fanden wir, daß das Wasser dicht an der Linie, wo der weiche Sand mit ihr in Berührung kam, von allen Seiten hereinfloß. Wir ließen dieses Wasser sich ansammeln und hatten genug, um am Abend die Pferde zu tränken; da es aber für die Ochsen nicht hinreichte, so sandten wir diese nach Lobotani zurück, wo sie, nachdem sie vier Tage (sechsundneunzig Stunden) lang gedurstet hatten, einen reichen Wasservorrat fanden. Die Pferde behielten wir bei uns, denn sie waren uns zur Herbeischaffung von Wildbret für den Unterhalt unserer zahlreichen Reisegesellschaft unentbehrlich. Am anderen Morgen fanden wir, daß das Wasser stärker eingedrungen war als anfangs, wie es in diesen Behältern stets der Fall ist, weil die Zugänge durch den einströmenden Wasserstrahl weiter werden.

Obwohl das Wasser hier den Elen vollkommen unzugänglich war, sahen wir doch große Rudel dieser schönen Tiere ringsum weiden, und diejenigen von ihnen, welche wir erlegten, waren nicht allein sehr wohlgenährt, sondern es fand sich auch eine ziemliche Menge Wasser in ihrem Magen.

Am zweiten Abend unseres Aufenthaltes in Serotli erregte eine Hyäne, welche zwischen dem Grase erschien, plötzlich einen panischen Schrecken unter unserem Vieh. Auf diese tückische Art greift dieses feige Raubtier stets an. Sein Mut gleicht dem eines Truthahns. Die Hyäne beißt nur, wenn ein Tier vor ihr ausreißt; bleibt es stehen, so macht sie ebenfalls halt. Siebzehn unserer Zugochsen entliefen uns und fielen auf ihrer Flucht gerade in die Hände von Sekomi, zu dessen Besuch wir kein sonderliches Verlangen trugen, weil er unserem Erfolg abhold war. Viehdiebstahl, wie er unter solchen Umständen im Kaffernlande vorgekommen wäre, ist hier unbekannt, und so sandte uns denn Sekomi unsere Ochsen zurück und ließ uns dringend von jedem Eindringen in die Wüste abraten. – »Wohin geht ihr? Ihr werdet der Sonne und dem Durst erliegen, und die weißen Männer alle werden es mir dann zum Vorwurf machen, daß ich euch nicht gerettet habe. Hierzu kam noch eine Botschaft von seiner Mutter: »Warum geht ihr an mir vorüber? Ich hatte stets das Volk zusammenrufen lassen, um die Botschaft zu hören, die ihr geschickt habt. Was habe ich verbrochen, daß ihr an mir vorübergeht, ohne mich zu besuchen?« – Wir versicherten den Boten statt aller Antwort, die Weißen würden unseren Tod unserer eigenen Torheit und Hartköpfigkeit (tlogo, e thata) beimessen, da es nicht unsere Absicht sei, unsere Begleiter und Führer eher zurückkehren zu lassen, als bis sie uns ins Grab gelegt hätten. Ferner schickten wir Sekomi ein hübsches Geschenk und ließen ihm versprechen, wenn er den Bakalahari gestattete, die Brunnen für uns offen zu halten, so wollten wir dieses Geschenk bei unserer Rückkehr wiederholen.

Nachdem der Unterhäuptling, welcher die Boten Sekomis anführte, seine ganze Beredsamkeit in fruchtlosen Versuchen, uns zur Umkehr zu bewegen, erschöpft hatte, fragte er: »Wer führt sie denn an?« Er blickte sich um und rief mit einem Gesichte, das den unverhohlensten Widerwillen ausdrückte: »Es ist Ramotobi!« Unser Führer gehörte nämlich zu Sekomis Stamm, war aber zu Setschele entflohen. Da hierzulande Flüchtlinge immer gut aufgenommen werden und späterhin sogar den Stamm, von welchem sie entlaufen sind, wieder besuchen dürfen, so drohte Ramotobi keinerlei Gefahr, obschon er jetzt etwas tat, das, wie er wohl wußte, den Interessen seines eigenen Häuptlings und Stammes direkt entgegen war.

Als das Wasser endlich in den von uns gegrabenen Brunnen in genügender Menge sich gesammelt hatte und unser Vieh sich satt trinken konnte, brachen wir am Nachmittag von Serotli auf. Da aber die Sonne selbst im Winter – der Jahreszeit, in welcher wir eben standen – bei Tage immer noch sehr mächtig ist, so bewegten sich die Wagen nur langsam durch den tiefen schwarzen Sand, und wir kamen bis Sonnenuntergang nur sechs Meilen weit. Wir konnten nur am Morgen und Abend reisen, da ein einziger Tag in der heißen Sonne und dem schweren Sande die Ochsen gänzlich erschöpft haben würde.

Ramotobi war sehr ärgerlich darüber, daß wir so langsam vorwärtskamen; er sagte, das nächste Wasser liege drei Tagereisen weit vor uns, und wenn wir nicht schneller reisten, so würden wir es gar nicht mehr erreichen. Die äußersten Anstrengungen der Diener, Peitschenknall, Geschrei und Schläge brachten die armen Tiere doch nur 19 Meilen weit. Wir hatten auf diese Art nur 44 Meilen von Serotli aus zurückgelegt, die Ochsen waren von der weichen Beschaffenheit des Bodens und vom Durste weit mehr erschöpft, als wenn sie die doppelte Entfernung auf einem harten, die nötigen Wasservorräte darbietenden Wege zurückgelegt hätten; und jetzt lagen nach unserer Berechnung mindestens noch 30 Meilen ebenso trockener und beschwerlicher Weg vor uns. In dieser Jahreszeit wird das Gras so dürr, daß es in der Hand zu Staub zerbröckelt; die armen ermatteten Zugtiere kauten und kauten, ohne nur ein frisches Hälmchen zu finden, und blökten kläglich, als sie das Wasser in unseren Gefäßen auf den Wagen witterten. Wir waren alle fest entschlossen, unser Vorhaben durchzusetzen; wir trachteten daher, die Pferde zu retten, indem wir sie mit dem Führer vorausschickten, um mit ihnen einen verzweifelten Versuch zu machen, falls es uns mit den Ochsen mißglücken sollte. Murray ging mit ihnen,

Hottentotten

während Oswell und ich zurückblieben, um auf ihrer Fährte die Wagen so weit nachzubringen, als die Ochsen sie ziehen konnten, worauf wir dann dieselben ebenfalls vorausschicken wollten.

Die Pferde griffen wacker aus, als sie uns verließen; aber am Morgen des dritten Tages, wo sie nach unserer Berechnung in der Nähe des Wassers sein mußten, erblickten wir sie wieder neben unseren Wagen. Der Führer war auf die frischen Fußspuren einiger Buschmänner gestoßen, welche in entgegengesetzter Richtung gegangen waren, und bog vom Wege ab, um ihnen zu folgen. Eine Antilope hatte sich in einer Grube der Buschmänner gefangen. Murray folgte mit blindem Vertrauen Ramotobi auf der Spur der Buschmänner, obschon diese von dem Wasser hinwegführte, welches wir aufsuchten; er war dabei, wie die Antilope geschlachtet, abgestreift und in Stücke zerhackt wurde, und fand sich nach einem mühseligen Tagemarsch wieder bei den Wagen. Daß Ramotobi sich in dieser pfadlosen, mit Buschwerk bedeckten Einöde zurechtfand, schien uns wunderbar.

Nach dem Frühstück kamen einige Männer, welche auf einem kleinen Fußpfade der Spur mehrerer wasserliebender Tiere nachgegangen waren, mit der fröhlichen Kunde zurück, daß sie »Metse«, Wasser, gefunden hätten, und wiesen zur Bestätigung ihrer Aussage auf den Schlamm an ihren Knien. Es ist ein wahrhaft herzerquickender Anblick, die durstigen Ochsen in einen Tümpel köstlichen Regenwassers, wie wir solches hier fanden, hineinstürzen zu sehen. Sie gehen so weit ins Wasser, bis es ihnen beinahe an die Kehle geht, dann stehen sie still und schlürfen gemächlich in langen erquickenden Zügen, bis ihre zuvor eingefallenen Wammen sich wieder ausdehnen, als ob sie bersten wollten. Sie trinken so viel in sich hinein, daß bei einer plötzlichen Erschütterung, wenn sie wieder auf das Ufer herauskommen, ihnen oft das Wasser wieder aus dem Munde läuft; da sie jedoch auch tagelang ohne Futter gewesen sind, so fangen sie bald an zu grasen, und Gras ist an solchen Stellen allenthalben in Überfluß zu finden. – Dieser Tümpel hieß Mathuluani. Wir waren herzlich froh, einen so willkommenen Vorrat von Wasser gefunden zu haben.

Wir gönnten dem Vieh an diesem Orte Rast und setzten dann unsere Reise durch das trockene Bett des Flusses Mokoko abwärts fort. Als wir den Mokoko verließen, schien Ramotobi zum ersten

Male selbst in Verlegenheit zu sein, welchen Weg er einschlagen sollte. Er war nur ein einziges Mal westwärts über den Mokoko, den Schauplatz seiner Jugend, hinausgekommen. Oswell wurde, während er vor den Wagen herritt, zufällig ein Buschweib gewahr, das zusammengeduckt davonlaufen wollte, um der Beobachtung zu entgehen. Da er einen Löwen vermutete, so galoppierte er drauf los. Das Weib glaubte sich gefangengenommen und begann ihre paar Habseligkeiten auszuliefern, welche in Schlingen aus Seilen bestanden; als ich ihr aber erklärte, wir brauchten nur Wasser und wollten sie bezahlen, wenn sie uns an eine Quelle führe, so war sie gern erbötig dazu. Es war zwar schon spät am Nachmittag, allein sie wanderte noch rüstig acht Meilen weit vor unseren Pferden her und zeigte uns das Wasser von Ntschokotsa. Nachdem sie uns bis hierher geführt, wollte sie uns verlassen und nach ihrer Heimat gehen, falls sie überhaupt eine hatte – sie war vor ihren Landsleuten geflohen, und lebte fern von allen anderen mit ihrem Manne. Da es aber finster war, hießen wir sie dableiben. Weil sie sich noch immer für eine Gefangene hielt, glaubten wir, sie möchte bei Nacht entwischen, und um sie nicht mit dem Eindrucke gehen zu lassen, daß wir unehrenhaft seien, schenkten wir ihr ein Stück Fleisch und eine ziemlich große Schnur Glasperlen. Beim Anblick der letzteren brach sie in ein fröhliches Gelächter aus und blieb ohne Argwohn bei uns.

Zu Ntschokotsa stießen wir auf die erste von einer großen Menge Salzpfannen, welche mit salpetersaurem Kalk ganz bedeckt war. Ein dichter Gürtel von Mopanebäumen (einer Art Bauhinia) verdeckt diese Salzpfanne, welche ungefähr 20 englische Meilen an Umfang haben mag, vor den Blicken der von Südosten her Kommenden; und zu der Zeit, wo uns die Salzpfanne zu Gesicht kam, warf die untergehende Sonne gerade einen bläulichen Duft über die weißen Inkrustationen, so daß das Ganze einem See täuschend ähnlich sah. Oswell warf bei diesem Anblick seinen Hut in die Luft und stieß ein so lautes Freudengeschrei aus, daß das arme Buschweib und die Bakuena ihn für verrückt hielten. Ich kam etwas später und ward ebenso vollständig getäuscht wie er, und da wir zuvor übereingekommen waren, auf einander zu warten und gemeinsam den ersten Blick auf den See zu tun, so ärgerte ich mich darüber, daß er, wenn auch absichtslos, den Anblick desselben zuerst gehabt hatte. Wir ließen uns nämlich nicht im mindesten träumen, daß der langersehnte See noch mehr als 300 englische Meilen von uns entfernt war.

Am 4. Juli zogen wir zu Pferde voraus und dem vermeintlichen See entgegen, und glaubten ihn von Zeit zu Zeit wieder zu sehen; allein endlich gelangten wir an das Wasser und fanden, daß es der Zouga, ein nach Nordost strömender Fluß, war. Ein Dorf der Bakurutse lag auf dem jenseitigen Ufer; diese wohnen unter den Batletli, einem Stamme, den Sebituane im Besitze großer Herden von Hornvieh fand. Sie scheinen der Hottentotten-Familie anzugehören. Als Oswell über den Fluß setzen wollte, blieb sein Pferd im schlammigen Ufer stecken. Zwei Bakuena und ich konnten dagegen neben einem Fischerwehr durchwaten. Die Leute im Dorfe waren freundlich und teilten uns mit, daß dieser Fluß aus dem Ngami komme. Diese Nachricht erfreute uns außerordentlich, denn nun hofften wir mit Sicherheit, unser Ziel zu erreichen. Wie sie sagten, hatten wir noch einen Monat bis dorthin zu reisen; allein wir brauchten ja nur dem Zouga zu folgen, und mußten ja auf diesem Wege an das große Wasser kommen.

Am anderen Tage, als wir in der besten Laune waren, kamen zwei von den Bamangwato, welche von Sekomi vorausgeschickt worden waren, um alle Buschmänner und Bakalahari fortzujagen, damit sie uns nicht helfen oder den Weg zeigen könnten, und setzten sich an unserem Feuer nieder. Wir hatten ihre Fußspuren noch ganz frisch auf dem Wege gesehen, sie aber hatten unser langsames Vorwärtskommen beobachtet und sich gewundert, daß wir ohne Hilfe eines Buschmanns den Weg nach dem Wasser gefunden hatten. Sie hatten Ramotobi früher noch nicht gesehen. »Ihr habt nun den Fluß erreicht«, sagten sie; wir lachten darüber, denn wir hatten gewonnenes Spiel und nahmen ihnen nichts übel. Auch sie schienen gegen uns nicht feindlich gesinnt; allein nach einer anscheinend ganz freundschaftlichen Unterredung brachen sie wieder auf, um die Befehle ihres Häuptlings genau zu erfüllen. Sie zogen vor uns her den Zouga aufwärts und verbreiteten das Gerücht, wir beabsichtigten alle Stämme am Flusse und See zu plündern. Als sie aber ungefähr den halben Weg zurückgelegt hatten, erkrankte der angesehenste von ihnen am Fieber, kehrte eine Strecke zurück und starb. Sein Tod hatte eine gute Wirkung, denn die Dorfbewohner schrieben ihn der Bosheit zu, die er an uns hatte verüben wollen. Sie durchschauten alle recht wohl, warum Sekomi das Fehlschlagen unseres Versuches wünschte, und obschon sie bewaffnet gekommen waren, so rief unser freundliches, wohlwollendes und friedliches Betragen bei ihnen doch vollkommenes Zutrauen hervor.

Nachdem wir am Ufer dieses schönen Flusses ungefähr 96 Meilen weit hinaufgezogen waren und fanden, daß wir noch eine bedeutende Strecke vom Ngami entfernt seien, ließen wir alle unsere Ochsen und Wagen bis auf denjenigen Oswells, welcher der kleinste war, und bis auf ein einziges Gespann, in Ngabisane zurück in der Hoffnung, sie würden sich für die Heimreise stärken, während wir einen Ausflug nach dem See machten. Der Betschuanenhäuptling des Landes am See, welcher Boten an Setschele geschickt hatte, ließ jetzt allen Leuten am Flusse den Befehl zukommen, uns zu unterstützen; und wir wurden von den Bakoba freundlich aufgenommen, deren Sprache beweist, daß sie mit den Stämmen im Norden verwandt sind. Sie selbst nennen sich Bayeiye, d. h. Männer; die Betschuanen aber nennen sie Bakoba, was ungefähr soviel wie Sklaven bedeutet. Man hat nie gehört, daß sie sich bekriegt hätten, und es geht auch unter ihnen wirklich die Sage, daß ihre Vorfahren bei ihrem ersten Versuche, Krieg zu führen, ihre Bogen aus der Palma-Christi verfertigt und, als diese zerbrachen, das Kämpfen alsbald aufgegeben hätten. Sie haben sich stets der Herrschaft jeder Horde unterworfen, welche das Land an den Flüssen einnahm, in deren Nähe sie am liebsten wohnen. Sie sind also die afrikanischen Quäker.

Während wir so den schön bewaldeten Fluß hinauffuhren, kamen wir zu einem größeren Strome, welcher sich in ihn ergoß. Dies war der Fluß Tamunakle. Ich erkundigte mich, woher er komme. »Oh, aus einer Gegend voller Ströme – so vieler, daß niemand sie zählen kann – und voll großer Bäume«, hieß es. Dies war die erste Bestätigung der Aussagen jener Bakuena, welche bei Sebituane gewesen waren, daß nämlich das jenseitige Land nicht die »große sandige Hochebene« war, wie man vermutete.

Zwölf Tage nach unserer Abreise von Ngabisane erreichten wir das nordöstliche Ende des Sees Ngami, am 1. August 1849 zogen wir miteinander nach dem breiten Teil desselben hinunter, und zum ersten Male zeigte sich dieser prächtig anzusehende große

Wasserspiegel europäischen Blicken. Der See schien sich nach dem Kompaß in der Richtung von Nordnordost nach Südsüdwest zu strecken. Der südliche Teil soll eine Krümmung nach Westen beschreiben und den Teoughe von Norden her an seinem nordwestlichen Ende aufnehmen. Von dem Punkte aus, wo wir standen, konnten wir nach Südsüdwesten keinen Horizont erkennen; auch vermochten wir uns nur nach den Schilderungen der Einwohner dieses Landstrichs einen Begriff von der Ausdehnung des Sees zu machen. Da sie nämlich behaupteten, man könne ihn in drei Tagen umgehen, so würde dies, wenn man 25 englische Meilen auf die Tagesreise rechnet, ungefähr 75 englische oder etwas über 15 geographische Meilen Umfang ergeben. Seither hat man auch andere Vermutungen aufgestellt, und seinen Umfang auf 70 bis 100 englische Meilen angegeben. Der Ngami-See ist seicht, denn ich sah später einen Eingeborenen seinen Kahn über eine Strecke von 7-8 Meilen am nordwestlichen Ende mit einer kurzen Ruderstange fortstoßen. Der See kann daher als Handelsstraße niemals von großem Wert sein. Er ist auch wirklich in den Monaten, welche dem jährlichen Wasserzufluß aus dem Norden vorangehen, so seicht, daß das Vieh sich nur mit Mühe durch sumpfige schilfbewachsene Ufer dem Wasser nähern kann. Die Gestade des Sees sind auf allen Seiten niedrig; auf der Westseite dagegen ist eine Stelle ganz frei von Bäumen, was beweist, daß sich das Wasser erst in gar nicht sehr ferner Vergangenheit von diesem Orte zurückgezogen hat, ein neuer Beweis der Austrocknung, welche in der ganzen Gegend sich so häufig erkennen läßt. Das Wasser des Sees ist vollkommen süß, so lange er voll ist; bei niedrigem Wasserstande dagegen salzig. Das Wasser, welches im Tamunak'le herunterkommt, fanden wir so klar, kalt und weich, je höher wir hinanstiegen, daß wir unwillkürlich an schmelzenden Schnee dachten.

Der Hauptzweck, weshalb ich nach dem See reiste, war ein Besuch bei Sebituane, dem großen Häuptling der Makololo, welcher noch ungefähr 200 Meilen jenseits des Sees wohnen sollte. Wir hatten jetzt einen Mischlingsstamm der Bamangwato, die Batauana, erreicht, denen ein junger Mann namens Letschulatebe als Häuptling vorstand. Sebituane hatte seinen Vater Moremi besiegt und Letschulatebe war zum Teil als Gefangener unter den Bayeiye aufgewachsen. Sein Oheim, ein verständiger Mann, kaufte ihn los und

Livingstone am Ngamisee

legte, nachdem er eine Anzahl Familien versammelt hatte, die Häuptlingsschaft zugunsten seines Neffen nieder. Da Letschulatebe erst vor kurzem zur Macht gelangt war, so glaubte er, seine Befähigung am besten dadurch zu zeigen, daß er in allem dem Rate seines Oheims zuwiderhandelte. Bei unserer Ankunft empfahl ihm sein Oheim, uns zuvorkommend zu begegnen, und darum beschenkte uns der hoffnungsvolle Jüngling nur mit einer Ziege. Es hätte ein Ochse sein sollen. Ich machte daher meinen Reisegefährten den Vorschlag, das Tier loszubinden und laufen zu lassen, als einen Wink für seinen Geber; allein sie wollten diesen nicht kränken. Ich verstand mich besser auf die Eingeborenen und ihre Bräuche und wußte daher, daß dieses schäbige Geschenk eine Beleidigung gegen uns war. Wir wollten einige Ziegen oder Ochsen kaufen – Letschulatebe bot uns Elefantenzähne an. »Nein«, sagten wir, »die können wir nicht essen, wir brauchen etwas, um unseren Appetit zu stillen.« – »Das kann ich auch nicht«, versetzte er; »aber ich höre, daß ihr Weißen diese Knochen sehr liebt, und darum biete ich sie euch an; meine Ziegen will ich selber essen.« Ein Händler, der uns begleitete, kaufte Elfenbein und gab für zehn gute große Zähne eine Muskete, die dreizehn Schillinge wert war. Diese Zähne wurden Knochen genannt, und an acht verschiedenen Orten sah ich mit eigenen Augen, daß man die Zähne samt den übrigen Knochen da verfaulen ließ, wo der Elefant gefallen war. Die Batauana wußten früher nichts von Märkten, allein kaum zwei Jahre nach unserer Entdeckung kannte ein jeder den großen Wert der Elefantenzähne recht genau.

Am Tage nach unserer Ankunft am See wandte ich mich an Letschulatebe, um Führer zu Sebituane zu bekommen. Da er diesen Häuptling sehr fürchtete, so machte er Schwierigkeiten, denn es war ihm bange, es möchten noch andere Weiße dorthin gehen und Sebituane Schießgewehre liefern, während andererseits, wenn die Händler nur zu ihm allein kämen, der Besitz von Feuergewehren ihm eine solche Überlegenheit geben würde, daß Sebituane sich vor ihm fürchten mußte. Vergebens erklärte ich ihm, ich wolle Frieden zwischen ihnen stiften – Sebituane habe an ihm und Setschele wie ein Vater gehandelt und wünsche ebenso sehr wie Letschulatebe, mich zu sehen. Er erbot sich, mir so viel Elfenbein zu geben, als ich nur wolle, wenn ich nicht zu jenem Häuptling ginge. Als ich mich aber entschieden weigerte, sein Anerbieten anzunehmen, so willigte er sehr ungern ein, mir Führer zu geben. Am folgenden Tage jedoch, als Oswell und ich uns anschickten, zu Pferde weiterzureisen, verweigerte er uns die Führer, und wie uns Sekomi Hindernisse in den Weg gelegt hatte, schickte auch Letschulatebe Leute zu den Bayeiye mit der Weisung, uns den Übergang über den Fluß zu verwehren. Ich versuchte mit großer Mühe an einer schmalen Stelle ein Floß herzustellen, und arbeitete viele Stunden im Wasser; allein das dürre Holz war so wurmstichig, daß es nicht einmal eine einzelne Person tragen konnte. Ich hatte damals noch gar keine Ahnung von den vielen Alligatoren im Zouga, und denke niemals an jene Arbeit im Wasser, ohne Gott herzlich dafür zu danken, daß ich ihrem Rachen entging. Die Jahreszeit war schon weit vorgeschritten, und da Oswell mit seiner gewohnten Großmut sich sofort aus freien Stücken erbot, nach dem Kap hinunterzureisen und ein Boot heraufzubringen, so beschlossen wir, uns wieder auf den Heimweg nach dem Süden zu machen.

Als wir den Zouga hinunterfuhren, hatten wir vollauf Zeit, uns seine Ufer zu betrachten. Sie sind sehr schön und gleichen auffallend manchen Stellen am Clydeflusse oberhalb Glasgow. Sie bestehen aus weichem Kalktuff, der überhaupt den Boden dieses ganzen Beckens bildet. Die Ufer sind an derjenigen Seite, nach welcher sich das Wasser wendet, senkrecht – an der anderen bilden sie eine grasige Böschung. An diesen letzteren bringen die Bayeiye die Gruben an, in welchen sie die wilden Tiere fangen, wenn sie trinken wollen. Zwei ungeheure Baobab-Bäume oder Mowanas stehen nahe an der Mündung des Zouga in den See, wo wir die geographische Breite (20° 20' südlich) berechneten. Die Länge des Sees vermochten wir nicht zu bestimmen, da unsere Uhren nicht richtig gingen; sie mag zwischen 22° und 23° östlicher Länge betragen.

Wir fanden Elefanten in erstaunlicher Menge am südlichen Ufer. Sie kommen nachts zur Tränke, und wenn sie ihren Durst gelöscht haben, wobei sie eine reichliche Quantität Wasser über sich gießen und vor Vergnügen laut aufschreien, laufen sie aus Furcht vor den Fallen in gerader Linie nach der Wüste und geben diese Richtung nicht eher auf, als bis sie 7 oder 8 Meilen vom Flusse entfernt sind. Sie sind hier kleiner als in den südlicheren Gegenden. Am Limpopo z. B. waren sie mehr als 12 Fuß hoch; hier nur 11, und weiter nach Norden gar nur 9 Fuß hoch. Die Kudu oder Tolo schienen ebenfalls kleiner zu sein als diejenigen, welche wir seither gewöhnlich sahen. Wir entdeckten eine ganz neue Antilopen-Art, die sogenannten Letsche oder Letschwi. Es ist eine schöne Wasserantilope von hellbraungelber Farbe.

Bei unserer Rückkehr zu den Bakurutse fanden wir, daß ihre Fischerkähne nur zusammengeschnürte große Schilfbündel waren. Ein derartiger Kahn würde einen sehr brauchbaren Ponton abgeben, um ohne Vorbereitung viele über jeden Fluß zu setzen, welcher schilfreiche Ufer hat.

Nach meiner Rückkehr nach Kolobeng blieb ich daselbst bis zum April 1850 und reiste dann in Begleitung meiner Frau, meiner drei Kinder und des Häuptlings Setschele, welcher sich jetzt einen eigenen Wagen gekauft hatte, aufs neue ab, um den Zouga an seinem unteren Ende zu überschreiten, dann auf seinem nördlichen Ufer bis zur Mündung des Tamunakle hinaufzugehen, hierauf diesem Fluß zu folgen und Sebituane im Norden einen Besuch abzustatten. Sekomi hatte Weisungen erteilt, die Brunnen zu verschütten, welche wir mit so großer Mühe in Serotli gegraben hatten; darum nahmen wir unseren Weg mehr östlich durch die Stadt der Bamangwato und zu Letlotsche. Dieser Häuptling fragte mich, warum ich ihn auf unseren früheren Reisen vermieden habe. Ich erwiderte ihm, dies sei einfach deshalb geschehen, weil ich mich nicht habe mit ihm zanken wollen. – »Je nun«, gab er mir zur Antwort, »du hast mich also besiegt, und ich bin zufrieden.«

Wir verabschiedeten uns von Setschele an der Furt, da er durchaus Letschulatebe besuchen wollte, und zogen auf dem nördlichen holzreichen Ufer des Zouga mit großer Mühe vorwärts, da wir viele Bäume niederhauen mußten, um eine Bahn für die Wagen herzustellen. Auch erlitten wir große Verluste an Ochsen, welche in Fanggruben fielen. Die Bayeiye deckten freundlich ihre Gruben auf, als sie unsere Ankunft vernahmen; allein wenn dies nicht geschah, konnten wir es niemandem zum Vorwurf machen, wenn ein althergebrachter Landesbrauch unseren Interessen zuwider war. Als wir uns der Mündung des Tamunakle näherten, vernahmen wir, daß die sogenannte Tsetse-Fliege an seinen Ufern in Menge vorhanden sei. Dies war ein Hindernis, auf welches wir in keiner Weise vorbereitet waren; und da es uns unter Umständen hätte zwingen kön-

Die neuentdeckte Wasserantilope

nen, unsere Wagen in der Wildnis zurückzulassen, wo keine Nahrungsmittel für die Kinder zu bekommen waren, so sahen wir uns mit Widerstreben genötigt, noch einmal auf das andere Ufer des Zouga überzusetzen.

Setschele bot bei Letschulatebe seine ganze Beredsamkeit auf, um ihn zu bewegen, uns Führer zu leihen, damit ich »zu Ochs« Sebituane einen Besuch abstatten könnte, während meine Frau mit den Kindern am Ngami-See zurückblieb. Endlich gab Letschulatebe nach. Ich hatte eine ausgezeichnete Flinte, Londoner Fabrikat, ein Geschenk von Lieutenant Arkwright, auf welches ich den größten Wert legte, sowohl um des Gebers willen als auch wegen der Unmöglichkeit, mir wieder eine ähnliche Waffe zu verschaffen. Letschulatehe trug heftiges Verlangen danach und bot mir dafür so viele Elefantenzähne, als ich nur immer wünschte. Ich selbst hatte eine wahre Sehnsucht nach Sebituane, und da er mir noch überdies versprach, während der ganzen Zeit unserer Abwesenheit meine Frau mit Fleisch zu versorgen, so veranlaßte mich sein Drängen endlich, ihm die Flinte zu überlassen. Obschon Letschulatebe jetzt kein Elfenbein hatte, so sah ich doch ein, das Gewehr wäre unter solchen Bedingungen gut angewandt, und händigte es ihm ein. Als alles zu meiner Abreise fertig war, nahm ich meine Frau ungefähr 6 Meilen weit von der Stadt aus mit mir, um ihr doch auch den Anblick des breiten Teils des Sees zu verschaffen. Am nächsten Morgen aber hatten wir dringendere Dinge zu besorgen, als voneinander zu scheiden, denn unsere Kinder hatten das Fieber bekommen. Am folgenden Tage legten sich auch alle unsere Dienstboten mit derselben Krankheit nieder, und da in derartigen Fällen nichts besser ist als eine Luftveränderung, so war ich genötigt, für dieses Jahr die Hoffnung, Sebituane zu sehen, aufzugeben. Ich ließ also mein Gewehr als Abschlagszahlung für die Führer im künftigen Jahre, und wir brachen auf, um die reine Luft der Wüste aufzusuchen.

Als mein zweiter Versuch, zu Sebituane zu gelangen, vereitelt war, kehrten wir wieder nach Kolobeng zurück, wohin uns bald eine Anzahl Boten von diesem Häuptling selbst folgten. Sobald er nämlich von unseren Versuchen, zu ihm zu kommen, gehört hatte, sandte er drei Abteilungen seiner Leute mit dreizehn braunen Kühen an Letschulatebe, mit dreizehn weißen Kühen an Sekomi und dreizehn schwarzen an Setschele ab, mit der Bitte an jeden, sie möchten den weißen Männern behilflich sein, zu ihm zu gelangen. Ihre Politik war jedoch, ihn ganz unberücksichtigt zu lassen und als seine Agenten zu handeln, von welchen er mit seinem Elfenbein kaufen mußte, wessen er bedurfte. Dies ist ganz afrikanisch; und da dieser Kontinent keine Meerengen und Meeresarme hat, so sind die Stämme im Innern stets von dem Verkehr mit Europäern ausgeschlossen gewesen, weil dieser sich allgemein nur auf die an den Küsten wohnenden Völkerschaften erstreckte.

Bevor wir unsere dritte Reise zu Sebituane antraten, war es notwendig, Kuruman zu besuchen; und da Setschele um des Gewinnes willen sehr viel daran lag, das Elfenbein dieses Häuptlings in seine eigene Hand zu bekommen, so erlaubte er allen Boten, noch vor unserer Rückkehr abzureisen. Sekomi war jedoch ungewöhnlich gnädig und versorgte uns sogar mit einem Führer, allein niemand kannte den Weg jenseits Nrschokotsa, welchen wir einschlagen wollten. Als wir diesen Ort erreichten, fanden wir, daß die Schlagfeder an der Flinte eines seiner Leute; welcher mit den Buschmännern der Gegend, die wir passieren mußten, wohl bekannt war, zerbrochen war. Niemals übernahm ich die Reparatur eines Gewehrs mit größerer Bereitwilligkeit, als in diesem Falle, denn der Besitzer dieses Gewehrs versprach als Lohn für die Ausbesserung uns den Weg zu zeigen, und unter seiner Führung wandten wir uns nun nach Norden, anstatt westwärts. Alle übrigen Führer wurden von Oswell aufs Freigebigste belohnt.

Wir passierten schnell eine harte, vollkommen flache Gegend. Auf einer Ausdehnung von mehreren hundert Meilen liegt nur wenig Humus auf Kalktuff, auf welchem schönes, süßes, kurzes Gras sowie Mopane- und Baobab-Bäume wachsen. An mehreren Stellen fanden wir große Salzpfannen, wovon die eine, Ntwetwe, 15 englische Meilen breit und 100 Meilen lang ist. Die Breite hätte an ihrem Horizont ebenso gut aufgenommen werden können als auf dem Meere.

Obschon diese interessanten Punkte vollkommen eben zu sein scheinen, so fallen doch alle in dieser Richtung liegenden sanft nach Nordost ab; und dorthin gravitiert auch allmählich das Regenwasser, welches sie bisweilen bedeckt. Dies ist, wie man sich erinnern wird, die Richtung des Zouga. Das ganze in dem Wasser aufgelöste Salz ist auf diese Weise in eine einzige Pfanne geschafft worden, welche in dieser Richtung liegt und Tschuantsa heißt; daher findet man auf ihr auch eine 1½ Zoll dicke Ablagerung von Salz und Kalk.

Einer der Buschmänner, namens Schobo, ließ sich bereit finden, uns als Führer bis zu dem Lande Sebituanes zu dienen. Er machte uns keine Hoffnung, daß wir innerhalb eines Monats Wasser finden würden. Durch eine Schickung der Vorsehung gelangten wir jedoch früher, als wir erwarteten, zu einigem Vorrat von Regenwasser in einer Reihe von Tümpeln. Es läßt sich unmöglich eine Schilderung der öden trostlosen Szene entwerfen, die wir betraten, nachdem wir diesen Ort verlassen hatten. Der einzige Pflanzenwuchs war niedriges Gestrüpp in tiefem Sande. Kein Vogel und kein Insekt belebte die Landschaft. Es war ohne Ausnahme der ungastlichste Anblick, den ich jemals gehabt habe, und zu allem Unglück kam noch, daß unser Führer Schobo schon am zweiten Tage in der Irre herumlief. Wir redeten ihm in der Nacht freundlich zu, allein er lief nach allen Richtungen des Kompasses auf den Fährten von Elefanten, welche während der Regenzeit hier gewesen waren; hierauf setzte er sich auf dem Wege nieder und sagte in gebrochenem Sitschuana: »Kein Wasser, alles nur Land; – Schobo schläft; er bricht zusammen – nichts als Land«; alsdann warf er sich kaltblütig hin und schlief ein. Die Ochsen waren furchtbar ermüdet und durstig, und am Morgen des vierten Tages machte sich Schobo ganz aus dem Staube, nachdem er seine Unwissenheit in allen Dingen eingestanden hatte. Wir zogen nun in der Richtung weiter, in welcher wir ihn zuletzt gesehen hatten, und ungefähr um elf Uhr sahen wir die ersten Vögel und entdeckten dann die Fährte eines Nashorns. Bei diesem Anblick spannten wir die Ochsen aus, welche, wie es schien, das Zeichen verstanden und sogleich davonliefen, um das Wasser in dem Fluß Mababe aufzusuchen, welcher vom Tamunak'le kommt und von uns aus nach Westen hin lag. Der Wasservorrat in den Wagen war durch einen unserer Dienstleute vergeudet worden, und am Nachmittag blieb uns nur noch ein kleiner Teil für die Kinder. Dies brachte uns eine bitter ängstliche Nacht, und je weniger wir am anderen Morgen Wasser hatten, desto durstiger wurden die Kinder. Der Gedanke, daß sie vor unseren Augen verschmachten könnten, war entsetzlich. Es wäre mir fast ein Trost gewesen, wenn mir jemand den Vorwurf gemacht hätte, daß ich die alleinige Ursache dieser Katastrophe sei; allein die Mutter der Kleinen äußerte auch nicht ein Wort des Tadels, obschon ihr tränenvolles Auge genugsam den Schmerz in ihrem Innern bekundete. Am Nachmittag des fünften Tages endlich kehrten zu unserem unaussprechlichen Trost einige unserer Leute mit einem Vorrat von Wasser zurück, dessen wirklichen Wert wir nie zuvor gefühlt hatten.

Das Vieh war auf dem Wege zum Wasser des Mahabe wahrscheinlich durch ein kleines Gehölz von Bäumen gekommen, wo es Tsetse-Fliegen gab – ein Insekt, welches binnen kurzem für uns eine wahre Pest werden sollte. Schobo hatte den Weg zu den Bayeiye gefunden und erschien, als wir nach dem Fluß hinaufkamen, an der Spitze einer Anzahl Leute. Um sich nun vor seinen Bekannten ein Ansehen zu geben, schritt er kühn auf uns zu, hieß unseren ganzen Zug haltmachen und sofort Feuer und Tabak herbeischaffen, worauf er kaltblütig sich niederhockte und seine Pfeife rauchte. Es war eine solch unnachahmlich natürliche Art zu prahlen, daß wir alle stehenblieben, um sein Betragen zu bewundern; und obschon er uns zuvor im Stich gelassen hatte, so waren wir doch alle dem Schobo gewogen, als einem prächtigen Repräsentanten jenes wundersamen Volksstammes der Buschmänner.

Die Makololo, welche wir am Tschobe trafen, waren sehr erfreut, uns zu sehen; und da sich ihr Häuptling Sebituane ungefähr 20 englische Meilen weiter stromabwärts aufhielt, so fuhren Oswell und ich nach seiner zeitweiligen Residenz. Er war aus der Barotse-Stadt Naliele nach Sescheke herabgekommen, sobald er die Ankunft von Weißen, die ihn besuchen wollten, vernommen hatte, und war uns nun noch 100 Meilen weiter entgegengereist, um uns in seinem Lande zu bewillkommnen. Er befand sich gerade auf einer Insel, die Vornehmsten seiner Leute um ihn her, sämtlich singend. Ihr Gesang klang mehr wie Kirchenmusik, als der Singsang e, e, e, ä, ä, ä der Betschuanen im Süden; sie sangen noch einige Sekunden fort, nachdem wir schon zu ihnen getreten waren. Wir schilderten Sebituane die Schwierigkeiten, welche wir gehabt hatten, und wie froh wir wären, daß diese nun überstanden seien, nachdem wir endlich bei ihm angelangt. Er beteuerte uns seine eigene Freude und setzte hinzu: »Euer Vieh ist sämtlich von der Tsetse gebissen worden und wird gewiß sterben; doch gleichviel! Ich habe Ochsen und will Euch geben, so viel ihr bedürft.« In unserer Unwissenheit wähnten wir damals, da nur so wenige Tsetse unser Vieh gestochen hätten, werde kein so großer Verlust folgen. Er beschenkte uns sodann mit einem Ochsen und einem Krug Honig zu unserer Nahrung und übergab uns der Fürsorge von Mahale, welcher die Gesandtschaft nach Kolobeng angeführt hatte und sich jetzt gern das alleinige Verdienst unseres Kommens beigemessen haben würde. Man gab uns als Decken für die Nacht zubereitete Ochsenhäute, die so weich waren wie Tuch; und da man diesem Häuptling nichts wieder zurückgeben darf, so fielen sie dem Mahale als Eigentum zu. Noch lange vor Tagesanbruch kam Sebituane selber zu uns, setzte sich bei dem Feuer nieder, welches für uns hinter der Hecke, wo wir lagen, angemacht worden war, und erzählte uns die Schwierigkeiten, mit welchen er einst selber hatte kämpfen müssen, da er als ein junger Mann dieselbe Wüste durchreiste. Da sein Leben höchst merkwürdig gewesen und er ohne Frage der bedeutendste Mann in diesem ganzen Lande war, so wird ein kurzer Abriß seiner Lebensgeschichte dem Leser einiges Interesse darbieten.

Sebituane war ungefähr fünfundvierzig Jahre alt, hoch von Wuchs, von straffer Gestalt; seine Hautfarbe war olivengelb oder hellbraun wie Milchkaffee, sein Kopf etwas kahl; in seinem Gebaren kaltblütig und gesetzt, war er in seinen Antworten offenherziger als irgendein anderer Häuptling, den ich je getroffen hatte. Er war der größte Krieger, dessen Ruf jemals über die Kolonie hinausgedrungen, denn im Gegensatze zu Mosilikatze, Dingaan und anderen führte er seine Leute stets persönlich ins Gefecht. Sooft er des Feindes ansichtig wurde, befühlte er die Schneide seiner Streitaxt und sagte: »Nun, sie ist scharf, und jeder, der den Feinden den Rücken zukehrt, der soll ihre Schneide fühlen.« Er war ein so behender Läufer, daß alle seine Leute wußten, ein Feigling könne ihm nicht entrinnen, da jeder ohne Erbarmen niedergehauen werden würde. Wenn ein Krieger sich versteckte, um sich dem Kampfe zu entziehen, ließ er ihn nach Hause zurückkehren; später rief er ihn zu sich und sagte: »Also du willst lieber zu Hause sterben als im Felde, nicht wahr? Du sollst deinen Willen haben.« Dies war das Signal zu seiner unverzüglichen Hinrichtung.

Sebituane kam aus dem Lande in der Nähe der Quellen der Flüsse Likwa und Namagari im Süden, und wir trafen ihn also in einer Entfernung von 800-900 Meilen von seinem Geburtsort. Er war kein Häuptlingssohn, obschon mit der Familie der Herrscher der Basutu nahe verwandt, und als bei einem Angriff Sikonyeles der Stamm aus einem Landesteil vertrieben wurde, gehörte auch Sebituane zu jener ungeheuren Horde von Wilden, welche im Jahre 1824 durch die Griquas von Kuruman fortgejagt wurden. Er flüchtete damals nach Norden mit einer unbedeutenden Anzahl Leute und Vieh. Zu Melita riefen die Bangwaketse die Bakuena, Bakatla und Bahurutse zusammen, um »sie aufzufressen«. Er stellte seine Leute vorne ins Treffen und die Weiber hinter das Vieh, und schlug die ganze Schar seiner Feinde mit einem einzigen Streich. Nachdem er auf diese Weise Makabe, den Häuptling der Bangwaketse, besiegt hatte, nahm er sogleich von seiner Stadt und seiner ganzen Habe Besitz.

Sebituane ließ sich nachher in Litubaruba nieder, wo Setschele noch wohnt, und seine Leute erlitten schwere Verluste in einem jener, nicht durch die Geschichte verewigten Überfälle der Weißen, in welchen Metzeleien begangen werden und das Gewissen durch Frevel aller Art für den Tag künftiger Rechenschaft belastet wird.

Schicksale der verschiedensten Art stießen ihm im nördlichen Teile des Betschuanenlandes zu; zweimal büßte er all sein Vieh durch die Überfälle der Matebele ein, allein stets gelang es ihm, seine Leute beisammen zu behalten, und er holte sich mehr wieder, als er verloren hatte. Er durchreiste damals die Wüste beinahe auf demselben Wege, welchen wir zurückgelegt hatten. Er hatte einen Führer gepreßt, und da man bei Nacht reisen mußte, um Wasser zu erreichen, so machte der Führer sich dies zunutze und entwischte ihm. Nachdem sie bis zum Morgen marschiert und vermeintlich der rechten Richtung gefolgt waren, fanden sie sich wieder auf der Fährte, der sie am Tage zuvor gefolgt waren. Vieles Vieh entlief ihm, vom Durste toll gemacht, und kehrte nach Serotli zurück, welches damals noch ein großes Wasserbecken war, und nach Maschue und Lopepe, den Wohnplätzen ihrer ursprünglichen Besitzer. Er versah sich wieder mit Vieh unter den Batletli, am See Kumadau. Er eroberte das ganze Land um den See her, und hörte dabei von weißen Männern, welche an der Westküste leben sollten; da trieb ihn der Wunsch, mit dem weißen Manne in Verkehr zu treten – ein Wunsch, der ihn sein ganzes Leben hindurch begleitete –, abermals weiter nach Südwesten, in jene Gegenden, welche neuerdings durch Galton und Andersson erschlossen worden sind. Dort kamen er und seine Begleiter, vom Durste unaussprechlich gequält, zu einem kleinen Brunnen, und Sebituane entschied, daß hier die Menschen und nicht das Vieh trinken sollten, denn die ersteren seien vom größten Wert, da sie sich anderes Vieh verschaffen könnten, falls ihr jetziges verlorengehen sollte. Am Morgen fanden sie, daß ihnen ihr Vieh zu den Damaras entlaufen war.

Sebituane kehrte nun ärmer als bei seinem Aufbruch um, zog am Teoughe aufwärts bis zum Hügel Soriba, und dann durch eine sumpfige Gegend nach Osten. Nachdem er seine Wanderung bis zu dem tiefliegenden Becken des Leeambye fortgesetzt hatte, bemerkte er, daß es für ein Hirtenvolk, wie sein Stamm war, keinen Aufenthalt gewähre, und zog daher an diesem Flusse hinab unter die Baschubia und Batoka, welche damals auf dem höchsten Punkte ihres Ruhmes standen. Er war fortwährend genötigt, die verschiedenen Stämme anzugreifen, und noch bis auf den heutigen Tag rechtfertigen seine Leute jede Maßregel, die er getroffen, als vollkommen gerecht und billig. Die Batoka wohnten auf großen Inseln im Leeambye oder Zambesi; und da sie sich in diesen Festungen ganz sicher fühlten, so lockten sie oft flüchtige oder wandernde Stämme dorthin auf unbewohnte Eilande unter dem Vorwand, sie über den Fluß setzen zu wollen, und ließen sie dort umkommen, um sich ihrer Habe zu bemächtigen. Sekomi, der Häuptling der Bamangwato, war in seinen Kinderjahren von demselben Schicksal bedroht gewesen; allein ein Mann, der noch am Leben ist, fühlte Mitleid mit ihm und setzte seine Mutter in den Stand, nachts mit ihm zu entfliehen. Der Strom ist so breit, daß selbst das schärfste Auge nicht imstande ist, den Unterschied zwischen einer Insel und einer Krümmung des gegenüberliegenden Ufers anzugeben. Allein Sebituane mit seiner gewohnten Vorsicht bat den Häuptling der Insel, welcher ihn über den Strom setzte, seinen Sitz bei ihm im Kahne einzunehmen, und hielt ihn an seiner Seite fest, bis all seine Mannschaft und Vieh wohlbehalten gelandet war. Das ganze Batokaland war damals dicht bevölkert, und es herrschte unter ihnen der sonderbare Brauch, ihre Dörfer mit den Schädeln von Fremden zu verzieren. Als Sebituane in der Nähe der großen Wasserfälle des Zambesi erschien, sammelte sich ein gewaltiges Heer, um Trophäen aus den Schädeln der Makololo zu machen; allein dies glückte ihnen nicht nur nicht, sondern lieferte Sebituane einen willkommenen Vorwand, sie anzugreifen, wobei er so viel Hornvieh erbeutete, daß seine Leute sich gar nicht um die Schafe und Ziegen kümmern konnten. Er überzog nun die sämtlichen Hochebenen bis nach Kafue und ließ sich in einem Hirtenlande nieder, wo der Boden leicht wellenförmige Ebenen mit kurzem Graswuchs und nur wenig Wald bildet. Die Makololo haben ihre Anhänglichkeit an diese schöne gesunde Gegend auch niemals wieder verloren.

Allein die Matebele, ein Kaffer- oder Zulu-Stamm, setzten unter Mosilikatze über den Zambesi, griffen Sebituane an und nahmen ihm Vieh und Weiber weg. Er sammelte jedoch seine Mannschaft von neuem, zog ihnen nach und jagte ihnen alles wieder ab. Ein neuer Angriff ward gleichfalls zurückgeschlagen, und Sebituane gedachte den Zambesi weiter hinabzugehen nach dem Lande der Weißen. Er hatte eine Idee – woher sie ihm gekommen, konnte ich niemals erfahren –, daß er in Frieden leben könnte, wenn er eine Kanone hätte. Er hatte ein kriegerisches Leben geführt, und doch sehnte sich anscheinend niemand mehr nach Frieden als er.

Sebituane hatte nicht allein alle schwarzen Stämme auf einem ungeheuren Landstrich bezwungen, sondern sich selbst dem schrecklichen Mosilikatze furchtbar gemacht. Er konnte jedoch diesem blutdürstigen Häuptling niemals trauen, und da die Batoka auf den Inseln sich das Vergehen hatten zuschulden kommen lassen, seine Feinde über den Zambesi zu setzen, so überzog er sie plötzlich mit Krieg und vertrieb sie alle aus ihren Inselfesten. Ohne sein Wissen und Wollen leistete er hierdurch dem Lande einen guten Dienst, indem er das alte System, welches die Ausbreitung des Handelsverkehrs nach dem großen Zentraltale hemmte, völlig vernichtete. Von den Häuptlingen, welche entronnen waren, sagte er: »Sie lieben Mosilikatze; laßt sie nur bei ihm wohnen: der Zambesi ist meine Verteidigungslinie«; und längs demselben wurden überall Krieger als Schildwachen aufgestellt. Als er von unserem Wunsch, ihn zu besuchen, hörte, tat er alles, was in seinen Kräften stand, um unsere Hinreise zu unterstützen und zu fördern. Setschele, Sekomi und Letschulatebe verdankten seiner Milde ihr Leben, und der letztere hätte um ein Haar die Hindernisse, welche er uns in den Weg gelegt, schwer büßen müssen. Sebituane wußte alles, was im ganzen Lande vorging, denn er verstand sich auf die Kunst, die Zuneigung seines eigenen Volkes sowohl als die der Fremden sich zu erwerben. So oft ein Trupp armer Leute nach seiner Stadt kam, um ihre Häute oder Hacken zu verkaufen, so plump sie auch waren, so lernte er sie bald alle kennen. Eine Gesellschaft dieser armen Fremdlinge, welche von den vornehmeren Makololo getrennt um ihren Häuptling herumsitzen, würde sehr überrascht gewesen sein, wenn er allein gekommen wäre, sich zu ihnen gesetzt und sie gefragt hätte, ob sie hungrig seien. Er pflegte gewöhnlich einen Begleiter mit Mehl, Milch und Honig zu schicken, mischte diese drei Speisen in ihrer Gegenwart untereinander, um ihnen jeden Argwohn zu nehmen, und setzte ihnen ein königliches Gericht – vielleicht das erste in ihrem ganzen Leben – vor. Unaussprechlich entzückt von seiner Leutseligkeit und Freigebigkeit, schlossen sie sich an ihn an und erteilten ihm jede Auskunft, welche sie nur zu geben imstande waren; und da er nie eine Gesellschaft Fremder von dannen ziehen ließ, ohne jedem von ihnen, bis auf den letzten Diener herab, ein Geschenk zu reichen, so ward sein Lob nah und fern verkündigt und ausgebreitet. »Er hat ein Herz, er ist weise!« hörten wir gewöhnlich von ihm sagen, ehe wir ihn noch sahen.

Der Beweis von Vertrauen, welchen wir ihm dadurch gegeben hatten, daß wir unsere Kinder mitbrachten, erfreute ihn sehr, und er versprach uns mitzunehmen und uns sein Land zu zeigen, damit wir uns selber einen Ort für unsere künftige Niederlassung wählen könnten. Unser Plan ging dahin: ich sollte dableiben und meinen Zweck als Missionar verfolgen, während Oswell den Zambesi nach Osten hin erforschte. Der arme Sebituane aber hatte kaum seinen so lange gehegten heißen Wunsch in Erfüllung gehen sehen, als er an einer Lungenentzündung erkrankte, welche von einer alten, in Melita erhaltenen Wunde herrührte. Ich sah die Gefahr, in welcher er schwebte; da ich aber ein Fremder war, fürchtete ich mich, ihn in ärztliche Behandlung zu nehmen, um im Falle seines Todes nicht von seinem Volke getadelt zu werden. Ich erwähnte dies gegen einen seiner Doktoren, und dieser meinte: »Deine Furcht ist klug und weise; diese Leute würden dich tadeln.« Ein Jahr zuvor war er von dieser Krankheit durch die Barotse geheilt worden, welche ihm eine Anzahl feiner Einschnitte in die Brust machten. Die Makololo dagegen ritzten ihm jetzt kaum die Haut. An dem Sonntagnachmittag, an dem er starb, besuchte ich ihn nach vollbrachtem Gottesdienste mit meinem kleinen Robert. »Komm näher«, sagte Sebituane, »und sieh, ob ich noch ein Mann bin; es ist um mich geschehen.« Er fühlte so deutlich den gefährlichen Charakter seiner Krankheit, daß ich ihn darin zu bestärken wagte und nur eine einzige Äußerung hinsichtlich der Hoffnung nach dem Tode hinzufügte. »Warum sprichst du vom Tode?« fragte einer der neu angekommenen Doktoren; »Sebituane wird niemals sterben.« Hätte ich auf meiner Ansicht bestanden, so würde ich mich dem Argwohn ausgesetzt haben, daß ich durch weiteres Sprechen über diesen Gegenstand seinen Tod herbeiwünsche. Nachdem ich einige Zeit neben ihm gesessen und ihn der Gnade Gottes anempfohlen hatte, stand ich auf und wollte mich entfernen; da richtete sich der sterbende Häuptling so gut er konnte von seinem Lager auf, rief einen Diener herbei und sagte: »Bringe Robert zu Manuku (eines seiner Weiber) und sage ihr, sie solle ihm etwas Milch geben.« Dies waren Sebituanes letzte Worte.

Wir erfuhren seinen Tod erst am anderen Tage. Das Begräbnis eines Betschuanen-Häuptlings findet in seiner Viehhürde statt und sein sämtliches Vieh wird eine oder zwei Stunden lang um das Grab herum und über dasselbe hinweggetrieben, so daß es ganz unkenntlich gemacht und vertilgt wird. Wir gingen nun zu seinen Leuten, sprachen mit ihnen und gaben ihnen den Rat, zusammenzuhalten und den Erben zu unterstützen. Dies nahmen sie freundlich auf und baten uns dagegen, außer Sorgen zu sein, denn es falle ihnen nicht ein, den Tod ihres Häuptlings uns beizumessen; Sebituane sei eben nur den Weg seiner Väter gegangen; und obschon der Vater nun verschieden, habe er doch Kinder hinterlassen, gegen welche wir hoffentlich ebenso freundlich sein würden, wie wir es gegen ihn gewesen wären.

Sebituane war entschieden der beste eingeborene Häuptling, den ich jemals kennenlernte. Nie zuvor war mir der Tod eines schwarzen Mannes so nahegegangen, und ich mußte ihm unwillkürlich mit meinen Gedanken in jene andere Welt folgen, von welcher er erst in dem Augenblicke gehört hatte, als er aus dem Leben abgerufen wurde; ich fühlte unwillkürlich die Empfindungen derjenigen, welche für die Toten beten. Die tiefe dunkle Frage; was aus einem Manne wie Sebituane nach dem Tode werden möge, müssen wir übrigens unerörtert lassen, und uns dem Glauben hingeben, daß der Richter der Welt gewiß recht tun wird.

Mit Sebituanes Tod ging, nach ihres Vaters eigener Absicht, die Häuptlingsstelle auf eine Tochter namens Mawotschisane über. Er hatte seiner Zusage gemäß uns sein Land zeigen und uns eine passende Örtlichkeit zu unserem künftigen Wohnplatze wählen lassen wollen. Wir hatten uns nun an die Tochter zu halten, welche zwölf Tagereisen nordwärts, zu Naliele, wohnte. Daher mußten wir hier bleiben, bis eine Botschaft von ihr kam; und als diese endlich eintraf, gab sie uns unbeschränkte Erlaubnis, jeden beliebigen Teil des Landes zu besuchen. Oswell und ich setzten also unsere Reise 130 Meilen weiter nach Nordosten bis nach Sescheke fort; und Ende Juni 1851 sahen wir uns durch die Entdeckung des Zambesi, im Zentrum des Kontinents, belohnt.

Das Land, welches wir vom Tschobe aus durchreist hatten, war vollkommen flach, diejenigen Stellen ausgenommen, an welchen große Ameisenhaufen oder die Überreste von solchen standen, welche immer noch Erdhaufen von einigen Fuß Höhe bildeten. Diese sind mit wilden Datteln und Palmyra-Palmen bedeckt, an einigen Punkten finden sich auch Mimosen- und Mopane-Wälder. Die Gegend zwischen dem Tschobe und Zambesi wird von Zeit zu Zeit unter Wasser gesetzt, und man trifft häufig große Stecken Sumpf in der Nähe des Tschobe oder an seinen Ufern. Die Makololo bewohnten diese Sumpfgegend, da ihnen das tiefe Schilf Schutz vor ihren Feinden gewährte.

Obwohl ich jetzt nach einer passenden Örtlichkeit zu einer Niederlassung suchte, konnte ich es doch mit meinem Gewissen nicht verantworten, sie zu veranlassen, lediglich um meiner Bequemlichkeit willen ihre sicheren Wohnplätze aufzugeben. Die gesünderen Bezirke boten keinen derartigen Schutz, ihre sicheren Wohnorte waren aber so nachteilig für Leben und Gesundheit, daß die ursprünglichen Eingeborenen des Landes, die Basutos, fast ganz und gar vom Fieber aufgerieben worden waren. Dieser Gefahr mochte ich jedoch meine Familie nicht aussetzen.

Da wir die ersten Weißen waren, welche den Einwohnern jemals zu Gesicht gekommen, so hatten wir einen ungeheuren Zulauf von neugierigen Besuchern. Unter den ersten, welche kamen, war ein angesehener Mann in einem bunten kattunenen Schlafrock. Außerdem trugen viele von den Makololo Kleidungsstücke von blauem, grünem und rotem Boy sowie von gedrucktem Kattun, und wir erfuhren auf unsere Erkundigungen, daß diese Stoffe gegen Knaben von dem Mambari-Stamme in der Nähe von Bihe eingetauscht worden waren. Dieser Stamm begann den Sklavenhandel mit Sebituane erst im Jahre 1850, und wenn uns Letschulatebe nicht gehindert hätte, sein Land zu durchreisen, so hätten wir Sebituane noch zeitig genug erreichen können, um jenen Handel noch im Entstehen zu unterdrücken. Die Mambari besuchten in früheren Zeiten den Häuptling der Barotse, welchen Sebituane bezwungen hatte, und jener verbot seinen Leuten allen Kinderhandel. Sie kamen auch nicht wieder bis zum Jahre 1850, und da sie eine Anzahl alter portugiesischer Musketen mit dem Stempel »Legitimo de Braga« hatten, von welchen Sebituane sich treffliche Dienste bei einem künftigen Einfalle der Matebele versprach, so erbot er sich, diese den Mambari um Vieh oder Elfenbein abzukaufen; allein sie wollten sie nur gegen vierzehnjährige Knaben hergeben. Die Makololo erklärten, sie hätten bis dahin nie etwas vom Menschenhandel gehört und einen Abscheu davor gehabt, allein das Verlangen nach den Gewehren trug den Sieg davon, und acht alte Flinten wurden gegen ebenso viele Knaben ausgetauscht, welche jedoch nicht ihre eigenen Kinder, sondern Gefangene aus den von ihnen bezwungenen schwarzen Stämmen waren. Es ist mir in Afrika nie ein Beispiel vorgekommen, daß ein Vater sein eigenes Kind verkauft hätte. Die Makololo wurden später veranlaßt, einen Sreifzug gegen einige östliche Stämme zu machen, und kamen mit den Mambari überein, daß diese ihnen ihre Gewehre zum Angriff leihen sollten unter der Bedingung, denselben ihre Gefangenen zu überlassen und das erbeutete Vieh für sich selber zu behalten. Jene schleppten in dem betreffenden Jahre mindestens zweihundert Gefangene davon. Während jenes Streifzuges stießen die Makololo auf einige Araber aus Zanzibar, welche ihnen drei englische Musketen schenkten und dagegen ungefähr dreißig ihrer Gefangenen erhielten.

Als ich mit meinem Begleiter diese Verhältnisse besprach, kam uns der Gedanke, daß der Sklavenhandel unmöglich werden müsse, wenn der Markt durch ehrlichen Handel mit Erzeugnissen europäischer Manufakturen versehen würde. Es erschien uns weit ausführbarer, die Waren, gegen welche diese Völker jetzt ihre Diener hingeben, im Tausch gegen Elfenbein und andere Landeserzeugnisse abzulassen, und so den Sklavenhandel im Keime zu ersticken, als ihn erst dann unterdrücken zu wollen, wenn er größere Ausdehnung gewonnen hätte. Doch könnte dies nur durch Anlegung einer Handelsstraße von der Küste nach dem Mittelpunkt des Landes erreicht werden.

Weil keine Hoffnung vorhanden war, daß die Boers die Unterweisung der Eingeborenen in Kolobeng auf friedlichem Wege zugeben würden, so faßte ich schnell den Entschluß, meine Familie nicht länger mehr den Gefahren dieses ungesunden Landstrichs auszusetzen, sondern sie nach England zu senden und allein hierher zurückzukehren, in der Absicht, das Land zu durchforschen, einen gesunden Bezirk aufzusuchen, aus dem sich ein Mittelpunkt der Zivilisation machen ließe, und das Innere mittelst eines Weges zu erschließen, der entweder an der Ost- oder der Westküste mündete. Dieser Plan führte mich im April 1852 nach dem Kap zurück, und zum ersten Mal nach elf Jahren genoß ich wieder den Anblick zivilisierter Zustände.

Nachdem ich meine Familie an Bord eines nach dem Mutterlande fahrenden Schiffes untergebracht und versprochen hatte, in zwei Jahren nachzukommen, schieden wir voneinander, freilich, wie sich später ergab, für mehr als fünf Jahre.

Drittes Kapitel

Nachdem ich meine Familie nach England abgeschickt hatte, trat ich zu Anfang Juni 1852 meine letzte Reise von Kapstadt aus an. Diese Reise erstreckte sich vom südlichsten Ende des afrikanischen Kontinents bis nach St. Paul de Loando, der Hauptstadt von Angola, an der Westküste, und von hier durch das ganze südliche Zentralafrika in schiefer Richtung nach Kilimane (Quilimane) in Ostafrika. Ich bediente mich anfangs des landesüblichen Verkehrsmittels, des außerordentlich schwerfälligen, von zehn Ochsen gezogenen Wagens; meine Begleiter waren zwei christliche Betschuanen aus Kuruman – die besten Diener, welche ich je gehabt habe –, zwei männliche Bakuena, und zwei junge Mädchen, welche als Wärterinnen mit unseren Kindern nach Kapstadt gekommen waren und nun wieder in ihre Heimat nach Kolobeng zurückkehrten. Die Art, in Afrika mit Wagen zu reisen, ist schon so oft beschrieben worden, daß ich hier nichts weiter zu sagen brauche, als daß sie der Gesundheit zuträglich und sehr angenehm für diejenigen ist, welche es mit Kleinigkeiten nicht zu genau nehmen und gern im Freien verkehren.

Unser Weg nach dem Norden führte so ziemlich durch die Mitte jenes kegelförmigen Landstrichs, welcher das Vorgebirge der guten Hoffnung bildet. Diejenigen Teile der Kolonie, welche wir durchzogen, waren von unfruchtbarem Aussehen, und da der gegenwärtige Winter auf eine heftige Dürre gefolgt war, so hatten manche Farmer zwei Drittel ihres Viehstandes eingebüßt. Die Landschaft war wenig einladend; die baumlosen Hügel waren von dunkelbrauner Farbe, und bei der ärmlichen Vegetation auf den Ebenen hätte ich sie lieber eine Wüste genannt als die Kalahari. Zur Zeit der ersten Besitznahme soll das Land mit schönem Graswuchs bedeckt gewesen sein; allein dieser ist mit den Antilopen verschwunden, die davon lebten.

Wir setzen über den Orange-Fluß und betreten ein unabhängiges, von Griquas und Betschuanen bewohntes Gebiet. Unter Griquas versteht man jede Mischlingsrasse von Eingeborenen und Europäern. Die hier in Betracht kommenden stammten von Holländern einerseits und Hottentottinnen und Buschweibern andererseits ab. Mischlinge der ersten Generation halten sich für besser als die der zweiten, und alle besitzen in gewissem Grade die charakteristischen Merkmale beider Eltern. Sie wurden viele Jahre durch einen freigewählten Häuptling, namens Waterboer, regiert, welcher aufgrund eines Vertrags alljährlich von der Kolonial-Regierung eine kleine Summe zur Unterhaltung von Schulen in seinem Gebiet erhielt und sich als eine höchst wirksame Schutzwache unserer Nordwest-Grenze erwies. So lange dieser tüchtige Häuptling regierte, wußte man gar nichts von Viehdiebstahl, und er trieb tatsächlich ganz allein eine furchtbare Streitkraft von plündernden Matatees, welche in die Kolonie einzufallen drohte, zurück. Ohne diesen tapferen Christen Waterboer würde der Nordwesten den Kolonisten wahrscheinlich ebensoviel Mühe und Verlegenheiten bereitet haben wie die östliche Grenze; denn auch die ursprünglichen Griquas machten sich ebensowenig ein Gewissen daraus, den Farmern ihr Vieh zu rauben, als die Kaffern noch jetzt tun. Als Waterboer zum Häuptling gewählt wurde, erklärte er auf das Bestimmteste, daß kein Plündern gestattet sei. Da aber keiner dieser Stämme eine despotische Regierung hat, so plünderten trotz dieser Erklärung einige seiner angesehensten Leute Dörfer der Corannas, die südlich vom Orange-Flusse wohnten. Er ließ sogleich sechs der Rädelsführer ergreifen, und obschon seine eigene Stellung dabei auf dem Spiele stand, berief er doch seinen Rat zusammen, hielt eine Untersuchung, verurteilte sie und ließ alle sechs öffentlich hinrichten. Dies rief zwar eine Empörung hervor, und die Aufrührer griffen zweimal seine Hauptstadt, Griqua Town, an, in der Absicht, ihn abzusetzen; allein er schlug tapfer beide Angriffe zurück, und seit jenem Tage zog während seiner langen dreißigjährigen Regierung keine einzige Plünderungs-Expedition mehr von seinem Gebiete aus. Da er die verderblichen Wirkungen der Einführung von starken geistigen Getränken unter seinem Volke wahrgenommen hatte, so verordnete er mit charakteristischer Energie, daß jedem Boer oder Griqua, der Branntwein ins Land hereinbrächte, sein ganzer Vorrat weggenommen und ausgegossen werden sollte. Die weiter ostwärts wohnenden Griqua-Häuptlinge waren außerstande, dieses Gesetz so gründlich durchzuführen wie er; und daraus erklärt es sich, daß die Boers in dieser Gegend die Griquas so leicht bewegen konnten, ihnen ihre Ländereien abzutreten.

Zehn Jahre, nachdem er sich in seiner Macht befestigt hatte, trat er in Unterhandlung mit der Kolonial-Regierung, und während der hierauf folgenden zwanzig Jahre fand sich kein Anlaß auch nur zur geringsten Beschwerde gegen ihn oder seine Leute; im Gegenteil erwarb er sich durch sein treues Festhalten an dem Vertrag den allgemeinen Beifall verschiedener, aufeinander folgender Gouverneure. Ein späterer Couverneur indes, von dem man jedoch nicht ohne Achtung sprechen kann, wollte im Gefühl seiner Macht, was unter anderen Umständen ganz an seinem Platze gewesen wäre, eine Bande rebellischer britischer Untertanen (Boers), welche den Kapitän Murray mordeten, zur Ruhe bringen, indem – während sie noch im offenen Aufstande begriffen waren – er ihre Unabhängigkeit proklamierte und nicht nur den Vertrag mit den Griquas aufhob, sondern auch die Zufuhr an Schießpulver verbot, an welches sie seit langer Zeit gewöhnt waren und das ihnen zur Verteidigung der Grenzen so nötig war, und nicht einmal zuließ, daß sie zu ihrer eigenen Verteidigung auf dem Wege erlaubten Handels sich dergleichen verschafften.

Wenn es nötig gewesen wäre, dafür zu sorgen, daß keine Munition mehr den Weg in jenes Land fände, wie es wahrscheinlich der Fall war, so hätte man doch gewiß zugunsten der Boers oder Kaffern, unserer offenkundigen Feinde, keine Ausnahme machen sollen, und doch machte man diese Ausnahme und macht sie noch heutzutage zugunsten der Boers, während es den Betschuanen und Griquas, unseren getreuen Freunden, beinahe unmöglich ist, sich auch nur eine Unze Schießpulver zu ihrer Verteidigung oder zum Handel zu verschaffen. Ja, man kannte das Verhältnis der Grenzstämme zu den Engländern selbst in Kapstadt so wenig, daß die Behörden, wie gern sie mich auch in meinen Forschungen unterstützt haben würden, entschiedenes Bedenken trugen, mich mehr als zehn Pfund Schießpulver einkaufen zu lassen, damit es die Betschuanen mir nicht mit Gewalt wegnehmen sollten. Und doch ließ ich tatsächlich mehr als zehn Pfund länger als zwei Jahre in einer offenen Kiste in meinem Wagen zu Linyanti.

Der betrauerte Sir George Cathcart schloß, anscheinend ohne zu wissen, was er tat, mit den Transvaal-Boer einen Vertrag ab, in welchen Bestimmungen in betreff des freien Durchzuges englischer Händler nach dem Norden und des gänzlichen Verbotes der Sklaverei in jenem Freistaat aufgenommen wurden. Hierauf erschien die Verordnung wegen des Schießpulvers, wodurch die Betschuanen, an welche allein die Boers sich wagen, um sie als Sklaven hinwegzuführen, vollkommen wehrlos gemacht wurden. Die Boers versuchen nämlich niemals einen Kampf mit den Kaffern oder einer Niederlassung im Kaffernlande. Wir beobachten noch fortwährend pünktlich die Vertragsbestimmungen – die Boers haben dies nie getan noch jemals die Absicht gehabt, sich an jenen Vertrag zu binden, denn unmittelbar nach der erfolgten Verkündigung ihrer Unabhängigkeit wurde gegen die Betschuanen Setscheles von vierhundert Boers unter Mr. Peit Scholz eine Sklavenjagd unternommen und der Plan verfolgt, welchen sie von jeher seit der Emanzipation der Hottentotten genährt hatten. So verfolgte aus unglücklicher Unbekanntschaft mit dem Lande, das er zu regieren hatte, ein geschickter und scharfblickender Gouverneur eine Politik, die passend und klug gewesen wäre, hätte sie unseren Feinden gegolten, die aber für unsere Freunde, auf welche sie angewendet wurde, sehr nachteilig war. Einen solchen Irrtum würde ein Mann mit der nötigen Lokalkenntnis und Erfahrung, wie der angesehene Eingeborene der Kolonie, Sir Andries Stockenstrom, nicht begangen haben; und derartige Fälle, wo Freund und Feind miteinander verwechselt werden in dem unschuldigen Glauben, hierdurch die Interessen der Kolonie zu fördern, werden es wahrscheinlich dahin bringen, daß alle, die in den Gemeindeverband des Kaplands gehören und zum größeren Teile in der Herabwürdigung der einheimischen Stämme ihre Interessen keineswegs gefördert sehen, sich das Recht wahren werden, ihre Gouverneure selbst zu wählen. Dies und die Kolonialvertretung im britischen Parlament, in Verbindung mit der bereits so freisinnig eingeräumten lokalen Selbstregierung, würde unzweifelhaft die dauernde Vereinigung der Kolonie mit der englischen Krone sichern.

Viele Hunderte von Griquas sowohl als Betschuanen sind durch den Unterricht englischer Missionare zu Christen gemacht und teilweise zivilisiert worden. Ich erkannte jedoch sofort, daß die Schilderungen von dem Erfolge des Evangeliums unter denselben mit zu lebhaften Farben gemacht worden waren. Ich erwartete einen höheren Grad von christlicher Einfalt und Reinheit, als er bei ihnen und bei uns existiert. Ich suchte keine tiefere Einsicht als andere, Lug und Trug zu entdecken, aber ich erwartete einen Charakter, wie ihn nach unserer Ansicht die ersten Jünger hatten – und ich ward enttäuscht. Als ich indes im weiteren Verlauf meiner Reise zu den eigentlichen Heiden in die Gegenden kam, in welchen sich der Einfluß der Missionare noch nicht geltend gemacht hatte, und die dortigen Menschen mit den christlichen Eingeborenen verglich, kam ich zu dem Schlusse, daß, wenn man die Frage auf die unparteiischste oder auf wissenschaftliche Weise untersuchen wollte, die durch die Wirksamkeit der Missionare zustande gebrachte Veränderung sich unstreitig als sehr bedeutend herausstellen würde.

Die Griquas und Betschuanen gingen in früheren Zeiten so ziemlich wie die Kaffern gekleidet, wenn man dieses Wort anwenden darf, wo eigentlich kaum Kleidung vorhanden ist. Eine Anzahl lederner Schnüre, ungefähr anderthalb Fuß lang, ließen die Weiber vorn an der Taille herabhängen, ein zugerichtetes Schaf- oder Antilopenfell bedeckte die Schultern und ließ die Brust und den Unterleib bloß; die Männer trugen ein Stück Fell ungefähr von der Größe eines Hutkopfes, das kaum die Zwecke der Schicklichkeit erfüllte, und einen Überwurf in gleicher Weise wie die Frauen. Um die Poren der Haut vor dem Einfluß der Sonne bei Tage und der Kälte bei Nacht besser zu schützen, beschmierten sie sich mit einer Mischung von Fett und Ocker; der Kopf wurde mit gepulvertem blauen Glimmerschiefer und Fett eingerieben, und die feinen glänzenden Glimmerteilchen, die auf den Körper und auf die Schnüre, an welche Glasperlen und messingene Ringe gereiht waren, niederfielen, galten als der höchste Schmuck. Heutzutage dagegen kommen diese Leute in anständiger, wenn auch armseliger Kleidung in die Kirche und betragen sich mit weit mehr Anstand, als dies zur Zeit des Samuel Pepys in London der Fall gewesen zu sein scheint. Der Sonntag wird streng beobachtet, und selbst an Orten, wo keine Missionare leben, werden regelmäßig religiöse Zusammenkünfte abgehalten, und Kinder und Erwachsene von ihren in der Bildung vorgerückteren Landsleuten im Lesen unterrichtet; und niemals wird jemand zu dem vor der Taufe abzulegenden Glaubensbekenntnis zugelassen, wenn er nicht lesen kann und das Wesen der christlichen Religion innehat.

Die Mission unter den Betschuanen ist insoweit erfolgreich gewesen, daß uns, sooft wir auf der Rückkehr aus dem Innern nach Kuruman kamen, der Einfluß der Zivilisation bemerkbar wurde. Doch soll damit nicht etwa gesagt sein, daß es musterhafte Christen sind (wir können ja selbst keinen Anspruch auf diesen Namen machen), oder daß sie in irgendeinem Punkte über den Mitgliedern unserer Kirche stehen. Sie sind geiziger und gefräßiger als unsere Armen; allein in mancher Hinsicht sind beide einander vollkommen gleich. Als ich einen einsichtsvollen Häuptling fragte, was er von ihnen halte, erwiderte er: »Ihr Weißen könnt euch gar nicht denken, wie schlecht wir sind; wir kennen einander besser als ihr; einige heucheln Glauben, um sich das Wohlwollen der Missionare zu erwerben; andere bekennen sich zum Christentum, weil ihnen das Neue gefällt, das den Armen eine höhere Stellung verleiht, und wünschen das Alte beseitigt; und die übrigen – eine ziemlich große

Anzahl – bekennen sich dazu, weil sie wirklich wahre Gläubige sind.« Dieses Zeugnis trifft so ungefähr das Wahre.

Das Fortbestehen der Station Kuruman hängt gänzlich von der schönen, immer fließenden Quelle dieses Namens ab. Sie entspringt unter dem Trappgestein, auf dessen Schilderung ich bei den geognostischen Verhältnissen des ganzen Landstrichs zurückkommen werde. Da sie gewöhnlich eine Temperatur von 72° Fahrenheit hat, so kommt sie vermutlich aus den alten silurischen Schiefern, welche in der Urzeit den Grund des großen Tals dieses Kontinents bildeten. Ich konnte während meines Aufenthaltes im Lande keine Verminderung in der Ergiebigkeit dieser sprudelnden Quelle entdecken; allein vor fünfunddreißig Jahren, als Moffat hier den ersten Versuch einer Niederlassung machte, legte er sechs oder sieben Meilen unterhalb einen Damm an und benutzte das ablaufende Wasser zur Bewässerung, wo gegenwärtig auch kein Tropfen Quellwasser mehr fließt. Andere Stellen, 14 Meilen unterhalb der Gärten von Kuruman, hat man mir als solche bezeichnet, an denen selbst nach der Erinnerung noch lebender Leute Flußpferde lebten und sich Tümpel vorfanden, welche tief genug waren, daß Menschen und Vieh darin ertrinken konnten. Diese Abnahme des Wassers muß hauptsächlich der allgemeinen Austrocknung des Landes, teilweise aber auch den Kanälen zugeschrieben werden, welche zur Bewässerung der Missionsstationen auf beiden Ufern des Flusses viel Wasser entführen.

Da ich durch das Zerbrechen eines Wagenrades ungefähr vierzehn Tage lang in Kuruman aufgehalten worden war, so ward ich durch besondere Fügung der Vorsehung verhindert, bei dem Angriff der Boers auf die Bakuena anwesend zu sein, von dem uns die erste Nachricht ungefähr gegen das Ende jener Zeit durch Masebele, die Frau Setscheles, überbracht wurde. Sie hatte sich selber in einer Felsenspalte versteckt, über welche die Boers hinwegfeuerten. Ihr kleines Kind begann zu weinen, und aus Furcht, dies möchte die Aufmerksamkeit der Männer, deren Gewehrmündungen bei jeder Salve über ihrem Kopfe erschienen, auf sie lenken, nahm sie ihre Armbänder und gab sie dem Kind als Spielzeug, um es zu beschwichtigen. Sie brachte Moffat einen Brief, der für sich selber reden soll; beinahe wörtlich übersetzt lautet er folgendermaßen:

»Freund der Liebe meines Herzens und des ganzen Vertrauens meines Herzens! Ich bin Setschele; ich bin zugrunde gerichtet durch die Boers, obschon ich ihnen nichts zuleide getan habe. Sie verlangten, ich solle in ihrem Reiche leben, und ich lehnte es ab; sie verlangten, ich solle die Engländer und Griquas am Durchzuge (nach Norden) hindern. Ich antwortete: Diese sind meine Freunde und ich kann sie nicht hindern. Sie kamen am Sonnabend, und ich ersuchte sie, am Sonntag nicht zu kämpfen, und sie willfahrten. Sie begannen am Montag morgen um die Dämmerung und schossen mit all ihrer Macht und verbrannten die Stadt mit Feuer und zerstreuten uns. Sie erschlugen sechzig von meinem Volk und nahmen Weiber und Kinder und Männer gefangen. Und die Mutter von Baleriling (einem früheren Weibe Setscheles führten sie ebenfalls als Gefangene mit fort. Sie raubten alles Vieh und alles Besitztum der Bakuena, und Livingstones Haus plünderten sie und nahmen alle seine Habe mit. Die Anzahl der Wagen, die sie bei sich hatten, war fünfundachtzig, und eine Kanone; und nachdem sie meinen eigenen Wagen gestohlen hatten und den von Macabe, belief sich die Anzahl ihrer Wagen (die Kanone auch als einen Wagen gerechnet) auf achtundachtzig. Alles Eigentum der Jäger (er meint Engländer, welche sich auf einem Jagdausflug im Norden befanden) wurde in der Stadt verbrannt, und von den Boers wurden achtundzwanzig getötet. Ja, mein geliebter Freund, mein Weib geht jetzt zu Dir, um die Kinder zu sehen, und Kobus Hae wird sie zu Dir geleiten. Ich bin

Setschele,
der Sohn des Motschoasele.«

Dieser Bericht stimmt genau mit der Schilderung überein, welche der eingeborene Lehrer Mebalwe davon gemacht hat, sowie mit derjenigen, welche die Boers selbst an die öffentlichen Blätter der Kolonie einsandten. Das Verbrechen des Viehdiebstahls, von welchem wir in der Nähe des Kafferlandes so viel hören, war diesem Volke nie zur Last gelegt worden, und wenn während meines Aufenthalts in ihrem Lande auch nur ein einziger solcher Fall vorgekommen wäre, so hätte ich etwas davon erfahren müssen und würde es sogleich zugestehen. Allein das einzige Verbrechen, welches man ihnen in den Zeitungen vorwarf, war, »daß Setschele allzu hochmütig werde«. Daß man seine Unterwerfung verlangt und ihn hatte zwingen wollen, die englischen Handelsleute vom weiteren Vordringen nach Norden abzuhalten, hatten sie freilich nicht erwähnt.

Bald nachdem Pretorius diesen Streifzug gegen Kolobeng ausgeschickt hatte, wurde er vor den Richterstuhl Gottes abgerufen. Seine Politik wird von den Boers gewöhnlich nach den Instruktionen gerechtfertigt, welche den jüdischen Kriegern im 5. Buch Mose Kap. 20, V. 10-14 erteilt werden. Als er daher starb, endigte die Todesanzeige mit den Worten: »Selig sind die Toten, die in dem Herrn sterben.« Ich wollte, er hätte uns nicht »verboten, den Heiden zu predigen, damit sie selig werden«.

Die Kunde von dieser an den Bakuena verübten Gewalttätigkeit, sowie die gegen mich erhobenen Beschuldigungen, als hätte ich, wie behauptet wurde, sie die Boers umzubringen gelehrt, verursachten einen so großen panischen Schreck im ganzen Lande, daß ich keinen einzigen Diener auftreiben konnte, der mich nach dem Norden begleiten sollte. Ich habe bereits auf die Kriegführung der Boers angespielt, und in allen früheren Raubzügen hatte das Morden nur auf einer Seite stattgefunden; daß jedoch jetzt ein Stamm, unter welchem ein Engländer gewohnt hatte, den Anfang machte, ihr Blut ebenfalls zu vergießen, das galt ihnen als der stärkste Beweis gegen mich. Man schwor mir laut und unverhohlen Rache, man drohte mir mit Verfolgung durch eine starke berittene Schar, sobald ich es wagen würde, ihr Land zu betreten oder zu durchreisen; und da hierzu noch die Erklärung der englischen Regierung kam, daß sie sämtliche eingeborenen Stämme unter ihre Herrschaft gegeben habe und ihre vollständige Unterwerfung dadurch beschleunigen werde, daß sie keine Schießgewehre und Munition mehr in ihr Land kommen lassen wolle, außer zum Gebrauch der Boers, so ist nicht zu verwundern, daß ich monatelang in Kuruman aufgehalten wurde, weil es mir durchaus unmöglich war, Wagenführer zu bekommen. Der englische Name, den man bisher durch das ganze Land ehrte und achtete, war jetzt plötzlich mehr als verdächtig geworden; und da die Politik, durch welche die befreundeten Stämme der Verteidigungsmittel beraubt wurden, von den Boers als ein positiver Beweis für den Wunsch der Engländer, jene zu unterjochen, dargestellt wurde, so ward das Verfahren einer Regierung, in welcher jene Stämme immer ein Muster von Gerechtigkeit und Freundschaft gesehen hatten, ihnen ganz unbegreiflich. Sie konnten sich weder gegen ihre Feinde verteidigen noch diejenigen Tiere schießen, mit denen sie nach unserem Wunsch Handel treiben sollten.

Endlich fand ich drei Diener, die eine Reise nach dem Norden wagen wollten. Ein Farbiger, George Fleming, den ein angesehener Kaufmann in Kapstadt, H. E. Rutherford, hinlänglich unterstützt hatte, um einen Handel mit den Makololo einleiten zu können, hatte ebenfalls eine gleiche Anzahl Diener aufgetrieben. Wir verließen daher Kuruman am 20. November und setzten unsere Reise fort. Unsere Diener gehörten zu den allerschlechtesten unter denen, welche nur die Laster der Europäer ohne deren Tugenden annehmen; allein wir hatten keine andere Wahl und mußten froh sein, überhaupt nur fortzukommen.

Als wir Motito, vierzig Meilen weiter, erreichten, trafen wir Setschele, der, wie er sagte, auf dem Wege zu der Königin von England war. Zwei seiner Kinder und die Mutter derselben, ein früheres Weib von ihm, befanden sich unter den von den Boers weggeschleppten Gefangenen; und da er ganz von der damals noch sehr vorherrschenden Ansicht von Englands Gerechtigkeit und Großmut erfüllt war, so glaubte er auf Grund des verletzten Vertrages ein Recht zu haben, sich bei Ihrer Majestät zu beschweren. Er bot alle seine Beredsamkeit und Überredungsgabe auf, um mich zu veranlassen, ihn zu begleiten, allein ich entschuldigte mich damit, daß meine Vorkehrungen zur Erforschung des Nordens schon getroffen seien. Als ich ihm die Beschwerlichkeiten des Weges auseinandersetzte und ihm auf Grund meiner Vertraulichkeit mit der Politik des Gouverneurs sein Vorhaben ausreden wollte, stellte er mir die pikierte Frage: »Wird die Königin mich nicht anhören, wenn ich bis zu ihr komme?« – Ich erwiderte: »Sie würde dich gewiß anhören, allein die Schwierigkeit liegt darin, zu ihr zu gelangen.« – »Nun, ich werde schon so weit kommen«, war sein letztes Wort. Andere stellten ihm die Schwierigkeiten noch nachdrücklicher vor, aber nichts konnte seinen Entschluß erschüttern. Als er Bloemfontein erreichte, kehrte die englische Armee eben von einer Schlacht gegen die Basutos zurück, in welcher beide Parteien den Sieg beanspruchten, und beide froh waren, daß ein zweiter Zusammenstoß nicht versucht wurde. Unsere Offiziere luden Setschele ein, mit ihnen zu speisen, hörten seine Geschichte an und legten eine hübsche Summe Geldes zusammen, um ihm die Fortsetzung seiner Reise nach England zu ermöglichen. Der Oberbefehlshaber vermied es, Notiz von ihm zu nehmen, da ein einziges Wort von ihm zugunsten der Wiederherausgabe von Setscheles Kindern ein starkes Geständnis des Fehlschlagens dieser seiner eigenen Politik gleich von Anfang an gewesen wäre. Setschele setzte seine Reise bis nach dem Kap fort; als ihm aber hier die Mittel ausgingen, mußte er in seine, tausend Meilen entfernte Heimat zurückkehren, ohne den Zweck seiner Reise zu erreichen.

Nach seiner Rückkehr führte er eine Strafe ein, welche er in der Kolonie gesehen hatte – er ließ nämlich Verbrecher an den öffentlichen Straßen arbeiten. Auch hat er, wie mir versichert wird, seitdem bei seinem Volke die Stelle eines Missionars vertreten. Er ist groß, ziemlich korpulent und hat mehr von der Gesichtsbildung der Neger, als dies sonst bei diesem Volke der Fall ist, aber große Augen. Seine Hautfarbe ist sehr dunkel, und seine Leute schwören beim »schwarzen Setschele«. Er hat viel Verstand, liest gut und ist ein gewandter Redner. Viele Eingeborene, die früher unter den Boers wohnten, haben sich unter sein Szepter geflüchtet, und er ist jetzt mächtiger, als er vor dem Angriff auf Kolobeng war.

Nachdem wir von Setschele Abschied genommen, zogen wir an dem Rande der Kalahari-Wüste hin, zuweilen auch in dieser Wüste, und vermieden jede Begegnung mit den Boers. Ein ungewöhnlich starker Regenfall im Jahre 1852 bildete den Schluß eines Zyklus von elf bis zwölf Jahren, in welchen diese Erscheinung dreimal stattgefunden haben soll. Die Folge war eine außerordentlich reiche Melonenernte. Wir hatten das Vergnügen, Macabe auf seiner Rückreise vom See Ngami zu begegnen, welchen er glücklich erreicht hatte, indem er von einem etwas südlich von Kolobeng gelegenen Punkte aus gerade quer durch die Wüste reiste. Dieser mutige Reisende bestätigte uns den Überfluß an Wassermelonen; er hatte sie in so reicher Menge angetroffen, daß seine Zugtiere nicht weniger als einundzwanzig Tage lang von dem Saft derselben leben konnten, und als sie endlich Wasser erreichten, sich nicht einmal sonderlich darum kümmerten. Er gelangte von Südosten her an den

See, und ist der einzige europäische Reisende, welcher denselben in seiner ganzen Ausdehnung gesehen hat. Seine Schätzung der Ausdehnung des Sees ist höher als die von Oswell und meine eigene; er gibt ihm einen Umfang von etwa neunzig bis hundert Meilen. Ehe der See entdeckt war, schrieb Macabe einen Brief, der in einer Kap-Zeitung abgedruckt wurde und in welchem er eine Route beschreibt, auf der man seiner Ansicht nach wahrscheinlich den See erreichen würde. Die Boers in Transvaalland legten ihm eine Geldbuße von fünfhundert Dollar auf, weil er damals »onze felt«, d. h. unser Land schrieb, und hielten ihn so lange gefangen, bis diese Strafe bezahlt war. Aus seinem eigenen Munde hörte ich jetzt die Bestätigung dieser Geschichte. Macabes Begleiter, Mahar, war von einem Stamme der Barolongs irrtümlich für einen Boer gehalten und erschossen worden, als er sich ihrem Dorfe näherte. Als Macabe dazu kam und ihnen sagte, Mahar sei ein Engländer, waren sie außerordentlich betroffen und halfen ihm den Toten begraben. Dies war in der neueren Zeit der erste Fall, daß ein Engländer von den Betschuanen erschlagen wurde. Wir hörten später, es hätten Scharmützel zwischen diesen Barolongs und den Boers stattgefunden, wobei auf beiden Seiten Vieh weggetrieben worden sei. Wenn dies begründet ist, so kann ich die Versicherung geben, daß ich hierbei das erste Mal erfuhr, daß Betschuanen Vieh gestohlen hätten. Dies war ein Kaffernkrieg zweiten Grades; bei einem Kriege dritten Grades sind beide Parteien gleich gut bewaffnet und fürchten einander gleich sehr; im vierten Grade nehmen sich die Engländer eines Zwistes an, der sie nichts angeht, und die Boers kommen mit heiler Haut davon.

Während der sehr trockenen Jahreszeiten, welche unserem Winter folgen und unseren Regen vorangehen, weht ein heißer Wind von Norden nach Süden über die Wüste. Er verbreitet wahre Ofenhitze und hält selten länger als drei Tage an. In seinen Wirkungen gleicht er dem Harmattan in Nordafrika, und vor fünfunddreißig Jahren, als die Missionare ihre ersten Niederlassungen in diesem Lande gründeten, führte er einen feinen rötlichen Sand mit sich. Dies kommt zwar jetzt nicht mehr vor, aber er dörrt so sehr aus, daß das ausgetrocknetste Holz der englischen Kisten und Möbel zusammenschrumpft und jedes nicht im Lande gefertigte hölzerne Gerät sich krumm zieht. Die Zwingen der in England verfertigten

Ladestücke werden locker und gewinnen erst auf der Rückkehr nach Europa ihre frühere Festigkeit wieder.

Am 31. Dezember 1852 erreichten wir die Stadt Setscheles, welche nach der Hügelkette, auf welcher sie liegt, Litubaruba heißt. In der Nähe des Ortes befindet sich die Höhle Lepelole, welche den schlagenden Beweis liefert, daß sich früher hier eine ergiebige Quelle fand. Niemand wagte die Lolaheng, d. h. Höhle, zu betreten, denn man glaubte allgemein, sie sei der Wohnsitz der Gottheit. Da wir vom Januar bis zum Dezember nie einen Feiertag hatten, und die Sonntage die Zeit unserer größten Anstrengungen im Unterricht waren, so wollte ich an einem Wochentage einen Ausflug nach der Höhle unternehmen, um den Gott der Bakuena zu sehen. Die alten Leute behaupteten, jeder, der die Höhle betrete, bleibe für immer darin, und sagten: »Wenn der Lehrer so töricht ist, sich selber den Tod zu geben, so mag er das allein tun, uns kann dann kein Vorwurf treffen.« Setscheles Erklärung, er wolle mir überallhin folgen, brachte die größte Bestürzung hervor. Ihr Gott hat merkwürdigerweise in allen Visionen, welche sie vorgeben gehabt zu haben, ein krummes Bein, wie der ägyptische Thau. Da wir vermuteten, daß diejenigen, welche in der Höhle verunglückt sein sollten, über einen Abhang hinuntergestürzt sein könnten, so versahen wir uns reichlich mit Lichtern, Leitern, Stricken usw.; allein es stellte sich heraus, daß es nur eine offene Höhle war mit einem Eingang von zehn Fuß ins Geviert, die in zwei vom Wasser ausgewaschene Arme zusammengeht, welche in runden Öffnungen, durch die einst Wasser floß, enden. Die einzigen Bewohner, welche diese Höhle je gehabt zu haben scheint, waren Paviane. Ich ließ am Ende des oberen Armes eine Mathewsche bleierne Mäßigkeitsvereins-Marke zurück.

Ich sah die Bakuena niemals so mager und abgezehrt wie diesmal. Der größte Teil ihres Viehstandes war nebst ungefähr achtzig schönen Zugochsen von den Boers weggetrieben worden, auch haben sie bedeutende Proviantvorräte fortgeschleppt, welche von zwei Offizieren, den Kapitänen Codrington und Webb, für ihre Heimreise nach dem Süden bei den Bakuena zurückgelassen worden waren. Bei ihrer Rückkehr fanden diese Offiziere statt ihres Eigentums nur die Skelette der Bakuena. Sämtliches Getreide, Kleidung und Geräte des Volkes waren ebenfalls von dem Feuer verzehrt worden, welches die unterworfenen Stämme auf Befehl der Boers während des

Kampfes anlegen mußten, so daß deren Einwohner buchstäblich Hungers starben.

Setschele hatte seinen Leuten streng anbefohlen, während seiner Reise zu der Königin von England keinen Akt der Rache auszuüben; einige jüngere Leute wagten aber einer Partie Boers, welche von der Jagd zurückkehrten, den Weg zu versperren, und als die Boers erschreckt davonliefen, brachten sie ihre Wagen nach Litubaruba. Dies scheint der Hauptmasse der Boers die Befürchtung eingeflößt zu haben, die Bakuena beabsichtigten einen Guerilla-Krieg gegen sie zu beginnen. Indes blieb es bei diesem ersten Versuch, und die Feindseligkeit entwickelte sich nicht bis zu jenem Stadium, in welchem die Eingeborenen das Versteckspiel als das erfolgreichste System kennengelernt haben.

Die Boers schickten in ihrer Bestürzung vier Abgesandte ab, und baten um Frieden. Ich war anwesend und hörte, wie man die Bedingung stellte: Setschele müsse seine Kinder wiederbekommen. Die vier Boers waren wider Willen vollständig gefangen. Starke Abteilungen bewaffneter Bakuena besetzten jeden Paß in den Hügeln und Schluchten ringsumher; und wenn sie nicht weit mehr zugesagt hätten, als sie zu halten beabsichtigten oder wirklich erfüllten, so wäre jener Tag ihr letzter gewesen. Der Kommandant Scholz hatte Setscheles Kinder zu seinen Sklaven gemacht. Ich war gegenwärtig, als ein kleiner Knabe namens Khari, ein Sohn Setscheles, seiner Mutter zurückgegeben wurde; man hatte den Knaben aus Unvorsicht ins Feuer geraten lassen, und er hatte drei große unverbundene Brandwunden an verschiedenen Teilen seines Körpers. Seine Mutter und die übrigen Frauen empfingen ihn mit Tränen in den Augen.

Man behauptet, die Sklaverei sei an manchen Orten sehr mild. Die Boers versichern, sie seien die besten Herren und die Hottentottensklaven würden eine weit schlimmere Behandlung erfahren haben, wenn sie Eigentum der Engländer gewesen wären; worin diese bestanden haben würde, ist schwer zu erraten. Ich zeichnete mir noch eine große Anzahl Namen von Knaben und Mädchen auf, von denen ich manche kannte, weil sie unsere Schule besucht hatten; allein ich konnte den weinenden Müttern keine Hoffnung geben, daß sie jemals aus der Sklaverei zurückkehren würden.

Die Betschuanen haben allgemein eine große Anhänglichkeit an Kinder. Wenn ein kleines Kind sich in der Nähe von Männern befindet, während sie essen, so bekommt es sicher auch sein Teil. Diese Liebe zu den Kindern mag zu großen Teil aus dem patriarchalischen System entspringen, unter welchem sie leben. Jeder kleine Fremdling bildet einen Zuwachs an Eigentum für die ganze Gemeinde und wird dem Häuptling pflichtschuldigst angezeigt, wobei Knaben weit willkommener sind als Mädchen. Die Eltern nehmen den Namen des Kindes an und reden dieses oft mit Ma (Mutter) oder Ra (Vater) an. Da unser ältester Knabe den Namen Robert führte, so wurde meine Frau nach seiner Geburt immer »Ma-Robert« angeredet, anstatt mit ihrem Taufnamen Marie.

Die Boers wissen aus Erfahrung, daß man erwachsene Gefangene lieber laufen läßt, denn das Entwischen ist in einem wilden Lande so leicht, daß hier kein Gesetz gegen flüchtige Sklaven zur Geltung kommen kann; sie fangen daher nur die jüngsten Kinder ein, damit diese ihre Eltern vergessen und lebenslang Leibeigene bleiben. Ich habe zu wiederholten Malen nur Kinder in ihren Häusern gesehen; man stellte dies früher in Abrede, und das einzige, was noch fehlte, um die frühere Ableugnung des Bestehens der Sklaverei und Sklavenjagden bei den Boers in Transvaalland nicht länger nötig zu machen, war ihre Unabhängigkeitserklärung.

Im Gespräch mit einigen meiner hiesigen Bekannten erfuhr ich, daß Maleke, ein Häuptling der Bakuena, der früher auf dem Hügel Litubaruba wohnte, an dem Biß eines tollen Hundes gestorben sei. Diese Nachricht erregte in hohem Grade meine Neugier, weil die Hundswut hierzulande so selten ist. Ich hatte noch nie davon gehört und konnte kaum glauben, daß es wirkliche Wasserscheu gewesen war. Während meines Aufenthalts in Mabotsa wurden mehrere Hunde von einer Krankheit befallen, infolge deren sie wie toll herumliefen; allein ich zweifle, ob eine andere Ursache zugrunde lag als eine Gehirnaffektion. Kein Mensch oder Tier bekam die Krankheit durch Einimpfung von den Zähnen des Tieres; und nach allem, was ich ermitteln konnte, scheint die allgemein vorherrschende Ansicht, daß die Wasserscheu zwischen den Tropen nicht existiere, ganz richtig zu sein.

Die Zahl der unter den Bakuena bekannten Krankheiten ist außerordentlich gering. Schwindsucht und Skropheln sind nicht vorhanden, Wahnsinn und Wasserkopf selten. Krebs und Cholera sind ganz unbekannt. Pocken und Masern suchten das Land vor ungefähr zwanzig Jahren heim und richteten große Verheerungen an; erstere Krankheit ist seitdem allerdings zu wiederholten Malen an der Küste ausgebrochen, aber nie wieder ins Binnenland vorgedrungen. Gegen die Pocken wandten die Eingeborenen in einigen Gegenden Inokulation auf die Stirn mit einem tierischen Abgang, in anderen Gegenden die Pockenmaterie selbst an, und in einem Dorfe scheinen sie ein Gift statt des gewöhnlichen Impfstoffs gebraucht zu haben, denn beinahe das ganze Dorf wurde von den konfluierenden Pocken hinweggerafft. Wie sie darauf gekommen, ist mir unbegreiflich. Die Bakuena verstanden das Impfen schon zu einer Zeit, wo sie noch gar keinen direkten oder indirekten Verkehr mit den Missionaren im Süden hatten. Sie alle bedienen sich sofort des Giftes der wirklichen Kuhpocken, sobald es ihnen zugänglich gemacht wird.

Die am häufigsten vorkommenden Krankheiten sind folgende: Lungenentzündung, erzeugt durch plötzlichen Temperaturwechsel, und andere Entzündungen, z. B. der Eingeweide, des Magens und des Brustfells; Rheumatismus; Herzkrankheiten, allein diese werden seltener, seit die Leute europäische Kleidung annehmen; verschiedene Formen von Unverdaulichkeit und Augenentzündung; Keuchhusten tritt häufig auf; und jedes Jahr herrscht vor Eintritt der Regenzeit eine epidemische Krankheit. Zuweilen ist dies eine allgemeine Augenentzündung, der ägyptischen nahe verwandt. In einem anderen Jahr ist es eine Art Diarrhöe, welche mit nichts zu kurieren ist, bis ein Regen fällt, worauf jedes Mittel wie mit Zauberkraft wirkt. Wieder ein andermal wurde die epidemische Periode durch eine Krankheit bezeichnet, welche der Augenentzündung ähnlich war, allein mit dem eigentümlichen Symptom eines stark entwickelten heftigen Schmerzes im siebenten Halswirbelfortsatz auftrat. Viele Personen starben daran, nachdem sie viele Stunden oder Tage hindurch vor ihrem Verscheiden in totenähnlichem Schlafe gelegen hatten. Da diese Völkerschaften die Besichtigung der Leichen nie zugeben und den Ort der Beerdigung sorgfältig geheimhalten, so mußte ich mich mit Vermutungen begnügen. Die Bakuena verscharrten ihre Toten häufig in den Hütten, wo sie starben, aus Furcht, die Hexen (Baloi) möchten ihre Verwandten wieder ausgraben und einen Körperteil zu ihren Zauberkünsten verwenden. Sobald der Kranke den letzten Atemzug getan hat, schleppt man ihn eiligst beiseite, um ihn zu beerdigen. Oft wählt man hierzu das Loch eines Ameisenfressers, um sich die Mühe zu ersparen, ein Grab zu machen. Während meines dortigen Aufenthalts erlebte ich es zweimal, daß lebendig begrabene Männer nach diesem schnellen Begräbnis zu ihren entsetzten Verwandten zurückkehrten. Sie waren im Grabe aus lange andauernden Ohnmachten wieder zu sich gekommen.

Die chirurgischen Kenntnisse der einheimischen Doktoren stehen auf einer ziemlich niedrigen Stufe. Keiner versuchte jemals eine Geschwulst anders zu entfernen als durch äußerlich angewandte Mittel. Die Eingeborenen leiden namentlich an fettigen und faserigen Geschwülsten; und da bei allen Eingeborenen die vis medicatrix naturae in merkwürdiger Tätigkeit ist, so entfernte ich eine Menge solcher Geschwülste. Wie schlecht es mit ihren chirurgischen Kenntnissen steht, kann man anhand des folgenden Falles beurteilen. Ein Mann hatte eine Geschwulst von der Größe eines Kinderkopfes im Nacken, so daß er nicht aufrecht gehen konnte. Er wandte sich an seinen Häuptling, und dieser ließ einen berühmten fremden Doktor von der Ostküste kommen, um ihn zu kurieren. Dieser und seine Gehilfen versuchten die Geschwulst dadurch zu verteilen, daß sie auf derselben mit kleinen Stückchen heilkräftiger Wurzeln ein mäßiges Feuer anzündeten. Ich beseitigte die Geschwulst, und der Mann trug von da an den Kopf immer weit aufrechter, als er zu tun nötig gehabt hätte. Männer und Frauen unterwerfen sich einer Operation, ohne eine Miene zu verziehen oder einen Schmerzensschrei auszustoßen, über welchen mancher junge Student vor Einführung des Chloroforms im Operationssaale ohnmächtig geworden ist. Die Weiber rühmen sich ihrer Gleichgültigkeit gegen Schmerz. Eine Mutter sagt zu ihrem Töchterchen, dem ein Dorn aus dem Fuße gezogen werden soll: »Du bist eine Frau, Ma; eine Frau aber weint nicht.« Ein Mann hält es unter seiner Würde, Tränen zu vergießen. Als wir an einem der tiefen Brunnen in der Kalahari-Wüste vorüberkamen, hatte ein Knabe, der Sohn eines bejahrten Vaters, am Rande desselben gespielt, war dabei hineingefallen und ertrunken. Als jede Hoffnung, ihn zu retten, vorüber war, brach der Vater in ein sehr heftiges und bitteres Weinen aus. Es war schmerzlicher Kummer ohne Hoffnung. Dies war aber auch das einzige und letzte Mal, daß ich einen Mann hier weinen sah.

Ihre Begriffe von Geburtshilfe sind ebenso unwissenschaftlich, und daß ein Arzt einem Weibe bei der Entbindung beistand, schien ihnen unpassender als uns ein weiblicher Student in einem Sektionssaale. Als aber bei der Geburt von Zwillingen alles Schmieren und Salben der Doktoren nicht imstande war, diejenige Hilfe zu verschaffen, welche die englische Kunst in wenigen Sekunden zuwege brachte, schwand das Vorurteil sofort. Da es mir aber unmöglich gewesen wäre, auch noch diesen Teil der Heilkunde auszuüben – wie es in der Tat für einen Arzt nicht ratsam wäre, sich in einem dünnbevölkerten Lande ausschließlich auf die Ausübung der Heilkunde zu verlegen –, so beschränkte ich mich späterhin nur auf die schwierigen Fälle und hatte die Genugtuung, armen Frauen in ihrer schweren Stunde oft große Erleichterung zu verschaffen. Die armen Geschöpfe werden oft in einer eigens für diesen Zweck erbauten Hütte untergebracht und hier ohne allen Beistand gelassen, wovon sich das ungemein häufige Vorkommen von Nabelbrüchen herschreibt. Die Weiber leiden bei ihrer Entbindung weit weniger Schmerzen, als dies in zivilisierten Ländern der Fall ist, vielleicht weil sie die Entbindung nicht als Krankheit ansehen, sondern nur als einen natürlichen Vorgang, welcher keine Veränderung in der Lebensordnung erheischt und nur gute Fleischkost und reichlich frische Luft verlangt. Der Ehemann ist bei diesen Gelegenheiten gehalten, für seine Frau, je nach seinen Mitteln, einen Ochsen, eine Ziege oder ein Schaf zu schlachten.

Meine Kenntnisse in dem obenerwähnten Gebiet verschafften mir auch einen großen Ruf in einer anderen Hinsicht, worin ich mir keinerlei Verdienst beimessen konnte. Eine Frau kam eine Strecke von 100 Meilen zu mir wegen eines Übels, das allen Anstrengungen der eingeborenen Ärzte gespottet zu haben schien, und die Folge davon war eine vollständige Heilung. Zwölf Monate nach ihrer Heimkehr zu ihrem Manne gebar sie einen Sohn. Da nun der Mann zuvor ihr stets ihre Unfruchtbarkeit vorgeworfen hatte, so schickte sie mir ein hübsches Geschenk und verbreitete im ganzen Lande das Gerede, ich besitze ein Heilmittel gegen die Unfruchtbarkeit. Die Folge davon war, daß ich von allen Teilen des Landes her mit

Bitten von Männern und Weibern, mein Mittel in Anwendung zu bringen, bestürmt wurde. Einige kamen über zweihundert Meilen weit her, um sich den großen Schatz zu erkaufen, und ich erklärte ihnen vergebens, daß ich ja eine ganz andere Krankheit geheilt habe. Je mehr ich es in Abrede stellte, desto höher stiegen ihre Anerbietungen; sie wollten jede Summe für die »Kinderarznei« geben, und es war in der Tat herzzerreißend, die flehentlichen Bitten zu hören und die tränenvollen Augen zu sehen, welche das heiße Verlangen nach Nachkommenschaft aussprachen: »Ich werde nun alt, du siehst hier und da graue Haare auf meinem Kopf, und ich habe kein Kind; du weißt, wie die Betschuanen ihre alten Weiber verstoßen; was kann ich tun? Ich habe kein Kind, das mir Wasser bringt, wenn ich krank bin.«

Viertes Kapitel

Nachdem wir fünf Tage lang bei den armen Bakuena geblieben und Augenzeugen der Wirkungen des Krieges gewesen waren, von welchen sich niemand einen richtigen Begriff machen kann, der nicht selbst Zeuge dieses Jammers gewesen ist, bereiteten wir uns am 15. Januar 1853 zum Aufbruch vor. Mehrere Hunde, die weit besser aussahen als die Bakuena, hatten ihren Aufenthalt am Wasser genommen. Niemand wollte sie sich aneignen; sie waren hier zurückgeblieben, und da sie auf der Fährte der Eingeborenen kamen, jedoch lange Zeit nach dem Abzuge derselben von dem Schauplatze des Kampfes, so lag es klar am Tage, daß sie sich an den Erschlagenen gesättigt haben mochten, daher wurden sie nur mit Abscheu angesehen.

Auf unserem Herwege von Khopong, längs dem früheren Flußbette, welches den Pfad nach Boatlanama bildet, fand ich eine Kaktusart, die dritte, welche ich in dieser Gegend gesehen hatte – nämlich eine in der Kolonie mit hellroter Blüte, eine am Ngami-See, deren Blüte leberfarbig war, und die ebengenannte, deren Blüte ich nicht kannte. Daß die Pflanze selten ist, kann man daraus schließen, daß die Bakuena sie nur mit Mühe wiedererkennen, wenn sie

sie einmal gesehen haben, und glauben, sie könne ihren Standort wechseln.

Am 21. Januar erreichten wir die Brunnen von Boatlanama und fanden sie zum ersten Male leer. Auch der Lopepe, früher ein aus einem großen schilfreichen Teiche hervorfließender Strom, war trocken. Da die heiße Salzquelle von Serinane, östlich von Lopepe, ungenießbar ist, zogen wir weiter nach Maschuse und seinem köstlichen Wasser. Auf der Reise durch diese Gegend verbreitet sich oft ein starker unangenehmer Geruch, welcher von der Leschonya, einer großen pechschwarzen Ameise, herrührt. Diese ist beinahe einen Zoll lang und verbreitet, wenn sie beunruhigt wird, einen scharfen stechenden Geruch, in ähnlicher Weise wie das Stinktier. Dieser Riechstoff muß so flüchtig sein wie Äther, denn wenn man das Insekt mit einem 6 Fuß langen Stocke reizt, so ist der Geruch augenblicklich wahrnehmbar.

Wir fanden auch Landschildkröten, die mit ihren noch ungelegten Eiern eine sehr angenehme Speise liefern. Wir sahen häufig ihre Fährten, welche nach den Salzquellen führten; sie mußten aus großen Entfernungen gekommen sein, um das Salz aufzusuchen, statt dessen sie zuweilen auch Holzasche verzehren.

Begegnet man hier bei Tage einem Löwen – was einem Reisenden gar nicht selten passiert – so wird man, wenn man nicht aus vorgefaßter Meinung etwas »Edles« oder »Majestätisches« erwartet, eben nur ein Tier sehen, das etwas größer ist als der größte Hund, den man je getroffen, und dessen Physiognomie auch die Züge des Hundegeschlechts sehr stark ausgeprägt zeigt. Der Kopf des Löwen hat eben nicht viel Ähnlichkeit mit den Abbildungen, die man gewöhnlich von ihm sieht, denn die Nase ist weit länger, gleich der eines Hundes, nicht so wie unsere Maler sie fälschlich zeichnen; denn sie finden die vermeintliche Majestät darin, daß sie ihre Löwenköpfe wie alte Weiber in Nachthauben malen. Begegnet man dem Löwen am Tage, so bleibt er ein paar Sekunden gaffend stehen, wendet sich dann langsam um und entfernt sich ebenso langsam etwa zwölf Schritte, wobei er sich nach hinten umschaut; alsdann setzt er sich in Trott, und wenn er glaubt, daß ihn niemand mehr sieht, springt er wie ein Windhund davon. In der Regel hat man nicht im mindesten zu fürchten, daß Löwen, wenn man sie ruhig gehen läßt, bei Tage oder auch in hellen Mondnächten Menschen anfallen, außer etwa so lange sie in der Brunst stehen, denn dann trotzen sie fast jeder Gefahr. Wenn zu dieser Zeit jemand zufällig windwärts an ihnen vorüberkommt, so stürzen Löwe und Löwin auf ihn los, wie eine Hündin, welche Junge hat. Dies kommt jedoch nicht oft vor; ich habe es nur zwei- oder dreimal gesehen. In dem einen Falle wurde ein Mann, dessen Witterung der Wind den Tieren zutrug, von ihnen gebissen, bevor er noch einen Baum erklimmen konnte, und ein andermal ist ein Reiter unter denselben Umständen am Bein gepackt worden. Das Gefühl der Sicherheit ist aber in mondhellen Nächten so allgemein, daß wir selten unsere Ochsen anbanden, sondern sie frei bei den Wagen ließen; dagegen kann man, wenn ein Löwe in der Nähe ist, in einer finsteren regnerischen Nacht fast mit Bestimmtheit darauf rechnen, daß er sich an einen Ochsen heranmacht. Er kommt heimlich herangeschlichen, außer wenn er verwundet ist, doch sobald er etwas wie eine Falle bemerkt, wagt er den entscheidenden Sprung nicht.

Ist ein Löwe sehr hungrig und liegt er im Hinterhalt, so veranlaßt ihn der Anblick eines Pferdes alsbald, es zu beschleichen. So sah einmal ein Mann, als er eben ganz verstohlen an ein Nashorn herankroch, zufällig hinter sich und bemerkte zu seinem Entsetzen, daß ihn wieder ein Löwe beschlich, dem er nur dadurch entging, daß er wie eine Katze auf einen Baum sprang. – Zu Lopepe sprang eine Löwin hinten auf Oswells Pferd, und als wir zu ihm herbeikamen, fanden wir die Spuren ihrer Krallen an dem Pferde und einen Ritz auf Oswells Hand. Als das Pferd die Löwin auf sich fühlte, sprang es davon, der Reiter aber ward von einem Wart-ein-Weilchen-Dorn erfaßt und zu Boden geworfen, wo er bewußtlos liegenblieb. Seine Hunde retteten ihn. – Ein anderer Engländer (Kapitän Codrington) ward auf dieselbe Weise überrumpelt; er dachte gar nicht daran, Löwen zu jagen; doch drehte er sich um und tötete den Löwen durch einen Schuß ins Genick. Ein Pferd, welches Codrington gehörte, lief davon, ward aber dadurch aufgefangen, daß die Zügel an einem Baumstumpf hängenblieben; so war es zwei Tage lang gefangen, und als man es endlich fand, sah man ringsum die Fußspuren der Löwen. Sie hatten sich ohne Zweifel gescheut, das angekoppelte Pferd anzugreifen, weil sie eine Falle fürchteten. Zwei Löwen näherten sich bei Nacht bis auf vier Schritte den an einen Wagen gespannten Ochsen und einem Schaf, das an einen Baum

Eine Büffelkuh verteidigt ihr Junges

gebunden war, und blieben brüllend stehen, fürchteten sich aber, einen Sprung zu machen. Ein andermal lag einer von unserer Reisegesellschaft im besten Schlafe und ohne alle Ahnung einer Gefahr zwischen zwei Eingeborenen zu Maschue hinter einem Gebüsch; das Feuer zu ihren Füßen war beinahe ausgebrannt, weil alle von den Strapazen des vergangenen Tages vollständig erschöpft waren; ein Löwe kam bis auf drei Schritte ans Feuer heran und fing nun an zu brüllen, anstatt einen Sprung zu machen; da er nämlich einen Reitochsen an den Busch gebunden sah, wagte er nicht, seinem Instinkt zu folgen. Alsdann stellte er sich auf eine Erhöhung, ungefähr dreihundert Schritte entfernt, brüllte die ganze Nacht und hörte selbst dann noch nicht auf, als unser Zug im Morgengrauen aufbrach.

Als wir Bamangwato erreichten, war der Häuptling Sekomi außerordentlich freundlich, versammelte alle seine Leute zu dem Gottesdienste, den wir hielten, und setzte uns die Gründe auseinander, warum er die Engländer zwingen wollte, ihm ein Pferd als Bezahlung zu geben. Sie wollten ihm kein Pulver verkaufen, obwohl sie es in Menge hätten; daher zwänge er sie, ihm Pulver und Pferd umsonst zu geben. Er wollte diese Erpressung nicht leugnen; dies wäre Schwindel (boherehere). Er hielt also Erpressung für etwas Besseres als Schwindel. Ich kann keinen Unterschied in dem moralischen Wert beider Verfahrensweisen entdecken; aber Sekomis Ansichten von Rechtschaffenheit sind auch die erbärmlichsten, die ich je bei einem Betschuanen-Häuptling gefunden habe, und ich führe dieses Beispiel als den einzigen Fall dafür an, daß wir im Süden Bezahlung für freien Durchgang entrichten mußten. In allen anderen Fällen hatten wir Schwierigkeit, einen Häuptling zu bewegen, uns Leute zu geben, welche uns den Weg zeigen sollten, und die Bezahlung bekamen nur die Führer. Die Engländer haben es immer geschickt zu vermeiden gewußt, den Eingeborenen, die, wie wir finden werden, sehr unruhige Köpfe sind, den Gedanken beizubringen, daß man den Durchzug durch ein Land bezahlen müsse.

Alle Betschuanen- und Kaffern-Stämme südlich vom Zambesi üben die Beschneidung (boguera) aus, aber die dabei beobachteten Bräuche werden sehr geheimgehalten. Nur der Eingeweihte darf dabei zugegen sein; aber doch war ich hier einmal Augenzeuge des zweiten Teils der Beschneidungszeremonie, den man Setschu nennt. Bei Tagesanbruch stand eine Reihe etwa vierzehnjähriger Knaben, von denen jeder ein Paar Sandalen wie ein Schild in der Hand hielt, nackt in der Kotla. Ihnen gegenüber standen die Männer des Ortes, ebenfalls nackt, alle mit langen dünnen Ruten von einem festen, biegsamen Strauche, Moretloa (Grewia flava) genannt, bewaffnet, und tanzten den Koha, wobei sie folgende Fragen an die Knaben richteten: »Wollt ihr den Häuptling wohl bewachen? Wollt ihr das Vieh wohl weiden?« und ähnliche. Während nun die Knaben diese Fragen bejahen, springen die Männer auf sie los, und jeder sucht einem der Knaben einen derben Schlag auf den Rücken zu geben. Indem die Knaben die Sandalen über den Kopf halten, beugt sich die Rute darüber hinweg nach dem Rücken zu, und bei jedem auf diese Weise beigebrachten Schlage spritzt das Blut aus der 18 Zoll bis einen Fuß langen Wunde. Am Ende des Tanzes sind die Rücken der Knaben über und über mit Wunden und Striemen bedeckt, deren Narben das ganze Leben hindurch bleiben. Man tut dies, um die jungen Burschen abzuhärten und sie auf den Rang des Mannes vorzubereiten. Nach dieser Zeremonie und nachdem sie ein Rhinozeros erlegt haben, dürfen sie heiraten.

Beim Koha erweisen sie dem Alter dieselbe hohe Achtung wie bei vielen anderen Gewohnheiten. Ein jüngerer Mann, welcher aus der Reihe heraustritt, um mit seiner Rute auf den Rücken eines Knaben zu schlagen, wird selbst wieder der Gegenstand der Züchtigung von seiten eines älteren, und in dem erwähnten Falle bekam Sekomi einen heftigen Hieb aufs Bein von einem grauhaarigen Alten. Als ich trotz der Narben von den erhaltenen Schlägen über den Mangel an Mut mit einigen jungen Männern scherzte und hinzusetzte, daß unsere Soldaten brav wären, ohne so viel zu erdulden, stand einer auf und sagte: »Frage ihn, ob, wenn er und ich von einem Löwen genötigt würden, stehenzubleiben und Feuer anzuzünden, ich mich nicht hinlegen und ebenso ruhig wie er schlafen würde.« Anderwärts würde eine Herausforderung zum Wettlauf erfolgt sein, und gar oft sieht man erwachsene Männer gleich Kindern nach diesem Mittel greifen, um ihre Überlegenheit zu erproben.

Der Setschu findet sich nur bei drei Stämmen. Die Boguera wird von allen Betschuanen und Kaffern beobachtet, doch nicht bei den Negern unterhalb 20° südlicher Breite. Sie ist mehr ein ziviler als ein religiöser Akt. Alle Knaben zwischen zehn und vierzehn oder fünfzehn Jahren werden auserwählt, ihr ganzes Leben hindurch die Gefährten eines der Söhne des Häuptlings zu sein. Sie werden an einen einsamen Ort im Walde gebracht, wo man Hütten zu ihrer Bequemlichkeit errichtet; die Alten gehen hinaus zu ihnen, lehren sie tanzen und weihen sie zugleich in alle Geheimnisse afrikanischer Politik und Regierungskunst ein. Jeder von ihnen muß eine Lobrede auf sich selbst halten, Leina, d. h. Name, genannt und sie mit Geläufigkeit wiederholen. Tüchtige Schläge sind notwendig, ihnen die gehörige Geschicklichkeit in verschiedenen Dingen beizubringen, so daß sie gewöhnlich mit zahlreichen Narben auf dem Rükken aus ihrer Einsamkeit zurückkehren.

Diese Abteilungen, Mepato im Plural, Mopato im Singular, haben eigentümliche Benennungen, z. B. Matsatsi, d. h. die Sonnen, Mabusa, d. h. die Herrscher, vergleichbar unseren Coldstreams oder Enniskillens; und obwohl sie an verschiedenen Orten der Stadt wohnen, so kommen sie doch auf den Ruf zusammen und stellen sich dem Sohne des Häuptlings zu Befehl. Sie halten auch für die Folge immer an einer Art Gleichheit und teilweisem Kommunismus fest und nennen sich untereinander Molekane, d. h. Kamerad. Bei Verstößen gegen ihre Bräuche, z. B. wenn sie immer essen, während einer ihrer Kameraden weggerufen ist, oder bei Feigheit und Pflichtvernachlässigungen, dürfen sie einander oder ein Mitglied eines jüngeren, niemals aber eines älteren Mopato schlagen; und wenn drei bis vier Abteilungen gebildet sind, so rückt die älteste in Kriegszeiten nicht mit ins Feld, sondern bleibt zum Schutze der Weiber und Kinder zurück. Wenn ein Flüchtiger zu einem Stamme kommt, so wird er demselben Mopato zugeteilt, welchem er in seinem eigenen Stamme angehörte, und tut seine Pflicht als Mitglied desselben.

Kein Eingeborener weiß, wie alt er ist. Wenn man ihn nach seinem Alter fragt, so antwortet er wieder mit einer Frage: »Weiß ein Mensch, wann er geboren ist?« Das Alter wird nach der Anzahl der Mopato berechnet, deren Aufnahme sie mit angesehen haben. Wenn vier oder fünf jüngere Mopato da sind, so brauchen die älteren keine Waffen mehr zu tragen. Der älteste Mann, den ich gesehen, rühmte sich, er habe an elf Abteilungen Knaben die Boguera vollziehen sehen. Angenommen er war fünfzehn Jahre, als er selbst beschnitten wurde, und alle sechs oder sieben Jahre kamen neue

Abteilungen hinzu, so war er etwa vierzig Jahre alt, als er die fünfte Beschneidung sah, und hat vielleicht fünfundsiebzig bis achtzig Jahre, also kein eben sehr hohes Alter erreicht; aber er wurde für außerordentlich alt gehalten, denn er hatte bereits zum zweiten Male das nötige Alter erreicht, um in den Ruhestand versetzt werden zu können. Es ist ein geistreicher Plan, die Mitglieder des Stammes an die Familie des Häuptlings zu fesseln und eine Zucht einzuführen, welche den ganzen Stamm fügsam und lenkbar macht. Wenn sie nach Vollendung der Einweihungszeremonien in die Stadt zurückkehren, bekommt der einen Preis, der am schnellsten laufen kann, wobei der Gegenstand des Preises so aufgestellt wird, daß jeder sehen kann, wie der Gewinnende ihn erfaßt. Hierauf betrachtet man sie als Männer (banona), und sie dürfen sich in der Kotla unter die Männer setzen. Vorher waren sie nur Knaben (basimane). Die ersten Missionare waren gegen die Boguera eingenommen, weil sie mit dem Heidentum in Beziehung stehe, die jungen Leute dabei viel Böses lernten und gegen ihre Eltern ungehorsam würden. Nach dem allgemeinen Erfolge dieser Männer zu urteilen, ist es vielleicht besser, wenn die jüngeren Missionare in ihre Fußstapfen treten; denn wenn die Autorität gebrochen wird, auf welcher bei denen, die lesen können, das ganze System unseres Einflusses zu beruhen scheint, so kann so viel Unheil daraus entstehen, daß die Neuerer veranlaßt werden würden, ihre Maßregeln in gleicher Weise vorzubringen, wie die Lockrer ihre neuen Gesetze, nämlich mit Stricken um den Hals.

Wahrscheinlich war die Boguera nur eine Sanitätsmaßregel, und da sich zwischen den Arabern und den Betschuanen oder Kaffern nicht eine fortlaufende Kette von Stämmen findet, welche dieselbe ausüben, und sie doch auch keine religiöse Zeremonie ist, so kann sie kaum, wie man oft getan hat, auf mohammedanische Quellen zurückgeführt werden.

Eine ähnliche Zeremonie (bovale) findet bei jungen Frauenspersonen statt, die unter der Aufsicht eines alten Weibes zum Wassertragen abgerichtet werden. Während dieser ganzen Zeit tragen sie eine Kleidung aus Stricken, die aus unter sich verbundenen Kürbiskernen und Rohr gemacht sind und in Form einer Acht um den Körper geschlungen werden. Auf diese Weise werden sie daran gewöhnt, Beschwerden auszuhalten und große Krüge Wasser unter der Leitung der mürrischen alten Hexe zu tragen. Oft haben sie Narben von Brandwunden auf dem Oberarm, indem sie brennende Kohle auflegen, um ihre Stärke im Ertragen von Schmerz zu beweisen.

Auf unserer Reise nach Norden kamen wir an den Manakalongwe oder Einhornpaß. Unter Einhorn ist hier eine große eßbare Raupe zu verstehen mit einem gerade in die Höhe stehenden hornartigen Schwanz. Der Paß wurde auch Porapora genannt (d. h. rieselndes Wasser) nach einem Strome, der einst hindurchfloß. Die ganze Partie muß früher weit anders ausgesehen haben als heutzutage. Es ist ein Teil des Flusses Mahalapi, welcher sogenannte Fluß kaum diesen Namen verdient. Die Hügel waren auf Monate hin die letzten, die wir zu Gesicht bekamen. Das Land darüber hinaus bestand aus großen Strecken Tuffstein und Trapp, mit wenig Boden und Vegetation, ausgenommen Grasbüschel und die unter dem Namen »Wart-ein-bißchen« bekannten Dornsträucher mitten in ausgedehnten sandigen, grasbedeckten Ebenen. Diese gelbfarbigen Grasflächen mit Moretloa- und Mahatla-Büschen geben der Gegend ein ganz charakteristisches Aussehen. Gelb oder dunkelbraun ist während eines Teils des Jahres die vorherrschende Farbe. Die Bakuena-Hügel machen eine Ausnahme von der im allgemeinen kahlen Oberfläche, sie sind bis auf die Gipfel hinauf mit grünen Bäumen bedeckt, und auch in den Tälern trifft man oft das lieblichste Grün. Auch die Bäume sind größer, und selbst die Ebenen im Bakuena-Lande tragen Bäume statt der Sträucher. Wenn man von den Hügeln aus, die wir jetzt verlassen, nach Norden sieht, so nimmt das Land den zuletzt beschriebenen Charakter an. Es erscheint wie eine mit einem Walde von 20-30 Fuß hohen Bäumen bedeckte Ebene; wenn man aber durchreist, so sieht man, daß die Bäume nicht so nahe beieinander stehen, daß nicht mit einiger Sorgfalt ein Wagen hindurchgeführt werden könnte. Das Gras wächst in Büscheln von der Größe eines Hutes mit weichem Sand dazwischen. Nirgends trifft man hier wirklichen Rasen.

Solange wir bei Sekomi waren, hörten wir gewöhnlich sein Lob von einem Mann erschallen, der mit Tagesanbruch aufstand und mit lauter Stimme die Rede hersagte, welche jener Fürst bei seiner Boguera auf sich selbst gemacht haben soll. Diese Wiederholung seiner Leina, d. h. Rede, gefällt dem Häuptling so sehr, daß er dem

Manne, der sie hersagt, gewöhnlich ein hübsches Geschenk übersendet.

28. Januar. – Als wir weiter nach Letlotsche reisten, ungefähr 20 Meilen jenseits der Bamangwato-Berge, fanden wir viel Wasser. Es ist dies ein so wichtiger Punkt in diesem Lande, daß die erste Frage, die wir an Entgegenkommende richten, ist: »Habt ihr Wasser gefunden?« Die erste Frage eines Eingeborenen an seinen Landsmann lautet: »Wo ist der Regen?« und obwohl sie keineswegs ein betrügerisches Volk sind, so lautet doch die Antwort gewöhnlich: »Ich weiß nicht, hier ist keiner, wir sind vor Hunger und Sonne fast umgekommen.« Wenn man nach Neuigkeiten fragt, so beginnen sie ihre Antwort mit den Worten: »Es gibt nichts Neues, ich habe nur Lügen gehört«, und dann erzählen sie alles, was sie wissen.

Es war dies die letzte Station nach Norden zu, welche Gordon Cumming erreichte. Da unser Haus in Kolobeng gerade in einem Jagdrevier lag, so liefen oft Rhinozerosse und Büffel vorüber, und ich schoß zweimal Büffel von der Tür aus. Der genannte berühmte Jäger beehrte uns in jedem der fünf Jahre seiner Abenteuer unter den wilden Tieren mit seinen Besuchen. Viele Engländer, welche auf ähnliche Beschäftigung ausgingen, bezahlten ihre Führer und Gehilfen so pünktlich, daß wir bei unseren Anordnungen für sie alle Not hatten, damit nicht vier Mann mitliefen, wo nur zwei nötig waren; sie wußten so gut, daß die Engländer sie bezahlten, daß sie sich nicht bloß auf ihr Ehrenwort unbedingt verließen, und nicht nur fünf bis sechs Monate lang im Norden jagten, wobei sie alle Beschwerden dieser harten Lebensweise ertrugen, wenn sie nur so viel Wild bekamen, um davon leben zu können, sondern gingen auch gern noch 700-800 Meilen nach Grahamstown und empfingen für alles das nichts als eine Flinte, die 15 Schillinge wert war.

Nur ein einziger Mann hatte sie betrogen, und da ich glaubte, daß er etwas geizig war, hielt ich die Ehre des englischen Namens aufrecht und bezahlte seine Schulden. Da Cummings Führer durch meinen Einfluß gestellt wurden und, ehe sie fortgingen, gewöhnlich strenge Befehle hinsichtlich ihres Betragens bekamen, so betrachteten sie mich als ihren Vater, statteten mir jederzeit Bericht über ihre geleisteten Dienste ab und erzählten mir die meisten jener seitdem der Welt bekannt gewordenen Jagdabenteuer, ehe noch unser Freund selbst sie uns an unserem eigenen Herde mitteilen konnte.

So hatte ich die schönste Gelegenheit, ihre Richtigkeit zu prüfen, und ich trage keine Bedenken, es auszusprechen, daß für Jagdliebhaber Cummings Buch einen wahrheitsgetreuen Bericht von der Jagd in Südafrika gibt. Manches darin bedarf der Erklärung, aber die Zahl der angetroffenen und getöteten Tiere ist keineswegs unwahrscheinlich, wenn man bedenkt, welche Unmasse großen Wildes damals in jenen Gegenden sich aufhielt. Zwei andere Herren, welche ebenfalls jagten, haben während einer Jagdperiode nicht weniger als achtundsiebzig Rhinozerosse getötet. Jetzt aber würden Jagdliebhaber nicht mehr so viel Wild vorfinden, denn seit Schießgewehre unter den Stämmen eingeführt sind, schmelzen die Bestände aller dieser schönen Tiere zusammen wie Schnee im Frühling. In entlegeneren Gegenden, wo Schießgewehre noch nicht eingeführt sind, findet sich, das Rhinozeros ausgenommen, das Wild in weit größeren Zahlen, als Cumming jemals gesehen hat. Die Tsetse-Fliege ist aber für die Jagd zu Pferde ein unüberwindliches Hindernis, und zu Fuß kommen die Europäer nicht fort. Der Schritt eines Elefanten, wenn er den Jäger angreift, scheint zwar nicht schnell zu sein, ist aber so groß, daß er der Eile eines galoppierenden Pferdes gleicht. Ein junger Jäger, wenn er auch noch so gut mit Fasanen, Füchsen und Hunden umzugehen versteht, würde gut tun, wenn er erst reiflich überlegte, ehe er sich dem Schrecken eines so fürchterlichen Angriffs aussetzte; das Trompeten dieses schrecklichen Tieres, wenn es einmal in Wut geraten, macht mehr als sonst etwa denselben Eindruck wie der schrille Ton einer französischen Dampfpfeife auf einen Mann, der auf einem gefährlichen Punkte einer Eisenbahn steht. Ein unerfahrenes Pferd wird vor Schreck zitternd festgewurzelt stehenbleiben, statt seinen Reiter der Gefahr zu entziehen. Gar oft haben die Beine des armen Tieres so schlecht ihre Schuldigkeit getan, daß es stürzte und der Reiter zu Brei getreten wurde; oder der Reiter, der die Geistesgegenwart verlor, ließ sein Pferd unter einen Baum galoppieren und zerschellte sich den Schädel an einem Aste. Da ein einziger Angriff eines Elefanten schon manchen beginnenden Nimrod der Jagd für immer Lebewohl sagen ließ, so sollten angehende Gordon Cummings ihre Nerven dadurch üben, daß sie auf den Schienen einer Eisenbahn stehenbleiben, bis die Maschine nur noch wenige Schritte entfernt ist. Elefanten zu Fuß zu jagen, würde nicht weniger gefährlich sein, wenn man sie nicht, wie auf Ceylon, mit einem Schusse töten könnte; es ist dies nie in Afrika versucht worden.

Als wir jenseits Letlotsche an einem Orte, Kanne genannt, einige Brunnen aufsuchten, fanden wir sie von den Bakalahari, die ein Dorf, in der Nähe bewohnten, sorgfältig eingehegt. Wir hatten 60 Meilen Land vor uns, ohne Wasser und sehr ermüdend für die Ochsen, da es im allgemeinen tiefer weicher Sand ist. Hier ist ein Platz zum Wasserschöpfen, um welchen eine große Menge Buschweiber mit Eierschalen und Rohr versammelt waren. Mathuluane hatte jetzt kein Wasser und Motlatsa nur geringen Vorrat, daher sandten wir die Ochsen quer über das Land nach dem tieferen Brunnen Nkauane, aber die Hälfte kam unterwegs um. Als wir sie endlich wiederfanden, waren sie fünf ganze Tage ohne Wasser gewesen. Wir trafen wie gewöhnlich sehr viele Elen, obwohl sie nur selten einen Schluck Wasser fanden. Viele der Ebenen hier haben große Grasflächen ohne Bäume, doch sieht man selten einen baumlosen Horizont. Der Strauß weidet gewöhnlich ruhig an einer Stelle, wo niemand sich ihm nahen kann, ohne von seinem vorsichtigen Auge entdeckt zu werden. Fährt der Wagen gegen den Wind, so befürchtet der Strauß, man wolle ihn umgehen, und läuft eine Meile und länger dem Winde nach, wobei er den vordersten Ochsen am Wagen oft so nahe kommt, daß der dumme Vogel einen Schuß davonträgt. Wenn er zu laufen anfängt, macht es ihm alles Wild in der Nähe nach. Ich bin Zeuge gewesen, wie man diese Dummheit des Straußes sich zunutze machte, wenn er ruhig in einem Tale weidete, das an beiden Enden offen war. Eine Anzahl Leute begannen zu laufen, als wollten sie ihm den Weg von der Seite her abschneiden, von der der Wind kam, und obwohl er das ganze Tal Hunderte von Meilen weit vor sich hatte und so das andere Ende erreichen konnte, lief er doch wie toll an den Leuten vorbei und ward so mit Speeren getötet. Er gibt die Richtung, die er einmal eingeschlagen, nie auf, sondern beschleunigt nur seine Schritte.

Die Bakalahari, welche an den Motlatsa-Brunnen wohnen, sind immer freundlich gegen uns gewesen und hören aufmerksam auf die in ihrer Muttersprache gebrachte Belehrung. Es ist jedoch schwer für einen Europäer, sich einen Begriff zu machen von der geringen Wirkung, den die Belehrung hat, da man sich gar nicht denken kann, wie tief sie durch jahrhundertelange Barbarei und den harten Kampf um die notwendigsten Bedürfnisse gesunken sind; wie die meisten anderen Stämme hören sie mit Achtung und Aufmerksamkeit zu, aber wenn wir niederknien und den unsichtbaren Gott anbeten, dann erscheinen ihnen unsere Stellung und unser Tun oft so lächerlich, daß sie sich nicht enthalten können in ein unmäßiges Gelächter auszubrechen. Wenn sie es einigemal mit angesehen haben, dann beherrschen sie sich allerdings. Ich war einmal gegenwärtig, als ein Missionar unter einem wilden heidnischen Betschuanenstamme, der von Musik nichts wußte, zu singen versuchte; der Eindruck auf die Zuhörer war so groß, daß ihnen wirklich Tränen über das Gesicht liefen.

Nachdem wir am 8. Februar 1853 Motlatsa verlassen hatten, gingen wir den Mokoko abwärts, der früher, wie sich jetzt lebende Leute noch recht gut erinnern, ein wasserreicher Strom war. Nach einem heftigen Gewitter sahen wir es einst, daß er in seiner alten Pracht wieder einmal nördliche Richtung einschlug. Zwischen Lotlakani und Ntschokotsa passierten wir den kleinen Brunnen Orapa; ein anderer Brunnen, Thutsa, lag eine kleine Stecke rechts von uns, sein Wasser ist salzig und hat abführende Kraft. Die Salzpfanne Tschuantsa, mit einer $1^1/_2$ Zoll dicken Salzkruste, liegt etwa 10 Meilen nordöstlich von Orapa. Dieser Niederschlag enthält außerdem ein bitteres Salz, wahrscheinlich salpetersauren Kalk; die Eingeborenen vermischen das Salz, um es schmackhaft und gesund zu machen, mit dem Saft einer Gummipflanze, stellen es dann in den Sand und dörren es, indem sie Feuer darüber machen; der salpetersaure Kalk wird dadurch unlöslich und geschmacklos.

In Ntschokotsa stand, da die Regenzeit in diesem Jahre später als gewöhnlich eingetreten war, das Thermometer am Tage auf 96° im kühlsten Schatten. Eine solche Höhe zeigte in Kolobeng stets nahe bevorstehenden Regen an. Wenn das Thermometer in Kuruman über 84° steht, so kann man dasselbe erwarten, während es weiter nördlich über 100° anzeigt, ehe man die erquickende Wirkung des Regens erwarten kann. Zwei Zoll unter dem Boden stand das Thermometer hier auf 128°. Um Ntschokotsa war alles ausgedörrt, und der weiße Glanz des Bodens griff die Augen außerordentlich an. Das Wasser in Ntschokotsa war bitter und wies untrüglich darauf hin, daß es vorher den tierischen Körper passiert hatte. Alles Wasser hier enthält salpetersaure Salze, welche die Nieren reizen und den Durst vergrößern. Wenn man frisches Wasser, das ebenfalls salzhaltig ist, hinzufügt, wie es beim Fleischkochen nötig ist, so kommt man in Versuchung, den Koch auszuzanken, daß er zu viel gesalzen habe, während er doch gar kein Salz hinzugetan, mit Ausnahme dessen, welches das Wasser an sich schon enthält.

Wir gruben mehrere Brunnen auf, und da wir jedesmal warten mußten, bis das Wasser wieder hineingelaufen war, und dann unser Vieh ein paar Tage ruhen und den Durst so gut als möglich stillen lassen mußten, ehe wir weiterzogen, so ging es nur langsam vorwärts. In Koobe hatten sich die Rhinozerosse so viel in dem klaren Wassertümpel herumgewälzt, daß der Schlamm die Konsistenz von Mörtel bekommen hatte, und wir nur mit großer Mühe an einer Seite ein reines Plätzchen gewinnen konnten, um klares Wasser zu bekommen und für die Ochsen zu sammeln. Wären die Rhinozerosse wiedergekommen, so würde ein einziger Ruck an der Masse, die wir an einer Seite aufgehäuft hatten, unsere ganze Arbeit vergeblich gemacht haben. Wir mußten daher die Nacht hindurch wachen. Auf den weiten Ebenen ringsum sahen wir Herden von Zebras, Gnus, selbst Büffel, welche tagelang dastanden und sehnsüchtig nach dem Brunnen schauten, um einen Schluck von dem schmutzigen Wasser zu bekommen. Es ist die mutwilligste Grausamkeit, die Verlegenheit dieser armen Tiere sich zunutze zu machen und sie niederzuschießen, ohne die Absicht, Fleisch, Häute oder Hörner derselben zu verwerten.

Meine Leute schossen ein weißes Rhinozeros, und ich war herzlich froh, als ich diesen Ort verlassen konnte, an welchem ich das einzige Mal in meinem Leben an einer Nachtjagd teilgenommen hatte. Wir überschritten das ungeheuer große Becken Ntetwe, das fast die Breite eines Sees hat. Große Strecken dieser Gegend bestehen aus Kalktuff mit einer ganz dünnen Erddecke; Massen von Baobab- und Mopane-Bäumen sind über die ganze harte glatte Oberfläche zerstreut. Etwa 2 Meilen jenseits des nördlichen Randes dieses Beckens spannten wir unter einem prächtigen Baobab aus, der in der Sprache der Betschuanen Mowana heißt; er bestand aus sechs Armen, welche zusammen einen Stamm bildeten. Drei Fuß vom Boden hatte er 85 Fuß Umfang.

In Rapesch kamen wir wieder zu unseren alten Freunden, den Buschmännern, unter ihrem Häuptling Horoye. Dieser Mann, ein schöner Repräsentant seines Stammes, und sein Sohn Mokantsa und andere, waren wenigstens 6 Fuß hoch und von dunklerer Farbe als die Buschmänner im Süden. Sie haben immer Speise und Wasser genug, und da sie den Zouga ebensooft besuchen als das Wild, in dessen Gesellschaft sie leben, so ist ihre Lebensweise sehr verschieden von derjenigen der Bewohner der dürftigen Kalahari-Wüste. Sie essen keine Ziegen, was in Verbindung mit der abergläubischen Furcht, welche jeder Stamm vor einem bestimmten Tier hat, darauf hinweist, daß sie eine gewisse Scheu vor dem einzigen Tier haben, welches sie in ihrer wüsten Heimat hätten als Haustier ziehen können. Sie sind ein sehr heiterer Menschenschlag und lügen nie mutwillig. In ihren abergläubischen Bräuchen zeigt sich mehr Gottesdienst als bei den Betschuanen; und als wir am Zouga einmal das Grab eines Buschmanns fanden, verrieten sie deutlich, daß sie glaubten, der Tote existiere noch in einem anderen Leben, denn sie redeten ihn an und baten, daß ihnen nichts zustoßen möge, da sie noch einige Zeit länger zu leben wünschten.

Die Buschmänner, unter welchen wir uns jetzt befanden, töten viele Elefanten; sie wählen die Zeit des Vollmonds zur Jagd, weil es da kühl ist. Sie halten den Augenblick für den günstigsten, wenn der Elefant außer Atem ist, stürzen dann auf ihn zu und stechen ihn mit ihren Spießen, welche eine ziemlich lange Klinge haben. Hierin sind uns die unzivilisierten Völker überlegen, und doch glaube ich, die Engländer würden mit der Hälfte ihrer Bildung die Buschmänner zu Paaren treiben. Unsere heutige Zivilisation erzeugt nicht notwendigerweise Verweichlichung, sie erhöht ohne Widerrede die Schönheit, den Mut und die physischen Kräfte. In Kolobeng notierte ich mir die Zahlen der Elefanten, welche während der Jagdzeit von den verschiedenen Jagdgesellschaften, die unseren Wohnort passierten, getötet worden waren, um mir annähernd eine Vorstellung davon machen zu können, wie viele dieser edlen Tiere jährlich vernichtet werden. Griquas, Betschuanen, Boers und Engländer jagten. Alle wollten sich auszeichnen und der Erfolg hing hauptsächlich davon ab, daß der Jäger Mut genug besaß, nahe an das Tier heranzugehen und seine Schüsse nicht zu vergeuden. Durchschnittlich kamen auf einen Eingeborenen noch nicht ein Elefant, auf einen Griqua einer, auf einen Boers zwei, auf einen englischen Offizier einundzwanzig. Dies war um so beachtenswerter, als die Griquas, Boers und Betschuanen Hunde und Eingeborene zu Hilfe nahmen, während die englischen Jäger im allgemeinen keinen Gebrauch davon machten. Sie gingen bis auf 20 Ellen an das Tier heran, während jene 100 Ellen oder noch mehr entfernt stehenblieben und folglich meistenteils ihre Kugeln vergebens abschossen. Oswell fand Elefanten mit einer Menge Kugeln in der Seite, die wohl alle auf die oben angegebene Weise abgeschossen worden waren und keinen edlen Teil getroffen hatten.

In Maila verbrachten wir einen Sonntag mit Kaisa, dem Häuptling eines Dorfes der Maschona, die vor der eisernen Regierung Mosilikatzes geflohen waren, dessen Land östlich von ihnen liegt. Ich bat ihn, er möchte eine Anzahl Briefe nach England zur Besorgung übernehmen, welche er abgeben sollte, wenn die Betschuanen hierherkommen, um bei den Buschmännern Häute und Nahrung zu holen; aber er wollte nicht begreifen, daß keine Gefahr damit verbunden sei! Er fürchtete die Verantwortung, wenn etwas damit geschähe. So mußte ich denn jede Hoffnung aufgeben, meiner Familie Nachricht über mein Befinden zukommen zu lassen, bevor ich nicht die Westküste erreicht hätte.

In Unku betraten wir einen Landstrich, dem erquickende Regengüsse zuteil geworden waren, jeder Platz war mit Gras bedeckt und die Wälder standen in voller Blüte. Statt der traurigen Öde bei Koobe und Ntschokotsa genossen wir hier einen köstlichen Anblick, alle Tümpel waren voll Wasser, und die Vögel zwitscherten lustig. Da das Wild jetzt überall Wasser findet, so ist es sehr scheu und in seinen gewöhnlichen Lagern nicht aufzutreiben.

Als wir von Kama-kama nordwärts weiter vordrangen, kamen wir in ein dichtes Mohonono-Gebüsch, welches drei unserer Leute nötigte, zwei Tage lang unausgesetzt die Axt anzuwenden. Der Mohonono hat schöne silberfarbige Blätter, seine Rinde schmeckt süß und ist eine Lieblingsnahrung des Elefanten. Als wir die Ebenen jenseits dieses Gebüsches erreichten, fanden wir eine Anzahl Buschmänner, welche sich später als sehr nützlich erwiesen. Es hatte sehr viel geregnet, aber viele Tümpel vertrockneten schnell wieder. In diesen Tümpeln zeigte sich viel Lotus, und an ihren Ufern eine niedrige süß riechende Pflanze. Es wehten öfter frische Lüftchen von diesen austrocknenden Tümpeln zu uns her, aber der Wohlgeruch, den sie mitbrachten, verursachte uns heftiges Niesen, und am

10. März (unter 19° 16' 11" südlicher Breite und 20° 24' östlicher Länge) mußten wir anhalten, da vier unserer Leute am Fieber erkrankt waren. Ich hatte diese Krankheit bereits früher beobachtet, konnte sie aber nicht für das afrikanische Fieber halten. Ich glaubte, es wäre nur eine Zellenaffektion infolge des vielen Fleischgenusses, denn da das große Wild sehr reichlich vertreten war, so hatten wir immer bedeutenden Vorrat. Aber anstatt daß sich die zuerst Erkrankten bald erholten, legten sich in wenigen Tagen alle unsere Leute hin, ausgenommen ein Bakuena-Knabe und ich selbst. Er versorgte die Ochsen, während ich den Kranken beistand und dann und wann mit den Buschmännern auf die Jagd ging, um ein Zebra oder einen Büffel zu schießen, und sie so zu veranlassen, bei uns zu bleiben.

Das Gras war hier so hoch, daß die Ochsen unruhig wurden und in einer Nacht beim Anblick einer Hyäne in den östlich gelegenen Wald davonliefen. Am Morgen des 19. März fand ich, daß der Bakuena-Knabe sich mit ihnen entfernt hatte. Ich habe dies oft bei Leuten dieses Stammes bemerkt, selbst wenn das Vieh von einem Löwen erschreckt wurde. Die jungen Leute laufen mit dem Vieh durch Dick und Dünn meilenweit davon, bis sie glauben, daß der Schreck sich gelegt hat; dann pfeifen sie das Vieh zusammen, wie sie beim Kühemelken zu tun pflegen, und wenn sie es beruhigt haben, so hüten sie es bis zum Morgen. Die Leute kommen gewöhnlich mit zerschundenen Beinen zurück. Jeder Mopato erwartet, daß sein Stammesgenosse so verfährt, obwohl er nichts weiter dafür in Aussicht sieht als eine kurze Belobigung von seiten des Häuptlings. Unser Knabe Kibopetschoe war den Ochsen nachgelaufen, hatte sie aber verloren, als sie durch den pfadlosen Wald jagten. Am Sonntag früh, als ich mich aufmachen wollte, um ihn zu suchen, fand ich ihn bei den Wagen. Er hatte die Ochsen spät am Sonnabend gefunden und die ganze Nacht bei ihnen bleiben müssen. Es war zu bewundern, wie er ohne Kompaß zurechtkam und mit ungefähr vierzig Ochsen sich auf solchem Terrain wieder nach Hause finden konnte.

Die Betschuanen rühren sich nicht gern, solange sie sich irgend unwohl fühlen; daher wünschte ich endlich recht sehr, daß sie wenigstens einen Versuch machen sollten, vorwärts zu kommen. Einer von ihnen jedoch, der sich zufällig 100 Ellen weit vom Wege entfernt hatte, fiel um, und da wir es nicht bemerkten, blieb er die ganze Nacht hindurch unter heftigem Regen bewußtlos liegen; ein anderer fiel wiederholt in Ohnmacht; aber als wir für die Kränksten mit Hilfe der Bakuena und Buschmänner Betten in den Wagen hergerichtet hatten, konnten wir langsam weiterreisen. Wir mußten die Kranken wie Kinder warten; auch gebärdeten sie sich wie Kinder, die sich von einer Krankheit erholen: je wohler es ihnen wurde, desto unverschämter benahmen sie sich. Man sah dies an den bestimmten Befehlen, die sie mit noch schwacher Stimme gaben. Nichts war ihnen recht, was wir taten; ich lachte, wenn sie in Hitze kamen, aber obwohl ich so meine Feude über ihre Genesung ausdrückte und mich an der lächerlichen Rolle ergötzte, die sie spielten, erhöhte dies nur ihren Ärger. Da der Mann, welcher die beiden vordersten Ochsen führte, zu schwach war, gerieten wir mit Bäumen zusammen, und die Arbeit, sie zu fällen, war noch schwieriger als gewöhnlich; doch trotz der ungeheuerlichsten Beschwerde blieb meine Gesundheit ganz vortrefflich.

Da wir die Tsetse, die wir auf unserem früheren Wege gefunden hatten, vermeiden wollten so schlugen wir unsere Richtung nach dem magnetischen Meridian von Lurilopepe ein. Die Notwendigkeit, einen neuen Weg zu bahnen, machte uns viel Mühe. Doch wurden wir unter dem 18. Breitengrade mit einem Anblick belohnt, den wir im vorigen Jahr nicht genossen hatten: wir fanden traubentragende Reben. Hier standen sie vor meinen Augen; doch kam mir der Anblick so unerwartet, daß ich eine Weile mit Verwunderung die Trauben anschaute, und dachte ebensowenig daran, sie zu pflücken, als wenn ich sie im Traume gesehen hätte. Die Buschmänner kennen und essen sie; doch sind sie nicht eben wohlschmeckend wegen der adstringierenden Eigenschaft der Kerne, welche an Gestalt und Größe den gespaltenen Erbsen gleichkommen.

Der Wald, durch welchen wir uns langsam durcharbeiteten, wurde täglich dichter, und wir mußten unaufhörlich die Axt gebrauchen; die Bäume waren hier weit reicher belaubt als weiter südlich. Die Blätter sind hauptsächlich einfach und zweifach gefiedert und wunderschön, wenn man sie gegen das Licht hält. Auch wachsen hier viel Papilionazeen.

Fleming hatte bis jetzt immer seinen Wagen geführt, aber er war endlich ebenso erschöpft wie seine Leute. Da ich die Wagen nicht führen konnte, teilte ich mit ihm das übrige Wasser, etwa ein halbes Faß voll, und ging weiter in der Absicht, zurückzukommen und ihn zu holen, sobald wir die nächste Wasserstelle gefunden hätten. Jetzt fing es heftig an zu regnen; ich mußte den ganzen Tag Bäume fällen, und bei jedem Axthieb fiel ein dichter Regenschauer mir auf den Rücken, der bei der schweren Arbeit mich sehr erfrischte, da mir das Wasser bis in die Schuhe lief. Am Abend trafen wir einige Buschmänner, die sich erboten, uns Wasser zu zeigen, und nachdem ich die Ochsen ausgespannt hatte, lief ich einige Meilen weit danach. Als es dunkel wurde, waren sie so artig (also nicht bloß unter zivilisierten Nationen findet man diese Tugend!) voranzugehen, brachen die Zweige ab, welche über den Weg hingen, und machten mich auf die umgefallenen Bäume aufmerksam. Als wir zu den Wagen zurückkehrten, fanden wir Fleming; er hatte es nicht ertragen, allein zu bleiben, und alle seine Kraft zusammengenommen, uns zu erreichen.

Als das Wasser verdunstete, mußten wir weiterziehen. Einer der Buschmänner brachte einen Würfel hervor, warf ihn hoch und sagte, Gott heiße ihn umzukehren. Er würfelte noch einmal, damit auch ich die Befehle Gottes erfahren könnte, aber diesmal besagte der Würfel das Gegenteil; deshalb blieb er da und war uns von großem Nutzen, denn ein Löwe trieb unsere Ochsen wieder eine große Strecke davon. Löwen kommen hier nicht oft vor. Sie scheinen eine heilsame Furcht vor den Buschmännern zu haben, welche, wenn sie sich überzeugt haben, daß ein Löwe sich sattgegessen, seiner Spur so ruhig nachgehen, daß er in seinem Schlafe nicht gestört wird. Hierauf schießt einer, nur wenige Schritt von ihm entfernt, einen vergifteten Pfeil nach ihm, während ein anderer gleichzeitig das Fell, welches ihm als Mantel dient, dem Löwen über den Kopf wirft. Infolge des plötzlichen Überfalls verliert der Löwe seine Geistesgegenwart und springt in der größten Verwirrung und erschreckt davon. Die Leute zeigten mir das Gift, welches sie hierbei anwenden. Es kommt von einer einen halben Zoll langen Raupe, N'gwa genannt. Sie zerdrücken diese Raupen, legen sie um den Widerhaken des Pfeils und lassen das Gift in der Sonne trocknen. Sie reinigen ihre Nägel sehr sorgfältig, wenn sie mit dem Gift zu tun

Zwei junge Löwenjäger bieten ihre Dienste an

gehabt haben, da der geringste Teil desselben ebenso verderblich wirkt wie das Leichengift bei Sektionen. Der Todeskampf ist so heftig, daß der Vergiftete sich selbst schneidet, nach der Mutterbrust verlangt, als wenn er wieder Kind geworden wäre, oder wie toll die menschlichen Wohnungen flieht. Auf den Löwen wirkt das Gift ebenso fürchterlich. Man hört ihn verzweifelt brüllen, und er beißt in der Wut auf die Bäume und den Erdboden los.

Da die Buschmänner in dem Rufe stehen, derartige Vergiftungen zu heilen, so erkundigte ich mich danach, wie sie es machten. Sie antworteten mir, sie gäben die Raupe mit Fett vermischt als Medizin ein; auch reiben sie Fett in die Wunde und sagen: »Der N'gwa braucht Fett, und wenn er keines im Körper findet, so stirbt der Mann; wir geben ihm, was er braucht, und er ist zufrieden« – ein Grund, der jedem Vernünftigen von selbst einleuchten wird.

Die Buschmänner hier sind im allgemeinen schöngebaute Leute und fast völlig unabhängig voneinander. Sie aßen eine Wurzel sehr gern, welche der Nierenkartoffel ähnlich sah, sowie eine Nuß, welche Fleming für eine Art Betel hielt; der Baum selbst ist schön, groß, breitet sich weit aus und hat palmenartige Blätter. Bei dem Reichtum an Beeren und Wild kann es den Buschmännern nie an Nahrung fehlen. Da ich ihnen Fleisch in großer Menge verschaffen konnte und sie bei mir zu behalten wünschte, so schlug ich ihnen vor, sie möchten ihre Weiber holen und mit ihnen teilen; aber sie entgegneten, die Weiber möchten sich um sich selbst kümmern.

Von unseren Leuten war zwar niemand gestorben, aber zwei schienen sich gar nicht wieder erholen zu können; auch Kibopetschoe, der gutwillige Mokuena, bekam Geschwüre und erkrankte sodann am Fieber. Als er sich niederlegte, gingen die anderen schon wieder hin und her und klagten nur über Schwäche. Da ich glaubte, daß eine Ortsveränderung zu ihrer Genesung beitragen würde, zogen wir weiter, so gut wir konnten, und kamen bis an den Hügel N'gwa (18° 27' 20" südliche Breite, 24° 13' 36" östliche Länge). Da dies der erste Hügel war, den wir sahen, seit wir die Bamangwatokette verlassen, so nahmen wir unsere Hüte vor ihm ab. Er ist 300–400 Fuß hoch und mit Bäumen bedeckt.

Die Buschmänner wollten uns nicht weiter begleiten, und da es nichts geholfen hätte, diese freien Leute dazu zu zwingen, so bezahlte ich sie und ließ sie gehen. Diese Zahlung wirkte aber wie ein

Zauber auf einige Fremde, die zufällig anwesend waren, und veranlaßte sie, uns aus freien Stücken ihre Dienste anzubieten.

Weiter nach Norden wurde das Land sehr angenehm. Wir sahen viele neue Brunnen, das Gras war grün und oft höher als die Wagen; Reben schmückten die Bäume, unter welchen sich die echte Baniane (Ficus indica), die wilde Dattel und Palmyra-Palme sowie andere mir ganz neue Bäume zeigten. In Höhlungen fanden wir große Wasseransammlungen. Wir trafen auch fließende Wasser, Flüßchen von 20 Ellen Breite und 4 Fuß Tiefe. Je weiter wir kamen, um so breiter und tiefer wurden sie; auf dem Grunde bemerkten wir tiefe Löcher, welche von Elefanten herrührten; die Ochsen rannten wie toll hinein, so daß die Wagendeichsel brach und wir dreieinhalb Stunden bis an die Brust im Wasser arbeiten mußten; doch bekam es mir nicht schlecht.

Endlich kamen wir an den Sanschureh, eine unübersteigbare Schranke; wir lagerten uns unter einem prächtigen Baobab-Baum (18° 4' 27" südlicher Breite, 24° 6' 20" östlicher Länge) und beschlossen eine Furt aufzusuchen. Das viele Wasser, welches wir passiert hatten, war ein Teil der jährlichen Überschwemmungen des Tschobe, und dieser große tiefe, an mehreren Stellen mit Schilf angefüllte Strom, in welchem Flußpferde leben, ist nur einer der Arme, durch welche es sein überflüssiges Wasser nach Südosten entsendet.

Vom Hügel N'gwanus erstreckt sich ein hoher Landrücken nach Nordosten längs des Flusses. Ohne es zu wissen, waren wir im Tal an dem einzigen Punkt, den die Tsetse nicht besucht. Ich durchforschte mit den Buschmännern das ganze westliche Ufer des Sanschureh, bis wir in den Bereich der Tsetse kamen. Bis an die Brust wateten wir lange Zeit im Wasser, fanden aber nichts als eine breite tiefe Fläche ohne Vegetation und nicht zu durchwaten. Eine eigentümliche Art Flechten, die auf dem Boden wächst, löst sich ab und schwimmt auf dem Wasser; sie riecht sehr unangenehm wie Schwefelwasserstoff.

Wir machten östlich und westlich viele Versuche, über den Sanschureh zu kommen, und hofften immer, Makololo am Tschobe zu treffen, bis die Buschmänner ganz erschöpft waren. Durch Geschenke konnte ich sie bewegen, noch einige Tage zu bleiben; endlich aber liefen sie nachts davon. Da nahm ich einen der stärksten von meinen noch gesunden Reisegefährten und ging in einem Ponton über den Fluß, ein Geschenk der Kapitäne Codrington und Webb. Wir nahmen jeder Lebensmittel und eine Decke mit und drangen etwa 20 Meilen westwärts vor, in der Hoffnung, den Tschobe zu erreichen. Nach Norden hin war er uns viel näher, doch das wußten wir nicht. Auf der Fläche, welche wir den ganzen ersten Tag durchwanderten, reichte uns das Wasser bis an die Knöchel; sie war mit dichtem Gras bedeckt, das uns bis an die Knie ging. Am Abend erreichten wir einen ungeheuren Rohrwall von 6-7 Fuß Höhe, den zu durchdringen unmöglich war. Wir versuchten es zwar, aber das Wasser war so tief, daß wir davon absehen mußten. Wir glaubten die Ufer des Flusses erreicht zu haben, den wir suchten, und nahmen unsere Richtung nach einigen Bäumen südlich, um ein Nachtlager zu gewinnen und uns umzuschauen.

Als wir am nächsten Morgen die höchsten Bäume erkletterten, sahen wir eine schöne große Wasserfläche, die auf allen Seiten von demselben undurchdringlichen Rohrgürtel eingeschlossen war. Es ist dies der breite Teil des Flusses Tschobe, Zabesa genannt. Zwei mit Bäumen bedeckte Inseln schienen dem Wasser viel näher zu sein als das Ufer, auf welchem wir uns befanden; daher versuchten wir sie zu erreichen. Wir hatten übrigens nicht bloß Rohr zu passieren; eine Art sägenartig gezähntes Gras, das wie ein Rasiermesser die Hände verletzte, fand sich unter das Rohr gemischt, und Winde, so dick wie Bindfaden, hielt die Masse zusammen. Wir kamen uns wie Zwerge darin vor und konnten oft nicht anders vorwärtskommen, als daß wir uns beide fest dagegenstemmten und das Rohr niederbeugten, um daraufzutreten. Wir troffen vor Schweiß, und als die Sonne hochstieg und kein Lüftchen das Rohr bewegte, wurde die Hitze wahrhaft erstickend, und das Wasser, das uns bis an die Knie reichte, war sehr erfrischend. Nach einer mehrstündigen Arbeit erreichten wir eine der Inseln. Hier trafen wir einen alten Bekannten, den Brombeerstrauch. Meine festen Moleskin-Beinkleider waren an den Knien ganz durchgerieben, die Lederhosen meines Begleiters waren ebenfalls zerrissen, und seine Beine bluteten. Ich riß mein Taschentuch entzwei und band mir die Stücke ums Knie.

Ganz erschöpft gingen wir am Ufer des Tschobe aufwärts, bis wir den Punkt erreichten, wo der Sanschureh sich abzweigt; hier schlugen wir die entgegengesetzte Richtung ein, den Tschobe abwärts, obwohl wir von den höchsten Bäumen aus nichts weiter sehen konnten als eine ungeheure Schilffläche, und hier und da einen Baum auf den Inseln. Wir hatten einen schweren Tag, und als wir zu einer verlassenen Bayeiye-Hütte auf einem Ameisenhügel kamen, fanden wir, um Feuer zu machen, nichts als Gras oder die Stäbe, aus denen die Hütte selbst bestand. Ich fürchtete die Tampons, die gewöhnlich in alten Hütten sich finden; da aber außen Tausende von Moskitos uns belästigten und ein kalter Tau zu fallen begann, mußten wir uns doch in den Schutz der Hütte begeben.

Wir ruderten von Mittag bis Sonnenuntergang. An den Ufern sahen wir nichts als Schilfmauern, und es schien, als sollten wir die Nacht ohne Abendbrot auf dem Kahne zubringen; aber als eben das kurzandauernde, in dieser Gegend übliche Zwielicht eintrat, erblickten wir am nördlichen Ufer Moremi, ein Dorf der Makololo, deren Bekanntschaft ich früher bereits gemacht hatte und welche jetzt auf der Insel Mahonta wohnten (17° 58' südlicher Breite, 24° 6' östlicher Länge). Die Leute sahen uns an, als wenn wir Gespenster wären, und in ihren Gesichtern las man gleichsam ihre Gedanken: »Er ist aus den Wolken gefallen und ritt auf einem Flußpferd zu uns! Die Makololo glaubten, daß niemand ohne unser Wissen über den Tschobe gelangen könnte, aber er ist plötzlich wie ein Vogel unter uns!«

Am nächsten Tage kehrten wir zu Kahn wieder über das überschwemmte Land zurück und fanden, daß während unserer Abwesenheit die Leute das Vieh hatten in ein kleines Gehölz im Westen gehen lassen, wo die Tsetse regierte; diese Unvorsichtigkeit kostete mich zehn prächtige Ochsen. Nach einigen Tagen Aufenthalt kamen einige Häuptlinge der Makololo aus Linyanti mit einer Schar Barotse, um uns über den Fluß zu führen. Sie taten dies auf bewundernswürdige Weise, sie schwammen und tauchten zwischen den Ochsen, mehr Alligatoren als Menschen ähnlich, nahmen die Wagen auseinander und brachten sie auf zusammengebundenen Kähnen hinüber. Jetzt waren wir unter Freunden; nachdem wir so ungefähr 30 Meilen weit nach Norden gereist waren, um das noch immer überflutete Land nördlich vom Tschobe zu vermeiden, wandten wir uns westlich nach Linyanti (18° 17' 20" südlicher Breite, 23° 50' 9" östlicher Länge), wo wir am 23. Mai 1853 ankamen. Linyanti ist die Hauptstadt der Makololo und nur wenig entfernt von dem Orte, den unsere Wagen 1851 erreicht haten (18° 20' südlicher Breite, 23° 50' östlicher Länge).

FÜNFTES KAPITEL

Die ganze Bevölkerung von Linyanti, welche 6000–7000 Seelen betrug, kam in pleno heraus, um unsere Wagen in Augenschein zu nehmen. Sie hatten dergleichen nie vorher gesehen, da wir das vorige Mal bei Nacht gereist waren. Sekeletu, der jetzt zur Macht gelangt war, empfing uns als König und setzte uns eine große Anzahl Krüge Bier, Boyaloa genannt, vor. Sie wurden von Weibern herbeigebracht, von denen jede einen derben Zug tat, als sie den Krug hinsetzte, um zu prüfen, ob es vergiftet sei.

Der Hofherold, ein alter Mann, der schon zu Sebituanes Lebzeiten diesen Posten verwaltet hatte, stand auf und nach allerhand Possen, indem er hin und her sprang und mit lauter Stimme schrie, sprach er in schmeichelndem Tone: »Sehe ich nicht den weißen Mann? Sehe ich nicht den Genossen Sebituanes? sehe ich nicht den Vater Sekeletus?« – »Wir möchten gern schlafen.« – »Verschaffe deinem Sohne Schlaf, Herr«, usw. Als Lohn erhält dieser Mann die Köpfe aller Tiere, welche der Häuptling schlachtet; auch bekommt er einen Teil des Tributs, ehe er ausgeteilt und aus der Kotla getragen wird. Er hat alle Proklamationen zu verkünden, die Versammlungen einzuberufen, die Kotla rein zu halten, am Abend Feuer anzuzünden und nach einer Hinrichtung den Leichnam wegzuschaffen.

Sekeletu war ein junger Mann von achtzehn Jahren, von dunkelgelber Farbe wie Kaffee und Milch, auf welche Farbe die Makololo außerordentlich stolz sind, weil sie sich dadurch von den schwarzen Stämmen an den Flüssen deutlich unterscheiden. Er ist ungefähr 7 Fuß hoch und nicht so gut von Aussehen noch ebenso geschickt, als sein Vater war, aber den Engländern gleich freundlich gesinnt. Sebituane setzte seine Tochter Mamotschisane lange Zeit vor seinem Tode in die Häuptlingswürde ein; aber bei allem seinem

Scharfsinn wollte es ihm nicht in den Sinn, daß sie einen Mann habe, der nicht ihr Herr sei. Er wünschte, sie solle sein Nachfolger sein, wie er es wahrscheinlich bei anderen Negerstämmen gesehen hatte, mit denen er in Berührung gekommen war; da er aber ein Betschuana war, konnte er einen Ehemann nicht anders denn als den Herrn der Frau ansehen; daher sagte er ihr, alle Männer gehörten ihr, sie könnte jeden nehmen, aber keinen behalten. In der Tat meinte er, sie könnte es mit den Männern so machen wie er mit den Weibern; aber diese Männer hatten schon Weiber, und nach dem Sprichworte des Landes: die Zungen der Weiber sind nicht zu regieren, setzten sie ihr mit ihren Anspielungen schlimm zu. Ein Mann, den sie wählte, wurde selbst ihre Frau genannt, und ihr Sohn das Kind von der Frau der Mamotschisane; aber die ganze Sache war Mamotschisane selbst so widerlich, daß sie, sobald Sebituane starb, sagte, sie würde nie einwilligen, über die Makololo zu herrschen, so lange sie noch einen Bruder am Leben habe. Sekeletu, welcher einen Verwandten, Mpepe, fürchtete, der auf die Häuptlingsstelle Ansprüche machte, drang in seine Schwester, in ihrer Stellung zu bleiben und ihm zu gestatten, sie in ihrer Regierung dadurch zu unterstützen, daß er die Makololo anführen wolle, wenn es in den Krieg ginge. Drei Tage lang dauerten die Unterhandlungen hierüber. Mpepe verbreitete das Gerücht, Sekeletu sei nicht der gesetzliche Sohn Sebituanes, da seine Mutter vor ihrer Verheiratung mit Sebituane die Frau eines anderen Häuptlings gewesen sei; Mamotschisane dagegen unterstützte Sekeletus Rechte, erhob sich endlich in der Versammlung und redete sie mit Tränen in den Augen an: »Ich war Häuptling, nur weil mein Vater es wünschte. Ich hätte mich viel lieber verheiratet und eine Familie gehabt, wie andere Frauen. Du, Sekeletu, mußt Häuptling werden und deines Vaters Haus erbauen.« Dies zerstörte alle Hoffnungen Mpepes.

Um den Leser über die sozialen und politischen Verhältnisse dieses Volkes aufzuklären, will ich über Mpepe noch einige Einzelheiten anführen. Da Sebituane keinen Sohn in dem Alter seiner Tochter hatte, um über die Mopato zu herrschen, wählte er ihn als den nächsten Verwandten für diese Stelle, und da er voraussetzte, Mpepe würde als ein Verwandter seiner Familie seine Interessen im Auge haben und ihn aller Sorge entheben, überließ er all sein Vieh seiner Beaufsichtigung. Mpepe zog in die Hauptstadt Naliele und nahm alles Vieh in solcher Weise in Beschlag, daß Sebituane einsah, die Verhältnisse könnten nur durch die Hinrichtung Mpepes wieder auf den früheren Stand gebracht werden. Da er dies aber nicht gern tun wollte und die Zaubereien fürchtete, welche Mpepe jetzt mit Hilfe mehrerer Barotse-Doktoren in einer eigens dazu erbauten Hütte vornahm, und nach dreißigjährigem Kampfe sich in Ruhestand zurückziehen wollte, hörte er mit Vergnügen von unserer Ankunft an dem See und kam bis nach Sescheke, um uns zu sehen. Er hatte sich nach den Erzählungen vieler Fremder, die ihn besuchten, die Idee gebildet, die Weißen hätten »einen Topf (eine Kanone) in ihren Städten, der die angreifenden Feinde verbrenne«, und wenn er in den Besitz desselben käme, so würde er wohl den Rest seiner Tage in Ruhe »schlafen« können. Dies hoffte er durch die weißen Männer zu erreichen. Deshalb sagte der Herold die oben angeführten Worte: »Verschaffe deinem Sohne Schlaf.« Es ist merkwürdig, wie sehr sich diejenigen nach Ruhe sehnen, welche ihr ganzes Leben lang gekämpft haben.

Als Sekeletu in die Häuptlingsstelle eingesetzt war, fühlte er sich in seiner Stellung ziemlich unsicher; denn man glaubte, daß Mpepes Zauberformeln mit Sebituanes Tod in nahem Zusammenhang ständen. Und wirklich hatte der letztere zu seinem Sohne gesagt: »Diese Zauberhütte wird dir oder mir verhängnisvoll sein.«

Als die Mambari im Jahre 1850 einen günstigen Bericht von dem neuen Markt im Westen nach Hause brachten, fanden sich im Jahr 1853 eine Menge portugiesischer Mischlinge als Sklavenhändler ein, und einer, der einem wirklichen Portugiesen sehr ähnlich war, kam nach Linyanti, als ich eben da war. Er hatte keine Waren und sagte, er sei gekommen, um sich zu erkundigen, was für Waren auf dem Markt verlangt würden. Er kam durch meine Anwesenheit etwas in Verlegenheit. Sekeletu beschenkte ihn mit einem Elefantenzahn und einem Ochsen, und als er etwa 50 Meilen weit westwärts war, nahm er ein ganzes Bakalahari-Dorf weg, das den Makololo gehörte. Er hatte eine Anzahl bewaffneter Sklaven bei sich, und da er alle Einwohner des Dorfes, Männer, Weiber und Kinder, fortführte, und die Sache erst lange hernach bekannt wurde, so ist es nicht gewiß, ob er mit Gewalt oder Versprechungen seinen Zweck erreichte. In jedem Falle war Sklaverei das Los der armen Leute. Er ließ sich in einer Hängematte an zwei Stangen tragen, und da diese wie ein Sack aussah, nannten ihn die Makololo »Vater des Sackes«.

Mpepe unterstützte diese Sklavenhändler, und sie setzten, wie gewöhnlich, alle ihre Hoffnungen auf den günstigen Ausgang seiner Empörung. Meine Ankunft auf dem Schauplatze war ein starkes Gegengewicht gegen ihre Interessen. Eine große Anzahl Mambari waren nach Linyanti gekommen, als ich auf den Wiesen südlich vom Tschobe herumfuhr. Als sie hörten, daß ich in der Nähe sei, verloren sie den Mut, und als einige Makololo, die mir bei der Überfahrt behilflich gewesen waren, mit Hüten, die ich ihnen geschenkt hatte, zurückkehrten, ergriffen die Mambari schleunigst die Flucht. Gewöhnlich bitten Fremde erst um Erlaubnis, ehe sie eine Hauptstadt verlassen, aber der Anblick der Hüte veranlaßte die Mambari, sich aus dem Staube zu machen. Die Makololo forschten nach der Ursache dieser großen Eile, und erfuhren, daß, wenn ich die Mambari noch vorgefunden hätte, ihnen alle Sklaven und sonstiges Gut abgenommen haben würde, und obwohl Sekeletu ihnen die Versicherung gab, daß ich nicht ein Räuber, sondern ein Mann des Friedens sei, so flohen sie doch in der Nacht, während ich noch 6 Meilen entfernt war. Sie wandten sich nach Norden, wo sie unter Mpepes Schutz einen Platz von ziemlichem Umfang abgesteckt hatten; hier trieben mehrere Sklavenhändler von der Mischlingsrasse unter der Oberaufsicht eines geborenen Portugiesen ihren Handel, ohne auf den Häuptling Rücksicht zu nehmen, in dessen Land sie ohne Umstände eingedrungen waren, während Mpepe sie mit den Herden Sekeletus unterhielt und einen Plan ersann, sich mit Hilfe ihrer Feuerwaffen zum Haupte der Makololo zu machen. Das gewöhnliche Verfahren, welches die Sklavenhändler befolgen, besteht darin, sich in die politischen Angelegenheiten jedes Stammes zu mischen, und indem sie sich auf die Seite des Stärkeren schlagen, sich mit dem Raube bezahlt machen, welcher der schwächeren Partei abgenommen wird. Es wurden lange geheime Konferenzen zwischen den Sklavenhändlern und Mpepe gehalten, und man hielt es für ratsam, daß er den ersten Streich ausführen sollte; daher versah er sich mit einer kleinen Streitaxt in der Absicht, Sekeletu zu töten, sobald er ihn träfe.

Da meine erste Absicht, bevor ich mich für eine Reise nach der Ost- oder Westküste entschied, darauf gerichtet war, das ganze

Land nach einem gesunden Platze zu durchsuchen, machte ich Sekeletu den Vorschlag, den großen Strom aufwärts zu fahren, den wir im Jahre 1851 entdeckt hatten. Er bot sich freiwillig an, mich zu begleiten, und als wir etwa 60 Meilen weit auf der Straße nach Sescheke gekommen waren, trafen wir Mpepe. Obwohl die Makololo große Viehherden besaßen, hatten sie doch nie versucht, Ochsen zu reiten, bis ich im Jahre 1851 sie darauf aufmerksam machte. So war es auch mit den Betschuanen, bis die Europäer zu ihnen kamen und ihnen einen Begriff vom Reiten beibrachten. Früher waren sie stets zu Fuß gereist. Sekeletu und seine Genossen saßen auf Ochsen, fielen aber immerwährend herunter, da sie weder Sattel noch Zügel hatten. Mpepe kam, mit seiner Streitaxt bewaffnet, auf einem Wege, der dem unsrigen parallel ging, aber eine Viertelmeile entfernt war, und als er Sekeletu sah, rannte er eiligst auf uns zu, Sekeletu aber, der ihn bemerkte, galoppierte nach dem nächsten Dorfe. Hier versteckte er sich, bis wir alle nachkamen. Mpepe hatte seinen Leuten zu verstehen gegeben, daß er Sekeletu niederschlagen wollte, entweder gleich beim ersten Zusammentreffen oder nachdem er eine Konferenz mit ihm gehabt. Da seine erste Absicht so vereitelt war, beschloß er seinen Plan auszuführen, nachdem er mit ihm gesprochen. Ich saß zufällig in der Hütte, wo sie zusammentrafen, zwischen ihnen beiden; da ich den ganzen Tag in der Sonne geritten und müde war, fragte ich Sekeletu, wo ich schlafen könnte, und er antwortete: »Komm, ich will dir's zeigen.« Als wir gemeinsam aufstanden, deckte ich ohne Absicht Sekeletu mit meinem Leibe und rettete ihn vor der Hand des Mörders. Ich wußte nichts von dem Komplott, aber ich bemerkte, daß Mpepes Leute sämtlich die Waffen in der Hand hielten, selbst nachdem wir uns gesetzt hatten, was in Gegenwart eines Häuptlings ganz ungewöhnlich ist, und als Sekeletu mir die Hütte zeigte, in welcher ich schlafen sollte, sagte er zu mir: »Dieser Mann will mich töten.« Später erfuhr ich, daß einige Anhänger Mpepes das Geheimnis ausgeschwatzt hatten, und der Worte seines Vaters eingedenk, ließ Sekeletu den Mpepe noch in derselben Nacht hinrichten. Es geschah dies in aller Stille, so daß ich, obwohl ich nur wenige Schritte davon schlief, bis zum nächsten Tage nichts davon erfuhr. Nokuane kam an das Feuer, an welchem Mpepe saß, mit einer Hand voll Schnupftabak, als wollte er sich auch mit hinsetzen und sich am Tabak erlaben. Mpepe sagte zu ihm: »Nsepisa«, d. h. gib mir eine Prise; und als er seine Hand ausstreckte, erfaßte sie Nokuane, während ein anderer Mann ihn an der anderen Hand ergriff, und beide führten ihn etwa eine Meile weit und stachen ihn mit Speeren tot. Dies ist die gewöhnliche Art der Hinrichtung. Es darf dabei nicht gesprochen werden. Doch soll einmal ein Mann, den man zu fest an der Hand hielt, gesagt haben: »Halte mich nicht so fest, hörst du? Du wirst bald denselben Weg geführt werden.« Mpepes Leute flohen zu den Barotse, und da es uns nicht ratsam schien, dahin zu gehen, solange die Aufregung infolge der Hinrichtung Mpepes noch fortdauerte, kehrten wir nach Linyanti zurück.

Bald nach unserer Ankunft in Linyanti nahm mich Sekeletu beiseite und drang in mich, was ich gern hätte und von ihm zu erhalten hoffte. Ich sollte alles in und außerhalb seiner Stadt bekommen, sobald ich es nur namhaft machte. Ich erklärte ihm, meine Absicht gehe dahin, ihn und sein Volk zu Christen zu machen; er aber antwortete, er wünsche nicht die Bibel lesen zu lernen, denn er fürchte, »es möchte sein Herz ändern und ihn dahin bringen, wie Setschele mit einer Frau zufrieden zu sein.« Es nützte nichts, daß ich ihm vorstellte, daß bei jener Herzensveränderung die Zufriedenheit mit einer Frau dem Wohlgefallen ganz gleich sei, das er jetzt in der Polygamie finde. Einen solchen Vorzug, wie er nach einer geistigen Wiedergeburt eintritt, konnte er ebensowenig begreifen, wie diejenigen, welche noch nicht aus Erfahrung wissen, was ein »neues Herz« ist, das wahre unverkennbare Vergnügen fassen können, welches religiöse Verehrung gewährt. Ich erklärte ihm, man erwarte nur seine freiwillige Entscheidung. Es half alles nichts, er wollte immer wenigstens fünf Weiber behalten. Sekeletus Offenheit gefiel mir; denn nichts ist ermüdender, als mit Leuten zu sprechen, die zu allem nur immer ja sagen.

Nach dem Brauch der Betschuanen kam Sekeletu in den Besitz aller Weiber seines Vaters und nahm zwei derselben für sich; die Kinder dieser Weiber werden jedoch Brüder genannt. Stirbt ein älterer Bruder, so haben die Weiber ein ähnliches Schicksal, der jüngere Bruder bekommt sie, wie bei den Juden, und die Kinder, welche diese Weiber etwa noch gebären, nennt er wieder seine Brüder. So erhält er die Nachkommenschaft seiner verstorbenen Verwandten. Ein Onkel Sekeletus, ein jüngerer Bruder Sebituanes, erhielt die

Lieblingsfrau oder Königin des letzteren. Eine führt immer diesen Titel. Ihre Hütte nennt man das große Haus, und ihre Kinder erben die Häuptlingsstelle. Stirbt sie, so wird eine neue Frau an ihre Stelle gewählt, welche dieselben Vorrechte genießt, wenn sie auch jünger ist als die übrigen.

Die Mehrzahl dieser Weiber Sebituanes wurden einflußreichen Unterhäuptlingen gegeben, und mit Bezug darauf, daß sie sobald die Witwenkleider ablegten, sang man ein Lied, dessen Inhalt war, daß die Männer nur den Verlust ihres Vaters Sebituane fühlen, die Weiber aber würden so schnell wieder von Männern zur Ehe begehrt, daß sie nicht Zeit hätten, ihre Herzen mit Kummer zu belasten.

Die Weiber klagen darüber, daß die Verhältnisse zwischen den Geschlechtern sich jetzt so gestaltet haben, daß sie nicht behandelt werden, wie sie es verdienen. Die Mehrzahl der echten Makololo sind vom Fieber hingerafft worden. Die Übriggebliebenen sind nur noch ein kleiner Teil derjenigen, welche mit Sebituane nach dem Norden zogen. Als sie das außerordentlich gesunde Klima im Süden verließen, waren sie den Fieberkrankheiten, welche in dem Tale herrschten, wo wir sie fanden, viel mehr ausgesetzt als die schwarzen Männer, welche sie daraus vertrieben. Im Vergleich mit den Barotse, Batoka und Banyeti haben die Makololo eine krankhafte Farbe. Sie sind hell braungelb, während jene Stämme ganz schwarz sind und nur einen leicht olivenfarbigen Anstrich haben. Die Weiber der farbigen Stämme wünschen sich Kinder von heller Farbe und kauen selbst die Rinde eines Braumes, von welcher sie sich jene Wirkung versprechen. Meiner Ansicht nach ist die schwarze Farbe weit angenehmer als die braungelbe Farbe der Mischlinge, welcher die der Makololo-Frauen sehr nahe kommt. Die Weiber entkamen in der Regel dem Fieber, aber sie sind weniger fruchtbar als früher, und zu ihrer schon erwähnten Klage über das Mißverhältnis der Geschlechter kommt noch der Kummer, daß sie so wenige Kinder bekommen, die sie doch so gern haben.

Die Makololo-Frauen arbeiten nur wenig. Die Familien dieses Volkes sind über das ganze Land zerstreut; ein, zwei Familien in jedem Dorfe sind die Herren des Landes. Sie haben sich viele andere Stämme dienstbar gemacht, die man mit dem allgemeinen Namen Makalaka benennt; sie müssen zwangsweise allerhand Dienste tun und bei der Bearbeitung des Bodens helfen; doch hat jeder einzelne ein eigenes Stück Land und ist im übrigen unabhängig. Sie hören es gern, wenn man sie Makololo nennt, aber der andere Name wird häufiger mit einem gewissen Vorwurf angewandt, da er ihre niedrige Stellung bezeichnet. Man kann diese Art der Dienstbarkeit Sklaverei nennen, denn sie sind mit Waffengewalt unterworfen worden; aber es ist eine sehr milde Sklaverei. Auch ist es so leicht für jeden, der nicht behandelt wird, wie er wünscht, zu anderen Stämmen zu entkommen, daß die Makololo sie wirklich viel mehr wie Kinder denn als Sklaven behandeln. Manche Herren, welche infolge ihres Temperaments sich die Zuneigung des unterworfenen Volkes nicht sichern können, büßen oft ihre sämtlichen Diener ein, da es unmöglich ist, ein Gesetz gegen flüchtige Sklaven einzuführen, und andere Sklaven die Flüchtigen bereitwilligst unterstützen, um über die Flüsse zu entkommen. Die Makololo-Frauen sind freigebig mit Milch und anderen Nahrungsmitteln und verlangen selten eine Arbeit, nur wollen sie schöne Hütten und Höfe haben. Sie trinken viel Boyaloa oder Oalo, welches von Holcus Sorghum gewonnen wird, sehr nahrhaft ist und jene Plumpheit der Form gewährt, die man für schön hält. Sie trinken nicht gern in Gegenwart von Männern. Ihr wolliges Haar schneiden sie ganz kurz ab und lieben es, immer fettig auszusehen. Ihre Kleidung ist ein Schurz, der bis an die Knie reicht, gewöhnlich aus Ochsenhaut, die man so weich wie Tuch bearbeitet hat. Dieser Schurz steht ihnen nicht schlecht. Ein Fell als Mantel werfen sie über die Schultern, wenn sie unbeschäftigt sind, bei der Arbeit aber legen sie es ab und arbeiten nur im Schurz. Ihr liebster Schmuck sind große Messingringe von Fingerdicke, die sie an den Knöcheln befestigen, und messingene und elfenbeinerne Armbänder, oft einen Zoll breit. Die Ringe sind so schwer, daß die Knöchel oft davon anschwellen; aber es ist so Mode, und man trägt sie so gern wie bei uns enge Schnürbrüste und enge Schuhe. Um den Hals trägt man Perlenschnüre, und da die hellgrünen und roten Perlen in Mode sind, so kann ein Händler die besten Geschäfte machen, wenn er für diese Farben sorgt.

Bei den öffentlichen religiösen Handlungen, die wir in der Kotla hielten, benahmen sich die Makololo-Frauen stets sehr anständig, ausgenommen beim Schluß des Gebetes. Wenn alles niederkniete, beugten sich diejenigen der Frauen, welche Kinder bei sich hatten, indem sie dem Beispiele der übrigen folgten, über ihre Kleinen; diese aber fürchteten, erdrückt zu werden, und brachen einstimmig in lautes Geschrei aus; die ganze Gesellschaft begann zu kichern, und sowie sie Amen hörten, brachen sie in ein lautes Gelächter aus. Doch ließ sich dem immer noch leichter abhelfen als anderen Störungen bei den Frauen weiter südlich. Als wir uns in Mabotsa niedergelassen hatten und über die wichtigsten Gegenstände predigten, war es nicht selten, daß eine Frau bemerkte, daß ihre Nachbarin auf ihrem Kleide sitze; sie stieß sie mit dem Ellenbogen an, damit sie Platz mache; die andere gab ihr den Stoß mit Zinsen wieder und sagte wohl auch: »Nimm das alberne Ding weg!« Andere zuckten mit den Achseln darüber, und die Männer schimpften und geboten Ruhe.

Ich behandelte nur solche Krankheiten, für welche die Geschicklichkeit der eingeborenen Ärzte nicht ausreichte. Nie besuchte ich einen Kranken, wenn es nicht sein Arzt wünschte oder dieser ihn bereits aufgegeben hatte. So kamen also nur die schwereren Fälle zu meiner Behandlung, und die Ärzte konnten sich nicht beschweren, daß ich ihnen die Praxis wegnähme. Wenn ich selbst am Fieber erkrankte und erfahren wollte, wie sie eine solche Krankheit behandelten, konnte ich mich ihnen geduldig anvertrauen, da sie nur freundliche Gefühle gegen mich hegten.

Wenn man bei den körperlichen Leiden der Eingeborenen sich gütig und teilnehmend zeigt, dann kann man ihrer Freundschaft versichert sein; bei den alten Missionen ist das nicht ganz so, denn da haben sich die Leute daran gewöhnt, die Hilfe als ein Recht anzusehen. Ärztliche Hilfe ist daher bei jungen Missionen von ganz vorzüglich hohem Wert.

Ich schlug den Makololo vor, lesen zu lernen, aber wie wir schon sahen, Sekeletu weigerte sich anfangs entschieden; nach einigen Wochen indes beschlossen Motibe, sein Schwiegervater, und einige andere, sich an das geheimnisvolle Buch zu wagen. Für alle, die es noch nicht verstehen, ist die Kenntnis der Buchstaben etwas Unergründliches: es gibt nichts dem Ähnliches im Bereich ihrer Beobachtungen, und nur mit Bildern sind wir imstande, ihnen einen Begriff der Wortzeichen beizubringen. Es scheint ihnen übernatürlich, daß wir in einem Buche Dinge erkennen, die eben geschehen oder anderwärts sich ereignet haben. Alle Erklärung ist überflüssig, wenn sie es nicht selbst bis zum Lesen bringen. Maschinen sind ihnen auch etwas Unerklärliches, ebenso das Geld, so lange sie seinen Gebrauch nicht kennen. Sie wissen nur vom Tauschhandel, und im Binnenlande, wo das Geld ganz unbekannt ist, würden sie, wenn man sie zwischen einem Knopf und einem Sovereign wählen ließe, nach dem ersteren greifen, weil er eine Öhr hat.

Als Motibe anfing lesen zu lernen, kam er sich wie der Arzt vor, der die Arznei kosten mußte, ehe sich der Patient daran wagte, zum Beweise, daß sie nichts Nachteiliges enthalte; nachdem er das Alphabet überwunden hatte, machten Sekeletu und seine jungen Genossen auch den Versuch. Er richtete seine Aufmerksamkeit namentlich darauf, was die Bibel über Vielweiberei sagt, und wollte nichts von den Stellen wissen, die darauf hinzielten, ihn zu veranlassen, seine Weiber fortzuschicken. Eine ziemliche Anzahl Leute lernten das Alphabet in kurzer Zeit und wurden angestellt, andere darin zu unterrichten; ehe jedoch noch große Fortschritte gemacht werden konnten, befand ich mich schon auf dem Wege nach Loanda.

Da ich mich geweigert hatte, etwas anderes zu nennen, das ich von Sekeletu als Geschenk hätte annehmen mögen, als einen Kahn, um stromaufwärts zu fahren, brachte er mir zehn schöne Elefantenzähne und legte sie neben meinen Wagen. Er ließ meine Weigerung nicht gelten, obwohl ich ihm sagte, es würde mir lieber sein, wenn er mit Fleming, einem Farbigen aus Westindien, ein Handelsgeschäft einginge, der deshalb mitgekommen war. Die ganzen elf Jahre hindurch, welche ich bis jetzt gereist war, hatte ich mich stets geweigert, Elfenbein als Geschenk anzunehmen, weil ich glaubte, es sei eines Religionslehrers unwürdig, sich von denen beschenken zu lassen, für deren geistiges Wohl zu sorgen er vorgab. Da ich auf meinen Entdeckungsreisen früher als die Händler ankam, so hätte ich oft die prächtigsten Geschenke annehmen können, aber ich gab den Leuten stets den Rat, ihr Elfenbein an die Händler zu verkaufen, die gewiß nach mir kommen würden, und wenn sie später durch Tauschhandel reich würden, dann sollten sie meiner und meiner Kinder gedenken.

Ich hatte veredelte Ziegen, Geflügel und ein Paar Katzen als Geschenke mitgebracht. Auch kaufte ich einen Ochsen von vorzüglichem Wert, ebenfalls als Geschenk für Sekeletu; aber ich mußte ihn zurücklassen, da er an den Füßen erkrankte. Da die Makololo sich viel mit der Veredelung ihrer Haustiere beschäftigen, waren sie mit meiner Wahl sehr zufrieden. Ich hätte gern auch den Ochsen gebracht, da ich es Sebituane versprochen hatte, ehe er starb. Für ein Kalb, das wir bei uns hatten und das ihm ganz besonders gefiel, machte Sekeletu den Vorschlag, uns eine Kuh zu geben, die nach der Ansicht der Eingeborenen dreimal so viel wert war. Ich gab es ihm sogleich und versprach ihm ein anderes besseres. Sekeletu fühlte sich sehr geschmeichelt, daß ich das seinem Vater gegebene Wort so genau zu halten bemüht war.

Am 30. Mai wurde ich zum ersten Male vom Fieber befallen. Wir erreichten Linyanti am 23., und da ich nach der großen vorausgehenden Anstrengung und Tätigkeit jetzt plötzlich in verhältnismäßige Untätigkeit versetzt wurde, litt ich am Anfang der kalten Jahreszeit sehr an Stockung der Sekretionen wie bei einer allgemeinen Erkältung. Warme Bäder und Getränke halfen, und ich glaubte, ich würde mich so wieder erholen können von der Erkältung, die ich mir zugezogen hatte, als ich am Abend den warmen Wagen verließ, um am Feuer einen Privatgottesdienst zu halten. Aber am 2. Juni erkannten die Makololo, daß ich das Fieber habe, mit dem ich seitdem recht genau bekannt geworden bin. Zu dieser Zeit herrschen kalte Ostwinde vor, und da sie über die ausgedehnten, vom Tschobe überschwemmten Flächen kommen sowie über andere Landstrecken, in denen Regentümpel jetzt auftrockneten, so sind sie mit Malaria und wässerigen Dünsten überladen und erzeugen Fieber.

Die Makololo hatten für mich einen Garten angelegt und Mais gepflanzt, damit, wie sie sagten, als ich sie verließ, um nach dem Kap zu gehen, ich bei meiner Rückkehr Nahrung vorfände. Der Mais wurde jetzt von den Frauen zu feinem Mehl zerstoßen. Sie haben dazu große hölzerne Mörser, ganz so wie diejenigen, welche man auf den ägyptischen Denkmälern abgebildet findet. Sekeletu fügte diesem Mehl noch zehn bis zwölf Krüge Honig hinzu, von denen jeder etwa 2 Gallonen faßte. Auch bekamen wir reichlichen Vorrat an Erdnüssen (Arachis hypogaea), sobald die unterworfenen Stämme ihren Tribut nach Linyanti brachten, und jede Woche wurden ein oder zwei Ochsen für uns geschlachtet. Sekeletu bestimmte auch zwei Kühe, die jeden Morgen und Abend für uns gemolken werden mußten. Alles dies geschah in Übereinstimmung mit dem durch das ganze Land geltenden Brauch, daß der Häuptling für den Unterhalt aller Fremden zu sorgen hat, die mit einem speziellen Zweck zu ihm kommen und in seiner Kotla Wohnung nehmen. Gewöhnlich findet man ihn für diese Gastfreundschaft mit einem Geschenk ab, aber niemals wird ein Geschenk verlangt, außer dort, wo die Sitten der Eingeborenen sich schon bedeutend geändert haben. Durch ihr Benehmen, das in anderen Fällen ganz lobenswert ist, zerstören die Europäer das Gefühl, welches die Gastfreundschaft als eine heilige Pflicht des Häuptlings erklärt. Kaum angekommen, wollen sie Nahrung kaufen, und statt zu warten, bis man ihnen am Abend ein Mahl bereitet, kochen sie selbst und weigern sich oft noch, an dem teilzunehmen, was für sie besonders zubereitet worden ist. Auch gibt man den Eingeborenen oft Geschenke, ehe sie noch irgend etwas getan haben, wofür sie ein Geschenk erwarten könnten.

Ich habe bereits erwähnt, daß die Stämme, welche Sebituane sich unterworfen, den allgemeinen Namen Makalaka bekommen haben. Die Makololo bestanden aus diesen Zentral-Negern und einer großen Menge anderer Stämme. Den Kern des Ganzen bildeten die Basutos, welche mit Sebituane aus einer verhältnismäßig kalten und hügeligen Gegend im Süden kamen. Als dieser die verschiedenen Betschuanenstämme, wie Bakuena, Bangwaketze, Bamangwato, Batauana u. a, unterwarf, nahm er die jüngeren Leute unter denselben in seinen eigenen Stamm auf. Als große Sterblichkeit infolge des Fiebers den ursprünglichen Bestand sehr gelichtet hatte, wandte er dasselbe Absorptionssystem auf die Makalaka an. So stand er denn selbst mit den Söhnen der Barotse-Häuptlinge auf bestem Fuße, und sie behaupten bis auf den heutigen Tag, wenn etwa anderes als der natürliche Tod ihren Vater befallen hätte, so würde jeder von ihnen sehr gern sein Leben für ihn gelassen haben. Ein Hauptgrund für ihre Anhänglichkeit an Sebituane war die durch letzteren ausgesprochene Emanzipation: »Alle sind Kinder des Häuptlings.«

Seketetu erhält von einer großen Anzahl Stämme seinen Tribut an Korn oder Dura, Erdnüssen, Hacken, Speeren, Honig, Kähnen, Rudern, Holzgefäßen, Tabak, Mutokuane (Cannabis sativa), verschiedenen wild wachsenden (getrockneten) Früchten, zubereiteten

Häuten und Elfenbein. Wenn diese Dinge in die Kotla gebracht werden, so macht sich Sekeletu eine Ehre daraus, sie unter den gewöhnlich dort versammelten Schmarotzern zu verteilen. Nur einen kleinen Teil behält er sich selbst. Namentlich gehört dahin das Elfenbein, aber auch dies kommt anderen zugute. Er verkauft es mit Zustimmung seiner Räte und verteilt den Erlös offen und frei an das Volk wie zuvor. Er darf sich alles wählen; ist er aber nicht freigebiger gegen andere als gegen sich selbst, so verliert er an Popularität. Ich weiß, daß bei diesem und bei anderen Stämmen Leute sich kränkten, weil sie übergangen worden waren und zu anderen Häuptlingen flohen. Ein Unzufriedener, der zu Letschulatebe geflohen war, wurde aufgefordert, in ein Dorf der Bapalleng am Flusse Tscho oder Tso zu gehen, und nahm den für Sekeletu bestimmten Tribut in Beschlag. Dieser Diebstahl reizte den ganzen Stamm der Makololo, weil sie alle eine persönliche Einbuße dadurch hatten. Als einige von Letschulatebes Leuten einen Besuch in Linyanti machten, wurde eine Demonstration gemacht; ungefähr hundert Makololo bewaffneten sich und führten einen Scheinkampf aus; die vornehmsten unter den Kriegern zeigten mit ihren Speeren nach dem See, wo Letschulatebe wohnt, und bei jedem Stoße in dieser Richtung riefen sie: Hoo!, bei jedem Stoß auf den Boden: Huff! Bei dieser Gelegenheit mußten alle waffenfähigen Männer, selbst die alten, erscheinen. Unter Sebituanes Regierung suchte man jeden auf, der zu Hause blieb, und tötete ihn ohne Gnade.

Diese Beleidigung Letschulatebes wurde wiederholt, auch sang man in seiner Stadt zum Tanz ein Lied, welches Freude über Sebituanes Tod aussprach. Er hatte seinen Leuten anbefohlen, mit denen am See in Ruhe und Frieden zu leben, auch Sekeletu war damit völlig einverstanden; aber da Letschulatebe jetzt Feuerwaffen zu seiner Verfügung hatte, glaubte er den Makololo weit überlegen zu sein. Sein Vater war durch Sebituane um viel Vieh gekommen, und da unter den Tugenden der Heiden die Verzeihung keine Stelle hat, so glaubte Letschulatebe ein Recht zu haben, sich wiederzuholen, was er nur konnte. Da ich viel Einfluß auf die Makololo hatte, so stellte ich ihnen vor, wenn sie selbst Ruhe haben wollten, müßten sie auch andere in Ruhe lassen und deshalb alle Streitigkeiten vergessen und vergeben. Es ist schwer, sie zu überzeugen, daß Menschenblut zu vergießen ein schweres Verbrechen ist; sie mußten zwar zugeben, daß es unrecht sei, aber von Jugend auf daran gewöhnt, können sie die ganze Schwere des Verbrechens nicht begreifen.

Zugleich schickte ich eine Botschaft an Letschulatebe und bat, er möge von der eingeschlagenen Handlungsweise abgehen und namentlich den Gesang verbieten, weil, obwohl Sebituane selbst tot sei, die Waffen, mit denen er gefochten, noch lebten und Gewalt hätten.

Sekeletu, welcher den Unterweisungen seines Vaters folgen und Friede schaffen wollte, schickte zehn Kühe an Letschulatebe und bat sich Schafe dafür aus; diese Tiere gedeihen vortrefflich in buschiger Gegend wie die um den See, finden aber auf den nassen flachen Wiesen nördlich vom Tschobe nur dürftige Nahrung. Die Leute, welche die Kühe führten, brachten außerdem Hacken mit, um dafür Ziegen zu kaufen. Letschulatebe nahm die Kühe und schickte dafür eine gleiche Anzahl Schafe zurück. Nach dem relativen Werte der Schafe und Kühe in diesem Lande hätte er wohl sechzig bis siebzig schicken sollen.

Einer der Leute, welche Hacken mitbrachten, wollte in einem Dorfe ohne Letschulatebes besondere Erlaubnis einen Handel abschließen; er wurde dafür bestraft und mußte einige Stunden auf glühheißem Sande sitzen (wenigstens 130°). Diese neue Beleidigung machte allen freundlichen Beziehungen zwischen den zwei Stämmen ein Ende. Ein sehr unbedeutender Stamm, den ein schwacher und dummer Häuptling befehligte, war zu Feuerwaffen gekommen und glaubte den Kampf gegen einen zahlreichen und kriegerischen Stamm wagen zu können. Dies sind die einzigen Fälle, in welchen der Besitz der Feuerwaffen Unheil anrichtet. Die allgemeine Folge der Verbreitung der mächtigeren Kriegsgeräte in Afrika ist dieselbe wie bei uns. Feuerwaffen machen die Kriege seltener und weniger blutig. Nur sehr selten hört man von zwei Stämmen, welche Flinten besitzen, daß sie Krieg miteinander führen; und da fast alle Streitigkeiten, wenigstens im Süden, um Vieh geführt werden, so ist die Gefahr, welche langes Kriegführen im Gefolge haben kann, immer ein gutes Präventivmittel gegen einen Raubzug.

Die Makololo ließen sich überreden, so lange ich bei ihnen war, Frieden zu halten; doch konnte man ohne Mühe bemerken, daß die öffentliche Meinung durchaus dagegen war, einen Betschuanenstamm zu schonen, den die Makololo gründlich verachteten. Die jungen Leute sagten: »Letschulatebe weidet unsere Kühe für uns; wir wollen uns den Preis dafür in Schafen holen«.

Sechstes Kapitel

Nach einem einmonatigen Aufenthalt in Linyanti brachen wir wieder auf, um flußaufwärts nach Sescheke zu gelangen (17° 31' 38" südlicher Breite, 25° 13' östlicher Länge). In das Barotse-Land, dessen Hauptstadt Nariele oder Naliele heißt (15° 24' 17" südlicher Breite, 23° 5' 54" östlicher Länge), kam ich in Gesellschaft Sekeletus und ungefähr hundertundsechzig seiner Leute. Es waren meistenteils junge Männer mit uns und außerdem viele Unterhäuptlinge. Das Land zwischen Linyanti und Sescheke ist vollkommen eben, nur wenige Stellen erheben sich einige Fuß hoch. Der Boden ist an allen ebenen Stellen reicher dunkler zäher Lehm, dicht mit schlechtem Gras bedeckt, das allen feuchten Stellen dieses Landes eigen ist. Der Tschobe floß uns zur Rechten, seine unendlichen Rohrmassen nahmen den Horizont ein. Es gewährte einen angenehmen Anblick, auf die lange Reihe unserer Begleiter zurückzuschauen, wie sie sich nach den Krümmungen des Fußpfades und zwischen den Hügeln dahinschlängelte, wobei die Straußenfedern der Männer im Winde flatterten. Einige trugen die weißen Spitzen von Ochsenschwänzen auf dem Kopfe, gleich Husaren, andere große Bündel schwarzer Straußenfedern oder Mützen aus Löwenmähnen gemacht. Einige hatten rote oder mehrfarbige Röcke, die der Häuptling von Fleming gekauft hatte; die gemeinen Leute trugen Lasten, die vornehmeren hatten einen Stab von Rhinozeroshorn in der Hand und ließen sich ihre Schilde von Dienern tragen, während die Matschaka, d. h. die Schlachtaxt-Männer, ihre Schilde selbst trugen; sie mußten manchmal hundert Meilen weit Botschaften tragen und waren immer in großer Eile.

Sekeletu wird immer von seinen Mopato begleitet, einer Anzahl junger Leute seines Alters. Setzt er sich, so sammeln sie sich um ihn; die ihm zunächst befindlichen essen mit ihm aus derselben

Schüssel, denn die Häuptlinge der Makololo machen sich eine Ehre daraus, mit ihren Untertanen zusammen zu essen. Er ißt zuerst ein wenig, dann winkt er seinen Nachbarn zu essen. Ist dies geschehen, so ruft er einen weiter stehenden herbei; dieser kommt, nimmt die Schüssel und trägt sie zu seinen Genossen. Sekeletu ritt auf meinem alten Pferd; seine Genossen wollten es ihm nachmachen und sprangen auf elende Batoka-Ochsen; da sie weder Sattel noch Zügel hatten, fielen sie immer wieder herunter, was den übrigen großes Vergnügen machte.

So oft wir an ein Dorf kamen, kamen alle Weiber herbei, um ihren Häuptling zu begrüßen. Sie schrien sehr heftig und gaben durch eine schnelle Bewegung der Zunge ihren Worten einen tremulierenden Klang. »Großer Löwe! Großer Häuptling! Schlaf, mein Herr!« und anderes ertönte von allen Seiten. Die Männer grüßten auf ähnliche Weise, und Sekeletu nahm alles mit der gehörigen Ruhe und Würde entgegen. Nachdem man sich einige Minuten unterhalten und sich die Neuigkeiten mitgeteilt hat, erhebt sich der erste Mann des Dorfes, welcher immer ein Makololo ist, und holt eine Menge großer Krüge voll Bier. Flaschenkürbisse, die man als Trinkschalen benutzt, werden herumgereicht, und wer einen Krug erwischen kann, der trinkt. Dabei fassen sie die Krüge mit einer Hast an, daß man immer befürchten muß, daß sie in Stücke zerbrochen werden.

Sekeletu und ich hatten jeder ein kleines Zelt, in welchen wir schliefen. Die Makololo-Hütten sind im allgemeinen reinlich, die der Makalaka dagegen voller Ungeziefer. Die Reinlichkeit der ersteren hat ihren Grund in der Gewohnheit, daß sie häufig den Fußboden mit einer Mischung aus Kuhdünger und Erde bestreichen. Wenn wir auf einigen Dörfern in dem Zelte schliefen, liefen uns die Mäuse über die Gesichter und störten uns im Schlafe, oder hungrige herrenlose Hunde fraßen uns die Schuhe bis auf die Sohlen weg. Nach solchen Vorgängen nahmen wir uns eine Hütte. Die beste Art der Makololo-Hütten besteht aus drei runden Mauern mit kleinen Löchern anstelle der Türen, wie das Loch an einem Hundestall; um hineinzukommen, muß man sich bücken, selbst wenn man auf allen Vieren kriecht. Das Dach ist aus Rohr oder geraden Stecken gemacht, in Form eines Chinesenhutes, und mit Seilen aus der starken inneren Rinde der Mimosen zusammengebunden. Auf das

Dach legt man feines Gras, das ebenfalls von Seilen zusammengehalten wird, und da es über die Wände hervorragt und etwa 4 Fuß über dem Boden sich befindet, so gewährt es ganz vortrefflichen Schatten. Diese Hütten sind am heißesten Tage sehr kühl, aber eng und bei Nacht ohne allen Luftzug.

Das Bett ist eine mit Seilen zusammengebundene Binsenmatte; doch wird das Hüftbein auf der harten platten Fläche bald wund, da die Binsen nicht, wie Sand und Gras, nachgeben.

Wir erreichten auf unserem Wege einen Ort oberhalb Sescheke, Katonga mit Namen, wo sich ein Dorf findet, welches einem Baschubia, namens Sekhosi, gehört (17° 29' 13" südlicher Breite, 24° 33' östlicher Länge). Der Fluß ist hier etwas breiter als in Sescheke, gewiß nicht weniger als 600 Ellen. Er fließt ziemlich langsam im Anfang seiner östlichen Richtung. Als die Kähne von Sekhosi kamen, um uns überzusetzen, stand einer von Sebituanes Leuten auf und sagte mit einem Blick auf Sekeletu: »Die älteren Personen übernehmen die Leitung bei einem Angriff.« Man verstand, was er sagen wollte, und Sekeletu mit den jüngeren Leuten mußte dann den älteren den Vortritt lassen und am südlichen Ufer warten und sehen, daß alle in Ordnung in die Kähne stiegen. Es dauerte ziemlich lange, bis alle übergesetzt waren, denn trotz des schnellen Ruderns vergingen immer sechs bis acht Minuten, um von einem Ufer bis zum anderen zu kommen.

Es waren mehrere Tage nötig, um die Kähne von verschiedenen Dörfern am Flusse herbeizuschaffen, der, wie wir jetzt erfuhren, von allen Barotse Leeambye (Liambai) genannt wird. Bei unserem ersten Besuch hatten wir nichts davon gehört und nannten daher den Fluß nach der Stadt Sescheke. Sescheke bedeutet »weiße Sandbänke«; deren gibt es hier auch eine Menge. Es gibt im Barotse-Tal noch ein zweites Sescheke, das aus dem nämlichen Grunde so genannt wird. Leeambye bedeutet »großer Fluß« oder »Fluß par excellence«. Luambeji, Luambesi, Ambezi, Ojimbesi, Zambesi usw. sind alles Namen desselben Flusses an verschiedenen Stellen seines Laufes je nach den daselbst gesprochenen Dialekten; alle haben auch dieselbe Bedeutung; es soll damit der Hauptstrom des Landes bezeichnet werden.

Nachdem wir endlich in hinreichender Menge Ruderer bekommen hatten, begannen wir stromaufwärts zu fahren. Man ließ mir

Weidende Elen nördlich von Sescheke

freie Wahl, und ich wählte das beste, wenn auch nicht das größte Fahrzeug; es war 34 Fuß lang und 20 Zoll breit. Ich hatte sechs Ruderer, auf Sekeletus größerem Kahne waren deren zehn. Sie stehen aufrecht und halten sehr genau Takt, obwohl sie von einer Seite auf die andere gehen, je nachdem es die Strömung verlangt. An den Vorder- und Hinterteil des Kahns wählt man die stärksten und erfahrensten Männer. Die Kähne sind flach und gehen in seichtem Wasser, und sobald man mit den etwa 8 Fuß langen Rudern den Boden fühlen kann, benutzt man sie als Stangen, um den Kahn fortzustoßen. Unsere Flotte bestand aus dreiunddreißig Kähnen und ungefähr hundertundsechzig Mann. Es sah schön aus, wie sie so schnell und im schönsten Takte dahinfuhren. Auf dem Lande fürchten sich die Makalaka vor den Makololo; auf dem Wasser ist es umgekehrt; sie stellen Wettfahrten an, fahren mit größter Geschwindigkeit und bringen das Leben ihrer Passagiere in Gefahr. Beim Umlenken plumsen gewöhnlich viele der Makololos wie Steine ins Wasser. So geschah es am ersten Tage unserer Fahrt. Der Wind, gewöhnlich Ostwind, erregt gewaltige Wogen auf dem Leeambye. Eine solche Woge kam in den Kahn eines alten Makololo-Arztes, und da er nicht schwimmen konnte, war er verloren; die Barotse, welche mit ihm in demselben Kahne waren, retteten sich durch Schwimmen und fürchteten am Abend hingerichtet zu werden, da sie den Doktor nicht gerettet hatten. Wäre er ein Mann von größerer Bedeutung gewesen, so hätte es wohl dahin kommen können.

Wir fuhren schnell stromaufwärts, und es machte mir großes Vergnügen, Land zu betrachten, das noch kein Europäer gesehen hatte. Der Fluß ist wirklich majestätisch, oft mehr als 1 Meile breit und mit Inseln von 3 bis 5 Meilen Länge geziert. Inseln und Ufer sind mit Wald bedeckt, und viele Bäume, die hart am Rande des Wassers stehen, senden neue Wurzeln von ihren Zweigen aus, wie die Baniane. Aus mäßiger Ferne sehen die Inseln wie große runde Massen Wald aus, die im Schoße des herrlichen Stromes ruhen. Die Schönheit mancher Insel wird noch bedeutend erhöht durch die Dattelpalme mit ihren gefälligen Zweigen und frischer hellgrüner Farbe am Fuße des Gemäldes und die turmhoch emporragende Palmyrapalme, die ihr federleichtes Laubwerk zum wolkenlosen Himmel erhebt. Da es Winter war, hatten die Ufer das eigentümliche

Aussehen, welches die afrikanische Landschaft in dieser Jahreszeit vielfach annimmt. Das Land am Fluß ist felsig und wellenförmig, reich an Elefanten und anderem großen Wild, nur Letsches und Nakongs fehlen, welche im allgemeinen steinigen Boden meiden. Der Boden ist rötlich gefärbt und sehr fruchtbar, wie das jährlich von den Banyeti in reichem Maße geerntete Getreide beweist. Eine Menge Dörfer dieses armen und sehr fleißigen Volkes liegen zu beiden Ufern des Flusses; sie sind erfahrene Jäger, namentlich wo es Flußpferde gibt, und verarbeiten viel Holz und Eisen. Da das ganze Land von der Tsetse heimgesucht wird, so können sie kein Vieh halten. Daher sind sie auf Handarbeit gewiesen worden, in der sie ziemliches Geschick besitzen. Sie machen große hölzerne Gefäße mit passenden Deckeln und Holzflaschen in allen Größen, und seit sich die Makololo auf Stühle setzen, haben sie viel Geschmack in der Form entwickelt, welche sie den Stuhlbeinen geben.

Von Katima-molelo an, wo sich der Fluß nach Norden wendet, ist das Flußbett felsig und die Strömung schnell; eine Reihe Stromschnellen und Wasserfälle hindern bei niederem Wasserstande die Schiffahrt. Bei Hochwasser sind die Stromschnellen nicht sichtbar, aber die Wasserfälle von Nambwe, Bombwe und Kale sind jederzeit gefährlich. Jeder derselben ist 4–6 Fuß hoch. Die Fälle bei Gonye jedoch sind ein weit bedeutenderes Hindernis. Hier mußten wir die Kähne aus dem Wasser nehmen und mehr als eine Meile weit zu Land forttragen. Der Fall hat eine Höhe von ungefähr 30 Fuß. Die Hauptmasse des Wassers, welche bei niedrigem Wasserstand über den Felsen läuft, sammelt sich in einem 700–800 Ellen weiten Raum, ehe sie hinunterfällt und stößt eine Felsmasse vor sich her, welche mit großem Gekrach in den tosenden Strom hinunterstürzt.

Während wir stromaufwärts weiterfuhren, kamen die Bewohner der Banyeti-Dörfer, um Sekeletu als Tribut Nahrungsmittel und Häute zu überreichen. Bei den Gonye-Fällen ist ein großes Dorf, dessen Einwohner verpflichtet sind, den Makololo die Kähne bei den Fällen vorbeitragen zu helfen. Selbst mitten im Strom erreichte uns die Tsetse. Um die Flußbiegungen zu vermeiden, fuhren wir immer herüber und hinüber. Zwischen den Felsen jedoch ist die Richtung des Flusses ganz gerade; auch ist der Fluß hier seicht, da er eine sehr breite Wasserfläche bedeckt. Unter 16° 16' südlicher

Breite schienen die mit hohen Bäumen bedeckten Ufer zurückzuweichen, und die Tsetse verschwand. Von dem flachen Rohrbecken aus, durch welches der Fluß jetzt ging, sah es aus, als ob die Ufer sich zu waldigen, 200–300 Fuß hohen Ketten verlängerten, die sich nach Nordnordost und Nordnordwest erstreckten und am Ende 20–30 Meilen weit voneinander entfernt zu sein schienen. Der Raum dazwischen, ungefähr 100 Meilen lang, welchen der Leeambye fast in der Mitte durchfließt, ist das eigentliche Barotse-Tal. Es hat große Ähnlichkeit mit dem Niltal und wird jährlich überschwemmt, aber nicht durch Regengüsse, sondern durch den Leeambye, wie Unterägypten vom Nil. Die Dörfer der Barotse liegen auf Hügeln, von denen einzelne noch von Santuru, einem früheren Häuptling der Barotse, errichtet worden sein sollen, und während der Überschwemmung sieht das ganze Tal wie ein großer See aus, die Dörfer darin wie kleine Inseln, ganz wie in Ägypten. Ein Teil des Wassers kommt aus Nordwest, wo ebenfalls große Überschwemmungen stattfinden, die größere Menge aber aus Norden und Nordosten mit dem Leeambye selbst. Es finden sich nur wenige Bäume im Tal; die auf den Hügeln stehenden sind fast alle von Santuru des Schattens wegen hingepflanzt. Der Boden ist außerordentlich fruchtbar, nie fehlt es an Korn, und wenn man die Überschwemmungen gut nutzt, so kann man zweimal im Jahre ernten. Die Barotse hängen sehr an diesem fruchtbaren Tale, sie sagen: »Hier ist Hunger etwas Unbekanntes«. Außer Korn finden sich noch so mancherlei Nahrungsmittel, so daß man sich nicht darüber zu wundern braucht, daß sie von Linyanti hierher zurückkehrten.

Große Städte gibt es nicht; die Hügel, auf denen Dörfer und Städte liegen, sind klein, und die Leute leben ihrer Herden wegen lieber einzeln.

Seit seinem Regierungsantritt war dies der erste Besuch, den Sekeletu in dieser Gegend machte. Daher waren diejenigen, welche mit Mpepe gemeinschaftliche Sache gemacht hatten, in großer Angst. Als wir in den Wohnort von Mpepes Vater kamen, welcher mit einem anderen Mann zusammen der Mamotschisane den Rat gegeben hatte, Sekeletu zu töten und Mpepe zu heiraten, wurden diese beiden vorgeführt und in den Fluß gestürzt. Nokuane war wieder einer von denen, welche das Urteil vollstreckten. Als ich ihnen vorstellte, sie sollten doch auf dieser zufällig unternommenen

Reise kein Menschenblut vergießen, rechtfertigten die Räte ihre Handlungsweise mit dem Zeugnis der Mamotschisane und sagten ruhig: »Du siehst, wir sind noch Boers; wir sind noch nicht gebildet.«

Mpepe hatte den Mambari-Sklavenhändlern freie Erlaubnis gegeben, in allen östlich von hier gelegenen Dörfern der Batoka und Baschukulompo Handel zu treiben. Er hatte ihnen Vieh, Elfenbein und Kinder gegeben und dafür eine große Muskete unter dem Namen einer Kanone bekommen. Da der unbedeutende Umstand, daß ich durch mein Dazwischentreten den Häuptling schützte, die ganze Verschwörung vereitelte, waren die Mambari in sehr fataler Lage. Man wollte sie angreifen und auf einmal aus dem Lande jagen; aber da ich jeden Anfang von Feindseligkeiten fürchtete, so stellte ich die Schwierigkeit eines solchen Unternehmens vor und sagte, es sei eine sehr ernste Sache, einen von vielleicht vierzig Flinten verteidigten Ort anzugreifen. »Hunger wird das beste Mittel sein«, sagte ein Unterhäuptling. Man wollte sie also aushungern. Da die armen aneinandergeketteten Sklaven dabei am schlimmsten weggekommen sein würden, so bat ich für sie und hatte das Vergnügen, sie in Frieden abziehen zu sehen.

Naliele, die Hauptstadt der Barotse, liegt auf einem künstlichen, von Santuru aufgeworfenen Hügel und war zugleich seine Kornniederlage. Seine eigene Residenz stand etwa 500 Ellen südlich von dem jetzigen Flußbette. Von dem größten Hügel des Tals, welcher die Gesamtbevölkerung mehrere Jahre Arbeit gekostet hatte, sind nur noch wenige Kubikellen Erde übrig. Ebenso verhält es sich mit einer anderen alten Stadtlage, Linangelo, ebenfalls am linken Ufer des Flusses. Es scheint also, als ob der Fluß in diesem Teil des Tales an der Ostseite Land wegnehme. Er braucht nicht sehr zu steigen, um das ganze Tal unter Wasser zu setzen; wenn er nur noch 10 Fuß über den jetzigen niedrigen Wasserstand stiege, so würde er den höchsten möglichen Punkt erreichen, wie man an den Stellen des Ufers sieht, wo Santurus ehemalige Hauptstadt stand; 2 bis 3 Fuß mehr, und er würde alle Dörfer überschwemmen. So weit kommt es indes nie, obwohl das Wasser manchmal so nahe an die Hütten heranreicht, daß die Bewohner nicht über den Schilfwall heraus können, der ihre Dörfer einschließt. Zwischen den felsigen

Ufern bei Gouve, wo der Fluß zusammengedrängt wird, steigt er 60 Fuß.

Santuru wurde einmal von den Mambari besucht; dies ist auch noch ganz genau in Erinnerung. Sie kamen, um Sklaven zu kaufen, doch weder Santuru noch seine Vornehmen ließen es zu, daß einer von ihrem Volke verkauft würde. Die Makololo erwähnten diesen Vorgang, als sie von den Mambari sprachen, und sagten, daß sie als die jetzigen Herren des Landes dasselbe Recht wie Santuru hätten, sie zu vertreiben. Die Mambari wohnen bei Bihe unter einem Ambonda-Häuptling namens Kangombe. Sie behaupten, daß sie nur zu eigenem Gebrauche Sklaven hielten.

Einige dieser Mambari besuchten uns in Naliele. Sie gehörten zu den Ambondas, welche südöstlich von Angola wohnen, und reden die Bundasprache, die mit der Sprache der Barotse, Bayeiye u. a. oder der Sprache der schwarzen, unter dem Namen Makalaka bekannten Stämme eine Sprachfamilie bildet. Sie flechten ihr Haar in dreifache Zöpfe und legen diese sorgfältig um den Kopf. Sie sind ebenso schwarz wie die Barotse, doch gibt es Mischlinge unter ihnen mit der eigentümlichen krankhaften gelben Farbe. Auf meine Frage, warum sie bei meiner Ankunft in Linyanti davonliefen, antworteten sie, sie kennten die englischen Kreuzer an der Küste recht gut. Auch hier, wo es doch großes Wild in Menge gab, blieben sie ihrer Landessitte treu, sie gruben sich Mäuse und Maulwürfe aus und aßen sie. Die Mischlinge (eingeborene Portugiesen) konnten alle lesen und schreiben, und der Anführer der Reisegesellschaft (vielleicht ein wirklicher Portugiese) hatte europäisches Haar und ließ es sich sehr angelegen sein, mir, so viel in seiner Macht stand, hilfreich und gütig zu sein. Wahrscheinlich veranlaßte ihn dazu der Empfehlungsbrief, den ich von Chevalier Duprat, dem portugiesischen Vorsteher der gemischten englischen und portugiesischen Kommission von Kapstadt, bekommen hatte.

Man zeigte mir die Stadt oder den Hügel von Santurus Mutter; hieraus schloß ich, daß hinsichtlich der Frauen hier andere Ansichten herrschen müßten. Weiter südlich kommt es kaum vor, daß Frauen eine Häuptlingsstelle begleiten. Auch die Barotse zeigten uns einige Reliquien ihrer Häuptlinge, woraus sich auf mehr religiöse Gefühle als bei den Betschuanen schließen läßt. Santurus neue Hauptstadt Lilonda ist ebenfalls auf einem künstlichen Hügel erbaut und mit verschiedenen Arten Bäumen bedeckt, die er selbst in seiner Jugend hierher pflanzte. Sie bilden ein Wäldchen am Ende des Hügels, wo man auch noch eine Anzahl eiserner Instrumente zeigt, in demselben Zustand, wie er sie hinterlassen. Eins sieht aus wie ein Degen mit Korbgeflecht; ein anderes war ein gerader metallener Stiel, an welchem am Ende Äxte, Hacken und Speere in Miniatur angebracht sind. Die Leute, welche die Beaufsichtigung über diese Instrumente führten, wurden mit Geschenken vom Häuptling unterstützt. Sie erschienen mir wie eine Art Priesterschaft. Als ich sie bat, mir eine dieser Reliquien zu überlassen, antworteten sie: »O nein, er verbietet es« – »Wer denn?« – »Santuru.« Sie glaubten also an ein zukünftiges Leben. Nachdem ich ihnen, wie ich immer zu tun pflegte, wenn die Gelegenheit sich bot, das Wesen des wahren Gottesdienstes dargelegt und in der einfachen Form, welche nur ein Opfer des Herzens verlangt, mit ihnen gebetet hatte, pflanzte ich einige Fruchtbäume in dem Wäldchen und reiste weiter.

Ich hatte geglaubt, die sanft ansteigende Höhe Katongo sei ein gesunder Ort, doch erfuhr ich, daß kein Teil dieses Landes von Fieber frei sei. Wenn das Wasser sich aus dem Tale verläuft, bleiben so große Massen von Pflanzenresten und Schlamm den glühenden Sonnenstrahlen ausgesetzt, daß selbst die Eingeborenen häufig Fieberanfälle bekommen. Das Gras steht so fett, daß man den schwarzen Alluvialboden dieses periodischen Sees nicht sehen kann. Selbst wenn das Gras im Winter unter seinem eigenen Gewicht sich legt, muß man, um nicht hängen zu bleiben, die Füße so hoch heben, daß das Gehen außerordentlich ermüdet.

Auf dieser Fahrt besuchten wir viele Makololo-Dörfer und wurden überall recht herzlich aufgenommen als Friedensboten, die sie »Schlaf« nennen. Sie sind sehr gesittet bei öffentlichen Zusammenkünften, selbst beim ersten Zusammentreffen, vielleicht weil sie daran gewöhnt sind, den Makalaka zu befehlen, die massenhaft in jedem Dorf leben und unter spezieller Aufsicht der Makololo-Weiber stehen.

Der Fluß hat hier ebenfalls niedrige Ufer ohne Bäume, wie wir es schon unter 16° 16' fanden, bis nach Libouta (14° 59' südlicher Breite). 20 Meilen weiter fanden wir Wald bis an das Wasser heran und die Tsetsefliege. Hier wäre ich gern umgekehrt, da kein Europäer leben kann, wo diese Plage sich findet; aber da ich hörte, wir seien nicht weit von Leeba oder Loiba, wo der Fluß Londa oder Lunda einmündet, und die Häuptlinge seien hier gegen Fremde sehr freundlich gesinnt und würden mir gewiß auf meiner Reise nach der Westküste behilflich sein, so drang ich noch bis 14° 11' 3" südlicher Breite vor. Hier nimmt der Leeambye den Namen Kabompo an und scheint von Osten herzukommen. Es ist ein schöner großer Strom, ungefähr 300 Ellen breit; der Leeba ist 250 Ellen breit. Der Loeti, dessen einer Arm Langebongo heißt, kommt von Nordnordwest durch die Grasebene Mango; er ist ungefähr 100 Ellen breit und fließt von Westen in den Leeambye; das Wasser des Loeti ist hellbraun, das des Leeba dunkel-moosgrün. Selbst nach der Vereinigung des Loeti mit dem Leeambye kann man das verschieden gefärbte Wasser noch deutlich unterscheiden.

Ehe wir den Loeti erreichten, trafen wir eine Menge Leute aus Lobale, welche Flußpferde jagten. Sie flohen eiligst, sobald sie die Makololo sahen, und ließen die Kähne, Kleider und alles übrige im Stich. Meine Makololo, welche immer zum Plündern bereit waren, liefen wie wütend hinter ihnen her, soviel ich auch rief. Da dieses Verfahren eine schlechte Meinung von mir in Lobale verbreitet haben würde, trat ich sehr streng auf, als sie zurückkamen, und zwang sie, den sämtlichen Raub auf eine Sandbank niederzulegen und den wirklichen Eigentümern zu überlassen.

Jetzt wußte ich genau, daß es keinen gesunden Ort gab, in dem die Makololo in Frieden leben konnten. Ich hätte daher eine schöne Gelegenheit gehabt, wenn ich sie benutzen wollte, nach Hause zurückzukehren und zu sagen, das Tor sei verschlossen gewesen und die Zeit des Herrn noch nicht gekommen. Aber da ich es für meine Pflicht hielt, einen Teil meines Lebens diesen treuherzigen und anhänglichen Makololo (so erschienen sie wenigstens mir) zu widmen, so beschloß ich, den zweiten Teil meines Planes auszuführen, obwohl mir der erste nicht geglückt war.

Wir trafen eine Anzahl Araber aus Zanzibar. Sekeletu war nach der Stadt seiner Mutter gereist, ehe wir vom Norden zurückkehrten, hatte aber einen Ochsen für uns zurückgelassen und die Aufforderung, ihm zu folgen. Wir reisten den Marile stromabwärts, einen Arm des Leeambye, der sich vom Hauptstrom unter 15° 15' 43" südlicher Breite abzweigt, tief und ungefähr 60 Ellen breit ist; er macht das ganze Land um Naliele zu einer Insel. Als wir in einem

Dorfe unter gleicher Breite mit Naliele schliefen, erschienen zwei von jenen Arabern; sie waren so schwarz wie die Makololo; da sie aber den Kopf kahl abgeschoren trugen, so konnte ich ihr Haar nicht mit dem der Eingeborenen vergleichen. Als wir weiterziehen wollten, kamen sie, um Abschied von uns zu nehmen; aber ich forderte sie auf, noch zu warten und erst den Ochsen mit uns zu essen.

Sie hatten den größten Abscheu vor den Portugiesen, weil sie Schweine essen, und haßten die Engländer, weil sie ihnen den Sklavenhandel verwehren. Ich schwieg über das Schweinefleisch, obwohl sie mich, wenn sie mich zwei Tage später bei einem Flußpferd gesehen hätten, für einen ebenso großen Ketzer gehalten haben würden. Aber ich wagte zu sagen, daß ich auch der Ansicht der Engländer sei, es sei besser, die Kinder aufwachsen zu lassen, zum Trost ihrer Mütter, wenn sie alt werden, als sie wegzufangen und über das Meer zu verkaufen. Sie gaben mir aber durchaus nicht recht; sie sagten, sie brauchten sie nur, um das Land anzubauen, und behandelten sie wie ihre eigenen Kinder. Das ist immer noch die alte Geschichte, man rechtfertigt ein abscheuliches Unrecht unter dem Vorwand, sich dieser armen Wesen anzunehmen, da sie selbst es nicht können; man tut Böses, damit etwas Gutes daraus entstehe.

Die Araber oder Mohren konnten ihre Sprache fertig lesen und schreiben, und als ich von unserem Erlöser sprach, bewunderte ich die Kühnheit, mit der sie erklärten, Christus sei ein sehr guter Prophet gewesen, doch Mohammed ein viel größerer. Ihr Abscheu vor dem Schweinefleisch mag ganz natürliche Gründe haben; denn ich kannte Betschuanen, die kein Vorurteil gegen Wild hatten und das Fleisch zahmer Tiere ohne Umstände aßen, und doch spien sie es wieder weg, ohne daß sie Ekel davor hatten. Die Betschuanen südlich des Sees essen keine Fische und ekeln sich vor allem Schlangenartigen. Dies mag mit der dunklen Erinnerung an frühere Schlangenverehrungen in Verbindung stehen, da sie auch manchmal vor lebenden Schlangen sich verbeugen, und dabei in die Hände klatschen, auch keine Schlangen töten lassen; aber gegen Schweinefleisch haben sie keinerlei Vorurteil.

Nachdem wir uns von den Arabern getrennt hatten, fuhren wir den Marile hinab, bis wir wieder auf den Leeambye kamen, und gingen nach der Stadt Ma-Sekeletu (d. h. Sekeletus Mutter), der Insel Loyela gegenüber. Sekeletu hatte mich immer reichlich mit Nahrungsmitteln versehen, und sobald ich ankam, stellte er mir einen Topf gekochten Fleisches vor, während seine Mutter einen großen Krug voll Butter brachte, die sie namentlich zum Bestreichen des Leibes brauchte. Er hatte eingesehen, daß es ganz gut sei, von einer Mahlzeit etwas übrigzulassen, und folgte jetzt meinem Beispiel. Gewöhnlich wird ein Ochse auf einmal verzehrt, und da der Häuptling, ohne gegen die Sitte zu verstoßen, nicht allein essen darf, so muß er oft gewaltig hungern, ehe ein neues Mahl bereitet ist. So arbeiteten wir von jetzt an einander in die Hände, indem wir immer einer für den anderen etwas übrigließen, und wenn ein Verfechter der Landessitte brummte, so gab ich ihm den Rat, wie Menschen zu essen und nicht wie Geier.

Da dies der erste Besuch war, den Sekeletu in diesem Teil seines Landes machte, so herrschte überall große Freude. Die Vornehmsten jedes Dorfes brachten Ochsen, Milch und Bier, mehr als wir verzehren konnten, obwohl meine Begleiter in dieser Beziehung alles mögliche leisteten. Die Leute gaben ihre Freude gewöhnlich durch Sang und Tanz zu erkennen. Beim Tanz stellen sich die Männer nackt in einen Kreis mit Keulen oder kleinen Streitäxten in der Hand und schreien, so laut sie können, während sie gleichzeitig ein Bein heben, zweimal heftig damit stampfen, dann das andere heben und einmal stampfen; das ist die gewöhnliche Bewegung. Auch Arme und Kopf werden nach allen Richtungen hin gewandt, und dabei schreien sie immer aus Leibeskräften. Infolge des immerwährenden Stampfens erheben sich Staubwolken, und auf dem Boden bleibt von ihren schweren Tritten eine tiefe Grube zurück. Wenn man dies in einem Irrenhause sähe, würde man sich gar nicht wundern, es vielleicht sogar natürlich finden als die Folge übermäßiger Gehirnaufregung; aber hier entwickeln grauhaarige Leute denselben Eifer wie diejenigen, in deren Jugend wir eine Entschuldigung dafür finden könnten, daß ihnen der Schweiß bei der Anstrengung in Strömen am Leibe herabläuft. Motibe fragte mich, was ich zu dem Makololo-Tanz sagte. Ich antwortete: »Es ist eine schlimme Arbeit, die herzlich wenig einbringt.« »Allerdings«, antwortete er, »aber es ist schön, und Sekeletu gibt uns einen Ochsen dafür.« Er läßt für

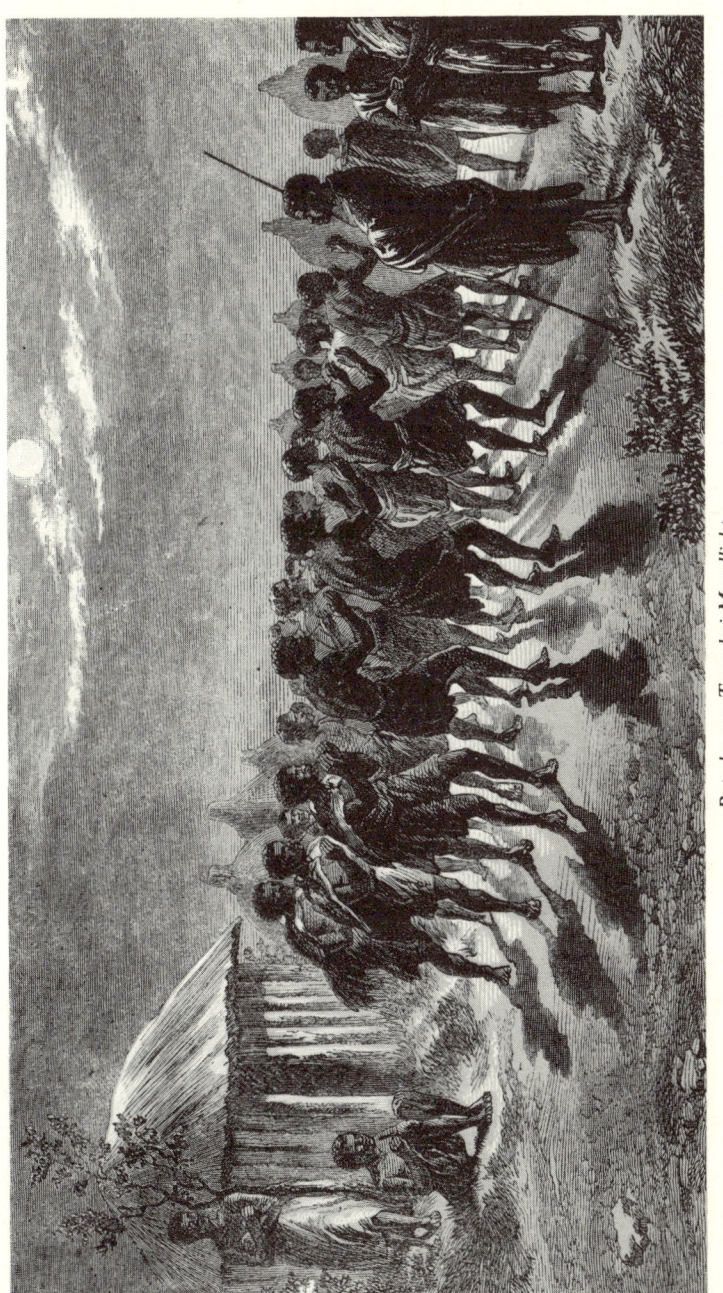

Betschuana-Tanz bei Mondlicht

die Tänzer gewöhnlich einen Ochsen schlachten, wenn der Tanz vorüber ist.

Die Weiber stehen dabei und klatschen in die Hände. Manchmal tritt auch eine in den Kreis der Männer, der oft aus hundert Personen besteht, tanzt ein Weilchen mit und zieht sich dann wieder zurück. Da ich nie mittanzte und dem Ding auch keinen Geschmack abgewinnen konnte, so kann ich diese Makololo-Polka dem tanzliebenden Publikum auch nicht empfehlen; aber das Urteil einer nicht geringeren Person als Sekeletus Schwiegervater lautete: »Der Tanz ist sehr schön.« Sie fragten mich oft, ob die Weißen auch tanzen. Ich dachte an den Veitstanz, konnte aber nicht behaupten, daß alle unsere Tänzer an ihm litten, und gab eine Antwort, welche, so leid es mir tut, meine Landsmänninnen nicht in das vorteilhafteste Licht bei den Makololo setzte.

Da Sekeletu in der Stadt seiner Mutter auf mich gewartet hatte, verließen wir diesen Ort gleich nach unserer Ankunft und fuhren stromabwärts. Unsere Reise ging sehr schnell vonstatten, denn wir kamen in einem Tage von Litofe bis Gonye, eine Strecke von 44 Meilen Breite und, wenn wir die Windungen des Flusses hinzunehmen, einer Länge von nicht weniger als 60 geogr. Meilen. Nach diesem Verhältnis erreichten wir bald Sescheke und dann Linyanti.

SIEBTES KAPITEL

Linyanti, September 1853. – Der Vorschlag einer Weiterreise nach Westen schien den Makololo so annehmbar, daß sie ihn in Ausführung zu bringen hofften, sobald man im November den kühlenden Einfluß der Regenzeit sich zunutze machen könnte. Aus der Lage von Linyanti unter 18° 17' 20" südlicher Breite und 23° 50' 9" östlicher Länge konnten wir schließen, daß St. Philip de Benguela uns viel näher lag als Loanda, und leicht würde ich von den Mambari die Erlaubnis bekommen haben, sie bis Bihe zu begleiten, das am Wege nach jenem Hafenort liegt. Aber es ist so unangenehm, auf einem Wege zu reisen, den Sklavenhändler gebahnt haben, daß ich vorzog, mir einen neuen Weg zu suchen.

Auf meinen Rat wurden Leute ausgeschickt, um alles Land im Westen zu untersuchen, namentlich einen Bezirk ausfindig zu machen, den die Tsetse-Fliege nicht beunruhigt und der uns einen bequemen Weg bietet. Die Bemühungen waren vergebens. Stadt und Gebiet von Linyanti sind von Wäldern umgeben, die von jenem giftigen Insekt heimgesucht werden, mit Ausnahme weniger Punkte, von denen der eine der Sanschureh, der andere bei Sescheke liegt. Die Länder östlich und westlich vom Barotse-Tal dagegen sind nicht von jenem Insekt geplagt. Hier hatte jedoch der Sklavenhandel den Weg geschaffen, und nur gut bewaffnet durfte man ihn betreten. Die Mambari hatten mir gesagt, daß viele Engländer in Loanda lebten; daher bereitete ich mich auf die Reise dahin vor. Die Aussicht, Landsleute zu treffen, überwog weit alle Mühseligkeiten einer längeren Reise.

Es wurde ein Pitscho einberufen, um die vorgeschlagenen Reise zu besprechen. Bei diesen Versammlungen herrschte große Redefreiheit, und einer der alten Weissager sagte: »Wo will er euch hinbringen? Dieser weiße Mann wird euch vernichten. Eure Kleider riechen schon nach Blut.« Es ist merkwürdig, wie viele ähnliche Charaktere man in der ganzen Welt findet. Dieser Mann war ein bekannter Unglücksprophet. Er träumte immer von etwas Schrecklichem bei jeder Unternehmung und wußte, daß eine Finsternis oder ein Komet eine Niederlage anzeigt. Aber Sebituane sah in seinen Visionen nichts als Feigheit, und Sekeletu lachte ihm geradezu ins Gesicht. Die allgemeine Stimme sprach für mich; daher wurden siebenundzwanzig Mann auserwählt, mich nach dem Westen zu begleiten. Diese Leute wurden nicht um Geld gedungen, sie wurden ausgesandt, um mir behilflich zu sein, meinen Plan auszuführen, der vom Häuptling und von dem größeren Teil des Volkes ebenso lebhaft wie von mir selbst betrieben wurde. Sie sehnten sich danach, mit den weißen Männern ungehinderten und gewinnreichen Handel zu treiben. Da die Kaufleute am Kap wegen der großen Kosten, welche eine lange Reise hierher nötig machte, nur wenig zahlen konnten, verlohnte es kaum der Mühe der Eingeborenen, Produkte für diesen Markt zu sammeln, und die Mambari hatten die Ansicht verbreitet, daß bei solchem Handel das Elfenbein rein weggeworfen würde. Der Wunsch der Makololo nach direktem Handel mit der Seeküste traf ganz mit meiner Überzeugung überein, daß ohne Handel keine dauernde Erhaltung eines Volkes möglich sei. Auch war eine Mission auf längere Zeit hier nicht möglich, wenn die Missionare nicht in die Makololo-Ebene hintergingen, denn selbst in Kolobeng verlangten die Händler für die Gegenstände unseres Bedarfes drei- und viermal soviel, als sie wert waren, und erwarteten noch, daß wir ihnen ganz besonders dankbar dafür seien, daß sie uns dieselben überhaupt ließen.

Die drei Männer, welche ich von Kuruman mitgebracht hatte, wurden wiederholt vom Fieber befallen; da ich also, statt von ihnen bedient zu werden, vielmehr sie warten mußte, beschloß ich, sie mit Fleming nach dem Süden zurückkehren zu lassen, sobald er seine Handelsgeschäfte beendigt haben würde. So hing ich denn ganz und gar von den siebenundzwanzig Mann ab, die ich Zambesier nennen will, denn es waren nur zwei Makololo, während die übrigen Barotse, Batoka, Baschubia und zwei Ambonda waren.

Das Fieber hatte mich selbst auch recht schwach gemacht, und der Schwindel erfaßte mich, wenn ich plötzlich nach dem Himmel schaute, denn alles drehte sich nach links, und ich fiel um, wenn ich mich nicht festhalten konnte. Ein Gallenerguß aus der Leber verursachte mir bei Nacht denselben Unfall, sobald ich mich plötzlich umwendete.

Die Makololo stellten jetzt die Frage auf: »Wenn du nun stirbst, werden uns die weißen Männer nicht Vorwürfe machen, daß wir dich in ein ungesundes, unbekanntes, feindliches Land ziehen ließen?« Ich entgegnete, daß keiner meiner Freunde dies tun würde, da ich bei Sekeletu ein Buch zurücklassen wollte, welches, wenn ich nicht zurückkehrte, an Moffat gesendet werden sollte; in diesem Buche würde alles verzeichnet sein, was mir bis zu meinem Tode begegnete. Dieses Buch war mein Reisejournal; und da ich länger, als ich erwartete, in Loanda zurückgehalten wurde, übergab es Sekeletu nebst einem Brief einem Händler, und ich habe es nicht wieder auffinden können. Ich bedaure dies jetzt sehr, denn es enthielt schätzbare Bemerkungen über die Gewohnheiten der wilden Tiere, und in dem Brief hatte ich gebeten, es meiner Familie zukommen zu lassen. Die Aussicht, aus dieser schönen Welt scheiden zu müssen, stand mir wie eine klare Tatsache vor Augen, und es schien mir ein ernstes Ding, Weib und Kind zu verlassen, alle Verbindungen mit der Erde abzubrechen und in einen unbekannten Zustand überzugehen. Ich finde in meinem Tagebuch, daß ich viel über diese Wanderung nachdachte, die uns in die Ewigkeit führt; ich dachte daran, ob ein Engel die Seele beruhigen würde, die ängstlich gestimmt ist, in die geistige Welt einzutreten, und hoffte, daß Jesus nur ein Wort des Friedens spräche, das in der Brust eine ewige Ruhe hervorriefe. Da ich aber immer der Ansicht war, daß, wenn wir Gott dienen, dies auf männliche Weise geschehen müsse, so schrieb ich an meinen Bruder und empfahl ihm mein Töchterchen, da ich fest entschlossen war, meinen Plan, diesen Teil Afrikas zu erschließen, entweder zur Ausführung zu bringen oder umzukommen. Die Boers hatten mir all mein Hab und Gut geraubt und mich so der Mühe enthoben, ein Testament zu machen; und mit leichtem Herzen und bereit, ihnen zu vergeben, hielt ich es für besser, zu den Geplünderten zu gehören als zu den Plünderern.

Als ich den Wagen und was mir sonst noch geblieben war, den Makololo übergab, nahmen sie alles, mit Ausnahme einer Schachtel, mit in ihre Hütten, und zwei Krieger, Ponuane und Mahale, brachten jeder eine junge Kuh herbei. Nach allerhand kriegerischen Evolutionen forderten sie den Häuptling auf, das Übereinkommen zwischen ihnen zu bezeugen, daß, wer von ihnen zuerst, bei Verteidigung des Wagens, einen Matebele-Krieger tötete, beide Kälber bekommen sollte.

Ich hatte drei Musketen für meine Leute, eine Büchse und eine doppelläufige Flinte für mich selbst, und da ich bei meinem Besuch auf dem Leeba großen Reichtum an Wild gesehen hatte, glaubte ich, es würde mir nicht schwerfallen, für die Bedürfnisse der Reisegesellschaft zu sorgen. Da ich alles vermeiden wollte, was den Leuten den Mut hätte nehmen können, z. B. wenn sie schwere Lasten tragen sollten, so nahm ich nur wenig Zwieback, einige Pfund Tee und Zucker und etwa 20 Pfund Kaffee mit, der ohne Milch und Zucker nach der Ansicht der Araber ein sehr erfrischendes Getränk nach Anstrengung und Sonnenhitze ist. Wir hatten eine kleine Zinnbüchse, etwa 15 Zoll im Geviert, gefüllt mit Hemden, Beinkleidern und Schuhen, die wir brauchen wollten, wenn wir zu zivilisierten Menschen kämen; andere Kleidungsstücke zum Gebrauch auf der Reise taten wir in einen Sack; ein zweites Kästchen war für die Arzneien, ein drittes für meine Bücher bestimmt, welche in einem nautischen Almanach, Thomsons Logarithmentafeln und einer

Bibel bestanden; ein viertes enthielt eine Zauberlaterne, die uns von großem Nutzen war. Der Sextant, der künstliche Horizont, Thermometer und Kompasse wurden besonders getragen. Meine Munition war auf das ganze Gepäck verteilt, so daß, wenn je ein Unglück den einen Teil betraf, wir noch Munition behielten. Hierauf stützte sich auch unsere Haupthoffnung hinsichtlich des Unterhaltes; doch hatte ich für den Notfall noch ungefähr zwanzig Pfund Perlen, an Wert vierzig Schillinge, bei mir, die ich noch von Kapstadt her behalten hatte; ein kleines Zelt, um darin zu schlafen; ein Schaffell als Decke und eine Pferdedecke als Bett. Da ich die Erfahrung gemacht hatte, daß, um mit Erfolg zu reisen, es von Wichtigkeit ist, so wenig als möglich »impedimenta« bei sich zu haben und den Kopf nicht zu verlieren, fiel die Ausrüstung sehr dürftig aus und sollte noch dürftiger werden, wenn wir die Kähne verließen. Man wird es vielleicht für unklug halten, einen solchen Plan anzunehmen, aber ich hatte im stillen die Überzeugung, daß, wenn mein Unternehmen nicht glückte, die Schuld gewiß nicht in dem Mangel von derartigen Kleinigkeiten liegen würde, die man gewöhnlich als unentbehrlich bei Reisen ansieht, sondern in dem Mangel an Mut oder darin, daß eine große Menge Gepäck die Habgier der Stämme gereizt hätte, durch deren Land wir zu reisen wünschten.

Ich hatte zwar nur wenige, aber ganz vortreffliche Instrumente bei mir: einen Sextanten, einen Chronometer, ein Thermometer, einen Kompaß vom Kap-Observatorium und einen kleineren; ein gutes Teleskop, das in einen Baum eingeschraubt werden konnte.

11. November 1853. – Wir verließen Linyanti, begleitet von Sekeletu und seinen Vornehmen, und schifften uns auf dem Tschobe ein. Der Häuptling kam mit an den Fluß, um zu sehen, ob alles in Ordnung sei. Fünf Arme des Tschobe mußten wir überfahren, ehe wir den Hauptstrom erreichten; diese Verzweigung mochte der Grund sein, warum im Jahre 1851 Oswell und ich ihn für so klein hielten. Nach der Wiedervereinigung aller dieser Zweige ist er ein breiter tiefer Strom. Der Einschiffungsplatz war dieselbe Insel, wo wir Sebituane trafen und die wir als die Insel Maunku, nach einer seiner Frauen benannt, kannten. Der Häuptling lieh mir seinen eigenen Kahn, und da dieser breiter ist als die gewöhnlichen, so konnte ich mit Leichtigkeit fahren.

Der Tschobe wird von Flußpferden sehr unsicher gemacht, und da gewisse ältere Männchen immer von den Herden vertrieben werden, so sind diese so mürrisch und menschenfeindlich, daß sie jeden Kahn angreifen. Die Herde selbst ist nie gefährlich, außer wenn man mit dem Kahn mitten unter sie hineinfährt, während sie schlafen, und man sie mit dem Kahn streift. Um dies zu vermeiden, fährt man bei Tage am Ufer, bei Nacht in der Mitte des Stromes. Diese Tiere fliehen die Ankunft des Menschen. Diejenigen, welche sich zurückgezogen haben, besuchen gewisse Örtlichekeiten, die von den Einwohnern am Flusse recht wohl gekannt werden, und sind außerordentlich gefährlich. Wir fanden einen Kahn, den ein Flußpferd mit einem Schlage seines Hinterbeins zertrümmert hatte. Meine Leute gaben mir den Rat, wenn uns etwas Ähnliches passieren sollte, so sei es das Beste, bis auf den Grund des Flusses unterzutauchen und dort einige Sekunden zu verweilen, weil das Flußpferd, wenn es einen Kahn zertrümmert hat, sich allemal nach den Menschen umschaut, und wenn es keinen bemerkt, davongeht. Ich sah gräßliche Wunden an den Beinen einiger Leute, die angegriffen worden waren und nicht untertauchen konnten. Das Flußpferd braucht seine Zähne zur Offensive, obwohl es ein Grasfresser ist. Eins von den verstoßenen Flußpferden, das nahe am Zusammenfluß der Zweige des Tschobe lebte, kam auch diesmal aus seinem Versteck und stürzte einigen Menschen nach, die in größter Eile davonfuhren.

Der Flußarm, welcher Zabesa oder Zabenza heißt, breitet sich wie ein kleiner See aus und ist auf allen Seiten von Massen hohen Schilfes umgeben. Unterhalb desselben ist der Fluß immer 100–120 Ellen breit, tief und trocknet nie so aus, daß man ihn durchwaten könnte. An gewissen Stellen, wo weniger Schilf steht und ein Blick auf das ndere Ufer erlaubt ist, haben die Makololo Dörfer erbaut, um ihre Feinde, die Matebele, beobachten zu können. Wir besuchten diese Dörfer alle der Reihe nach und fanden, daß uns Befehle vorausgegangen waren, »der Nake d. h. Doktor, darf nicht Hunger leiden«.

Die Ufer des Tschobe bestehen wie die des Zouga aus weichem Kalktuff, und der Fluß hat sich ein tiefes Bett mit senkrechten Seitenwänden gegraben. Wo die Ufer hoch sind, wie an den Stellen, wo 1851 unsere Wagen standen, sind sie mit prächtigen Bäumen bedeckt, in denen sich Tsetse sowie verschiedene Antilopen, wilde Schweine, Zebras, Büffel und Elefanten aufhalten.

Der Lauf des Flusses war voller Windungen, so daß wir alle zwölf Meilen in eine andere Himmelsrichtung fuhren. Einige unserer Leute stiegen an einer Krümmung bei einem Moremi-Dorfe aus und erreichten in sechs Stunden ein anderes, gerade östlich davon gelegenes Dorf, während die Kähne, trotz ihrer doppelt so großen Geschwindigkeit, zwölf Stunden brauchten, ehe sie den Weg nach jenem Dorfe zurückgelegt hatten.

Nachdem wir eine Nacht in dem Makololo-Dorfe auf Mparia zugebracht hatten, verließen wir den Tschobe, wandten um und begannen unsere Fahrt den Leeambye stromaufwärts. Am 19. November erreichten wir wieder die Stadt Sescheke. Sie liegt am Nordufer des Flusses und ist zahlreich von Makololo bevölkert, welche unter Moriantsane, dem Schwager Sebituanes, stehen. Es finden sich hier Abteilungen verschiedener Stämme, die unter ihren jeweiligen Stammeshäuptern stehen, aber doch den Makololo unterworfen sind. Ihre Herrschaft ist zwar im Grunde despotisch, aber doch nach Sitten und Gesetz bedeutend modifiziert. Ein Makalaka hatte einen Ochsen, der einem Makololo gehörte, mit dem Speer getötet, und da er den Speer nicht wieder herausziehen konnte, wurde er noch auf frischer Tat erwischt. Er hatte einen Teil des Fleisches haben wollen, da Moriantsane als sehr freigebig bekannt ist. Der Schuldige wurde an Händen und Füßen gebunden und in die Sonne gelegt, um ihn zu zwingen, eine Geldbuße zu erlegen, aber er leugnete hartnäckig seine Schuld. Seine Mutter, die fest an seine Unschuld glaubte, erschien mit einer Hacke und drohte, jeden niederzuschlagen, der es wagen würde, sich hineinzumengen; dann schnitt sie die Stricke durch, mit denen er gebunden war, und nahm ihn mit nach Hause. Diese offene Verhöhnung der Macht wurde von Moriantsane nicht geahndet, aber an Sekeletu nach Linyanti berichtet.

Ich hielt mehrmals öffentliche Ansprachen an die Bewohner von Sescheke unter dem ausladenden Kameldornbaum, der die Kotla am hohen Flußufer überschattet. Die langen Reihen von Männern, Weibern und Kindern, welche aus den verschiedenen Stadtvierteln kamen und ihren respektiven Stammeshäuptern folgten, nahmen sich sehr hübsch aus. Oft fanden sich 500–600 Seelen ein und nötigten mich, die Stimme so anzustrengen, daß ich Halsschmerzen bekam. Sie waren stets sehr aufmerksam, und Moriantsane, der, wie er dachte, mir damit einen Gefallen erweisen wollte, stand einmal mitten in einer Rede auf und schlug einige junge Leute mit dem Stock auf den Kopf, die, statt auf mich zu hören, an einem Fell arbeiteten. Meine Zuhörer stellten manchmal sonderbare Fragen über die Gegenstände, die ich ihnen vortrug; oft machten sie den tollsten Unsinn, nachdem sie eben erst die heiligsten Wahrheiten vernommen hatten. Manche beten im Geheimen zu Jesus, sobald sie vom Gott der weißen Männer reden hören, ohne eigentlich zu wissen, was sie tun; aber gewiß werden sie von Ihm erhört werden, der wie ein Vater Mitleid mit seinen Kindern hat. Andere wieder, die bei Nacht aufwachen, vergegenwärtigen sich, was über die zukünftige Welt gesagt wurde, so deutlich, daß sie am nächsten Tage erzählen, es habe ihnen große Furcht eingejagt, und sie beschließen, nie mehr auf die Lehre zu hören, und wider andere beschließen, gar nicht zu glauben, wie gewisse Leute im Süden, welche alle Hühner totschlugen, welche die Worte krähten: »Tlang lo rapeleng«, d. h. Kommt beten.

Nachdem ich mich teilweise von einem Fieber erholt hatte, welches mich nicht mehr verlassen, seitdem wir das Moremi-Dorf am Tschobe passierten, rüsteten wir uns zur Abreise stromaufwärts und sandten Boten voraus an die Dörfer, um Lebensmittel herbeizuschaffen. Wir nahmen vier Elefantenzähne, Sekeletus Eigentum, mit uns, um den Unterschied der Preise bei den Portugiesen, die wir zu erreichen hofften, und den weißen Händlern aus dem Süden kennzulernen. Moriantsane versah uns reichlich mit Honig, Milch und anderen Nahrungsmitteln. Die Regenzeit begann soeben; aber obwohl der Staub hinreichend gelöscht wurde, so hatte der Regen doch keinen Einfluß auf die Wassermenge im Flusse; indes blieb es immer noch ein 300 Ellen breiter tiefgehender Strom.

Wir kamen nur langsam vorwärts; das kam namentlich daher, weil wir an den verschiedenen Dörfern uns aufhalten mußten, um Nahrungsmittel aufzunehmen. Wir hätten mit weniger ausgereicht, als wir bekamen; aber Pitsane, der Makololo, welcher mich begleitete, kannte die Befehle Sekeletus und ließ nicht das mindeste nach. Die Banyeti-Dörfer haben große Mengen Mosibe, eine hellrote Bohne, die auf einem großen Baume wächst. Das Fleisch, welches den

Samen einschließt, ist nicht viel dicker als eine Oblate und allein genießbar. Man muß Honig dazu nehmen, um diese Bohnen schmackhaft zu machen.

Die Flußufer zeigten sich jetzt vorteilhafter als früher. Viele Bäume trugen schönes grünes Laub, obwohl es nicht geregnet hatte; ihr helles Grün stach prächtig von dem dunklen Motsouri oder Moyela ab, welcher jetzt rote Pflaumen in der Größe von Kirschen trug. Da die Stromschnellen jetzt ziemlich seicht waren, machten sie uns nur wenig Schwierigkeit. Die Kähne durften nicht nach der Breitseite fahren, denn da sie platten Boden hatten, würden sie gleich vom Strome umgeworfen worden sein, und alles, was darin war, wäre verloren gewesen. Die Leute arbeiten außerordentlich und sind immer in bester Laune; sie springen ohne Umstände ins Wasser, wenn es gilt, den Kahn von einem Wirbel oder Felsen abzuhalten. Viele Stellen waren jetzt ganz seicht, und es war große Geschicklichkeit und Kraft nötig, um den Kahn nicht an den Felsen zerschellen zu lassen, die über dem Wasserspiegel hervorragten. In der Mitte würden wir tieferes Wasser gehabt haben, aber die Leute hielten sich aus Furcht vor den Flußpferden immer am Ufer. Übrigens glaube ich, daß die Stromschnellen nicht tief sind. Der Fluß ist mehr als eine Meile breit, und das Wasser fließt schnell über den felsigen Grund. Die nur 300 Ellen breiten Stellen sind sehr tief und haben auf engem Raum eine große Menge fließendes Wasser, welches seicht werden muß, sobald es sich über die weit größere Fläche bei den Stromschnellen ausbreitet. Wenn man noch bedenkt, daß jetzt das Ende der trockenen Jahreszeit war, in welcher selbst Flüsse wie der Orange nicht den fünften Teil soviel Wasser wie der Tschobe haben, so kann ich mir einen deutlichen Begriff von dem Unterschied der nördlichen und südlichen Flüsse machen.

Auf die Stromschnellen in diesem Teil des Flusses zwischen Katima-molelo und Nameta folgten ungefähr 15–20 Meilen lange Strecken stillen tiefen Wassers. In diesem sahen wir große Herden Flußpferde; und überall zeigten sich die tiefen Furchen, die sie machen, wenn sie während der Nacht ans Ufer gehen, um zu grasen. Sie werden durch den Geruch zum Wasser zurückgeleitet, aber nach lange andauerndem Regen können sie mit dem Geruche nicht finden, in welcher Richtung das Wasser liegt, und dann findet man

Weibliches Flußpferd mit seinem Jungen

sie oft ganz verwirrt auf dem Lande. Die Jäger benutzen diese Hilflosigkeit des Tieres, um es zu töten.

Man kann eine Herde Flußpferde nicht zählen, denn sie sind fast immer unter dem Wasser verborgen; da sie aber nach wenigen Minuten immer wieder heraufkommen müssen, um Atem zu schöpfen, so kann man nach der Masse Köpfe, welche sich zeigen, auf die Größe der Herde schließen. Sie lieben die ruhigen Stellen des Stromes; denn in Stromschnellen werden sie so schnell fortgerissen, daß große Übung dazu gehört, um die frühere Richtung wiederzugewinnen; aber solche Anstrengung stört sie, wenn sie schlafen wollen. Am Tage liegen sie gern im schlaftrunkenen Zustande, und obwohl sie die Augen offen haben, bemerken sie doch nur wenig von dem, was um sie herum vorgeht. Die Männchen grunzen in einem fort, was man eine Meile weit hört. Als der Kahn, in welchem ich saß, über ein verwundetes Flußpferd hinwegfuhr, hörte ich das Grunzen ganz deutlich, obwohl das Tier unter Wasser lag.

30. November 1853. – Gonye-Fälle. Es hat hier nicht geregnet, daher ist es entsetzlich heiß. Die Bäume haben ihr freundlichstes Gewand angezogen, und viele Blumen schmücken die Landschaft, aber vor Hitze verschmachten alle Blätter am Mittag und welken, weil es nicht regnet. Wenn die Gegend künftighin so an Schönheit zunimmt, wie innerhalb der letzten vier Breitengrade, so muß es wirklich ein prachtvolles Land werden.

Wir waren alle vom Reisen sehr ermüdet. Die Atmosphäre ist drückend bei bewölktem und sonnigem Himmel. Der Fluß muß ungeheuer ausdünsten, und es ist mir, als ob die Flüssigkeit im Körper den gleichen Weg wie jene Wasserdämpfe ginge, denn ich muß fast unaufhörlich trinken, um das Verlorene zu ersetzen.

Wir verfahren gewöhnlich folgendermaßen: etwas vor fünf Uhr am Morgen stehen wir auf; da bricht der Tag an. Während ich mich anziehe, wird der Kaffee gekocht, und nachdem ich mein Töpfchen gefüllt habe, lasse ich das übrige meinen Gefährten, welche begierig nach dem erfrischenden Tranke greifen. Die Diener sind geschäftig, die Kähne zu beladen, während die Vornehmeren den Kaffee schlürfen, und ist dies vorbei, so schiffen wir uns ein. Die nächsten zwei Stunden sind die angenehmsten des ganzen Tages. Die Leute rudern kräftig vorwärts; die Barotse sind zu Bootsmännern wie geboren, sie haben eine starke Brust und starke Schultern, aber kleine Beine. Oft schelten sie laut aufeinander, um sich die Arbeit weniger langweilig zu machen. Ungefähr um elf Uhr gehen wir ans Land und essen als Mittagsmahlzeit, was uns vom vorigen Abend übrigblieb, oder Zwieback mit Honig, und trinken Wasser.

Nachdem wir eine Stunde geruht, schiffen wir uns wieder ein und nehmen unter einem Sonnenschirme Platz. Die Hitze ist drückend, und da ich noch schwach vom letzten Fieberanfall bin, so kann ich nicht ans Land gehen und jagen. Die Männer, welche der Sonne unbedeckt ausgesetzt sind, triefen von Schweiß, und am Nachmittag beginnen sie langsamer zu werden, als warteten sie auf Kähne, die noch nachkommen sollen. Manchmal erreichen wir zwei Stunden vor Sonnenuntergang einen Platz zum Schlafen, und da wir alle äußerst ermüdet sind, so bleiben wir mit Vergnügen über Nacht hier. Abermals Kaffee und Zwieback oder ein Stück schlechtes Brot aus Mais oder Kaffernkorn ist die Speisekarte für den Abend, wenn wir nicht so glücklich waren, etwas zu schießen, um uns einen Topf voll Fleisch zu kochen. Wir schneiden es in lange Streifen und tun so viel Wasser zu, bis es ganz bedeckt ist. Ist das Wasser verkocht, so ist auch das Fleisch fertig.

Die Leute in der Nähe der Gonye-Fälle tragen die Kähne so weit es nötig, um die Fälle zu vermeiden, auf Stangen, die diagonal aneinander befestigt sind. Sie nehmen sie auf die Schultern und machen sich mit heiterem Mute ans Werk. Sie sind ein lustiger Menschenschlag, beim geringsten Scherz brechen sie in lautes Gelächter aus. Alle wollten die Zauberlaterne haben, und da es ein gutes Unterrichtsmittel ist, so willigte ich gern ein.

Die Gonye-Fälle sind wie ein großer Spalt. Viele Meilen unterhalb wird der Fluß auf einen Raum von nicht mehr als 100 Ellen Breite zusammengedrängt. Das Wasser fließt brausend dahin, wie große sich überstürzende Massen, und selbst der geübteste Schwimmer kann sich nicht oben halten. Hier steigt der Fluß zur Zeit der Flut 50-60 Fuß. Die Inseln oberhalb der Fälle sind mit dem schönsten Laubwerk bedeckt. Von der überhängenden Felsmasse aus gesehen, ist es der köstlichste Anblick, den ich je genossen.

Auf dem Wege nach Nameta ereignete sich nichts Erwähnenswertes. Wir hörten, daß ein Trupp Makololo unter Lerimos Anführung, nach Norden zu, den Leeba aufwärts, einen Raubzug in derselben Richtung unternommen hätte, die wir jetzt einschlagen wollten. Mpololo, der Oheim Sekeletus, wird als Oberhaupt des Barotse-Tales angesehen, und die Übeltäter hatten seine volle Zustimmung, weil Masiko, ein Sohn Santurus, des früheren Oberhauptes der Barotse, den Leeambye hinauf geflohen war, sich daselbst niedergelassen und Leute nach Naliele herabgesandt hatte, um die noch übrigen Barotse aus ihrem Untertanenverhältnis fortzuführen. Lerimos Leute hatten einige von Masikos Untertanen als Gefangene weggeführt und mehrere Balonda-Dörfer zerstört, nach denen wir eben reisten. Dies stand im geraden Gegensatze zu Sekeletus Politik, der mit diesen nördlichen Stämmen in Frieden leben wollte, und Pitsane, der vornehmste Eingeborene in meinem Gefolge, brachte Aufträge an Mpololo, uns mit Geschenken an die eigentlichen Häuptlinge zu versehen, die ihn angegriffen hatten. So bekamen wir große Töpfe reine Butter und Bohnen zur Bestätigung der Friedensbotschaft, die wir bringen sollten.

Als wir Litofe erreichten, hörten wir, daß ein neuer Raubzug in Aussicht stand, aber ich sandte Befehle, um die Leute gleich von vornherein zu veranlassen auseinanderzugehen. In Ma-Sekeletus Stadt trafen wir den Hauptübeltäter Mpololo selbst, und ich gab ihm zu verstehen, daß ich in vollem Einverständnis mit Sekeletu reise, und wenn infolge seiner kriegerischen Unternehmungen etwas passierte, würde die Schuld ihn treffen. Ma-Sekeletu, welche anwesend war, stimmte meinen Worten von Herzen bei und gab den Rat, alle von Lerimo gemachten Gefangenen durch mich zurückzugeben, um Masiko zu zeigen, daß die Schuld an dem Raubzug nicht an den vornehmen Makololo lag, sondern nur an einem einzigen Sklaven. Sie zeigte ihre gute Absicht auch noch anderweitig, und da wir längst das nämliche gewünscht hatten, so freute es uns, daß Mpololo in alles einwilligte. Er bat mich, die Sache den Unterhäuptlingen in Naliele vorzustellen, und als wir an diesem Ort am 9. Dezember ankamen, tat ich dies in einem speziellen hierzu einberufenen Pitscho. Lerimo war zugegen und war ganz mutlos, als Mohorisi, einer meiner Begleiter, seine Handlungsweise als einen Akt außerordentlicher Feigheit darstellte. Er hatte nämlich, wie wir bei unserem früheren Besuch erfuhren, die hilflosen Bewohner von Londa angegriffen, als ein Löwe eben acht Leute aus Naliele getötet hatte, ohne daß er es wagte, ihm entgegenzutreten. Die Makololo sind Tieren gegenüber feig, desto tapferer Menschen gegenüber. Mpololo nahm vor dem ganzen Volk alle Schuld auf sich und lieferte ein gefangenes Kind aus, das seine Frau sich angeeignet hatte. Andere folgten seinem Beispiel, und so wurden fünf Gefangene freigelassen. Einige dachten, da Masiko ihnen die Kinder mit List genommen, müßten sie ihm die seinigen mit Gewalt abnehmen, ganz nach dem Charakter beider Völker, denn die Makalaka sind listig, die Makololo kriegerisch, und wieder andere meinten, wenn Sekeletu wünsche, daß sie mit Masiko in Frieden leben sollten, so hätte er es ihnen sagen müssen.

Es ist immer gefährlich, in die Fußstapfen einer plündernden Rotte mit Leuten desselben Stammes zu treten, aber meine Leute waren guten Mutes, und selbst Freiwillige meldeten sich, uns zu begleiten. Doch hielten wir uns streng an Sekeletus Befehle und an unsere Genossen und wiesen alle anderen zurück.

Die Bewohner der Dörfer behandelten uns sehr freigebig und brachten außer Ochsen auch Butter, Milch und andere Lebensmittel, mehr als wir in unseren Kähnen unterbringen konnten. Die Kühe in diesem Tale geben, wie das oft der Fall ist, mehr Milch, als die Leute brauchen, und Männer und Weiber brachten uns Butter in solcher Menge, daß ich für alle meine Leute die ganze Fahrt lang ausreichenden Vorrat hatte. Wenn man die Haut damit bestreicht, so hemmt es die übermäßige Ausdünstung und dient in Sonne und Schatten gewissermaßen als Kleidung. Sie brachten uns die Geschenke immer mit viel Artigkeit. War es ein Ochse, so sagten sie: »Hier hast du ein Stückchen Brot.« Dies gefiel mir, denn ich war daran gewöhnt, wenn die Betschuanen eine elende Ziege brachten, den pomphaften Ausruf zu hören: »Sieh diesen Ochsen!« Die Frauen jubelten mir unaufhörlich entgegen; aber obwohl ich sie wiederholt bat, statt »großer Herr« und »großer Löwe« bescheidenere Ausdrücke zu gebrauchen, so beharrten sie doch so fest dabei, mir eine Ehre zu erweisen, daß ich mir ihre Wünsche für einen glücklichen Erfolg meiner Reise wider Willen gefallen lassen mußte.

Die Regenzeit begann, als wir noch in Naliele waren; dies ist später als gewöhnlich, aber obwohl das Barotse-Tal des Regens sehr bedurfte, so fehlt es doch nie an Nahrungsmitteln. Die Regengüsse sind erfrischend, doch ist die Temperatur heiß und beengend; indes stand das Thermometer in einer kühlen Hütte nur auf 84°. Sobald von außen Luft hinzukommt, steigt es sogleich auf mehr als 90°. Ein neuer Fieberanfall ermattete mich hier außerordentlich; da es mich aber ermüdet, diese Krankheitsfälle anzuführen, und ich selbst Reisebeschreibungen nicht gern lese, in denen viel von den Krankheiten der Reisenden die Rede ist, so will ich von nun an nur noch wenig darüber sagen.

Hier schickten wir Sekeletus Kahn zurück und liehen andere Kähne von Mpololo. Auch wurden uns acht Reit- und sieben Schlachtochsen auf Befehl des letzteren geliefert; einige waren für uns selbst bestimmt, andere als Geschenk für die Häuptlinge der Balonda. Mpololo war sehr freigebig und schaffte alles herbei, was Sekeletu befohlen hatte, obwohl er den Abzug wohl gemerkt haben wird, da er von dem unter seiner Aufsicht stehenden Vieh lebt. Jetzt spielt Mpololo den großen Mann und ist immer von einer

Schar Schmarotzer begleitet, welche Spottlieder auf Mpepe singen, vor dem er immer in Furcht lebte. So lange Mpepe noch am Leben war, schmeichelte man ihm auf die nämliche Weise, und jetzt verwünschte man ihn. Das Volk ist sehr schmähsüchtig; Leute gleichen Ranges überschütten sich oft, wenn sie sich begegnen, mit einer wahren Flut von Verwünschungen, und zuletzt schlagen sie ein lautes Gelächter an.

Als wir stromaufwärts nach Naliele fuhren, trafen wir eine Schar flüchtiger Barotse, die in ihre Heimat zurückkehrten. Da die näheren Umstände ein eigentümliches Licht auf die sozialen Zustände der Makololo werfen, so will ich sie hier nicht übergehen. Die fraglichen Barotse waren die Kinder oder sozusagen die Sklaven eines jungen Mannes, desselben Alters und Stammes wie Sekeletu, der seines reizbaren Temperaments wegen den Spitznamen Sekobinyane, d. h. kleiner Sklave, bekam. Er behandelte die Sklaven so schlecht, daß die meisten davonliefen, und als die Mambari kamen und Sekeletus Befehlen zum Trotz Sklaven kauften, verhandelte Sekobinyane einige Barotse-Kinder seines Dorfes. Die übrigen flohen sogleich zu Masiko, und dieser Barotse-Häuptling nahm sie mit Freuden in seinen Stamm auf.

Als Sekeletu und ich das erstemal den Leeambye hinauffuhren, trafen wir Sekobinyane auf seinem Wege stromabwärts nach Linyanti. Als wir ihn fragten, wie es ginge, verschwieg er den Verlust seines Dorfes, da es bei den Makololo als ein Verbrechen gilt, seine Leute so schlecht zu behandeln, daß sie davonlaufen. Er fuhr weiter, und da er die Rache Sekeletus fürchtete, floh er von Linyanti nach dem Ngami-See. Man schickte indes nach ihm, und die Häuptlinge am See lieferten ihn aus, nachdem Sekeletu erklärt hatte, daß er ihn nur mit Scheltworten bestrafen werde. Er tat selbst das nicht, da Sekobinyane vom Schreck genug hatte und vor Furcht krank wurde.

Die Flüchtlinge blieben nur wenige Wochen bei Masiko, ihrem neuen Herrn, dann gingen sie wieder zurück und wurden aufgenommen, als wenn nichts vorgefallen wäre. Alle stimmten darin überein, daß Sekobinyane sie schlecht behandelt habe, und niemand verdammte die Flüchtlinge; und da das Vieh, das sie früher besaßen, nicht aus ihrem Dorfe fortgetrieben worden war, so setzten sie sich mit großer Freude wieder in Besitz desselben.

Dieser Vorfall gibt ein treues Bild von der Sklaverei der unterworfenen Stämme, und ich habe nichts weiter hinzuzufügen, als daß sie manchmal für ihr Davonlaufen oder andere Vergehen bestraft werden.

Nachdem wir Naliele unter den besten Wünschen eines glücklichen Ausganges unserer Expedition und in der Hoffnung, daß wir mit europäischen Händlern zurückkehren möchten, verlassen hatten, setzten wir unsere Fahrt stromaufwärts fort. Der Strom begann jetzt zu steigen, obwohl der Regen in den Tälern kaum angefangen hatte. Die Ufer sind niedrig, aber scharf abgegrenzt und selten abschüssig. Bei niedrigem Wasser sind sie 4 bis 8 Fuß hoch, so daß der Fluß immer wie ein Kanal aussieht. An einigen Stellen bestehen sie aus weißlichem zähem Ton mit untermischten schwarzen Schichten, und aus schwarzem Lehm und Sand, auch bloß aus reinem schichtenweise liegenden Sand. Wenn der Fluß steigt, so ist die Hauptströmung bald an der einen, bald an der anderen Seite, und man weiß, daß er oft Ecken durchschnitten und neue Kanäle gebildet hat. Während wir am Ufer hinfuhren, fielen oft unterwaschene Stellen mit Lärm und Gefahr für den Kahn ins Wasser, ungefähr wie wenn ein Alligator hineinplumpst.

Die geraden Ufer sind der Wohnort der Bienenfresser, die in Gesellschaft leben. Das Ufer ist mit Hunderten von Löchern durchbohrt, die nach ihren Nestern führen, die etwa 1 Fuß weit voneinander entfernt sind. Wenn wir vorbeifuhren, eilten sie aus ihren Verstecken hervor und flogen davon. Ein weiterer Bewohner der Ufer ist die Uferschwalbe, die ebenfalls in Gesellschaft lebt. Sie verläßt dieses Ufer niemals. Selbst im tiefsten Winter sieht man sie ihr Gefieder putzen, während eine andere Schwalbe, von welcher wir noch sprechen werden, im Winter fortzieht. Ich sah Uferschwalben am Orange-Fluß während des Winterfrostes; es ist also wahrscheinlich, daß sie auch dort überwintern.

Um das Schilf, das an einigen Stellen die Ufer begrenzt, sahen wir Süßwasserschwämme. Sie stehen gewöhnlich im Kreise um die Schilfstengel, sind hart und spröde und haben kleine runde Körnchen am Rande.

Der Strom macht fünf Meilen in der Stunde und führt Schilfbündel und tote Vegetabilien mit sich, doch war das Wasser nicht gefärbt. Es hatte indes einen leichten gelbgrünen Anstrich, etwas dunkler als die gewöhnliche Färbung. Dies rührte von dem Sande her, den der Fluß an den Sandbänken, die jährlich eine andere Stelle haben, und an den unterwaschenen Ufern losreißt; wenn man das Wasser in ein Glas tut, sieht man nach wenigen Sekunden schon den Bodensatz. Es war jetzt eine ungesunde Jahreszeit. Als wir einmal auf die andern Kähne warten mußten, hatte ich keine Lust, ans Ufer zu gehen; aber Maschauana, mein Oberbootsmann, verbot mir, an Bord zu bleiben, da der Fluß so vielerlei Vegetabilien mit sich führe.

17. Dezember. – Libonta. Wir wurden mehrere Tage lang aufgehalten, um nach Sekeletus Befehl Fett und Butter einzunehmen, das als Geschenk für die Balonda-Häuptlinge bestimmt war. Es herrschten Fieber und Augenentzündungen, wie gewöhnlich vor Eintritt der Regenzeit. Meine eigenen Begleiter und die Leute in Libonta wünschten meine Hilfe. Ein Löwe hatte hier viel Unheil angerichtet, und als die Leute ihn angriffen, wurden zwei Mann verwundet; dem einen war das Schenkelbein ganz zerbrochen, woraus man die ungeheure Kraft der Klauen dieses Tieres erkennen kann. Die Entzündungen, welche den Verwundungen durch die Zähne des Löwen folgten, führten den Tod des einen herbei.

Hier verlangten wir die Freilassung der noch übrigen Gefangenen, so daß die Zahl auf neunzehn stieg. Es waren Weiber und Kinder und ein junger Mann von zwanzig Jahren. Einer der Knaben wurde, während wir uns ausschifften, unbemerkt wieder entführt. Die Unterhäuptlinge der Makololo handeln dem Willen des Oberhäuptlings geradezu entgegen und verlassen sich auf Umstände und ihre eigene Frechheit, sich seinem Mißfallen zu entziehen; und da er es nicht immer für gut befindet, Vergehen zu ahnden, so setzen sie ihre schlechte Handlungsweise oft lange Zeit fort.

Libonta ist die letzte Stadt der Makololo; als wir sie verließen, trafen wir daher nur noch einige Viehstationen und einsam liegende Weiler; dann kam ein unbewachsenes Stück Land, bis wir endlich Londa oder Lunda erreichten. Libonta liegt auf einem Hügel, wie die übrigen Orte des Barotse-Tales; aber hier rücken die mit Bäumen besetzten Seiten des Tales näher an den Fluß heran. Libonta selbst gehört zwei Lieblingsfrauen Sebituanes, die uns einen Ochsen und andere Nahrungsmittel in großer Menge lieferten. Gleich gütig waren auch alle übrigen, die uns etwas zu geben imstande waren, und indem ich in meinem Reisetagebuch ihre Beweise von Edelmut überschaue, ist mein Herz mit heißem Dank für sie erfüllt, und ich hoffe und bitte, daß Gott mich erhalte, damit ich noch einmal zu ihnen zurückkehren kann.

Ehe wir die Dörfer verlassen, wollen wir noch davon sprechen, wie wir die Nächte hinbrachten. Sobald wir gelandet, schneiden die Leute Gras zu meinem Lager, während Maschuane die Zeltstangen einschlägt. Diese werden am Tage zum Lastentragen benutzt; die Barotse machen es wie die Inder, die Last wird an den Enden der Stangen befestigt, aber nicht an Seilen aufgehängt. Das Bett wird gemacht und zu beiden Seiten die Büchsen mit unserem Reisevorrat aufgestellt und endlich das Zelt darüber aufgespannt. Vier bis fünf Schritte vor meinem Zelt wird ein großes Feuer angezündet, zu dem der Mann Holz sammelt, der die Heroldsstelle vertritt und als Lohn die Köpfe der geschlachteten Ochsen und des Wildes bekommt. Jeder kennt seinen Platz am Feuer, je nach dem Range, den er bekleidet. Die Makololo setzen sich rechts und links von mir, beim Essen und Schlafen, so lange die Reise dauert. Aber Maschauana, der Oberbootsmann, legt sich an der Zelttür nieder, sobald ich mich zur Ruhe begeben. Die übrigen verteilen sich nach den Stämmen, denen sie angehören, in kleinere Gruppen und machen einen Verschlag um das Feuer, wobei sie für das Vieh einen Raum in Gestalt eines Hufeisens freilassen. Die Ochsen lieben das Feuer, drum stellen die Leute dieselben so, daß sie es immer vor Augen haben; den Verschlag macht man so, daß man zwei starke Stangen in geneigter Richtung aufstellt und eine andere horizontal darüber legt. Der Raum dazwischen wird mit Zweigen ausgefüllt, die in der Richtung der Stangen im Boden feststehen und an die horizontale Stange festgebunden werden. Über die Zweige kommt langes Gras, um den Regen abzuhalten. In weniger als einer Stunde sind wir gewöhnlich unter Dach und Fach. Während der ganzen Reise fehlte es uns nie an Gras. Es ist ein malerischer Anblick bei Nacht, wenn der helle glänzende Mond dieses Himmelsstrichs auf die Schläfer herabscheint, die tiefe Ruhe von Mensch und Tier zu beobachten. Da in solcher Nacht keine Gefahr vor Wild ist, läßt man das Feuer gewöhnlich ausgehen, und da auch keine hungrigen Hunde die Schläfer überfielen und das Futter oder die Decken der armen Leute, die wie fettige Häute aussahen, wegfraßen, was manchmal in den Dörfern geschieht, so war es ein Bild der vollkommensten Ruhe.

Das Kochen geschieht gewöhnlich nach Sitte der Eingeborenen, und da sie jedesmal Tisch und Teller und die Hände waschen, ehe sie die Speisen angreifen, so braucht man sich nicht zu ekeln. Manchmal folgten sie auch meinem Rate, und dann glaubten sie, sie könnten ganz wie die weißen Männer kochen. Der Koch bekommt stets, was im Topfe bleibt, daher will jeder gern der Koch sein.

Dreißig bis vierzig Meilen oberhalb Libonta sandten wir elf von den Gefangenen nach Westen zu dem Häuptling Makoma als Kundschafter. Dies führte einigen Verzug herbei; da wir aber von den Makololo reichlich mit Nahrungsmitteln versehen waren und sich Wild genug vorfand, lebten wir ganz prächtig.

Wir kamen an einem Sonntag an den Zusammenfluß des Leeba und Leeambye. Es hatte vor unserer Ankunft geregnet, und die Wälder erglänzten im frischesten Grün. Blumen von großer Schönheit und den sonderbarsten Formen wachsen überall; sie sind, wie auch die Bäume, verschieden von denen im Süden. Viele Blätter der Waldbäume sind handförmig gelappt und prächtig entwickelt; die Stämme sind mit Flechten bedeckt, und die vielen Farnkräuter, die im Walde sich zeigen, beweisen, daß wir jetzt in einem feuchteren Klima sind als im Süden des Barotse-Tales. Der Boden wimmelt von Insekten, und an den kühlen angenehmen Morgen ertönt die Luft von Vogelgesang, der jedoch hier nicht so lieblich ist wie die heimischen Melodien, weil ich nicht von Jugend auf daran gewöhnt bin.

Die Leute gingen den ganzen Tag herum und brachten wildes Obst verschiedener Art mit, das ich noch nicht gesehen hatte. Eine Frucht, Mogametsa genannt, ist eine Bohne mit wenig Fleisch, das wie Kuchen schmeckt; eine andere, Mawa, wächst in großer Menge auf einem niedrigen Gebüsch. Fast bei jedem Blick sieht man allerhand Beeren und eßbare Zwiebeln.

In den Wäldern gibt es vielerlei Früchte und Beeren, deren Gebrauch meinen Gefährten unbekannt ist. Eine Art Palme, die ich noch nie gesehen, wächst hier in Menge am Zusammenfluß des Loeti und Leeambye und weiter unterhalb; wahrscheinlich brachte der Fluß den Samen mit. Sie ist fast so groß wie die Palmyrapalme.

Ihre Frucht ist größer als die der letzteren; sie ist ungefähr 4 Zoll lang und hat weiches gelbes Fleisch um den Kern; reif ist sie zähflüssig wie der wilde Mango und schmeckt nicht besonders gut.

Ehe wir an die Vereinigung des Leeba und Leeambye kamen, fanden wir die Ufer 20 Fuß hoch aus sandigem Kalkstein bestehend. Sie sind mit Bäumen bedeckt; auf dem linken Ufer leben Tsetse und Elefanten. Ich vermute einen gewissen Zusammenhang zwischen diesen zwei Tieren; auch die Portugiesen in Tete scheinen derselben Ansicht zu sein, denn sie nennen die Tsetse Elefantenfliege.

Das Wasser deckt bei Überschwemmungen selbst diese hohen Ufer, aber nur kurze Zeit; daher der Baumreichtum. Wo es längere Zeit stehenbleibt, können Bäume nicht leben. Auf dem rechten Ufer, wo der Loeti mündet, ist eine ausgedehnte Ebene, Manga genannt, welche, obwohl mit Gras bedeckt, fast keinen Baum aufzuweisen hat.

Am 27. Dezember waren wir am Zusammenflusse des Leeba und Leeambye (14° 10' 52" südlicher Breite, 23° 35' 40" östlicher Länge). Masiko, der Barotse-Häuptling, für den wir Gefangene hatten, wohnte fast gerade östlich von hier. Die Gefangenen waren zwei kleine Knaben, ein kleines Mädchen, ein junger Mann und zwei Frauen in mittleren Jahren. Eine derselben gehörte zu den Babimpe, die sich oben und unten zur Zierde einen Vorderzahn ausbrechen. Da wir am vorhergegangenen Sonntag von den Gefangenen gehört hatten, daß Masiko alle Waisen und alle diejenigen, welche keine einflußreichen Freunde im Stamme haben, deren Hilfe sie beanspruchen könnten, aufgreife und für Kleidungsstücke an die Mambari verkaufe, hielten wir den Vorschlag der Weiber, zuerst in die Stadt zu gehen und dann erst ihre Freunde zu besuchen, für ganz vernünftig, und wir sandten eine Anzahl unserer Leute mit, damit sie wohlbehalten zu ihren Verwandten kommen möchten. Dem jungen Mann unter den Gefangenen trug ich auf, Masiko mitzuteilen, daß er seinem Vater Santuru, der sich geweigert hatte, sein Volk an die Mambari zu verkaufen, sehr unähnlich sei. Wir sandten Mosantu, einen Batoka, mit den Gefangenen. Die Barotse, welche bei uns waren, weigerten sich, zu Masiko zu gehen, da sie ihm als dem Sohn Santurus Gehorsam schuldig sind, und, solange sie mit den Makololo gemeinschaftliche Sache machen, als Rebellen betrachtet werden. Ich sandte durch Mosantu die Botschaft: »Es tut mir leid, zu finden, daß Santuru nicht einen verständigeren Sohn hat; Santuru beherrschte Menschen, aber Masiko brauchte nur Bestien als Untertanen, da er sein Volk an die Mambari verkauft.« Dann folgte eine Erklärung bezüglich der Rückkehr der Gefangenen und die Aufforderung an ihn, in Frieden zu leben und seinem Volk zu verbieten, den Makololo Kinder und Kähne zu stehlen, da dies in der Folge notwendig einen Krieg herbeiführen müßte, dem ich vorzubeugen wünschte. Sollte Masiko eine deutlichere Erklärung meiner Absichten wünschen, so möchte er einen verständigen Mann zu mir nach der ersten Stadt der Balonda schicken, nach welcher ich jetzt reise.

Wir setzten Mosantu nach dem linken Ufer des Leeba über. Die Reise dauerte fünf Tage, aber es war nicht möglich, mehr als 10 bis 12 Meilen täglich zurückzulegen; die Kinder waren zwischen sieben und acht Jahre alt und konnten in der heißen Sonne nicht schnell marschieren.

Jetzt begannen wir unsere Fahrt den Leeba aufwärts. Sein Wasser ist schwarz, im Vergleich zu dem des Hauptstroms, der hier den Namen Kabompo annimmt. Der Leeba fließt ruhig und nimmt von beiden Seiten eine Menge kleiner Flüßchen in sich auf. Er schlängelt sich langsam durch die reizendsten Wiesen, welche reich an weichen Binsen sind und vielleicht von Bächlein durchschnitten werden oder in der Mitte einen großen Teich aufweisen. Die Bäume sind jetzt mit dem frischesten Laubwerk bedeckt und scheinen wie in den anmutigsten Gruppen angelegt zu sein, so daß die Kunst keinen größeren Reiz herzustellen imstande wäre. Das Gras, welches verbrannt worden war und jetzt nach dem Regen wieder wuchs, war kurz und grün, und die ganze Umgegend machte den Eindruck eines mit sorgsamster Hand gepflegten Gartens, so daß man ganz vergißt, daß die Hand der Natur allein sie geschaffen. Ich vermutete, daß die flachen Wiesen alljährlich überschwemmt werden, denn die Stellen, auf denen die Bäume stehen, sind um 3 bis 4 Fuß höher, und diese verschieden gestalteten Erhöhungen erscheinen wie Parkanlagen. Süßwasserkonchylien sind über alle diese Täler verstreut.

Als wir den Teil des Flusses erreichten, der dem Dorf der Manenko gegenüberliegt, des ersten weiblichen Häuptlings, den wir trafen, kamen zwei Balunda oder Balonda in ihrem kleinen Kahn zu uns. Wir erfuhren von ihnen, daß, wie sie glaubten, Kolimbota, einer meiner Leute, der schon früher öfter hierhergekommen war, den Plünderern unter Lerimo, dessen Gefangene wir jetzt zurückbrachten, als Führer gedient habe. Sie schlossen dies daraus, weil wir ihre Dörfer so schnell gefunden hatten, und nachdem sie die früheren Gefangenen fortgeführt, wollten sie uns nicht mit an ihre Wohnplätze nehmen. Wir standen in schlechtem Rufe, aber da wir einen gefangenen Knaben und ein Mädchen zum Beweis dafür aufzeigen konnten, daß Sekeletu und ich keinen Anteil an der Schuld der gemeinen Leute hatten, konnte ich den Wunsch aussprechen, sie möchten alle in Frieden leben. Sie sahen wohl ein, daß ich die Makololo, ehe wir noch hierherkamen, in Kenntnis gesetzt haben mußte, denn sie bemerkten, daß das, was ich sagte, sehr gut sei; aber die Makololo trugen immerhin die Schuld davon, den vorher herrschenden Frieden gestört zu haben. Hierauf gingen sie, um uns bei Manenko anzumelden.

Als die Fremden am Abend wieder zu uns kamen, wurden sie von einer Menge Leute Sekelenkes, des Ambonda-Häuptlings, begleitet. Die Ambonda wohnen weit nordwestlich; ihre Sprache, Bonda (Bunda), ist die Landessprache von Angola. Sekelenke war geflohen und lebte jetzt mit seinen Leuten als Masikos Vasall. Da nähere Angaben über solche Männer dem Leser vielleicht die beste Einsicht in das staatliche Leben der Eingeborenen gewähren, so werde ich später auf Sekelenke, den ich hier nur einfach nenne, wieder zurückkommen. Sekelenke war mit seinen Leuten auf die Elefantenjagd am rechten Ufer des Leeba gegangen und kehrte eben zu Masiko zurück. Er sandte mir eine Schüssel gekochtes Zebrafleisch und bat mich, ihm einen Kahn zu leihen, um Weib und Kinder nach dem Ufer überzusetzen, wo wir lagerten. Viele seiner Leute kamen, um den ersten weißen Mann zu begrüßen, den sie je gesehen; Sekelenke selbst aber erschien nicht. Wir hörten, er habe sich beleidigt gefühlt, daß seine Leute mir mitgeteilt hatten, daß er bei der Jagdgesellschaft sei, und sagte, ich würde es übelnehmen, wenn er ohne ein Geschenk zu mir käme. Es war dies das erstemal, daß mich jemand aus solchem Grunde mied.

Da es unpolitisch gewesen wäre, bei Manenko oder überhaupt bei einem Häuptling vorüberzureisen, ohne wenigstens so artig zu sein, den Grund unserer Reise durch das Land anzugeben, warteten wir zwei ganze Tage auf die Rückkehr der an Manenko abgegangenen Boten, und da ich zur Beschleunigung der Sache nichts beitragen konnte, durchstreifte ich die Gegend nach Wild.

1. Januar 1854. – Wir hatten fast täglich heftige Regengüsse; die Regenzeit hatte recht schön begonnen. Die Dorfbewohner brachten uns häufig Körbchen mit einer purpurroten Frucht, Mawa genannt, nicht um sie zu verkaufen, sondern weil sie glaubten, ihre Häuptlinge würden mit ihnen zufrieden sein, wenn sie hörten, sie hätten uns gut aufgenommen; wir gaben ihnen Fleisch dafür.

Als wir am Zusammenfluß des Leeba und Makondo übersetzten, fand einer meiner Leute ein Stück einer stählernen Uhrkette von englischer Arbeit, und wir erfuhren, daß hier die Mambari übersetzen, um zu Masiko zu gelangen. Ihre Besuche erklären uns, warum Sekelenke sein Elfenbein so geheimhielt. Diese Mambari sind sehr unternehmende Kaufleute; wenn sie mit einem Ort Handel treiben wollen, so beginnen sie wohlweislich damit, erst Hütten zu bauen, als wenn sie wüßten, daß nur unbedeutende Geschäfte sich ohne die gehörige Zeit zur Besprechung abmachen lassen. Sie bringen Manchester-Fabrikate in das Herz Afrikas; der gedruckte Kattun war so schön, daß die Makololo ihn gar nicht als Menschenwerk gelten lassen wollten. Als sie die Mambari fragten, bekamen sie die Antwort, diese englischen Manufakturwaren kämen aus dem Meere, und die Perlen sammelte man am Ufer. Für die Afrikaner gehören unsere Baumwollspinnereien ins Reich der Träume. »Wie kann Eisen so schön spinnen, weben und drucken?« Unser Land ist für sie das Taprobane der Alten, ein seltsames Lichtreich, aus welchem Diamanten, Musselin und Pfauen kommen; versucht man ihnen zu erklären, wie unsere Waren erzeugt werden, so rufen sie: »Wahrlich, ihr seid Götter!«

Es regnete den ganzen Morgen; ungefähr um elf Uhr erreichten wir das Dorf Scheakondos, an dem Flüßchen Lonkonye gelegen. Wir sandten eine Botschaft an den Häuptling, der alsbald mit zwei Weibern erschien, welche uns Maniok als Geschenk brachten. Scheakondo sprach die Sprache der Barotse ganz gut und wurde von Ehrfurcht ergriffen, als einige von Gottes Wort sprachen. Er zeigte keine Furcht, sprach ganz offen und frei, und wenn er etwas beteuerte, wies er nach dem Himmel.

Scheakondos Lieblingsfrau, welche ebenfalls anwesend war, verlangte sehnlichst nach Butter. Sie trug eine Menge Eisenringe an den Knöcheln, an denen Stückchen Eisenblech hingen, so daß es immer klirrte, wenn sie nach afrikanischer Weise kokettierend sich hin und her bewegte. Unsere Dragoner machen es nicht besser.

Wir hatten so viel Regen und bewölkten Himmel, daß ich vierzehn Tage lang nicht eine einzige Beobachtung hinsichtlich der Länge und Breite machen konnte. Dort steigt der Leebe nicht bedeutend, auch färbt sich sein Wasser nicht im mindesten. Es ist schwärzlich infolge des Mooses, das die vielen in ihn mündenden Bächlein mit sich führen.

Am 6. Januar erreichten wir das Dorf eines anderen weiblichen Häuptlings, Nyamoana, wie man sagte, der Mutter der Manenko und Schwester des Schinte oder Kabompo, des größten Balonda-Häuptlings in diesem Teil des Landes. Ihr Volk ist erst vor kurzem hierhergekommen und hatte bis jetzt nur zwanzig Hütten gebaut. Ihr Mann, Samoana, trug einen Schurz aus grünem und rotem Boy und war mit einem Speer und einem altertümlichen, etwa 18 Zoll langen und 3 Zoll breiten Schwert bewaffnet. Beide saßen auf Häuten in der Mitte eines ungefähr 30 Schritt im Durchmesser haltenden Kreises, der etwas höher war als der übrige Boden und mit einem Graben umgeben war. Außerhalb des Grabens saßen vielleicht hundert Personen jeden Alters und beiderlei Geschlechts. Die Männer waren sämtlich mit Bogen, Pfeilen, Speeren und Schwertern bewaffnet. Neben dem Mann saß eine ziemlich alte Frau, die mit dem linken Auge häßlich schielte. Wir legten in einer Entfernung von etwa 40 Ellen unsere Waffen nieder, und ich schritt vor in den Kreis und grüßte den Mann, indem ich nach Landessitte in die Hände klatschte. Er wies aber auf seine Frau, wie um zu zeigen, daß ihr diese Ehrenbezeugungen zukämen. Da grüßte ich auch sie auf dieselbe Weise. Hierauf brachte man eine Matte, und ich setzte mich ihnen gegenüber nieder.

Der Sprecher wurde herbeigerufen und fragte mich, wer mein Dolmetscher sei. Ich zeigte auf Kolimbota, der ihre Sprache am besten kannte, und die Unterredung begann in der gewöhnlichen Form. Ich legte ihnen meine wirklichen Absichten dar, ohne sie zu mystifizieren oder mich in einem falschen Lichte zu zeigen; denn ich habe immer die Erfahrung gemacht, daß, obwohl keine weiteren

Rücksichten zu nehmen nötig war, es unstreitig am besten ist, offen und wahr mit den unzivilisierten Völkern zu verkehren. Kolimbota wiederholte dem Dolmetscher der Nyamoana, was ich gesagt hatte. Dieser sagte es Wort für Wort dem Manne der letzteren, der es endlich ihr selbst mitteilte. Es wurde also alles viermal wiederholt, und zwar laut genug, um von allen verstanden zu werden. Auf demselben langen Wege erhielt ich die Antwort, indem zuerst die Frau sie ihrem Manne sagte usw.

Um ihr Zutrauen zu gewinnen, zeigte ich ihnen mein Haar, das man als eine Sonderbarkeit anstaunte. Sie sagten: »Ist das Haar? Es ist die Mähne eines Löwen und gar kein Haar!« Einige dachten, ich hätte mir aus der Mähne eines Löwen eine Perücke gemacht, wie sie sich deren aus den Fasern des Isenbaums machen, die sie schwarz färben und flechten, so daß es wie eine Masse ihres eigenen wolligen Haares aussieht. Ich konnte meinerseits den Witz nicht erwidern und sagen, ihr Haar sei vollkommene Schafwolle, denn es gibt hier keine Schafe, und selbst wenn sie Schafe hätten, so sind diese, wie Herodot sagt, »mit Haaren bedeckt, dagegen die Köpfe der Menschen mit Wolle«. Ich mußte mich daher mit der Versicherung begnügen, daß meines wirkliches Haar sei und daß das ihrige ebenso sein würde, wenn es nicht die Sonne gedörrt und gekräuselt hätte. Um zu beweisen, was die Sonne zu bewirken imstande sei, verglich ich die Bronzefarbe meiner Hände und meines Gesichts, die der Hautfarbe der helleren Makololo ganz ähnlich war, mit der weißen Haut meiner Brust. Sie glaubten gern, daß, da sie fast nackt und diesem Einfluß ausgesetzt gehen, wir alle gemeinsamen Ursprungs sein möchten. Hier, wie überall, wo Hitze und Feuchtigkeit vereinigt sind, werden die Leute sehr dunkel, aber nicht ganz schwarz. Selbst die am dunkelsten Gefärbten haben immer noch einen Anstrich von Braun. Ich zeigte ihnen Uhr und Taschenkompaß, die sie mit großem Interesse ansahen; aber obwohl die »Häuptlingin« von ihrem Mann herbeigerufen wurde, um zuzusehen, wagte sie es doch nicht, nahe genug heranzutreten.

Dieses Volk ist abergläubischer, als wir je eines trafen; obwohl sie noch mit dem Bau ihres Dorfes beschäftigt waren, hatten sie doch bereits Zeit gehabt, zwei Hütten bei der Wohnung des Häuptlings zu errichten, in deren jeder ein Topf mit Zaubermitteln stand. Als wir fragten, was sie enthielten, antworteten sie: »Medizin für das Wild.« Hier sahen wir die ersten Spuren des Götzendienstes, die Reste eines alten Götzenbildes in einem verlassenen Dorfe. Es war nichts als ein an der Spitze eines Holzblocks geschnitzter Menschenkopf. Sie bestreichen die Götzenbilder mit rotem Ocker und weißem Pfeifenton; und wo kein Schnitzer von Profession da ist, verrichtet ein Hakenstock dieselben Dienste.

Da der Leeba, wie es schien, immer noch dieselbe Richtung hatte, in welcher wir zu reisen beabsichtigten, so wünschte ich auf Kähnen weiter aufwärtszufahren, aber Nyamoana bat, wir möchten ihrem Volke erlauben, uns zu ihrem Bruder Schinte zu geleiten, und als ich den Vorteil der Wasserfahrt geltend machte, erklärte sie, daß ihr Bruder nicht in der Nähe des Flusses wohne, und außerdem ein Wasserfall vor uns sei, über den die Kähne nur mit Schwierigkeit gebracht werden könnten. Sie fürchtete auch, daß die Balobale, westlich vom Flusse, uns töten würden, da sie den Zweck unserer Reise nicht kannten. Auf meine Erwiderung, ich sei so oft in Todesgefahr gewesen, wenn ich zu einem neuen Stamme kam, daß ich eher fürchtete, jemanden zu töten, als getötet zu werden, antwortete sie, die Balobale würden mich nicht töten, aber die Makololo würden allen ihren Feinden zum Opfer fallen. Dies machte bedeutenden Eindruck auf meine Gefährten, und sie neigten sich dem Plane der Nyamoana zu, lieber nach der Stadt ihres Bruders zu gehen, als den Leeba hinaufzufahren. Als auch Manenko selbst noch erschien, wog ihr Einfluß so bedeutend, daß ich nachgeben mußte.

Manenko war ein großes stämmiges Weib von etwa zwanzig Jahren, die eine Menge Zierate und Zaubermittel anhängen hatte. Sie war über und über zum Schutz gegen das Wetter mit einer Mischung aus Fett und rotem Ocker beschmiert, eine nötige Vorsicht, denn wie die meisten Balondafrauen war sie im übrigen ganz nackt. Es geschah dies nicht aus Mangel an Kleidungsstücken, denn als Häuptling konnte sie ebenso gut gekleidet gehen wie ihre Untertanen, sondern weil sie eigentümliche Begriffe von Eleganz hatte. Als sie mit ihrem Mann Sambanza ankam, hörten sie eine Zeitlang den Vorschlägen zu, die ich den Leuten der Nyamoana machte, worauf ihr Mann eine Rede hielt, sagte, warum sie gekommen seien, und sich alle zwei bis drei Sekunden mit Sand an den Oberarmen und der Brust rieb. Dies ist in Londa die gewöhnliche Art zu grüßen, und wenn man sehr höflich sein will, bringt man ein Fell voll Asche oder Pfeifenton mit und reibt Oberarme und Brust damit ein; andere schlagen sich beim Grüßen mit den Ellenbogen an die Rippen; noch andere berühren den Boden erst mit der einen, dann mit der anderen Backe und klatschen in die Hände. Als Sambanza seine Rede beendigt hatte, stand er auf, und wir sahen, daß seine Knöchel mit Kupferringen verziert waren; wären sie sehr schwer gewesen, so würden sie ihn im Gehen gehindert haben. Einige Häuptlinge tragen wirklich so viele solcher Ringe, daß sie wegen der Größe und des Gewichts derselben die Füße weit voneinander spreizen müssen und dadurch im Gehen sehr behindert werden. Vornehme Leute, welche es den Häuptlingen nachmachen wollen, nehmen denselben Gang an, und man sieht Leute, welche Zierate von einigen Unzen Schwere tragen, einherstolzieren, als wenn es doppelt so viel Pfunde wären. Als ich über Sambanzas Gang lächelte, bemerkten die Leute: »So zeigt man hier seine Würde.«

Manenko war vollkommen einverstanden mit unserem Vorschlag, mit den Makololo in Freundschaft zu leben, und um das Bündnis noch fester zu schließen, machten sie und ihre Ratgeber den Vorschlag, Kolimbota sollte sich ein Weib unter ihnen auswählen. So hofften sie die Freundschaft zu erhalten und genaue Erkundigungen über die künftigen Absichten der Makololo einzuziehen. Sie erwarteten, er würde die Balonda später öfter besuchen, da er die gute Entschuldigung habe, er käme, um seine Frau zu sehen, und die Makololo würden folglich die Bewohner eines Dorfes nicht töten, unter denen ein so naher Verwandter wohnte. Kolimbota war damit einverstanden und verließ uns später.

Unsere Lebensmittel waren jetzt vollständig aufgezehrt, und wir hatten nichts weiter als Maniokwurzeln, die uns Nyamoana jeden Abend schickte. Wenn man sie roh ißt, so wirken sie wie Gift. Ein kleiner Laib Brot, aus dem Rest des Maismehls gemacht, das wir noch aus Libonta hatten, war der ganze Vorrat, und unsere Freunde aus Masikos Land waren noch schlimmer dran. Doch freuten wir uns ihrer Ankunft und beschlossen, einen Tag mit ihnen zu verleben. Die Barotse in meiner Reisegesellschaft, welche Verwandte und Freunde unter den Barotse Masikos trafen, hatten sich allerlei zu erzählen, und nach einer trockenen Unterhaltung am Tage regalierten wir unsere Freunde bei Nacht mit der Zauberlaterne und verlegten unser Lager nach dem Dorfe der Nyamoana, um sie allen zeigen zu können. Es ist dies ein gutes Mittel, die Aufmerksamkeit zu fesseln und den Leuten mancherlei Begriffe beizubringen.

Als wir unsere Hütten bei dem Dorfe errichteten, überfiel Manenko die Leute Masikos in einer Weise, die sie uns als ein vollendet böses Weib erkennen ließ. Masiko hatte früher einmal zu Nyamoana wegen eines Kleides geschickt, das gewöhnliche Mittel, um den Verkehr aufrechtzuerhalten, und es nach Empfang wieder zurückgeschickt, weil es behext zu sein schien. Dies war eine große Beleidigung, und Manenko hatte jetzt eine gute Entschuldigung, ihrem Spleen freien Lauf zu lassen, da die Gesandten ohne ihre Erlaubnis in einer Hütte ihres Dorfes geschlafen hatten. Wenn ihre Familie im Verdacht der Zauberei stand, warum sollte man nicht auf den Gedanken kommen können, daß Masikos Leute Ähnliches in ihren Hütten zurücklassen könnten? Sie hielt eine lange Rede, schalt ihre eigenen Diener, daß sie den Schimpf zugelassen hätten, und wie Weiber zu tun pflegen, blieb sie nicht bei dem Gegenstand ihres Zornes stehen, sondern kramte alles aus, was sie seit ihrer Geburt Unrechtes getan hätten, und behauptete, sie würden nicht eher besser werden, als bis sie von Alligatoren aufgefressen würden. Masikos Leute hörten alles ruhig mit an, und da wir nichts mehr zu essen hatten, zogen wir am nächsten Morgen weiter.

Manenko gab uns am Morgen Maniokwurzeln und hatte beschlossen, unser Gepäck zu ihrem Oheim Kabompo oder Schinte bringen zu lassen. Wir hatten erfahren, was ihre Zunge zu leisten imstande war, und da wir nicht Lust hatten, eine zweite Rede von ihr mit anzuhören, rüsteten wir uns zur Weiterreise; aber sie kam und sagte, die Leute, welche sie bestellt habe, seien noch nicht da und würden erst am folgenden Tage kommen. Da wir hinsichtlich der Lebensmittel so schlecht gestellt waren, war mir dieser Verzug sehr unangenehm, und ich ließ unser Gepäck in die Kähne schaffen und wollte die Reise stromaufwärts machen; sie kam mit ihren Leuten und sagte, ihr Oheim würde es sehr übel aufnehmen, wenn sie die Elefantenzähne und Waren Sekeletus nicht befördere, nahm das Gepäck weg und erklärte, sie würde es trotz meiner besorgen lassen. Meine Leute fügten sich diesem Weiberregiment schneller, als ich es getan haben würde, und es blieb mir nichts zu tun übrig. Da ich ihr Geschwätz nicht hören mochte, ging ich nach den Kähnen; da wurde sie freundlicher, legte mir die Hand auf die Schulter und sagte in sanftem Tone: »Nun, lieber Mann, mache es nur wie die übrigen.« Da schwand mein Ärger, und ich ging auf die Jagd.

Achtes Kapitel

11. Januar 1854. – Als wir an diesem Morgen aufbrachen, brachte Samoana (oder richtiger Nyamoana, denn die Frauen sind hier Häuptlinge) eine Schnur Perlen und eine bei ihnen hochgeachtete Muschel, als eine Art Entschädigung dafür, daß sie am vorigen Tage Manenko darin unterstützt hatte, mich, wie sie glaubte, zu ärgern. Sie schien zu befürchten, daß aus meiner Unzufriedenheit etwas Schlimmes hervorgehen möchte, aber da ich ihr sagte, daß ich nie über Nacht zornig bliebe, freute sie sich, mich beruhigt zu sehen. Wir mußten in einem Kahne über den Fluß setzen, der am Dorfe der Nyamoana vorüberfließt. Manenkos Doktor schwenkte Zaubermittel über ihn, und sie nahm dergleichen in die Hand und auf den Leib, ehe sie sich auf das Wasser wagte. Einer meiner Leute sprach etwas laut in der Nähe des Körbchens mit den Zaubermitteln. Der Doktor tadelte ihn deshalb und flüsterte selbst nur, wobei er nach dem Korb hin lauschte, als fürchte er etwas darin zu hören. Solcher Aberglaube ist im Süden unbekannt, und ich erwähne dies hier, um den Unterschied in den Gefühlen dieses Volkes und dem verhältnismäßigen Mangel an Ehrfurcht in dieser Hinsicht bei den Kaffern und Betschuanen zu zeigen.

Manenko wurde von ihrem Mann und ihrem Trommler begleitet; der letztere trommelte in einem fort sehr heftig, bis ein dichter feiner Nebel eintrat und ihn aufzuhören zwang. Ihr Mann machte allerhand Beschwörungen und schrie, um den Regen zu vertreiben; aber es regnete unaufhörlich, und unsere Amazone schlug einen Schritt ein, daß unsere Leute ihr kaum nachkommen konnten. Da ich »zu Ochs« war, blieb ich dicht neben ihr und fragte sie, warum sie bei Regenwetter nichts anziehe; da bekam ich zur Antwort, es sei nicht passend für einen Häuptling, weibisch zu erscheinen. Er oder vielmehr sie muß immer rüstige Jugend zeigen und Witterungswechsel mit Gleichgültigkeit ertragen. Meine Leute bewunderten ihre Geschwindigkeit und sagten: »Manenko ist ein Soldat.« Ganz durchnäßt und erfroren, waren wir sehr erfreut, als sie haltmachte, um am Flußufer unser Nachtlager herzurichten.

Das Land, welches wir durchreisten, war immer wieder Wald und Lichtung darin, wie schon oben erwähnt; die Bäume waren fast alle immergrün und von ziemlicher Größe, wenn auch keine Riesen. In den Lichtungen wuchs Gras. Wir kamen an zwei von Gärten mit Mais und Maniok umgebenen Häusern vorüber und bemerkten zum ersten Male neben jedem ein häßliches Götzenbild, wie sie in Loanda üblich sind, ein Tier, einem Alligator ähnlich, aus Gras gemacht und mit weichem Lehm überstrichen. Zwei Kauris dienen als Auge, und Haare aus dem Schwanze des Elefanten stecken ihm im Nacken. Man nennt es einen Löwen, wiewohl es jeder für einen Alligator halten würde. Es stand in einer Hütte; die Balonda beten und trommeln davor die ganze Nacht, wenn jemand krank ist.

Am 11. und 12. wurden wir durch unaufhörlichen Regen aufgehalten, der so heftig war, wie ich ihn nie im Süden gesehen. Ich hatte noch etwas Tapiokamehl und einige Lebensmittel aus Libonta, die ich für schlimme Zeiten zurückgelegt hatte. Die Geduld meiner Leute bei allem Hunger war bewundernswert; der wirkliche Mangel in der Gegenwart ist nie so schmerzlich wie der Gedanke, in Zukunft nichts zu haben. Die Leute einiger Weiler, an denen wir vorüberkamen, gaben uns und Manenko nichts, obwohl sie große Felder bereits eßbaren Mais um ihre Wohnungen hatten. Als sie zu ihnen ging und höflich für mich um etwas bat, gaben sie ihr nur fünf Ähren. Sie waren Untertanen ihres Oheims, und wären sie Makololo gewesen, so würden sie freigebig gegen die Nichte ihres Häuptlings gewesen sein. Ich vermutete, daß sie von den Vornehmen Schintes abhängig waren und über den Mais ihrer Herren nichts zu befehlen hatten.

Jedes Haus in diesen Weilern ist mit dicken Pfählen umgeben, und das Tor ist so eingerichtet, daß es sich von dem übrigen Pfahlwerk nicht unterscheidet; es steht nie offen; wenn der Eigentümer hineingehen will, so nimmt er einige Pfähle weg, zwängt sich durch und tut sie dann wieder an ihren Platz, so daß bei Nacht ein Feind kaum den Eingang finden würde. Diese Pfähle verraten ein gewisses Mißtrauen der Eigentümer gegen andere Menschen, denn wilde Tiere gibt es hier nicht, die sie belästigen könnten; Bogen und Pfeile haben die Gegend so rein gesäubert wie die Flinte im Süden. Es war dies eine Enttäuschung für uns, denn wir erwarteten, daß wir gleich viel Wild finden würden wie am Zusammenfluß des Leeba und Leeambye.

Der Wald wurde immer dichter, je weiter nördlich wir kamen. Wir reisten viel mehr im tiefen Waldesdunkel als im hellen Sonnenlicht. Außer dem engen Pfad, den die Axt gehauen, war weder rechts noch links ein Weg. Große Schlingpflanzen umschlossen die Stämme und Zweige der riesigen Bäume wie die Boa constrictor, und oft engen sie den Baum dermaßen ein, daß er abstirbt. Die Rinde eines Baumes, der hier sehr üblich ist und Motuia genannt wird, verwenden die Barotse für Angeln und Netze; auch der Molompi, der wegen seiner Leichtigkeit und Biegsamkeit so gut zu Rädern zu gebrauchen ist, fand sich in Menge. Außerdem sahen wir neue Bäume, die meinen Gefährten ganz unbekannt waren; einige waren fünfzig Fuß hoch bei gleicher Stärke, und ohne Äste.

Die Zahl der kleinen Dörfer kam der der Täler ungefähr gleich. An einigen hielten wir an und ruhten, da die Leute freundlicher waren, als wir erwarteten. Andere waren verlassen, indem ein plötzlicher Schreck die Eingeborenen ergriffen hatte, obwohl Manenko beständig die Trommel rühren ließ, zum Zeichen, daß große Leute kämen. Wenn wir nachts in einem Dorf übernachten wollten, liehen die Einwohner uns die Dächer ihrer Hütten, welche denen der Makololo oder einem Chinesenhut gleichen und nach Belieben herabgenommen werden können. Sie hoben sie ab und brachten sie an die Stelle, die wir uns zum Nachtlager gewählt hatten, und wenn meine Leute sie auf Pfähle gelegt hatten, waren sie für die Nacht ganz gut versorgt. Jeder, der Manenko oder uns zu begrüßen kommt, reibt sich Oberarme und Brust mit Asche; andere, die uns noch größere Ehrfurcht bezeigen wollen, tun auch Asche aufs Gesicht.

Während wir nach Manenkos Willen in den Balonda-Dörfern verweilten, wenig südlich von Schintes Stadt, brachten uns die Einwohner süße Kartoffeln und grünen Mais, und Sambanza ging nach dem Dorfe seiner Mutter, um uns mit weiteren Nahrungsmitteln zu versorgen. Ich bekam Fieber und war mit Manenkos Launen ganz zufrieden; aber da es Sonnabend war, dachte ich, wir könnten ebensogut am Sonntag (dem 15.) nach der Stadt gehen. »Nein, ihre Boten müssen erst von ihrem Oheim zurückkehren.« Da ich fest glaubte, daß die Antwort ihres Oheims günstig ausfallen würde, riet ich immer zu gehen und nicht zwei Tage an einer Stelle zu liegen. »Nein, es ist so unsere Sitte«, und was ich auch sagen wollte, immer bekam ich derartige kurze Antworten. Manenko machte mir mit eigener Hand Mehl zurecht und erzählte mir, als sie es brachte, sie hätte eigens zu diesem Zwecke in einem Dorfe Korn für mich erbettelt. Sie sagte das mit einer Miene, die auch der dümmste Weiße verstehen mußte: »Weiß ich mir nicht zu helfen?« Der Tag (der 14. Januar) war wunderschön und die Sonne schien, so daß wir die Kleider und alles übrige trocknen konnten, was durch die lang andauernde Feuchtigkeit modrig und faul geworden war. Die Flinten rosteten, obwohl sie jeden Abend eingeölt wurden.

Während der Nacht wurden wir durch einen schrecklichen Schrei geweckt, den eine von Manenkos Frauen ausstieß. Sie schrie so laut und lange, daß wir glaubten, ein Löwe habe sie gepackt, und meine Leute griffen nach den Waffen, die sie immer auf alle Fälle bereit haben, und liefen hin; aber wir fanden, daß nur ein Ochse seinen Kopf durch die Hütte gesteckt und sie angerochen hatte; sie war ihm mit der Hand an die Nase gekommen und dachte, es wäre ganz aus mit ihr.

Am Sonnabend nachmittag kamen Boten von Schinte, welche uns die Erlaubnis brachten, sein Land zu durchreisen, und meldeten, er sei froh, daß ein Weg gebahnt werden sollte, auf dem die Weißen ihn besuchen und ihn in den Stand setzen könnten, nach Belieben Schmucksachen zu kaufen. Manenko drohte im Scherz, fortgehen zu wollen, und ich sah erst später, daß das, was mir nur Koketterie eines Weibes zu sein schien, die eigentümliche Weise der Balonda war, Bekanntschaft zu machen, und die Aufmerksamkeit, mit der ich an verschiedenen Orten aufgenommen wurde, verdankte ich dem Umstand, daß ich Boten vorausschickte, welche den Zweck unserer Ankunft meldeten, ehe wir noch eine Stadt oder ein Dorf betraten. Wenn wir in die Nähe eines Dorfes kamen, setzten wir uns unter den Schatten eines Baumes und sandten einen Mann voraus, um zu sagen, wer wir wären und was wir wollten. Die Häuptlinge des Dorfes sandten dann einen Vornehmen zu uns, wie Schinte jetzt ebenfalls tat, um uns zu begrüßen und uns einen Baum anzuweisen, unter dem wir schlafen könnten. Ehe ich Manenkos Worte, die eher einen Tadel enthielten, noch richtig verstand, verursachte mein plötzliches Erscheinen in den Dörfern oft große Aufregung. Die Leute betrachteten uns, solange wir verweilten, mit argwöhnischen Blicken. Schinte sandte uns zwei große Körbe Maniok und sechs getrocknete Fische. Seine Leute hatten die Haut eines Affen, in ihrer Sprache Poluma genannt (Colobus guereza), von kohlschwarzer Farbe, die Mähne ausgenommen, welche ganz weiß war. Er soll sich im Norden finden, im Lande Matiamvos, des ersten Balonda-Häuptlings. Wir erfuhren von ihnen, daß sie zu ihren Götzen beten, wenn sie auf der Jagd oder bei einem anderen Unternehmen unglücklich waren. Sie benahmen sich anständig bei unseren religiösen Handlungen. Dies ist von Wichtigkeit, wenn der Leser sich daran erinnert, daß wir im Süden kaum eine Spur von Gebet und Ehrfurcht vorfanden.

Unsere Freunde teilten uns mit, daß Schinte sich durch die Gegenwart dreier weißer Männer auf einmal in seiner Stadt sehr geehrt fühlen würde. Zwei andere hatten aus dem Westen her ihre Ankunft im voraus angezeigt; sollte es Barth oder Krapf sein? Wie angenehm wäre es, in so entlegener Gegend mit Europäern zusammenzutreffen! Bei diesen Gedanken, die mich plötzlich durchfuhren, vergaß ich mein Fieber. »Sind sie von gleicher Farbe wie ich?« – »Ja, genau so.« – »Und haben sie dasselbe Haar?« – »Ist das Haar? Wir dachten, es sei eine Perücke; noch nie haben wir so etwas gesehen; dieser weiße Mann muß einer von denen sein, die im Meer leben.« Meine Leute merkten sich diese Worte und feierten mich immer als ein wirkliches Exemplar der Menschen, die im Meer leben. »Seht nur sein Haar, es ist durch Seewasser ganz gerade geworden.«

Ich erklärte ihnen zwar wiederholt, daß, wenn man sagte, wir kämen vom Meer, dies nicht heiße, wir kämen unten aus dem Wasser herauf; aber die Mambari haben in ganz Innerafrika die Ansicht verbreitet, daß wirklich Menschen im Meer leben, und die Fabel war zu gut, um von meinen Gefährten nicht benutzt zu werden, und ich glaube, daß meine Leute, wenn ich nicht dabei war, trotz aller Widerrede von meiner Seite, behaupteten, sie würden von einem wirklichen Meermann angeführt. »Seht nur sein Haar!« Wenn ich ausgegangen war und wieder zurückkam, so sagten sie oft in bezug auf Leute, denen sie vorgepredigt hatten: »Diese Leute wünschen dein Haar zu sehen.«

Da die Fremden wolliges Haar wie sie selbst hatten, war ich überzeugt, daß es nichts weiter als zwei portugiesische Mischlinge sein würden, die mit Sklaven, Elfenbein und Bienenwachs handelten.

16. Januar. – Nach einem kurzen Marsch kamen wir in ein ganz liebliches Tal, etwa anderthalb Meilen breit, das sich in östlicher Richtung nach den niedrigen Ausläufern des Monakadzi erstreckt. Ein Flüßchen schlängelt sich mitten durch dieses schöne grüne Tal, und an einem Bache, der im Westen hier in ihn mündet, steht die Stadt Kabompo, oder Schinte, wie Schinte selbst sie am liebsten nennen hört (12° 37' 35" südlicher Breite, 22° 47' östlicher Länge). Als Manenko glaubte, die Sonne stehe hoch genug, so daß wir einen glücklichen Einzug halten könnten, marschierten wir los. Wir fanden die Stadt voller Bananen und anderen dicht belaubten tropischen Gewächsen. Die Straßen sind gerade und bilden den direkten Gegensatz zu denen der Betschuanen, die alle sehr krumm sind. Hier sahen wir zum ersten Male Hütten der Eingeborenen mit viereckigen Mauern und runden Dächern. Die Einfriedigungen der Höfe, welche die Hütten umgeben, sind ganz gerade und aus aufrechtstehenden, einige Zoll voneinander entfernten Pfählen gemacht, zwischen denen Gras und Buschwerk eingeflochten ist. In den Höfen befanden sich kleine Tabakspflanzungen und Solanaceen, welche die Balonda gern essen, sowie Zuckerrohr und Bananen. Viele der Pfähle haben frisch ausgeschlagen, und ringsum sind Bäume aus der Familie Ficus indica gepflanzt, um den Bewohnern angenehmen Schatten zu gewähren; sie betrachten diese Bäume als eine Art Zaubermittel mit gewisser Scheu. Ziegen grasten ringsum, und als wir sichtbar wurden, rannte eine Schar Neger, vollständig bewaffnet, auf uns los, als wenn sie uns verschlingen wollten; einige hatten Flinten, aber die Art und Weise, wie sie damit umgingen, bewies, daß die Leute mehr an Pfeil und Bogen als an die Waffen der Weißen gewöhnt waren. Nachdem sie uns umringt und eine Stunde lang angestaunt hatten, zerstreuten sie sich wieder.

Die zwei eingeborenen portugiesischen Händler, von denen wir bereits gehört, hatten ein kleines Lager dem Platze gegenüber aufgeschlagen, den wir für das unsere ausersehen hatten. Der eine von ihnen, dessen Rückgrat in der Jugend verletzt worden war, was man hier sehr selten sieht, kam und besuchte uns. Ich erwiderte den Besuch am nächsten Morgen. Sein langer Gefährte hatte jene krankhafte gelbe Farbe, durch die er noch weißer aussah als ich; aber sein Kopf war von der reinsten Wolle bedeckt. Sie hatten an einer Kette eine Reihe junger weiblicher Sklaven, welche vor ihrem Lager den Boden umhackten, um ihn von Unkraut und Gras zu reinigen; sie waren vor kurzem in Lobale gekauft worden, von wo die Händler jetzt kamen. Es waren viele Mambari bei ihnen, und es herrschte im Ganzen jene militärische Ordnung, welche man bei den portugiesischen Kolonisten nie vermißt. Es wurde zu gewissen Stunden getrommelt und geblasen, ganz wie beim Militär. Die meisten meiner Leute sahen hier zum ersten Male Sklaven an einer Kette. »Das sind keine Menschen«, riefen sie (sie meinten, es sind Tiere), »die ihre Kinder so behandeln!«

Die Balonda sind echte Neger und haben mehr Wolle auf dem Kopf und am Leibe als irgendein Betschuanen- oder Kaffernstamm. Sie sind sehr dunkel von Farbe, doch trifft man auch manchmal lichtere; viele nach Brasilien ausgeführte Sklaven sind aus dieser Gegend; aber während sie große Ähnlichkeit mit dem Normaltypus der Neger haben, so kann ich mir nach meiner eigenen Beobachtung nicht denken, daß unser idealer Neger, wie man ihn in Tabaksläden sieht, der Typus selbst ist. Gar viele der Balondas haben allerdings nach hinten und nach oben etwas verlängerte Köpfe, dikke Lippen, platte Nasen, verlängerte ossa calces usw.; aber es sind doch manche unter ihnen, die recht gut aussehen und wohlgebildete Köpfe haben.

17. Januar, Dienstag. – Wir wurden ungefähr um elf Uhr von Schinte mit einem feierlichen Empfang beehrt. Sambanza beanspruchte die Ehre, uns vorzustellen, da Manenko etwas unwohl war. Die eingeborenen Portugiesen und die Mambari erschienen mit Flinten bewaffnet, um vor Schinte zu salutieren; die Trommler und die Trompeter machten einen Lärm, soviel ihre Instrumente nur hergaben. Die Kotla, der Audienzplatz, war etwa 100 Ellen im Geviert, an seinem Ende standen zwei prächtige Bananen; unter einer saß Schinte auf einer Art Thron, der mit einem Leopardenfell bedeckt war. Er hatte eine bunte Jacke an und einen Schurz von

Livingstones Aufnahme bei Schinte

scharlachrotem Boy mit grünen Rändern; eine Menge Schnüre mit großen Perlen hingen von seinem Halse herab, und an Armen und Beinen trug er kupferne und eiserne Ringe; den Kopf deckte ein Helm aus Perlen geschlungen, mit einem großen Büschel Gänsefedern darüber. Nahe bei ihm saßen drei Knaben mit großen Bündeln Pfeilen auf den Schultern.

Als wir in die Kotla traten, grüßten die Leute der Manenko den Schinte, indem sie in die Hände klatschten, und Sambanza verbeugte sich, wobei er Brust und Arme mit Asche rieb. Da einer der Bäume unbesetzt war, suchte ich seinen Schatten auf, und meine Leute taten dasselbe. Wir befanden uns jetzt ungefähr 40 Ellen vom Häuptling und konnten die ganze Zeremonie beobachten. Die verschiedenen Abteilungen des Stammes traten in derselben Weise vor, wie wir es taten, wobei die Vorsteher einer jeden sich verbeugten und sich mit Asche rieben, die sie zu diesem Zwecke bei sich führten; dann kamen die Soldaten, bis zu den Zähnen bewaffnet, schreiend mit gezogenen Schwertern auf uns zu gelaufen und verzerrten die Gesichter, um so wild als möglich zu erscheinen; wahrscheinlich dachten sie, wir würden aus Furcht davonlaufen. Da wir dies nicht taten, wandten sie sich nach Schinte um und grüßten ihn; dann zogen sie sich zurück. Nachdem sich alle gesetzt hatten, begann die Komödie, wie sie in Pitschos üblich ist. Ein Mann steht auf und macht alle Kämpferstellungen nach; er stellt sich, als ob er einen Wurfspieß schleudere und einen anderen mit dem Schilde auffinge, springt auf die Seite, als wollte er einem dritten ausweichen, läuft rückwärts und vorwärts usw. Hierauf schritten Sambanza und der Dolmetscher der Nyamoana vor Schinte auf und ab und verkündeten mit lauter Stimme alles, was sie aus meinem eigenen Munde oder von meinen Leuten über meine Vergangenheit und meine Bezüge zu den Makololo erfahren hatten: die Rückkehr der Gefangenen; den Wunsch, das Land dem Handel zu erschließen; die Bibel als Wort vom Himmel; den Wunsch des weißen Mannes, die Stämme möchten in Frieden leben; er hätte das vor allem die Makololo lehren müssen, denn die Balonda hätten jene nie angegriffen, wohl aber jene die Balonda; vielleicht ist er ein Lügner, vielleicht nicht; sie dächten eher das erstere; aber da die Balonda gutmütig seien und Schinte nie jemandem etwas zuleide getan habe, täte er am besten, wenn er den weißen Mann gut aufnehme und ihn dann weiterziehen ließe. Sambanza hatte sich herausgeputzt und trug außer einer Menge Perlen ein Kleid, das so lang war, daß ihm ein Knabe die Schleppe trug.

Hinter Schinte saßen ungefähr hundert Weiber in ihrem besten Staate, das heißt reich in roten Boy gekleidet. Schintes erste Frau, eine Matebele oder Zulu, saß an ihrer Spitze mit einer merkwürdigen roten Mütze auf dem Kopf. Während der Zeit zwischen der Rede brachen die Weiber in eine Art Klagelieder aus; aber wir konnten nicht einig darüber werden, ob zu Ehren des Sprechers oder Schintes oder ihrer selbst. Hier sah ich zum ersten Male Frauen in einer öffentlichen Versammlung. Im Süden dürfen die Weiber die Kotla nicht betreten, und selbst wenn wir sie einladen, um dem Gottesdienst daselbst beizuwohnen, dürfen sie es erst auf Erlaubnis des Häuptlings tun; hier aber drückten sie den Rednern ihren Beifall durch Händeklatschen und Lachen aus; und Schinte wandte sich oft zu ihnen und sprach mit ihnen.

Eine Abteilung Musikanten, die aus den Trommlern und einem Pianisten bestand, ging mehrmals um die Kotla herum und ergötzte uns mit ihrer Musik. Die Trommeln sind aus dem Stamme eines Baumes geschnitzt und haben an der Seite ein kleines Loch, das mit Spinnweben bedeckt ist; oben und unten sind sie mit Antilopenhaut überzogen, und wenn diese straff gezogen werden soll, so halten sie dieselbe ans Feuer, das sie zusammenzieht. Diese Trommeln werden mit den Fingern geschlagen.

Das Piano, Marimba genannt, besteht aus zwei hölzernen Stangen nebeneinander; hier sind sie ganz gerade, weiter im Norden aber rund gebogen, so daß sie der Hälfte einer Radschiene gleichen; über diesen Stangen liegen etwa fünfzehn hölzerne Tasten, jede 2 bis 3 Zoll breit, 15–18 Zoll lang; ihre Stärke richtet sich nach der Tiefe des Tons; unter jeder Taste ist eine Kalebasse; am oberen Teil jeder der letzteren ist ein Stück abgeschnitten, um die Stangen aufzunehmen und hohle Resonanzböden für die Tasten zu bilden. Das Instrument wird mit kleinen Trommelschlegeln gespielt. Musik ist bei den Balonda sehr beliebt, und schnelles Spiel bewundern sie. In Angola tanzen die Portugiesen nach der Marimba.

Nachdem neun Redner vollendet hatten, stand Schinte auf und alle übrigen mit ihm. Er hatte die ganze Zeit lang echt afrikanische Würde bewiesen, aber meine Leute sagten mir, daß er kaum ein

Auge von mir abgewendet habe. Nach meiner Berechnung waren außer den dreihundert Soldaten etwa tausend Menschen versammelt. Die Sonne brannte schrecklich. Die Szene endete damit, daß die Mambari ihre Flinten abschossen.

18. Januar. – Wir wurden während der Nacht durch eine Botschaft von Schinte geweckt, der zu sehr unpassender Stunde einen Besuch von uns wünschte. Da ich gerade das Wechselfieber hatte und schwitzte und der Weg nach der Stadt durch ein feuchtes Tal ging, schlug ich es ab. Kolimbota, der ihre Sitten am besten kannte, drängte in mich zu gehen; aber auch ohne unter dem Einfluß einer Krankheit zu leiden, haßte ich alle Worte und Taten der Finsternis. Ich war weder Hyäne noch Hexe. Kolimbota meinte, wir müßten ihrem Wunsch in allem Folge leisten; ich meinte, wir möchten auch unseren Willen haben, was er sehr übelnahm. Indes gingen wir um zehn Uhr morgens hin und wurden in Schintes Hof geführt, dessen Umzäunung aus verschlungenen Ruten bestand, durchweg sehr nett und rein. Im Hofe standen viele Bäume, die prächtigen Schatten gewährten. Sie waren dahin gepflanzt worden, wie wir aus einigen frischgesetzten schlossen, deren Stämme mit Gras umwunden waren, um sie gegen die Sonne zu schützen. Die übrigens wüst gelassenen Ränder der Gänge waren mit Zuckerrohr und Bananen bepflanzt, welche ihre großen hellen Blätter über die Mauern verbreiteten.

Der Baum, unter welchem wir jetzt saßen (Ficus indica), hatte sehr große Blätter, verriet aber seine Verwandtschaft mit der indischen Baniane durch die nach dem Boden herabgehenden Schößlinge. Schinte erschien bald, ein Mann von mehr als fünfundfünfzig Jahren, von freiem und offenem Gesicht und etwa mittlerer Statur. Er schien bei guter Laune zu sein und sagte, er hätte gestern erwartet, daß ein Mann, der von den Göttern käme, sich ihm nahen und mit ihm sprechen würde. Es war dies meine Absicht, als ich zu der Vorstellung ging, aber als wir hinkamen und die fürchterlichen Vorbereitungen sahen, alle seine Leute in einer Entfernung von ungefähr 40 Ellen von ihm, gab ich den Wünschen meiner Leute nach und blieb bei dem Baum, der dem gegenüberstand, unter welchem Schinte saß. Seine Bemerkung bestärkte mich in meinem Glauben, den ich früher schon hatte, daß ein offenes, freies und furchtloses Benehmen das beste Mittel ist, diese Afrikaner für sich zu gewin-

Marimba-Spieler

nen. Ich erklärte ihm den Grund meiner Reise und der Mission, und bei allem, was ich sagte, klatschte der alte Herr in die Hände. Er antwortete durch einen Dolmetscher; dann stimmte die ganze Gesellschaft in die Antwort ein, indem sie ebenfalls in die Hände klatschten.

Nachdem wir die Hauptsache abgemacht hatten, fragte ich ihn, ob er je vorher einen Weißen gesehen habe. Er antwortete: »Niemals; du bist der erste, den ich gesehen habe, mit weißer Haut und geradem Haar; die Kleidung ist ebenfalls ganz anders, als ich sie je gesehen.« Sie waren nur von eingeborenen Portugiesen und Mambari besucht worden.

Als ich von einigen Leuten erfuhr, Schintes Mund sei traurig, weil er kein Ochsenfleisch habe, so verehrte ich ihm einen Ochsen zu seiner großen Freude, und da sein Land für Rindviehzucht sehr geeignet ist, gab ich ihm den Rat, mit den Makololo Viehhandel zu beginnen. Der Vorschlag gefiel ihm, und als wir von Loanda zurückkehrten, fanden wir, daß er sich unseren Wink zunutze gemacht hatte; er hatte drei Ochsen, und einer von ihnen bestätigte meine Ansicht, die ich von dem Lande hatte, denn er war der preiswürdigste, den ich je in Afrika gesehen. Bald darauf schickte er uns ein Körbchen mit grünem gekochtem Mais, ein Körbchen mit Maniokmehl und Geflügel. Aus der Größe des Mais erkannten wir die Fruchtbarkeit des Bodens in allen Tälern hier; auch der Maniok gedeiht vortrefflich, obwohl man nie düngt. Wir sahen Maniok 6 Fuß hoch und darüber, und gerade diese Pflanze verlangt den besten Boden.

Währenddem war Manenko mit ihren Leuten sehr geschäftig gewesen, um eine schöne Hütte und einen Hof herzurichten, welche, wie sie sagte, ihre Residenz bleiben sollte, wenn sie weiße Männer wieder auf diesem Wege begleitete. Als sie hörte, daß wir ihrem Oheim einen Ochsen gegeben hatten, kam sie mit böser Miene auf uns zu und erklärte: »Dieser weiße Mann gehört mir, ich habe ihn hierhergebracht, folglich ist der Ochse für mich, nicht für Schinte.« Sie hieß die Leute, ihn zu holen, schlachtete ihn und gab ihrem Oheim nur ein Bein. Schinte schien es gar nicht übelzunehmen.

19. Januar. – Ich wurde zu früher Stunde von einem Boten Schintes geweckt, aber da ich infolge eines gewaltigen Fiebers in

heftigem Schweiße lag, lehnte ich es unter einigen Stunden ab. Heftiges Herzklopfen auf dem Wege nach der Stadt trug auch nicht dazu bei, mich mit der Verzögerung zu versöhnen, die dann wahrscheinlich infolge ungünstiger Prophezeiung erfolgte: Schinte war nicht zu finden. Als ich mich wieder niedergelegt hatte, kam eine neue Botschaft Schinte wolle mir alles, was er mir noch zu sagen habe, auf einmal mitteilen. Dieses Anerbieten war zu lockend; daher gingen wir hin. Er hielt Geflügel, einen Korb Maniokmehl und eine Kalebasse Honiggetränk als Geschenk bereit. In bezug auf meine häufig wiederkehrenden Fieberanfälle bemerkte er, dies sei das einzige, was einem glücklichen Ausgang meiner Reise Nachteil bringen könne, denn er wollte mir Leute mitgeben, die alle Wege zu den weißen Männern kannten. In seiner Jugend hatte er selbst auch weite Reisen gemacht. Auf meine Frage, was er mir gegen das Fieber empfehle, antwortete er: »Trink viel von dem Honig, und wenn er hineinkommt, wird er das Fieber heraustreiben.« Es war dies ein sehr starkes Getränk, und ich vermute, er liebte es, auch ohne fieberkrank zu sein. Schinte war mit Sebituane sehr befreundet gewesen, und jetzt, da Sekeletu seine Stelle eingenommen, war er nicht nur sein Freund, sondern eher wie ein Vater gegen ihn, und wenn der Sohn um etwas bittet, muß der Vater es ihm geben. Er war sehr erfreut über die große Kalebasse mit geklärter Butter und Fett, die Sekeletu ihm geschickt hatte, und wollte Kolimbota zurückbehalten, um durch ihn wieder ein Geschenk an Sekeletu abschicken zu können. Dies hatte, wie wir später entdeckten, Kolimbota selbst in Vorschlag gebracht, denn er hatte so viel von der Wildheit der Stämme gehört, die wir zu passieren hatten, daß er sich dem zu entziehen wünschte. Wir werden sehen, daß er der einzige der ganzen Gesellschaft war, der verwundet heimkehrte.

Als wir durch das Dorf gingen, fiel es uns sehr auf, mit welcher ängstlichen Genauigkeit die Balonda ihre Bräuche beobachten. Wenn niedere Leute auf der Straße Höhergestellten begegnen, so fallen sie sogleich auf das Knie und reiben sich Arm und Brust mit Staub; dann klatschen sie in die Hände, bis die Großen vorüber sind. Sambanza kniete auch nieder, bis der Sohn Schintes vorüber war.

Wir sahen mehrmals die Frau, welche die Stelle eines Wasserschöpfers bei Schinte vertritt; sie klingelt, wenn sie vorübergeht, um jeden zu warnen, ihr nicht in den Weg zu kommen; es wäre dies ein schweres Vergehen, denn es könnte einen üblen Einfluß auf das Getränk des Königs haben. Ich vermute, daß Vergehen der geringsten Art von seiten der Armen den Vorwand abgeben, sie oder ihre Kinder an die Mambari zu verkaufen. Ein junger Mann aus Lobale war in Schintes Land geflohen und hatte sich niedergelassen, ohne sich vorher dem Häuptling vorzustellen. Dies war Verbrechen genug, um es zu rechtfertigen, daß man ihn ergriff und zum Verkauf ausbot, während wir gerade da waren. Er hatte sich nicht gemeldet, und man wußte nicht, warum er geflohen war und ob nicht sein früherer Häuptling sie beschuldigen könnte, daß sie einen Verbrecher bei sich aufgenommen. Es war merkwürdig, zu sehen, wie der Sklavenhandel alle Empfänglichkeit für Moral abstumpft; kein Häuptling im Süden würde einen Flüchtling auf solche Weise behandeln. Meine Leute schauderten, obwohl der alte Schinte und seine Ratgeber einen Schein von Recht für sich hatten, und die Barotse und die Makololo erklärten, wenn die Balonda wüßten, wie sie mit den Flüchtlingen umgingen, so würden nur noch wenige Unzufriedene bei Schinte bleiben. Meine Leute wurden angestaunt, als sie sagten, sie besäßen jeder eine Kuh.

24. Januar. – Wir wären gern an diesem Tage aufgebrochen, aber Sambanza, der früh am Morgen nach Führern geschickt worden war, kam am Mittag ohne diese und betrunken zurück. Dies war das erste Beispiel einer wirklichen Berauschung, das wir hier sahen. Das Boyaloa, oder Bier, macht eher dumm, als daß es aufregt; daher schlafen die Biertrinker viel; man sieht sie oft in tiefem Schlafe auf dem Gesicht liegen. Aristoteles sagt, daß solche, die vom Wein berauscht sind, sich aufs Gesicht legen, während unter dem Einfluß des Bieres man sich auf den Rücken lege.

Sambanza hatte zu viel Honigmet getrunken, der weit stärker ist als das Boyaloa. Soviel wir aus seinen unzusammenhängenden Worten entnehmen konnten, hatte Schinte gesagt, es regne zu heftig, als daß wir reisen könnten, und die Führer müßten sich erst fertigmachen. Schinte selbst war damit beschäftigt, für mich Reisekost zuzubereiten. Da es fast den ganzen Tag regnete, kostete es uns eben keine Überwindung, seinem Rat zu folgen und zu bleiben. Sambanza taumelte nach Manenkos Hütte; sie ließ ihn herein und seinen Rausch ausschlafen.

Um mir den letzten Freundschaftsdienst zu erzeigen, kam Schinte in mein Zelt, obwohl es kaum mehr als eine Person fassen konnte, und betrachtete alles mit der größten Aufmerksamkeit, das Quecksilber, den Spiegel, die Bücher, Haarbürste, Kamm, Uhr usw.; dann schloß er das Zelt, damit niemand seine Freigebigkeit beobachten könne, holte eine Schnur Perlen und das Endstück einer konischen Muschel, die in den Ländern fern vom Meer außerordentlich geachtet wird. Er hängte mir den Schmuck um den Hals und sagte: »So, nun hast du einen Beweis meiner Freundschaft.«

Seine Leute sagten mir, die Muscheln würden hier so hoch geachtet, daß man für zwei einen Sklaven bekommt und fünf ein schöner Preis für einen Elefantenzahn wären, der zehn Pfund wert sei. Bei unserem letzten Zusammentreffen stellte der alte Schinte uns unseren Hauptführer vor, Intemese, einen Mann von ungefähr fünfzig Jahren, der, wie er sagte, bei uns bleiben sollte, bis wir das Meer erreichten; Sekeletu sei jetzt weit hinter mir, und hinfort hätte ich mich nur an Schinte zu wenden, wann ich Hilfe bedürfte, die mir jederzeit auf das Freundlichste gewährt werden sollte. Dies war nur eine Höflichkeitsformel; er wollte mir glückliche Reise wünschen. Nur die guten Worte der Führer konnten mir von dem nächsten Häuptling, Katema, weiter nach dem Meere helfen; sie sollten umkehren, sobald ich zu Katema gekommen, er gab uns aber einen guten Vorrat auf die Reise mit, und nachdem er noch als Grund dafür, daß er uns jetzt gehen ließe, erwähnt hatte, daß niemand sagen solle, wir seien aus seiner Stadt verjagt worden, da wir mehrere Tage bei ihm geblieben, nahm er herzlich Lebewohl, und wir schieden mit dem Wunsche, daß Gott ihn segnen möge.

26. Januar. – Als wir Schinte mit acht seiner Leute, die uns das Gepäck tragen helfen sollten, verlassen hatten, gingen wir in nördlicher Richtung das liebliche Tal hinab, an dem die Stadt liegt, wandten uns dann westlich durch schönen offenen Wald und übernachteten in einem Balonda-Dorfe. Am Morgen hatten wir eine prächtige Reihe grüner Hügel, Saloischo genannt, zur Rechten und erfuhren, daß sie von Untertanen Schintes dicht bevölkert seien, die in Eisen arbeiteten, das sie in diesen Hügeln finden.

Die Gegend, durch welche wir reisten, hatte im allgemeinen denselben Charakter wie seither, Ebene und Wald. Der Boden ist dunkel, ins Rötliche streifend an einzelnen Stellen ganz rot, und schien sehr fruchtbar zu sein. Jedes Tal enthielt Dörfer von zwanzig bis dreißig Hütten, mit Gärten voll Maniok, der hier die hauptsächlichste Nahrung ist.

Unser erster Führer, Intemese, sandte den Befehl an alle Dörfer, die an unserem Wege lagen, für Schintes Freunde Lebensmittel in reicher Menge herbeizuschaffen. Unsere Reise wurde durch die Zeit verzögert, welche nötig war, um den Wunsch des Häuptlings überall mitzuteilen, und die davon abhängige Zubereitung der Speisen. Wir empfingen weit mehr von Schintes Leuten als von ihm selbst. Kapende zum Beispiel brachte zwei große Körbe Mehl, drei Körbe Maniokwurzeln, eingewässert und in der Sonne getrocknet und sogleich in Mehl zu verwandeln, drei Vögel und sieben Eier nebst drei geräucherten Fischen; andere waren gleich freigebig. Ich gab ihren Vorgesetzten einige Bündel Bohnen aus meinem Vorrat. Ein solches Geschenk wurde immer freundlich aufgenommen.

Wir hatten Gelegenheit zu bemerken, daß unsere Führer weit höflicher waren als diejenigen, welche wir früher von anderen Stämmen im Süden bekommen hatten. Sie gaben uns Lebensmittel, wollten aber nicht mitessen, wenn wir sie gekocht hatten, wollten aber auch ihr eigenes Gericht nicht in unserer Gegenwart verzehren. Wenn sie gekocht hatten, zogen sie sich in ein Dickicht zurück und aßen daselbst ihre Mahlzeit; dann standen sie alle auf, klatschten in die Hände und dankten Intemese dafür. Die Makololo, welche sehr frei und ungeniert sind, hielten jedem Balonda ganze Händevoll von ihren Speisen hin, aber sie lehnten es immer ab zu kosten. Sie sind sehr eigensinnig in ihren Sitten untereinander. Jede Hütte hat ihr eigenes Feuer, und wenn es ausgeht, machen sie es selbst von neuem an, statt es sich von ihrem Nachbarn auszubitten. Ich glaube, daß dies vielfach Reste früheren Aberglaubens sind. In den tiefen dunklen Wäldern sieht man bei jedem Dorfe Götzenbilder, welche Menschen- oder Löwenköpfe vorstellen, oder einen Hakenstock, der mit Zaubermitteln bestrichen ist, oder einen Topf mit solchen Mitteln in einem besonderen Häuschen, oder Hütten in Miniatur mit kleinen Erdhügeln darin. Noch tiefer im Walde sahen wir Menschengesichter in die Rinde der Bäume geschnitten, deren Umrisse den auf ägyptischen Monumenten vorkommenden entsprechen. Längs der Wege sind viele Einschnitte in die Bäume gemacht, und an den Zweigen hängen Opfergaben von kleinen Stükken Maniokwurzel oder Maisähren. In einer Entfernung von wenigen Meilen voneinander sieht man auch Haufen Stöcke, in Form eines Grabmals aufgeschichtet, indem jeder Vorübergehende einen Stock dazutut; auch steckt man Stöcke an den Weg, und jeder Vorübergehende wendet sich ab von seiner Richtung und macht einen kleinen Umweg nach einer Seite hin. Es ist als ob sie in dieser dunklen Waldeseinöde immer von Zweifel und Furcht erfüllt wären und als wollten sie durch Opfer höhere Wesen, die daselbst wohnen, sich günstig stimmen.

Nachdem wir über den Loaje gefahren waren, kamen wir in einige schöne Dörfer, die, wie die Negerdörfer gewöhnlich, von Bananen, Sträuchern und Maniok dicht eingehüllt waren, und nahe an den Ufern des Leeba schlugen wir unser Lager in einem Schlangennest auf; eine dieser Schlangen biß einen meiner Leute, aber die Wunde war nicht gefährlich. Die Bewohner der umliegenden Dörfer versahen uns reichlich mit Lebensmitteln, aus Gehorsam gegen Schintes Befehl und ohne ein Gegengeschenk zu erwarten. Ein Dorf war erst vor kurzem aus dem Lande Matiamvos hierher gesiedelt worden. Daher erkennen ihn die Bewohner desselben noch als ersten Häuptling an; aber in den meisten Fällen, wo ein Volk seinen Wohnort verändert, sieht man, daß die großen Häuptlinge nur beschränkte Macht haben. Die einzige Eigentümlichkeit, die wir bei diesen Leuten trafen, ist, daß sie den Bart dreifach zusammenflechten.

Die Stadt des Balondahäuptlings, Cazembe, lag, wie man uns sagte, nach Nordosten zu, östlich von Schintes Stadt; viele Leute, die von hier nach Cazembe gegangen waren, um Fußringe zu kaufen, die dort gemacht werden, sagten, es sei etwa fünf Tage weit. Ich erkundigte mich bei den ältesten Einwohnern der Dörfer, in denen wir uns eben befanden, nach Pereiras und Lacerdas Besuch in dieser Stadt. Ein alter grauköpfiger Mann antwortete, daß man früher oft von weißen Männern gehört, aber nie einen gesehen habe; und es sei einer nach Cazembe gekommen, als er noch jung war, und wieder umgekehrt, ohne diesen Teil des Landes zu besuchen. Die Untertanen Cazembes sind Balonda oder Baloi, und sein Land wurde von den Portugiesen Londa, Lunda oder Lui genannt.

Es fiel sehr schwer, unsere Führer zu bewegen, von einem Ort wieder fortzukommen. Mit der Autorität eines Häuptlings befanden sie sich so wohl, als dies je die Gesandten eines Königs können, und mochten auf das Vergnügen nicht verzichten, auf anderer Kosten zu leben. Den Makololo gefiel es gar nicht; sie hatten ihr Land früher nur verlassen, um zu plündern, und fanden keinen Gefallen an der friedlichen Art und Weise, mit der wir unsere Reise fortsetzten. Entweder sprachen sie zu herrisch gegen Fremde, oder, wenn man ihnen darüber Vorwürfe machte, folgten sie dem Befehl eines jeden, dem sie begegneten. Als Intemes, unser Führer, am 31. Januar nicht nach dem Leeba aufbrechen wollte, machten sie gar keinen Versuch, ihn dahin zu bringen; aber da ich ihnen befohlen hatte, sich bereitzuhalten, bemerkte Intemese ihre Zurüstungen und folgte ihrem Beispiel. Wir brauchten ungefähr vier Stunden, um über den Leeba zu kommen, der hier weit kleiner ist als da, wo wir ihn das letzte Mal trafen; er ist hier nur etwa 100 Ellen breit. Er hat noch dieselbe dunkle moosgrüne Farbe. Die Dorfbewohner liehen uns Kähne zu dieser Überfahrt, und als ich ein Dorf etwa 2 Meilen jenseits des Flusses erreichte, hatte ich das Vergnügen, Beobachtungen über Länge und Breite anstellen zu können; ich fand 22° 57' östlicher Länge, 12° 6' 6" südlicher Breite.

Dies war das einzige Mal in Londa, daß ich meinen Aufenthalt bestimmen konnte. Immer und immer wieder nahm ich meine Instrumente zur Hand, und wenn alles im besten Gange war, wurden die Sterne plötzlich durch Wolken verdunkelt. Niemals habe ich im Süden so viele Wolken gesehen, und was den Regen betrifft, glaube ich, daß in Kolobeng mehrere Jahre mein Zelt nicht so ruiniert haben würden, als es hier in einem einzigen Monat der Fall war. Nie bemerkte ich im Süden so heftige Nacht- und Morgenregen. Sie hielten oft die ganze Nacht an und wurden eine Stunde vor Sonnenuntergang noch heftiger; oder wenn es während der Nacht schön gewesen war, so trat gewiß ein heftiger Regen ein, sobald der Tag nahe kam. Von sechs Tagen regnete es bei Tagesanbruch monatelang immer fünf Tage in jener Weise, und mein Zelt wurde so dünn, daß die Feuchtigkeit durchdrang und alles durchnäßte. Oft, jedoch nicht immer, war der Regen von lautem Donner begleitet.

1. Februar. – An diesem Tage hatten wir den schönen Anblick zweier Hügel, Piri (d. h. zwei) genannt, auf der Seite des Flusses, die wir verlassen hatten. Das Land hieß Mokwankwa. Hier war, wie Intemese uns sagte, eines von Schintes Kindern geboren worden,

als er aus Matiamvos Gebiet nach Süden unterwegs war. Dieser Teil des Landes mag erst seit kurzem von Schintes Volk bewohnt werden. Er selbst sagte mir, er wäre auf Matiamvos Befehl in sein jetziges Land gekommen.

Es überraschte uns, daß man hier weit mehr nach englischen Baumwollwaren fragte als nach Perlen und Schmuck. Sie sind hinsichtlich der Kleidung schlimmer dran als die Betschuanenstämme in der Nähe der Kalahari-Wüste, welche Felle die Menge haben. Tiere jeder Art sind hier selten, und ein Stück Kaliko ist von großem Wert.

Mitten in dem heftigen Regen, der den ganzen Morgen anhielt, ließ Intemese sagen, er habe Magenschmerzen und dürfe nicht gestört werden; aber als es sich um elf Uhr aufhellte, sah ich ihn das Dorf verlassen und sehr laut reden. Als ich ihm seine Unwahrheit vorwarf, lachte er und behauptete, er habe wirklich Magenschmerzen, die ich dadurch heilen könnte, daß ich einen Ochsen schlachtete und ihm davon zu essen gäbe. Er hatte wirklich genug zu essen infolge der Befehle des Häuptlings, und fühlte nicht wie ich die Schande, wenn ich für einen großen Korb voll Lebensmittel nichts als ein paar Perlen gab.

Jetzt kamen wir auf eine große Ebene, jenseits des Leeba, wenigstens 20 Meilen breit und mit Wasser bedeckt, das uns an den seichtesten Stellen bis an die Knöchel ging. Wir verließen auf Intemeses Rat etwas diese nordwestliche Richtung und behielten die Pirihügel fast den ganzen ersten Tag lang zur Rechten, um die noch tiefer überfluteten Ebenen von Lobale (Luval?) im Westen zu vermeiden. Diese sind nach Intemeses Angaben jetzt nicht zu passieren, da das Wasser bis an die Schenkel geht. Sie sind so flach, daß das Regenwasser monatelang auf ihnen stehen bleibt. Auch diesmal waren sie nicht vom Leeba überflutet, der noch vollständig innerhalb seiner Ufer ging. Hier und da bemerkten wir kleine Inseln, auf denen verkümmerte Datteln und elende Bäume wachsen. Die Ebenen selbst sind dicht mit Gras bedeckt, welches das Wasser verbirgt und die Ebenen wie eine große blaßgelbe Prärie erscheinen läßt, mit einem reinen Horizont und hier und da von Bäumen unterbrochen. Das reine Regenwasser mußte längere Zeit unter dem Gras gestanden haben, denn eine Masse Lotus stand in voller Blüte; ebenso sahen wir Wasserschildkröten und Krebse sowie andere Tiere, welche nach den Fischen suchen, die ihren Weg nach den Ebenen gefunden haben.

Nachdem wir mit dem Aufhören des Regens unsere Insel verlassen, marschierten wir weiter, bis wir im Nordwesten ein Stück trockenen bewohnten Landes erreichten. Die Einwohner liehen uns nach Landessitte die Dächer ihrer Hütten und ersparten uns die Mühe, selbst Hütten herstellen zu müssen. Ich vermute, daß in Parks Reisen die Geschichte, wie die Männer die Hütten aufheben und auf die Löwen stellen, sich nur auf das Dach bezog. Wir überließen es den Dorfbewohnern, sie nach Belieben wieder an ihre frühere Stelle zu bringen. Es wird für diese Gefälligkeit keine Bezahlung erwartet. Bei Nacht regnete es so heftig, daß alle unsere Betten von unten schwammen, und von dieser Zeit an zogen wir immer einen Graben um jede Hütte und machten uns aus Erde ein erhöhtes Lager zurecht. Meine Leute arbeiteten trotz der Nässe sehr willig; sie taten wirklich alles Mögliche. Ihr Betragen stach gewaltig von demjenigen Intemeses ab. Er war durch und durch Sklavenseele und log bei jeder Gelegenheit. Die Unwahrheit ist eine Art Zuflucht für Schwache und Unterdrückte. Wir wollten am 4. Februar weiterziehen, aber er erklärte, wir seien so nahe bei Katema, daß, wenn wir diesen Häuptling nicht von unserer Ankunft benachrichtigten, er sich gewiß an uns rächen würde. Es regnete den ganzen Tag, daher mußten wir uns in den Verzug ergeben; aber am Sonntag, den 5. Februar, ließ er uns wissen, daß wir noch zwei Tagereisen von Katema entfernt seien. Unglücklicherweise konnten wir ohne ihn nicht fort, denn das Land war so überschwemmt, daß wir nach wenigen Meilen schon in den tiefen Tälern, die ganz voll Wasser waren, hätten haltmachen müssen. Intemese flocht fleißig an seinem Korb und erschien nicht bei unserem Gottesdienst. Er schien unseren Zauber zu fürchten; doch war er immer lustig und guter Dinge.

6. Februar. – Bald nachdem wir aufgebrochen, gingen wir auf einem Kahn über einen Arm des Lokalueje und am Nachmittag auf gleiche Weise über den Hauptstrom. Der erstere heißt Nguana Kalueje, d. h. Kind des Kalueje, wie man hier alle Flußarme benannte. Im Lokalueje gibt es Flußpferde, daher ist es wohl ein perennierender Strom, wie die Bewohner behaupten. Nach dem, was wir jetzt sahen, konnten wir die Tiefe des Flusses nicht beurteilen. Er hatte

jetzt ungefähr 40 Ellen tiefes schnellfließendes Wasser, aber in der trockenen Zeit wahrscheinlich höchstens halb soviel. Außerdem kamen wir in nordnordwestlicher Richtung über viele kleine Arme, und da wir keine Kähne hatten, waren wir fast den ganzen Tag durchnäßt. An einzelnen Stellen sahen die Ochsen bloß mit den Köpfen über das Wasser heraus, und der Strom, der ihnen über den Rücken ging, durchnäßte die Decke, die wir als Sattel gebrauchten. Die Achselgrube war der einzige Ort für die Uhr, denn da war sie sicher vor dem Regen oben und dem Wasser unten. Die Leute überschritten diese Bäche, indem sie ihre Lasten hoch über den Kopf hielten.

Freitag, 10. Februar. – Nachdem wir Mozinkwas gastfreundliche Wohnung verlassen hatten, setzten wir in Kähnen über einen anderen Strom, der ungefähr 40 Ellen breit war.

Als wir eben übersetzen wollten, kam ein Bote von Katema, mit Namen Schakatwala. Er war eine Art Faktotum dieses Häuptlings. Jeder Häuptling hat eine solche Person in seinem Dienst, und obwohl gewöhnlich arm, sind es stets Leute von großer Schlauheit und Geschicklichkeit. Sie dienen als Boten in allen möglichen Fällen und gelten viel im Haushalt des Häuptlings. Schakatwala brachte uns die Nachricht, Katema wäre nicht im voraus von unserer Ankunft in Kenntnis gesetzt worden; wenn wir aber friedliche Leute wären, so sollten wir nur nach seiner Stadt kommen, da er Fremde gern habe. Wir schlugen den Weg dahin ein; aber durch eine List des Intemese kamen wir vom Wege ab in das Dorf des Quendende, des Schwiegervaters Katemas. Dieser alte Herr war so höflich, daß wir es nicht bedauerten, als wir den Sonntag bei ihm zubringen mußten. Er drückte seine Freude darüber aus, daß er ebenso wie Katema seinen Anteil an der Ehre unseres Besuches habe; doch schien es mir ziemlich unverschämt, mit siebenundzwanzig Mann durch ein Land zu reisen, ohne imstande zu sein, Lebensmittel für sie zu kaufen. Meine Leute verlegten sich aufs Betteln; sobald sie mit den Bewohnern eines neuen Dorfes Bekanntschaft machten, begannen sie in der Regel: »Ich komme weit her, gib mir etwas zu essen.« Anfangs verbat ich mir's, weil ich glaubte, man würde nur aus Furcht Lebensmittel hergeben, da die Makololo in schlechtem Ruf standen. Aber es erwies sich in vielen Fällen, daß man Mais und Maniok aus reinem Edelmut hergab. Ich sah dies zuerst im Hause Mozinkwas; fast keiner meiner Leute kam mit leeren Händen von ihm, und als sie behaupteten, sie hätten nicht gebettelt, erkundigte ich mich und erfuhr, daß es wahr sei; Mozinkwa hatte sie freiwillig beschenkt. In anderen Fällen achteten die Häuptlinge auf meine Wünsche, und die gemeinen Leute sorgten für meine Begleiter. Ich schenkte mehreren Vorgesetzten Rasiermesser und eiserne Löffel, meine Leute jedoch konnten nichts geben, aber jeder versuchte es, sich einen im Dorf zu seinem Molekane oder Kamerad zu machen, und die Leute stimmten oftmals ein. Wenn sich der Leser noch des kameradschaftlichen Systems der Mopato erinnert, so wird er leicht einsehen, daß diejenigen, welche freiwillig Lebensmittel hergaben, erwarteten, die Makololo würden sie unter ähnlichen Verhältnissen auf ähnliche Weise behandeln. Ihr Land ist so fruchtbar, daß sie selbst keinen Mangel leiden; indes war ihr Edelmut immerhin bemerkenswert; eine einzige Frau weigerte sich, einem meiner Leute etwas zu geben, aber als ihr Mann sie aufforderte, es zu tun, so gehorchte sie, nachdem sie eine Weile gezankt hatte.

Nachdem wir über den Lotembwa gefahren, reisten wir ungefähr 8 Meilen und kamen nach der sehr zerstreut liegenden Stadt Katemas (11° 35' 49" südlicher Breite, 22° 27' östlicher Länge). Es ist mehr ein Komplex von Dörfern als eine Stadt. Man führte uns ungefähr eine halbe Meile weg von den Häusern, um uns aus Bäumen und Gras so gut als möglich eine Wohnung herzurichten, während Intemese bei Katema bleiben mußte, um nach der gewöhnlichen Weise über unser Benehmen und Vorhaben ausgehorcht zu werden. Katema sandte uns bald darauf Lebensmittel als Geschenk.

Am nächsten Morgen wurden wir förmlich vorgestellt und fanden Katema auf einer Art Thron, mit ungefähr dreihundert Mann auf dem Boden sitzend und dreißig Frauen, die seine Weiber sein sollten, dicht hinter ihm. Die Hauptmasse des Volkes saß im Halbkreis, in einer Entfernung von 50 Ellen. Jede Abteilung hatte ihren Vorgesetzten, der ein paar Schritte vor ihr saß, und, wenn es vom Häuptling gewünscht wurde, als Ratgeber näher trat. Intemese berichtete über uns, und Katema setzte uns sechzehn große Körbe Mehl vor, ein halbes Dutzend Geflügel und ein Dutzend Eier und drückte sein Bedauern aus, daß wir hungrig geschlafen hätten, er duldete nicht, daß ein Fremder in seiner Stadt Not litte, und fügte hinzu: »Geht nach Hause, kocht und eßt, dann werdet ihr imstande sein, mit mir zu sprechen in einer Audienz, die ich euch morgen geben will.« Er war beschäftigt damit, die Berichte einer Anzahl junger Leute anzuhören, die von Kangenke, dem Häuptling von Lobale, geflohen waren, weil er ihre Verwandten an die eingeborenen Portugiesen, die sein Land besuchten, verkauft hatte. Katema ist ein großer Mann, ungefähr vierzig Jahre alt, und hatte einen mit Perlen und Federn geschmückten Helm auf dem Kopf. Er trug einen tabakbraunen Rock mit einem breiten Brokatband an den Armen und in der Hand einen großen Wedel, der aus den Spitzen von Gnuschwänzen gemacht war. Dieser Wedel besitzt Zauberkraft, und er schwenkte ihm immer vor sich her, so lange wir da waren. Er schien bei guter Laune zu sein und lachte mehrmals recht herzlich. Dies ist ein gutes Zeichen, denn mit einem Mann, der so recht aus Herzens Grunde lacht, ist gut umgehen. Als wir uns erhoben, um fortzugehen, standen alle andere auch auf, wie es ebenfalls an Schintes Hof der Fall war.

Als wir am nächsten Morgen wiederkamen, redete mich Katema folgendermaßen an: »Ich bin der große Moene (d. h. Herr) Katema, der Genosse Matiamvos. Im ganzen Land ist niemand, der Matiamvo und mir gleichkäme. Ich habe immer hier gelebt und meine Vorfahren auch. Hier ist das Haus, in dem mein Vater wohnte. Ihr findet keine Menschenschädel, wo ihr das Lager aufgeschlagen habt. Ich hinderte nie einen Händler; sie kommen alle zu mir. Ich bin der große Moene Katema, von dem ihr gehört habt.« Er sah aus, als wenn er betrunken wäre und von seiner Größe träumte. Als ich ihm meinen Plan vorlegte, bestimmte er sogleich drei Männer als unsere Führer und erklärte, daß der Weg nach Nordwest der geradeste sei, auf dem alle Händler kämen, daß aber das Wasser, das jetzt auf den Ebenen stände, bis an die Hüften reichte; er wolle uns daher auf einem mehr nördlichen Wege senden, den noch kein Händler betreten habe. Dies war ganz nach unserem Wunsch, denn wir hielten keinen Weg für sicher, den Sklavenhändler betreten hatten.

Wir schenkten ihm eine Menge Gegenstände, die ihm sehr gefielen; einen kleinen Schal, ein Rasiermesser, drei Schnüre Perlen, einige Knöpfe und ein Pulverhorn. Indem ich die Unbedeutendheit der Gaben entschuldigte, bat ich ihn, mir zu sagen, was ich ihm aus

Loanda mitbringen solle, nur wünschte ich, daß es keine zu große Ausgabe verursachen möchte. Er lachte herzlich über diese Beschränkung und antwortete, alles, was die Weißen haben, werde ihm angenehm sein, und er würde jedes mit Dank annehmen; aber der Rock, den er anhabe, sei alt, daher wünsche er einen neuen. Ich begann von der Bibel zu reden, aber sein alter Ratgeber fiel mir ins Wort, sagte alles, was er von den Mambari gehört hatte, und ging auf ein anderes Thema über. Es ist ein Elend, durch einen Dolmetscher zu reden, wie ich jetzt tun mußte. Mit Leuten wie den meinigen, die allerdings sechs verschiedenen Stämmen angehörten, aber alle die Betschuana-Sprache verstanden, war es nicht schwer, über gewöhnliche Dinge zu sprechen, zu welchem Stamme wir auch kamen; aber sich über einen Gegenstand verbreiten, an dem sie kein Interesse nahmen, das war in der Stadt ein schlimmes Stück Arbeit. Auch konnte Katemas Aufmerksamkeit nur durch die Komplimente gefesselt werden, die er immer in Menge austeilt und entgegennimmt. Wir waren Fremde und wußten, daß wir als Makololo nicht im besten Rufe standen, doch behandelten sie uns außerordentlich gut und zuvorkommend.

Ich machte ihm ein Kompliment darüber, daß er Vieh hatte, und es gefiel ihm, als ich ihm sagte, wie er die Kühe melken müsse. Er besitzt eine Herde von etwa dreißig wirklich prächtigen Tieren, die sämtlich von zweien abstammten, die er in seiner Jugend von den Balobale gekauft hatte. Sie sind im allgemeinen weiß und ganz wild; sie springen mit graziöser Leichtigkeit wie eine Herde Elen, sobald sich ein Fremder naht. Sie erregten die Aufmerksamkeit der Makololo im höchsten Grade und bewiesen, daß das Land vortrefflich für sie passe. Wenn Katema ein Rind schlachten will, muß er es wie einen Büffel niederschießen. Matiamvo soll eine ähnliche Herde haben. Ich begriff nicht, warum in einem Lande mit so prächtiger Weide die Viehzucht nicht allgemein ist.

Da uns Katema nicht einen Ochsen anbot, wie es die Makololo- oder Kaffernhäuptlinge getan haben würden, so schlachteten wir einen von den unsrigen, und wir erfreuten uns alle am Fleischgenuß, nachdem wir so lange Zeit von dünner Suppe und gedörrtem Mais in Londa gelebt hatten. Wenn ein Tier geschlachtet wird, so werden einige Stücke Fleisch ins Feuer getan, ehe noch die Haut ganz abgezogen ist. Eine Pfanne ward schnell damit gefüllt, und dann sammelten sich meine Leute alle um ihren Vater und ich teilte aus. Die Balonda wunderten sich, als sie dies sahen. Ich bot auch ihnen Portionen an, aber sie lehnten es ab, obwohl sie zu ihrem Gemüse gern Fleisch essen. Sie wollten nicht mit uns essen, aber sie wollten Fleisch auf ihre eigene Weise kochen und verzehren. Ich dachte erst, sie hätten diese Sitte von den Mohammedanern, und besonders ihr Ausruf bei Verwunderungen: Allah! klingt wie das arabische Illah; aber wir fanden etwas weiter eine andere Grußformel christlichen (?) Ursprungs, Ave-rie (Ave-Maria). Die Grußformeln kommen wahrscheinlich weiter als der Glaube. Meine Leute ergötzten sich an einem lärmenden Tanz, was sie gewöhnlich tun, wenn sie eine Mahlzeit wie diesmal genossen haben. Katema ließ fragen, was ich ihnen gegeben, das so große Aufregung hervorgebracht habe. Intemese antwortete, es sei das so ihre Sitte und gut gemeint. Der Kamerad des Ochsen, den wir geschlachtet hatten, fraß zwei Tage nicht und brüllte unaufhörlich nach jenem. Er schien untröstlich über seinen Verlust und machte wiederholt Versuche, nach dem Makololo-Lande zurückzufliehen. Meine Leute sagten: »Er denkt, sie wollen mich töten wie meinen Freund.« Katema hielt es für eine künstliche Wirkung und fürchtete sich vor meinem Geschick in der Medizin und folglich meiner Zauberei. Er wollte die Zauberlaterne nicht sehen.

Eins von den Geschäften, die Schinte dem Intemese aufgetragen, war die Befreiung eins Weibes, die mit einem jungen Mann aus Katemas Stamm davongelaufen war. Da dies der einzige Fall war, der mir im Innern vorgekommen, daß ein Flüchtling wider seinen Willen vom Häuptling zurückgeschickt wurde, so will ich ihn hier erwähnen. Als Intemese sie als die Frau seines Herrn zurückverlangte, protestierte sie laut dagegen und sagte, sie würde nicht wieder zurückkehren, um wieder eine Ehefrau zu sein, sondern um an die Mambari verkauft zu werden. Meine Leute schlossen mit Katemas Leuten Freundschaftsbündnisse, und einige von den Ärmeren sagten vertrauensvoll: »Wir wünschen, daß unsere Kinder mit euch zu den Makololo zurückgehen; hier sind wir immer in Gefahr, verkauft zu werden.« Meine Leute waren der Ansicht, daß es nur aus ihrer Unkenntnis des Südens zu erklären sei, daß nicht ein Auszug der Bevölkerung aus den niederen Teilen Londas dahin stattfände.

Am Sonntag, den 19. Februar, wurden ich und einige meiner Leute vom Fieber ergriffen, und ich konnte nichts anderes tun als mich in meine Hütte legen, bei einer Temperatur von 90°, obwohl Wintersanfang, und meine Leute machten soviel als möglich Schatten, indem sie Baumzweige ringsum aufstellten. Jetzt hatten wir das erste Mal, seit ich in Afrika bin, einen kalten Nordwind. Gewöhnlich sind alle Nordwinde heiß und die Südwinde kalt, aber beiderlei Winde sind selten.

20. Februar. – Wir sind froh, daß es weitergeht, obwohl es uns nicht an Lebensmitteln fehlte; denn meine Leute hatten als aufrichtigen Beweis ihrer Gesinnung kleine Fleischportionen ausgeteilt und mit Katemas Leuten Freundschaftsbündnisse geschlossen. Wir gingen etwa 4–5 Meilen nordnordwestlich, dann 2 Meilen westlich und kamen um das schmale Ende des Sees Dilolo. Er sah, soviel ich urteilen konnte, wie ein Fluß aus, der eine Viertelmeile breit ist. Er ist reich an Fischen und Flußpferden; das breite Ende, das wir jetzt nicht sehen konnten, ist etwa 3 Meilen breit, und der ganze See 7–8 Meilen lang. Wenn man es sonderbar findet, daß ich nicht einige Meilen weit ging, um den breiten Teil zu sehen, der, wie Katema sagt, nie von einem Händler besucht worden war, so muß ich bemerken, daß ich infolge des Fiebers zwei ganze Tage nichts gegessen, und statt zu schlafen, die ganze Nacht hindurch Wasser getrunken hatte, und ich freute mich jetzt so sehr, daß es weiterging und ich einige meiner Fieberpatienten sich forthelfen sah, daß ich keinen Verzug herbeiführen wollte, den astronomische Beobachtungen hinsichtlich der geographischen Lage dieses höchst interessanten Ortes verursacht haben würden.

Unmittelbar jenseits des Dilolo ist eine große, etwa 20 Meilen weite Ebene. Schakatwala bestand darauf, hier zu warten, bis uns Katemas Leute Lebensmittel gebracht hätten, ehe wir uns weiter in die unbewohnten wasserreichen Ebenen hineinwagten. Heftige Regengüsse hinderten uns, diese Ebene (Nordnordwest) in einem Tage zu überschreiten, und das immerwährende Waten im Grase schadete den Füßen. Es findet sich zwar ein Fußpfad über die ganze Ebene, da er aber tiefer liegt als die übrige Ebene, so ist er natürlich der tiefste Teil derselben, und indem die Leute ihn zu vermeiden suchen, machen sie neben ihm einen neuen Weg. Ein wenn auch enger Pfad ist immer sehr angenehm, wie ein jeder zugeben wird, der einmal zu Fuß in Afrika gereist ist. Da wir ihn diesmal nicht benutzen konnten, kamen wir nur langsam und mit Mühe vorwärts.

24. Februar. – Als wir das nicht überflutete Tal jenseits der Ebene erreichten, kamen wir in die Dörfer, welche die Macht des Häuptlings Katende anerkannten, und fanden zu unserer Überraschung, daß die Ebene, welche wir überschritten hatten, die Wasserscheide zwischen den südlichen und nördlichen Flüssen bildete, denn wir befanden uns jetzt in einem Distrikt, in welchem die Flüsse in nördlicher Richtung in den Kasaj oder Loke flossen, während die Flüsse, die wir bis jetzt passiert hatten, sämtlich südliche Richtung hatten. Nachdem wir im ersten Dorfe freundliche Aufnahme und Unterstützung gefunden hatten, kehrten Katemas Führer zurück, und die Einwohner des Dorfes begleiteten uns nach Nordnordwest, und jetzt kamen wir in das erste tiefe Tal, das wir seit Kolobeng gesehen. Ein Strom floß an dem Fuße eines Abhangs ungefähr 300–400 Ellen unterhalb der erwähnten Ebene.

Wir überschritten ihn auf einer roh angelegten Brücke, welche jetzt tief unter Wasser stand. Die Bäume längs des Stromes in diesem lieblichen Tale standen dicht und waren sehr hoch. Manche hatten einen glatten geraden Stamm von 60–80 Fuß Höhe, und schöne Blumen schmückten den Boden ringsum. Als wir auf der entgegengesetzten Seite wieder hinaufstiegen, kamen wir nach Verlauf von zwei Stunden in ein anderes Tal, das ebenfalls schön war und auch von einem Strom mitten durchflossen wurde.

Als wir das Dorf Kabinjes erreichten, sandte dieser uns am Abend Tabak zum Geschenk, Mutokuane (Cannabis sativa) und Mais, durch den Mann, der vorausgegangen war, um unsere Ankunft zu melden, und eine Botschaft, die seine Zufriedenheit mit dem Plan ausdrückte, mit der Küste Handel zu eröffnen. Unser Weg nach Westen brachte uns zu Völkern, die häufig von den Mambari als Sklavenhändler besucht werden. Dieser Handel verursacht Blutvergießen; denn wenn eine arme Familie als Opfer ausersehen ist, so muß man vor allem die alten Mitglieder derselben loszuwerden suchen, da man glaubt, daß diese später durch Zaubermittel dem Häuptling Unannehmlichkeiten bereiten können. Der Glaube, daß die Zaubermittel Gutes und Böses bewirken können, hat auch seine heilsamen Folgen. Er hindert die Mächtigen, in ihrem Despotismus zu weit zu gehen, aus Furcht, die Schwachen und Hilflosen möchten ihnen durch Zaubermittel schaden.

Als wir weiterreisen wollten, weigerte sich Kabinje, uns einen Führer nach dem nächsten Dorf zu geben, weil er in Krieg mit demselben lebe; aber nach vielem Zureden willigte er ein, vorausgesetzt, daß der Führer umkehren sollte, sobald das feindliche Dorf zu Gesicht käme. Dies war ein Unglück, da die Leute immer Argwohn gegen einen Mann haben, der seine Sache selbst vorträgt; da es aber nicht zu ändern war, reisten wir weiter und fanden in dem Häuptling des Dorfes am Flüßchen Kalomba, mit Namen Kangenke, einen ganz anderen Mann, als sein Feind ihn dargestellt hatte. Wir fanden auch, daß der Begriff kaufen und verkaufen an Stelle des freundschaftlichen Gebens trat. Da ich nichts hatte, um Lebensmittel zu kaufen, als eine Schnur Perlen, die ich für schlimmere Zeiten aufbewahrt hatte, so begann ich zu fürchten, daß wir bald mehr Hunger zu leiden haben würden, als es seither der Fall war. Die Leute wollten für alles Schießpulver haben. Wenn wir eine Quantität gehabt hätten, so wäre es gut gegangen, da dieses hier hohen Wert hat.

An der Furt des Kasai wurde uns ein Streich gespielt, vor dem uns Schintes Leute gewarnt hatten. Es sollte uns eine Falle gelegt werden. Einer von Kagenkes Leuten hatte nahe bei unserem Lager ein Messer hingeworfen, gleich als wenn er es verloren hätte, während der Eigentümer desselben erwartete, daß es von uns aufgehoben werden sollte. Es wurde nicht eher etwas gesagt, als bis unsere Leute getrennt, und die einen auf diesem, die anderen auf dem jenseitigen Ufer waren. Da machte man bei mir die Anzeige, einer meiner Leute habe ein Messer gestohlen. Der Ehrlichkeit meiner Leute gewiß, wünschte ich, daß der Mann, der einen großen Lärm deshalb machte, das Gepäck danach durchsuchen solle; da kam der arme Bursche, der in die Falle gegangen war, und sagte, das Messer sei in einem Korbe, der sich bereits am andern Ufer befinde. Als es zurückgebracht wurde, wollte es der Eigentümer nicht ohne eine Buße annehmen. Der arme Mann bot Perlen, aber sie wurden verächtlich zurückgewiesen. Eine Muschel, die er am Halse trug, ähnlich derjenigen, die Schinte mir zum Geschenk gemacht hatte, wünschte er zu haben, und er mußte sich schließlich von seinem kostbaren Schmuck trennen, obwohl wir alle wußten, daß er nur das Opfer einer Schlechtigkeit war. Ich konnte ihm nicht helfen, denn man hatte im voraus gewarnt, und es herrscht die allgemeine Sitte bei den Makololo und vielen anderen Stämmen, was sie finden, dem vornehmsten Mann, der bei der Hand ist, zu zeigen und es ihm als Geschenk anzubieten. Sonach hätte der Bursche es mir zeigen sollen; die übrigen beobachten diese Sitte genau. Der Betrug ärgerte mich sehr; aber die Ordnung, welche wir beim Übersetzen eines Flusses befolgten, nötigte mich zu schweigen. Der Anführer wurde immer zuletzt übergesetzt; wenn ich daher nicht einen Vergleich zustande gebracht hätte, so würde ich, wie immer, wenn wir einen Fluß nicht durchschwimmen konnten, vollständig in der Gewalt des Feindes gewesen sein.

Die Furt lag 11° 15' 47" südlicher Breite; der Himmel war so bewölkt, daß ich die Länge nicht ermitteln konnte.

Jetzt fehlte es uns an Lebensmitteln, denn zum großen Erstaunen meiner Genossen gab Kangenke nichts her außer auf dem Wege des Verkaufs und verlangte die unverschämtesten Preise für Mehl und Maniok. Der einzige Artikel für den Tauschhandel, den meine Leute hatten, war etwas Fett, das von dem bei Katema geschlachteten Ochsen übriggeblieben war; so mußte ich zu den Perlen meine Zuflucht nehmen. Am 29. Februar kamen wir in westlicher Richtung vom Kasai nach dem Dorfe Katendes, und wir entdeckten, daß wir in einem Lande seien, wo wenig Aussicht auf animalische Kost vorhanden war, denn einer unserer Führer fing sich einen Maulwurf und zwei Mäuse zum Abendbrot. Die Eile, mit der er danach griff, belehrte uns, daß kein größeres Wild zu erwarten sei. Nirgends war eine Spur von Tieren zu treffen, und wenn wir in die Nähe der Dörfer kamen, sahen wir oft Knaben und Mädchen, die nach diesen häßlichen Tieren gruben.

Katende schickte am nächsten Tage nach mir, und da ich bereit war, ihn zu besuchen, ging ich ungefähr 3 Meilen weit von unserem Lager. Als wir uns dem Dorfe näherten, hieß man uns in eine Hütte gehen, und da es regnete, taten wir so. Nach vielem Hin- und Herreden sagte uns Katende endlich, er verlange einen Mann, einen Elefantenzahn, Perlen, kupferne Ringe oder eine Muschel als Bezahlung für die Erlaubnis, durch sein Land reisen zu dürfen. Man versicherte uns, daß niemand die Erlaubnis hierzu bekäme oder auch nur ihn sehen dürfe, wenn er nicht ein solches Geschenk gegeben. Nachdem ich bescheiden unsere Verhältnisse ihm dargelegt hatte und hinzugefügt, er könne nicht »eine schlechte Kuh an den Hörnern fassen« (wo nichts ist, hat der Kaiser sein Recht verloren), hieß er uns gehen; er würde uns am nächsten Tage wieder holen lassen. Ich konnte nicht anders als herzlich über die Unverschämtheit dieses Häuptlings lachen, und ging, so heiter als mir möglich war, in dem strömenden Regen wieder nach Hause. Meine Leute waren aber sehr verdrießlich über diesen Mangel an Gastfreundschaft; aber nachdem sie mit einem Diener Katendes über die Sache gesprochen hatten, machte dieser den Vorschlag, man solle nur eine Kleinigkeit geben und Katende den guten Willen zeigen. Ich durchsuchte meine Hemden und wählte das schlechteste für ihn, lud auch Katende ein, er möge kommen und selbst seine Wahl treffen, fügte aber hinzu, wenn ich nackt zu einem Häuptling käme und dieser mich fragte, was ich mit meinen Kleidern gemacht hätte, so würde ich sagen müssen, ich habe sie bei Katende gelassen. Das Hemd wurde ihm überbracht, und einige meiner Leute gingen mit; sie kamen bald zurück und meldeten, das Hemd sei angenommen worden, wir würden am nächsten Tag Führer und Lebensmittel erhalten. Außerdem hatte der Häuptling die Hoffnung ausgesprochen, mich auf der Rückreise wiederzusehen. Er soll sehr korpulent sein. Die Händler, welche hierher kamen, scheinen sehr furchtsam gewesen und auf die unverschämtesten Zumutungen eingegangen zu sein. Einer meiner Leute, der hier einen Mann traf, welcher einem Bekannten von ihm sehr ähnlich war, redete ihn im Spaß mit dem Namen des letzteren an und fügte hinzu, warum er dies täte. Dies sah man aber als große Beleidigung an und verlangte eine bedeutende Buße. Als man mir die Sache vorlegte, konnte ich darin nichts Unrechtes finden und riet meinen Leuten, keine Notiz davon zu nehmen. Dadurch sah sich der Angeredete entwaffnet, denn nur im Gezänk fühlen sie sich stark; dann fallen gewöhnlich ärgerliche Worte, welche die Freunde des Klägers reizen. Diesmal wurde eine Weile hin und her gezankt; dann kam der, welcher sich beleidigt fühlte und sagte, er wollte gegen eine geringe Vergütung die Sache als abgemacht ansehen; aber da meine Leute keine Notiz nahmen, entfernte er sich ganz still.

Meine Leute wunderten sich ebensosehr wie ich selbst über das Verlangen, den Durchzug durch das Land bezahlen zu müssen, und über diese vollständige Verletzung aller Regeln der Gastfreundschaft. Katende gab uns nur wenig Mehl und Maniok und einen Vogel. Nachdem wir zwei Tage durch heftigen Regen aufgehalten worden waren, sahen wir ein, daß ziemlich viel Geduld dazu gehöre, in der Regenzeit hier zu reisen.

Als wir, ohne Katende gesehen zu haben, weiterreisten, gingen wir über den Bach Sengko, an dem wir gelagert hatten, und kamen nach zwei Stunden an einen anderen, etwas größeren, Totelo, über den Bach Sengko, an dem wir gelagert hatten, und kamen nach zwei Stunden an einen anderen, etwas größeren, Totelo, über den eine Brücke führte. An dem jenseitigen Ende derselben stand ein Neger, der eine Abgabe verlangte. Er sagte, die Brücke gehöre ihm, der Weg gehöre ihm, die Führer wären seine Kinder, und wenn wir nicht zahlten, würde er uns nicht weiter lassen. Auf ein solches Benehmen war ich nicht gefaßt und schaute den frechen Zolleinnehmer eine Weile an, als einer meiner Leute die kupfernen Armbänder hervorholte und zahlte. Der Neger war besser, als er anfangs schien; denn er ging sogleich in seinen Garten und brachte Tabakblätter zum Geschenk.

Nachdem wir die Dörfer passiert hatten, setzten sich die Führer Kangenkes nieder und sagten, wir hätten hier drei Wege vor uns; wenn wir ihnen nicht auf der Stelle ein Kleid schenkten, würden sie uns verlassen, und wir möchten dann gehen, wohin wir wollten. Da ich die Richtung kannte, in welcher Loanda lag, und sie nur deshalb angenommen hatte, weil sie den Weg zwischen den Dörfern kannten, die auf unserem Wege lagen, und stets Einwendungen machte, wenn sie eine andere Richtung einschlugen, riet ich jetzt meinen Leuten, ohne Führer weiterzugehen und selbst den Pfad zu wählen, der uns in der befolgten Richtung weiterführe. Aber Maschauane, welcher befürchtete, wir möchten uns verirren, bat um die Erlaubnis, sein eigenes Kleid hingeben zu dürfen, und als die Führer das sahen, kamen sie herbei und riefen: »Averie! Averie!«

Am Nachmittag desselben Tages kamen wir in ein Tal, das ungefähr eine Meile breit und mit hellem schnellfließendem Wasser gefüllt war. Die Leute zu Fuß wateten bis ans Kinn im Wasser; wir drei »zu Ochs« wurden auch am halben Leibe naß, denn die Tiere konnten der Last wegen nicht schwimmen. Ein Gewitterregen vollendete die Überschwemmung, und bei Nacht mußten wir uns höchst unbehaglich in die nassen kalten Decken legen. Am nächsten Tage trafen wir ein zweites überflutetes Tal, ungefähr eine halbe Meile breit, durch welches ein an sich kleiner, jetzt aber tiefer Bach in schneller Strömung nach Südsüdost in den Kasai floß. Im Bette des Bächleins war die Strömung so reißend, daß wir uns an den Ochsen festhalten mußten, welche nach dem gegenüberliegenden Ufer fortgerissen wurden; da sprangen wir ab, und da die Ochsen nun ihre Last los waren, konnten wir sie nach den seichteren Stellen ziehen. Im übrigen Teil des Tales ging das Wasser uns bis an den Schenkel und war sehr schlammig; wir mußten uns an dem Gürtel halten, der die Decke auf den Ochsen festband, und halfen uns so gut als möglich durch den häßlichen Schmutz hindurch.

Hierauf kamen wir an einen anderen Strom, Nguana Loke (d. h. Lokes Kind), über den eine Brücke führt. Die Leute mußten hinüberschwimmen; auf der Brücke ging ihnen das Wasser bis an die Brust; einige zogen es vor, sich an den Schwänzen der Ochsen festzuhalten. Ich wollte dies auch tun; aber als wir einer tiefen Stelle zuritten, konnte ich nicht schnell genug herunterspringen, und ehe ich noch den Schwanz ergriffen, wurde der Ochse mit den übrigen hinweggerissen und sank so tief, daß ich vergebens den Gurt zu erfassen suchte; als ich nun am Zügel zog, war es, als ob der Ochse rücklings auf mich stürzen wollte; daher half ich mir allein nach dem gegenüberliegenden Ufer. Meine Leute waren fürchterlich erschrocken, als die mich von den Ochsen getrennt sahen, und zwanzig stürzten gleichzeitig zu meiner Rettung herbei, und als ich eben das Ufer erreichte, faßte mich einer am Arm und ein anderer schlug mir den seinigen um den Leib. Als ich wieder auf den Beinen war, war es rührend, wie sie alle auf mich losstürzten. Einige waren von der Brücke gesprungen, und ihre Kleider hatte der Strom mit forgerissen. Ein Teil meiner Habseligkeiten, die ich in der Eile verloren hatte, wurde mir wiedergebracht, nachdem ich selbst mich gerettet hatte. Sie freuten sich außerordentlich darüber, daß ich wie ein Fisch schwimmen könnte und nicht den Ochsenschwanz dazu brauchte, und ich dankte und danke noch diesen armen Heiden für die Bereitwilligkeit, mit der sie sich in den Strom stürzten, um, wie sie dachten, mein Leben zu retten. Die Kleider waren mir im Wasser sehr beschwerlich; sie konnten schneller schwimmen, da sie

Auf den Flüssen der Westküste

nackt waren. Sie schwimmen wie Hunde, nicht nach unserer Sitte wie Frösche.

Am Abend setzten wir über den kleinen Bach Lozeze und kamen in Dörfer der Kasabi, die uns für Perlen Maniok gaben. Sie wollten uns Furcht machen, indem sie von den tiefen Flüssen sprachen, über die wir noch zu setzen hätten. Ich trocknete meine Kleider, indem ich mich am Feuer nach allen Seiten wandte. Meine Leute lachten darüber, daß man uns mit den Flüssen Angst machen wollte. »Wir können alle schwimmen; wer anders brachte den weißen Mann über den Fluß, als er selbst.« Ich war wirklich stolz auf ihr Lob.

Sonnabend, 4. März. – Wir kamen in die Nähe des Gebietes der Tschiboque. Wir setzten über die Bäche Konde und Kaluze. Der erste ist tief und mit einer Brücke versehen, der letztere unbedeutend; beide fließen durch fruchtbare Täler. Meine Leute klagen immer über die unbebauten Täler. »Welch prächtiges Land für Vieh! Mein Herz ist betrübt, wenn ich solch schönes Kornland wüst liegen sehe!« Anfangs dachte ich, die despotische Regierung der Häuptlinge duldete nicht, daß das Volk sich Vieh halte; doch brachte mich weiteres Nachdenken auf die Vermutung, daß das fruchtbare Londa früherhin von der Tsetse heimgesucht worden sein möge, daß aber, da die Leute das Wild töteten, von dem die Tsetse leben mußte, das Insekt umgekommen ist. Die Tsetse findet sich jetzt nur noch, wo viel Wild ist, und da die Balonda mit ihren Feuergewehren fast das ganze Land von größerem Wild gesäubert haben, so kamen wir gerade zu einer Zeit hierher, wo Viehzucht möglich war. Daher der Erfolg Katemas, Schintes und Matiamvos mit ihren Herden.

Nachdem wir das Dorf Njambis, eines Tschiboque-Häuptlings, erreicht hatten, beabsichtigten wir einen ruhigen Sonntag zu machen, und da unsere Vorräte aufgezehrt waren, befahl ich, einen abgetriebenen Reitochsen zu schlachten. Da wir mit aller Welt im guten Einvernehmen zu stehen wünschten, sandten wir Buckel und Rippen Njambi mit der Erklärung, es sei dies der übliche Tribut an den Häuptling in dem Lande, woher wir kämen, und Leute in seiner Stellung hätten wir stets geehrt. Er dankte und versprach uns Lebensmittel zu schicken. Am nächsten Morgen kam eine unverschämte Gesandtschaft mit einem unbedeutenden Speisevorrat; er verachtete das Fleisch, das wir geschickt hatten, und verlangte einen Mann, einen Ochsen, eine Flinte, Pulver, ein Kleid oder eine Muschel, und im Fall meiner Verweigerung werde er uns nicht weiterziehen lassen. Wir entgegneten, wir würden uns für närrisch gehalten haben, wenn wir sein kleines Geschenk verachtet und dafür etwas anderes verlangt hätten, und selbst vorausgesetzt, wir hätten, was er wünschte, so hätte doch kein schwarzer Mann das Recht, einen Tribut von Leuten zu verlangen, die keine Sklavenhändler sind. Die Diener, welche die Botschaft brachten, sagten, wenn sie zu den Mamhari gekommen wären, hätten sie stets eine Partie Kleider für ihren Herrn bekommen, und erwarteten von mir dasselbe oder etwas, das dem gleichkomme.

Wir hörten, wie die Tschiboque bemerkten: »Sie haben nur fünf Flinten«, und gegen Mittag versammelte Njambi seine Leute und umzingelte unser Lager. Sie hatten die Absicht, uns auszuplündern. Meine Leute griffen zu den Jagdspießen und nahmen eine defensive Haltung an, während die jungen Tschiboque ihre Schwerter zogen und wütend damit in der Luft herumfochten. Einige richteten selbst ihre Flinten auf mich und winkten einander zu, als wollten sie sagen: »So müssen wir es mit ihm machen.« Ich setzte mich auf den Feldstuhl, die doppelläufige Flinte auf dem Knie, und lud den Häuptling ein, sich ebenfalls zu setzen. Als er und seine Ratgeber sich mir gegenüber auf die Erde gesetzt hatten, fragte ich, was wir begangen hätten, daß sie bewaffnet zu uns gekommen seien. Er antwortete, einer meiner Leute, Pitsane, habe, als er heute früh am Feuer saß ausgespuckt und dabei sei etwas Speichel einem seiner Leute aufs Bein gekommen; diese Schuld müsse durch einen Mann, einen Ochsen oder eine Flinte gebüßt werden. Pitsane gestand es zu und führte als Beweis des reinen Zufalls an, er hätte gerade, bevor ihm dies passierte, dem Mann Fleisch geschenkt und ein Freundschaftsband geschlossen, auch ihn sofort abgewischt, als er es bemerkt. Was den Mann betraf, den die Tschiboque verlangten, so erklärte ich, wir würden lieber alle sterben als einen Mann zum Sklaven hergeben; wir würden einer für den anderen stehen, denn wir wären alle freie Männer. »Dann kannst du mir die Flinte geben, mit welcher der Ochse erschossen wurde.« Da wir hörten, daß seine Leute immer wieder erwähnten, wir hätten nur fünf Flinten, schlugen wir es ab, weil sie die Absicht hatten, uns zu plündern, und eine Flinte mehr sie bei ihrem Vorhaben unterstützt haben würde.

Sie leugneten und sagten, sie verlangten nur den herkömmlichen Tribut. Ich fragte, welches Recht sie hätten, eine Bezahlung für die Erlaubnis zu verlangen, den Grund und Boden zu betreten, der Gott, dem gemeinsamen Vater, gehört? Wenn wir ihre Gärten beträten, so würden wir zahlen, aber nicht wenn wir durch ein Stück Land zögen, das Gott und nicht ihnen gehöre. Sie wagten nicht, dem zu widersprechen, da es mit ihren eigenen Ideen vollkommen übereinstimmt, aber sie kamen wieder auf das vermeintliche Verbrechen Pitsanes zurück.

Meine Leute baten mich, etwas zu geben, und nachdem ich den Häuptling nochmals gefragt hatte, ob er das wirklich für ein Verbrechen halte, und er es bejahte, gab ich ihm ein Hemd. Die jungen Tschiboque waren damit nicht zufrieden, sie schrien und schwangen ihre Schwerter, um noch mehr zu erpressen.

Da Pitsane einsah, daß er die Ursache der unangenehmen Geschichte sei, so bat er mich, noch etwas zu geben. Ich bot ihm Perlen, aber die Ratgeber Tschiboques wollten nicht; da legte ich noch ein Tuch hinzu. Je mehr ich gab, um so unbilliger wurden ihre Forderungen, und jede neue Forderung war von Geschrei und einem Angriff auf uns begleitet. Ein junger Mann zielte von hinten nach meinem Kopf, aber ich hielt ihm schnell den Lauf meiner Flinte vor den Mund, und er entfernte sich. Ich machte den Häuptling auf ihn aufmerksam, und dieser befahl ihm wegzugehen. Ich wollte um jeden Preis Blutvergießen vermeiden, und obwohl ich übezeugt war, daß ich mit meinen Makololo, die Sebituane eingeübt hatte, eine zweimal größere Zahl zurückgetrieben haben würde, als uns jetzt angriff, obwohl es eine ziemliche, mit Speeren, Schwertern, Pfeilen und Flinten bewaffnete Menge war, so suchte ich doch jede wirkliche Kollision zu vermeiden. Meine Leute waren auf diesen Fall ganz unvorbereitet; aber sie blieben sehr ruhig. Als der Häuptling und seine Ratgeber meiner Aufforderung, sich zu setzen, Folge geleistet hatten, waren sie in eine Falle gegangen, denn meine Leute umringten sie in aller Ruhe und gaben ihnen zu verstehen, daß sie ihren Speeren nicht entrinnen könnten. Hierauf sagte ich, da sie mit nichts zufrieden seien, so wäre es daraus klar, daß sie den Kampf suchten, während wir nur ruhig durch ihr Land zu ziehen beabsichtigten; sie müßten beginnen und vor Gott die Schuld tragen; wir würden nicht eher kämpfen, bis sie den ersten Streich geführt hätten. Dann blieb ich eine Weile ruhig sitzen und betrachtete mir die Tschiboque. Ihr keineswegs schönes Gesicht gewinnt auch dadurch nicht, daß sie die Zähne glätten. Der Häuptling und seine Ratgeber, welche sahen, daß sie in größerer Gefahr waren als ich, gingen nicht auf meine Entscheidung ein, den ersten Streich zu führen und dann zu sehen, was wir tun würden, und vielleicht war der ruhige Ernst, den meine Leute in der Aussicht auf eine blutige Tat behaupteten, nicht ohne Einfluß auf sie.

Die Tschiboque nahmen endlich die Sache in die Hand und erklärten: »Ihr kommt auf eine ganz neue Art und Weise unter uns und sagt, ihr seid Freunde; wie können wir das wissen, wenn ihr uns nicht von eurer Speise gebt und von den unsrigen nehmt? Gebt ihr uns einen Ochsen, so geben wir euch alles, was ihr wünscht, und dann sind wir gute Freunde.« Auf die Bitte meiner Leute gab ich einen Ochsen her, und als sie fragten, was ich dafür haben wollte, antwortete ich Lebensmittel, da wir diese am nötigsten brauchten. Am Abend sandte Njambi einen ganz kleinen Korb mit Eßwaren und zwei bis drei Pfund Fleisch von unserem eigenen Ochsen, mit der Entschuldigung, Geflügel habe er nicht und andere Lebensmittel nicht viel. Es war unmöglich, über solchen Edelmut nicht zu lachen. Und trotzdem dankte ich Gott, weil, obwohl fest entschlossen, lieber zu sterben, als einen von uns in die Sklaverei gehen zu lassen, wir es doch so weit gebracht hatten, ohne Menschenblut zu vergießen.

Mitten in der Aufregung stahlen einige Tschiboque uns Fleischstücke in den Hütten meiner Leute, und Mohorisi, ein Makololo, ging kühn mitten unter sie und jagte ihnen einen Markknochen wieder ab. Meine Batoka erschraken und würden ausgerissen sein, wenn der Kampf wirklich begonnen hätte; aber im ganzen benahmen sich meine Leute musterhaft. Sie beklagten es, daß sie ihre Schilde auf Sekeletus Befehl zu Hause gelassen hätten, weil er befürchtet hatte, sie möchten sonst zu übermütig gegen die Stämme sein, mit denen wir in Berührung kämen.

Sonnabend, 11. März. – Wir erreichten ein kleines Dorf an dem Ufer eines schmalen Flusses. Ich war zu unwohl, um mein Zelt zu verlassen, außer um eine Meuterei zu stillen, welche zwischen einigen Batoka und Ambonda in meiner Gesellschaft auszubrechen drohte. Sie murrten, wie sie es oft gegen ihre Häuptlinge zu tun pflegen, wenn sie meinen, daß sie parteiisch bei ihren Geschenken sind, weil sie voraussetzten, daß ich bei Verteilung der Perlen Parteilichkeit gezeigt hätte; aber die Perlen, die ich den Vornehmsten gegeben hatte, reichten bloß hin, um dürftige Lebensmittel zu kaufen, und ich war hierher geeilt, um einen abgetriebenen Ochsen zu schlachten und ihnen allen am Sonntag einen Fest- und Ruhetag zu gewähren, damit sie sich für die bevorstehende Reise erholen konnten. Ich erklärte ihnen dies und glaubte, ihr Brummen würde wohl aufhören. Ich sank infolge des Fiebers bald in eine Art Betäubung und merkte nichts von ihrem Lärm beim Schlachten. Am Sonntag machten die Meuterer einen schrecklichen Lärm, indem sie eine Haut zubereiteten. Ich bat zweimal durch meine Diener, sie möchten still sein, da der Lärm mir Schmerz verursache; aber da dies nichts half, sah ich selbst heraus und wiederholte meine Bitte, aber sie antworteten mir mit unverschämtem Gelächter. Da ich wußte, daß es mit der Disziplin vorüber sei, wenn ich diese Meuterei nicht unterdrückte, und daß unser Leben von der Aufrechthaltung der Autorität abhing, ergriff ich ein doppelläufiges Pistol, trat hinaus vor mein Zelt und sah sie so wild an, daß sie schleunigst davonliefen. Denen, welche stehenblieben, sagte ich, ich müßte die Disziplin aufrecht erhalten und wäre es auf Kosten eines Menschenlebens; so lange wir reisten, dürften sie nicht vergessen, daß ich der Herr sei. Da wurden sie sofort gehorsam, gaben mir keinen Grund mehr zur Unruhe und ließen es sich nicht einfallen, sich an meinem Eigentum zu vergreifen.

13. März. – Wir gingen einige Meilen weiter, mußten aber meines heftigen Fiebers wegen an den Ufern eines Arms des Loajima, eines anderen Nebenflusses des Kasai, haltmachen. Bis spät in die Nacht lag ich in einem fast totenähnlichen Schlafe, bis ich mein Zelt verlassen mußte, und ich staunte nicht wenig, als ich sah, daß meine Leute Pallisaden erbaut hatten und mit den Speeren Wache standen. Wir waren von Feinden umgeben, und eine Abteilung Tschiboque lag vor den Toren, nachdem sie vorher ihr Verlangen nach einem Manne, einem Ochsen, einer Flinte oder einem Elefantenzahn wiederholt hatten. Meine Leute hatten sich gegen einen Nachtüberfall gerüstet, und als die Tschiboque wissen wollten, wo ich lag, weigerten sie sich, mich ihnen zu zeigen. Am Morgen ging ich hinaus zu den Tschiboque, und ich fand, daß sie mir höfliche

Antworten gaben, als ich von meiner Absicht, das Land zu eröffnen, zu lehren usw. sprach. Sie glaubten, ihr Häuptling würde mit diesem Freundschaftsbündnis zufrieden sein, und wünschten nur noch die Freundschaftszeichen auszutauschen. Sie boten mir drei Schweine an in der Hoffnung, ich würde sie annehmen. Gewöhnlich macht man hier ein Geschenk und sagt dann, was man als Gegengeschenk wünscht. Unsere Führer hatten uns im voraus davor gewarnt, und ich fragte daher jetzt, ob sie eines der Schweine mit uns essen wollten. Sie antworteten, sie wagten nicht näher zu treten. Da nahm ich das Geschenk, damit auf mich kein Tadel wegen Mangels an Freundschaftsgefühlen fallen könne, und bot ihnen ein Rasiermesser, zwei Schnüre Perlen und zwölf kupferne Ringe, die meine eigenen Leute von ihren Armen hergegeben hatten. Sie gingen, dies ihrem Häuptling zu melden, und da ich vor Schwindel nicht gehen konnte, warteten wir an derselben Stelle bis Dienstag abend, als sie zurückkehrten und in kurzen Worten die Botschaft brachten, ein Mann, ein Elefantenzahn, eine Flinte oder ein Ochse allein würden genommen werden; ihr Häuptling hätte alles, nur keinen Ochsen, und er würde dafür geben, was ich wünschte. Da sie höflich waren, und Blutvergießen allein die Sache geändert haben würde, so gab ich ihnen einen abgetriebenen Reitochsen. Der Ambonda, der kaum noch rebelliert hatte, war jetzt überloyal, er stand bewaffnet Wache am Tor. Er wollte lieber sterben als zulassen, daß man seinen Vater betrüge; aber ich gab Mosantu Befehl, ihn wegzuweisen, was sofort geschah, und die Tschiboque zogen mit ihrer Beute ab. Ich sagte meinen Leuten, das Leben jedes einzelnen von ihnen sei mir teurer als alle Ochsen zusammen, und ich würde nur dann kämpfen, wenn es gälte, Leben und Eigentum der Majorität zu retten. Alle stimmten bei und sagten, wenn die Tschiboque fortführen, uns friedliche Leute in dieser Weise zu belästigen, so würde die Schuld auf ihr Haupt fallen. Dies ist ein Lieblingsausdruck im ganzen Lande. Jeder ist bereit, eine Erklärung über das abzugeben, was er getan hat, und schließt seinen Bericht mit den Worten: »Ich habe keine Schuld (molatu), sie haben die Schuld.« Ich weiß nicht, ob sie meinen, schuldig vor Gott oder bloß vor den Menschen.

Am nächsten Morgen erschien die Räuberbande wieder mit ungefähr 30 Ellen gestreiftem englischen Kaliko und zwei Hacken für uns, und sie brachten die kupfernen Ringe wieder, da ihr Häuptling ein großer Mann sei und die Schmucksachen meiner Leute nicht brauche. Ich verteilte den Kaliko unter meine Leute und machte einen Scherz darüber, daß dies der Ersatz für den Ochsen sei. Ich ließ dem Häuptling, dessen Namen wir nicht erfuhren (er nannte sich immer nur den Matiamvo), sagen, er solle sich selbst Vieh anschaffen, und ich bedauerte, ihm nicht dazu behilflich sein zu können. Der Regen hielt uns bis Donnerstag auf als Boten kamen, welche sagten, ihr Häuptling habe erfahren, es sei uns nicht der ganze Kaliko überbracht worden, die kupfernen Ringe seien von den Personen veruntreut worden, welche sie uns wieder zustellen sollten, und er habe die diebischen Gesandten zur Strafe ihres Eigentums beraubt. Unsere Führer hielten diese neuen Boten für die Spione einer größeren Abteilung, die sich in dem Walde versteckt hätte, den wir jetzt zu durchreisen hatten. Wir bildeten daher eine geschlossene Masse und duldeten nicht, daß einer hinter den anderen zurückbliebe. Wir kamen in ein Dorf, aber alle Bewohner waren abwesend, wie unsere Führer glaubten, im Walde mit den anderen. Ich war zu unwohl, um viel daran zu denken, ob wir angegriffen werden würden oder nicht. Obwohl es heftig regnete, marschierten wir doch immer weiter, da wir gern aus dieser schlimmen Nachbarschaft uns retten wollten. Im Dunkel sahen wir die Schlingpflanzen nicht, um ihnen aus dem Wege gehen zu können, und Pitsane, Mohorisi und ich fielen oft von den Ochsen auf die Erde herab. Mein Ochse Sinbad geriet in Galopp, der Zügel riß, und ich stürzte auf den Kopf, und Sinbad gab mir noch einen derben Stoß an den Schenkel. Ich mag das niemals als ein Palliativ gegen Fieber empfehlen! Ich zehrte fast zu einem Gerippe ab. Die Decke, deren ich mich als Sattel bediente, war in der Regel naß und trocknete selbst in der Sonnenhitze nicht; hierzu kam noch die Wärme des Ochsen, und ich war unaufhörlich wund.

Am Freitag kamen wir in ein Dorf höflicher Leute am Ufer des Loajima selbst und blieben den ganzen Tag daselbst, nachdem wir ihn überschritten hatten. Die Brücke über diesen und einen anderen Strom, den wir am Mittag passierten, war von Wasser überschwemmt. An der zweiten Furt wurden wir von einer feindlichen Schar empfangen, die uns nicht weiterlassen wollte. Ich hieß meine Leute, in unserer Richtung weiterzugehen, aber der Feind versperrte uns mit lautem Geschrei den Weg. Wir waren ihnen ziemlich gleich an Zahl, und ich ritt an der Spitze meiner Leute. Einige liefen nach anderen Dörfern, andere zurück in ihren Wohnort unter dem Vorwand, Munition zu holen; andere sagten, alle Händler kämen zu ihnen, und wir müßten dasselbe tun. Da sie eine Menge Pfeile mit eisernen Spitzen und Flinten hatten, hieß ich meine Leute, als wir an die Ecke des Waldes kamen, das Gepäck in die Mitte zu nehmen, und wenn die Feinde nicht feuerten, einige junge Bäume umzuhauen und so schnell als möglich einen Verhau zu bilden, aber nichts zu tun, außer wenn sie angegriffen würden. Dann stieg ich ab, ging auf den Anführer der Gegner los, zeigte ihm, wie leicht ich ihn töten könnte, aber zum Himmel zeigend, sagte ich: »Ich fürchte Gott.« Er tat dasselbe, legte seine Hand aufs Herz, wies hinauf und sagte: »Ich fürchte zu töten; aber komm in mein Dorf, komm, komm.« Jetzt trat der alte Anführer Jonga Panza, ein ehrwürdiger Neger, heran; ich bat ihn und alle Anwesenden, sich zu setzen, damit wir die Angelegenheit besprechen könnten. Jonga Panza sagte, er fühle sich herabgesetzt, wenn wir bei ihm vorüberzögen. Da aus Mißverständnis die meisten Streitigkeiten entstehen, so hätte in diesem Falle es gar ernst werden können; denn wie alle Stämme in der Nähe der portugiesischen Niederlassungen bilden sich die Leute hier ein, sie hätten ein Recht darauf, Bezahlung von jedem zu verlangen, der ihr Land passiert; und obwohl Jonga Panza meinen Leuten nicht gewachsen war, so war er doch entschlossen, auf sein Recht ohne Kampf nicht zu verzichten. Ich ging mit meinen Leuten in das nächste Dorf und dankte Gott, daß es nicht zu Tätlichkeiten gekommen war.

Der Grund, warum der Stamm sich so in die Idee hineingelegt hatte, daß er ein Recht zu haben glaubte, sich den Durchzug durch das Land bezahlen zu lassen, ist wahrscheinlich folgender. Sie haben keine anderen Händler als Sklafvenhändler gesehen. Diesen sind die Häuptlinge, deren Land sie passieren, immer zu großem Dank verpflichtet; denn wenn sie entlaufenen Sklaven ein Asyl gewähren, so sind die Händler sofort verlassen und ihres Eigentums beraubt. Deshalb müssen sie sich bei den Häuptlingen einzuschmeicheln suchen, um von ihnen freies Geleit zu erlangen. Wenn die Händler mit Reihen von Sklaven aus dem Innern zurückkehren, so macht es einem Häutling keine Schwierigkeiten, eine Reihe von acht oder zehn Sklaven, die keinen Widerstand leisten, wegzunehmen, so daß der Händler recht gern eine Summe zahlt, um sich die Häuptlinge günstig zu erhalten. Die unabhängigen Häuptlinge, welche nicht wissen, warum man ihre Gunst so eifrig sucht, werden außerordentlich stolz und hochfahrend in ihren Forderungen und betrachten die weißen Männer mit der größten Verachtung. Die Bangala, ein Stamm, in dessen Nähe wir uns jetzt befanden, waren vor wenigen Jahren so weit gegangen, daß sie die portugiesischen Händler zwangen, Wasser, Holz, selbst Gras zu bezahlen, und alles mögliche ersannen, um ihnen Buße aufzulegen; und diese wurde geduldig bezahlt, so lange der Sklavenhandel blühte. Wir waren, ohne es zu wissen, mit einem System in Berührung gekommen, das in dem Lande ganz unbekannt war, aus dem meine Leute kamen. Ein englischer Händler muß dort seine Führer bezahlen, aber nie habe ich gehört, daß er um Erlaubnis bitten muß, ein Land zu durchreisen. Erst durch den Sklavenhandel scheint diese Idee Eingang gefunden zu haben, denn die Eingeborenen wissen, daß das ungepflügte und nicht zur Weide benutzte Land Gott allein gehört, und daß Leute, die hindurchreisen, keinen Schaden anrichten. Ich glaube sogar, daß da, wo es noch keinen Sklavenhandel gibt, die Besuche der Fremden als ein Privilegium betrachtet werden.

Das Dorf des alten Jonga Panza (10° 25' südlicher Breite, 20° 15' östlicher Länge) ist klein und von schönen immergrünen Bäumen umgeben, die über und über mit Schlingpflanzen bedeckt waren. Er sandte uns sogleich Lebensmittel und bald darauf eine Ziege, die als ein ganz besonderes Geschenk angesehen wurde, da es hier nur wenige Haustiere gibt, obwohl das Land vortrefflich zur Viehzucht geeignet ist. Ich vermute, daß auch dieses, wie Schintes und Katamas Land, ein Tsetse-Distrikt gewesen ist und erst in neuerer Zeit durch die infolge der ausgedehnten Verbreiterung der Feuerwaffen ermöglichte Vernichtung des Wildes in den Stand gesetzt worden ist, andere Haustiere als Ziegen zu nähren.

Während dieser aufregenden Szenen vergaß ich stets mein Fieber; aber mit dem Gefühl der Sicherheit kam auch die schreckliche Empfindung der Ohnmacht wieder. Dieselbe Zumutung, die Erlaubnis zum Durchzug zu bezahlen, stellte am 20. März der alte Jonga Panza an uns. Ich bot ihm die Muscheln an, die mir Schinte geschenkt hatte, aber Jonga Panza sagte, er sei zu alt für solchen Schmuck. Wir würden recht gut mit ihm ausgekommen sein, denn er war durchaus nicht unverständig und hatte nichts als ein kleines Dorf, das ihn unterstützen konnte; aber unsere zwei Führer von Kangenke machten die Sache schlimmer, indem sie nach einer Gesellschaft Bangala-Händler schickten, mit der Absicht, uns zu zwingen, die Elefantenzähne Sekeletus zu verkaufen und sie mit dem gelösten Gelde zu bezahlen. Wir boten ihnen an, sie gut zu bezahlen, wenn sie ihr Versprechen erfüllten und uns nach Cassange führten, aber sie wußten den Weg so wenig wie wir selbst. Sie machten jetzt mit unseren Feinden gemeinschaftliche Sache. Dasselbe taten die Händler. Zwei Flinten und Perlen, die den letzteren gehörten, befanden sich in unserem Lager, die Führer nahmen sie weg und liefen damit fort. Da meine Leute wußten, daß wir sie würden ersetzen müssen, setzten sie ihnen nach, und als die Führer sahen, daß sie gefangen werden würden, so warfen sie die Flinten weg, richteten ihre Flucht nach dem Dorfe zu und sprangen in eine Hütte. Das Tor ist nicht höher als das Loch von einem Hundestall. Einer der Führer wurde gepackt, während er sich bückte, um hineinzukriechen und bekam einen derben Hieb auf einen gewissen Teil seines Körpers. So hatten wir die Flinten wieder, aber die Perlen hatten sie auf der Flucht verloren. Mein eigener Vorrat an Perlen konnte diesen Verlust nicht ersetzen, und obwohl wir erklärten, daß wir keine Schuld daran trügen, so entgegneten die Händler, wir hätten die Diebe mit ins Land gebracht; es waren Bangela, welche die Portugiesen jederzeit auf die empfindlichste Weise drangsaliert hatten.

Meine Leute boten all ihren Schmuck und ich alle meine Perlen und Hemden auf; aber obwohl wir gegen unseren Willen in das Dorf gekommen waren und auch die Führer uns gegen ihren Wunsch hierher gefolgt waren und ohne unser Wissen und unseren Willen nach den Bangala-Händlern geschickt hatten, so ließ sich doch die Sache nicht anders erledigen, als daß wir einen Ochsen und einen Elefantenzahn hergaben. Wir verloren alle den Mut und wunderten uns nicht mehr, daß Expeditionen der Eingeborenen vom Innern nach der Küste gewöhnlich ihre Bestimmung nicht erreicht hatten. Meine Leute waren zum Teil so mutlos, daß sie umzukehren wünschten. Die Aussicht, sozusagen an der Schwelle der portugiesischen Niederlassungen umkehren zu müssen, betrübte mich außerordentlich. Nachdem ich alle Macht der Überredung angewendet hatte, erklärte ich ihnen, wenn sie umkehrten, ginge ich allein weiter. Hierauf ging ich in mein Zelt, die Gedanken an Ihn gerichtet, der die Seufzer der Seele hört. Nicht lange darauf steckte Mohorisi den Kopf herein und sagte: »Wir werden dich nie verlassen. Verliere den Mut nicht. Wohin du uns auch führst, wir folgen dir. Nur die Ungerechtigkeit dieser Leute war an unserem Benehmen schuld.« Andere folgten ihm und forderten mich in der offenherzigsten und einfachsten Weise auf, ruhig zu sein: sie wären alle meine Kinder; sie kennten nur Sekeletu und mich und wollten für mich in den Tod gehen, sie hätten nicht gekämpft, weil ich es nicht wünschte; sie hätten in der Bitterkeit ihres Herzens und dem Gefühl der Ohnmacht gesprochen; »wenn aber die Feinde anfangen, da wirst du sehen, was wir zu tun imstande sind«. Einer der Ochsen, die wir den Tschiboque angeboten hatten, war verworfen worden, da er ein Stück Schwanz verloren hatte, und sie glaubten, er sei abgeschnitten und als Zaubermittel angewandt worden, und es erregte allgemeine Heiterkeit, als ich den Vorschlag machte, zu ähnlichen Einwürfen gegen alle unsere Ochsen Veranlassung zu geben. Die noch übrigen vier hatten auffällig kurze Schwänze, und obwohl niemand danach fragte, ob sie Zaubermittel in dem Schwanzstummel hätten oder nicht, so kamen wir nicht mehr in Verlegenheit, wenn jemand einen Ochsen verlangte.

Neuntes Kapitel

24. März. – Die Söhne Jonga Panzas erboten sich, uns als Führer in das Land der Portugiesen zu begleiten, wenn ich ihnen die von Schinte bekommene Muschel zum Geschenk machte. Ich weigerte mich entschieden, und namentlich gegen eine Zahlung im voraus; aber auf die Bitten meiner Leute gab ich nach und stellte mich, als hätte ich zu diesen hoffnungsvollen jungen Leuten Zutrauen. Sie wollten die Muschel bei ihren Weibern zurücklassen zum Lohn dafür, daß sie in eine so lange Abwesenheit einwilligten. Nachdem ich ihnen die Muschel gegeben, reisten wir West zum Norden nach dem Flusse Tschikapa, welcher hier (10° 22' südlicher Breite) 40–50

Ellen breit ist und jetzt tief war; etwa eine halbe Meile oberhalb unserer Furt stürzte er brausend über Felsen herab. Wir setzten in einem Kahn über, der nur aus einer Rinde bestand, die an den Enden zusammengenäht, und an einzelnen Stellen mit Stöcken, die als Rippen dienten, versehen war. Das Wort Tschikapa bedeutet Rinde oder Haut. Da dies der einzige Fluß ist, in welchem wir diese Art Kähne trafen, und da wir hörten, daß dieser Fluß den größten Teil des Jahres so seicht ist, daß er leicht durchwatet werden kann, so hat er wahrscheinlich seinen Namen von jenen Kähnen. Jetzt bedauerten wir den Verlust unseres Pontons; denn die Leute, denen der Kahn gehörte, verlangten Bezahlung, als die ersten einstiegen, eine zweite Bezahlung, als die Hälfte übergesetzt war, und eine dritte, als nur Pitsane und ich noch geholt wurden. Loyanke zog seinen Rock aus und bezahlte damit meine Fahrt. Die Makololo setzten ihre Gäste stets über, ohne Bezahlung zu verlangen, und bemerkten jetzt, sie würden in Zukunft die Mambari ebenso prellen, wie die Tschiboque es mit uns gemacht hätten; sie schimpften laut über diese Gemeinheit, und als ich fragte, ob sie ebenfalls so gemein sein könnten, antworteten sie, sie würden es nur tun, um Gleiches mit Gleichem zu vergelten. Sie suchen immer ihre Schlechtigkeit so gut als möglich zu entschuldigen.

Am nächsten Morgen gingen unsere Führer nur eine Meile; dann wollten sie wieder umkehren. Ich hatte dies erwartet, als ich auf Bitten der Makololo, die sehr wenig weltklug sind, sie im voraus bezahlte. Ich machte sehr energische Gegenvorstellungen, aber sie entschlüpften einer nach dem anderen in dem dichten Wald, den wir passierten, und es freute mich, als meine Gefährten zu dem Schlusse kamen, daß, da wir jetzt in einem Lande waren, das von Händlern besucht wurde, wir gar keine Führer brauchten, die wir namentlich deshalb nötig gehabt hatten, um hinsichtlich unserer Person bei den Einwohnern der Dörfer allen Befürchtungen vorzubeugen. Das Land war wellenförmiger als seither, und in tiefen bewaldeten Tälern flossen schöne Bäche. Die Bäume sind hoch und gerade, die Wälder dunkel und feucht; der Boden ist mit gelbem und braunem Moos bedeckt, und hellfarbige Flechten bekleiden die Bäume. Das Erdreich ist hier sehr fruchtbar, es ist schwarzer Lehm mit dichtem Graswuchs. Auch passierten wir mehrere Dörfer. Wo Sklavenhändler hinzukommen pflegen, bringt man Nahrung herbei, verlangt aber dann gewöhnlich drei- und viermal mehr dafür, als es wert ist. Es war uns sehr lieb, daß wir mehrere Orte passieren konnten, ohne mit den Eingeborenen in Berührung zu kommen.

26. März. – Wir verbrachten den Sonntag an den Ufern des Quilo (Kweelo), der hier etwa 10 Ellen breit ist. Er fließt in einem tiefen Tal, dessen Seiten fast 500 Ellen Abfall haben und felsig sind; die letzteren bestehen aus hartem Kalktuff, der auf Ton und Sandstein ruht und mit eisenhaltigem Konglomerat bekleidet ist. Die Szenerie wäre ganz reizend gewesen; aber das Fieber verminderte mir die Freude gar sehr; es machte mich sehr schwach, und am liebsten lag ich.

Da wir jetzt in der eigentlichen Heimat des Sklavenhandels waren, so fiel es mir auf, daß das Gefühl der Unsicherheit bei den Eingeborenen dafür spricht, daß diejenigen, welche als Sklaven verkauft wurden und die Freiheit wiedererlangten, wenn man sie fragt, mit dem neuen Stande zufriedener sind als mit dem ursprünglichen. Sie wohnten auf reichen fruchtbaren Ebenen, welche selten jene Liebe zur Heimat einflößen wie die Berge.

Indem wir nach Westnordwest weiterreisten, trafen wir viele Gesellschaften eingeborener Händler, von denen jede Tuch, Salz und Perlen führte, um dagegen Bienenwachs einzutauschen. Sie sind sämtlich mit portugiesischen Flinten bewaffnet und haben Patronen mit eisernen Kugeln. Wenn wir uns begegnen, machen wir gewöhnlich auf einige Minuten halt. Sie bieten uns etwas Salz, und wir geben ihnen ein Stück Ochsenfell oder eine andere Kleinigkeit; dann scheiden wir mit den besten Wünschen voneinander. Die Häute der Ochsen, die wir schlachteten, waren uns eine vortreffliche Quelle, denn wir fanden, daß sie im ganzen Lande in so hohem Wert standen, um Gürtel daraus zu machen, daß wir jede Haut in ungefähr zwei Zoll breite Streifen zerschnitten und sie für Mehl und Maniok hingaben. Je näher wir Angola kamen, um so geringer war ihr Wert, da die Einwohner dort selbst Vieh haben.

Das Dorf am Quilo, wo wir den Sonntag zubrachten, gehörte einem höflichen lebhaften alten Mann, Sakandala mit Namen, der unserer Reise kein Hindernis in den Weg legte. Wir waren jetzt dem Land der Baschinje nahe (von den Portugiesen Chinge genannt), welche mit dem Bangala-Stamm vermischt sind, der mit den Babindele oder Portugiesen Krieg geführt hat. Regen und Fieber behinderten wie gewöhnlich unser Vorwärtskommen, bis uns ein gewisser Kamboela auf den Weg brachte, der von Cassange und Bihe nach Matiamvo führt. Dies war ein gut gebahnter Fußweg, und bald nachdem wir ihn betreten, trafen wir eine Gesellschaft Händler aus Bihe, Halbkasten, welche es bestätigten, daß dieser Weg, wie wir schon gehört hatten, direkt nach Cassange führte, welchen Ort sie auf ihrer Reise von Bihe nach Cabango passierten. Sie beschenkten meine Leute mit Tabak und wunderten sich sehr, daß ich selbst nicht rauchte.

Da wir jetzt allein waren und wußten, daß wir uns auf dem Wege nach zivilisierten Gegenden befanden, so kamen wir schnell vorwärts.

Am 30. März kamen wir an ein abschüssiges Land voll tiefer enger Täler. Es ist so steil, daß man nur an einzelnen Punkten hinuntersteigen kann, und selbst da mußte ich absteigen, um nicht kopfüber hinunterzustürzen, obwohl ich so schwach war, daß mich meine Leute führen mußten. Diese Hilflosigkeit war mir im höchsten Grade lästig, denn es berührte mich stets unangenehm, wenn ich einen kranken oder gesunden Mann sah, der weibischer Schwäche nachgab.

Sonntag, 2. April. – Wir rasteten an einem kleinen Flusse, und da unser Hunger jetzt sehr bedeutend war, weil wir, seit wir Jonga Panza verlassen, nur von Maniok gelebt hatten, schlachteten wir einen der Ochsen, die uns noch geblieben waren. Die Leute hier schienen gleich großen Appetit nach Fleischkost zu haben, wie wir selbst, denn sie verwandten viel Mühe darauf, große weiße Larven aus dem feuchten Boden an den Flüssen auszugraben, und verzehrten sie als Leckerbissen. Die Baschinje weigerten sich, uns Lebensmittel zu verkaufen für den armseligen Schmuck, den meine Leute ihnen bieten konnten. Wir bekamen weder Mehl noch Maniok, doch würde dies immer noch zu ertragen gewesen sein, hätte nicht der Baschinje-Häuptling Sansawe uns um das gewöhnliche Geschenk geplagt. Die eingeborenen Händler sagten uns, daß sie oft bis auf einen gewissen Grad Gewalt brauchen müßten, ehe sie sein Land passieren könnten.

Sansawe, der Häuptling einer Abteilung der Baschinje, welcher das übliche Verlangen nach einem Mann, einem Ochsen oder einen Elefantenzahn an uns gerichtet hatte, sprach sehr verächtlich über das wenige, was wir ihm bieten konnten. Wir sagten seinen Boten, das Elfenbein gehöre Sekeletu; alles hatten wir schon weggegeben, mit Ausnahme der Instrumente, die für sie von keinem Nutzen sein konnten. Einer von ihnen bat um Fleisch, und als meine Leute es abschlugen, sagte er: »Ihr könnt es uns immerhin geben; denn wir werden euch doch alles nehmen, wenn wir euch morgen totschlagen.« Je bescheidener wir sprachen, um so unverschämter wurden die Baschinje, bis wir endlich ganz böse und ärgerlich wurden, aber doch immer noch so höflich als möglich sprachen. Sie disputieren gern, und als ich ihnen das Recht absprach, Tribut von einem Weißen zu fordern, der nicht Sklavenhandel treibe, stellte ein weißköpfiger Neger die Frage auf: »Ihr wißt, daß Gott uns Häuptlinge gegeben hat, die wir ernähren müssen; wie kommt es, daß ihr, die ihr ein Buch habt, das euch darauf aufmerksam macht, nicht sogleich diesem Häuptling den Tribut zahlt, wie jedem anderen?« Ich antwortete mit der Fage: »Wie konnte ich wissen, daß dieser Häuptling mich anderthalb Tage würde verweilen lassen, ohne mir etwas zu essen zu geben?« Obwohl dies Uneingeweihten wie reine Sophisterei erscheinen mag, war es doch für die Zentralafrikaner eine ganz vernünftige Frage, denn einmal gab er zu, daß uns Lebensmittel hätten geschickt werden müssen, und dann sagte er, der Häuptling mache sie wahrscheinlich für mich zurecht und sie würden bald kommen.

Nachdem wir uns den ganzen Tag lang nur mit den von Sansawe geschickten Boten müde geredet hatten, beehrte er uns selbst mit einem Besuch. Er ist ein ganz junger Mann von angenehmem Äußeren. Es mag hier am Quango noch wenig Verkehr zwischen den Portugiesen und den Eingeborenen stattgefunden haben; denn Sansawe bat mich, ihm mein Haar zu zeigen, weil er, obwohl er davon gehört und Weiße bereits sein Land passiert hätten, früher nie gerades Haar gesehen hätte. Es ist dies recht wohl möglich, da die meisten Sklavenhändler nicht Portugiesen, sondern Halbkasten sind. Der Unterschied zwischen ihrer Wolle und unserem Haar veranlaßte ihn, laut aufzulachen, und er wunderte sich sehr, als ich zum Beweis dafür, daß wir alle desselben Ursprungs und Kinder eines Vaters seien, die der Sonne ausgesetzten und die bedeckten Teile meiner Haut zeigte. Hierauf wies ich ihm meine Uhr und suchte durch Unterhaltung sein Zutrauen zu gewinnen; als ich aber einen

Taschenkompaß hervorsuchte, bat er mich, ihn wegzutun, denn er fürchte sich vor meinen wunderbaren Dingen. Ich sagte ihm, wenn er meine Absicht kennte, wie die Stämme im Inneren und wie ich hoffte, daß auch er sie und mich noch kennenlernte, so würde er gewiß dableiben und die Bilder in der Zauberlaterne sehen wollen; da es aber eben jetzt dunkel wurde, so hatte er genug von meiner Hexerei und machte einigen Hokuspokus, um die freundliche Gesinnungen, die er bereits für uns zu fassen begann, wieder zu vertreiben. Er empfahl sich, und als er ein Stück gegangen war, ließ er einen Dolmetscher kommen und mir durch ihn sagen, wenn wir ihm außer den Kupferringen und dem Fleisch nicht noch eine rote Jacke und einen Mann gäben, so müßten wir auf dem Wege wieder umkehren, den wir gekommen seien. Ich ließ ihm antworten, wir würden am nächsten Tag unseren Weg fortsetzen, und wenn er Feindseligkeiten begänne, so würde vor Gott Sansawe die Schuld treffen. Meine Leute fügten noch aus freien Stücken hinzu: »Wie viele Weiße habt ihr bereits auf diesem Wege getötet?« was bedeuten sollte: »Ihr habt noch nie einen Weißen getötet und würdet mit uns mehr zu tun bekommen, als ihr denkt.« Ihre Worte drücken den Entschluß aus, den wir schon oft unter minder günstigen Umständen ausgesprochen hatten, lieber sterben, als einen von uns in die Sklaverei geben zu wollen.

Der Hunger hat mächtigen Einfluß auf das Gemüt. Hätten wir ein gutes Fleischmahl bekommen, so würden wir die Quälereien dieser Leute, die an der Grenze der Zivilisation wohnten, mit Gleichgültigkeit ertragen haben; aber infolge des in der letzten Zeit erduldeten Mangels waren wir sehr mürrisch, und nicht selten hörte ich, wie meine Leute auf Drohungen in ihrer eigenen Sprache sagten: »Das brauchen wir, also frisch dran!« oder wenn sie mit zusammengebissenen Zähnen ausriefen: »Die Kerle sind nie gereist, sie wissen gar nicht, was Menschen sind.« Diese Quälereien hatten auch auf mich selbst großen Einfluß, namentlich da wir mit den Baschinje nicht gleiche Nachsicht wie mit den Tschiboque haben konnten. Sie sahen, wir hatten nichts zu geben, und konnten gar keinen Nutzen davon haben, wenn sie uns zwangen, dahin zurückzukehren, woher wir gekommen waren. Zum Unrecht fügten sie noch Beleidigung; daher wurden wir sehr aufgebracht und waren darauf gefaßt, am nächsten Morgen uns den Weg durch das Land der Baschinje mit Gewalt bahnen zu müssen.

4. April. – Jetzt waren wir am Ufer des Quango, eines 150 Ellen breiten und sehr tiefen Stromes. Das Wasser war farblos, ein Umstand, den wir bei keinem Fluß in Londa und dem Makololo-Land bemerkt hatten. Dieser prächtige Fluß geht durch ausgedehnte Wiesen mit gigantischem Gras und Rohr, in fast gerader nördlicher Richtung.

Der Quango soll, wie die Eingeborenen angeben, sehr giftige Wasserschlangen haben, die sich um das Aas der getöteten Flußpferde sammeln. Wenn dies wahr ist, so mag es der Grund sein, daß alle Dörfer, in welche wir kamen, weit vom Ufer abliegen. Man riet uns ab, nahe am Flusse zu schlafen; da wir aber gern nach dem westlichen Ufer hinüber wollten, so versuchten wir es, einige Baschinje zu veranlassen, uns Kähne zu diesem Zwecke zu leihen. Da kam der Häuptling herbei und erklärte, alle Schiffer wären seine Kinder, und ohne seine Einwilligung könne nichts geschehen. Hierauf verlangte er, wie immer, einen Mann, einen Ochsen, eine Flinte, sonst müßten wir dahin zurückkehren, woher wir gekommen. Da ich nicht glaubte, daß dieser Mann Macht über die Kähne am anderen Flußufer hätte, und befürchtete, er würde, wenn ich ihm meine Decke gäbe, das einzige, was ich noch besaß, uns doch im Stich lassen, so suchte ich meine Leute zu bewegen, etwa 2 Meilen am Ufer weiterzuziehen und Kähne zu suchen, ehe wir die Decke hergäben; aber sie glaubten, der Häuptling würde uns angreifen, wenn wir so übersetzten. Da erschien er selbst noch einmal und machte seine Anforderung geltend. Meine Leute gaben ihm die letzten kupfernen Ringe, die sie noch hatten; aber er bestand auf einem Mann. Er dachte wie andere, meine Leute seien Sklaven. Da ich darauf bestand, die Decke nicht eher herzugeben, bis wir auf das westliche Ufer übergesetzt wären, so plagte uns der Häuptling immerfort mit seinem Verlangen, bis ich es satt hatte. Mein kleines Zelt war jetzt in Stücken und hatte hinten ein größeres Loch als vorn die Tür, so daß ich mich vor den Augen meiner Verfolger nicht bergen konnte. Wir waren auf einer Schilfebene und konnten nicht wie sonst ein Pfahlwerk um unser Lager errichten, in welchem wir Zeit gehabt hätten, über unseren Plan nachzudenken. Während ich meine Leute noch zu überreden suchte, trotz der Ein-

Ein Schlafplatz in Angola

geborenen am Ufer weiterzugehen, kam ein junger portugiesischer Soldat, Halbkaste, mit Namen Cypriano di Abreu, und gab mir denselben Rat. Er war über den Quango gekommen, um Bienenwachs zu holen. Als wir nun weiterzogen, eröffneten die Eingeborenen hinter uns das Feuer und setzten es eine Zeitlang in der Richtung fort, in welcher wir gingen, doch traf uns keine Kugel, Wahrscheinlich erwarteten sie, wir würden aus Furcht vor ihrer Munition davonlaufen, aber wir setzten ruhig unseren Weg fort, und sie kamen nicht weiter nach als bis zu dem Platze, wo wir übernachtet hatten. Mit Cyprianos Hilfe trafen wir mit den Fährleuten ein besseres Übereinkommen, und ich brauchte mich nicht von meiner Decke zu trennen. Sobald wir das andere Ufer erreicht hatten, waren wir im Territorium der Bangala, welche den Portugiesen unterworfen sind und oft Cassange oder Cassantse genannt werden, und so waren denn alle Scherereien mit den Grenzvölkern glücklich überstanden.

Indem wir mit leichtem Herzen auf einem engen Fußwege durch das hohe Gras etwa 3 Meilen westlich vom Quango hinschritten, kamen wir an mehrere hübsche Häuser, vor denen reinlich aussehende Portugiesen, Halbkasten, standen und uns grüßten. Sie sind sämtlich Soldaten und gehören zu einer Division, welche unser Freund Cypriano kommandiert. Die Bangala machten den portugiesischen Händlern sehr viel zu schaffen und töteten selbst einen derselben; da sandte die Regierung von Angola eine Expedition gegen sie, welche so glücklich war, die Bangala zu zerstreuen, welche jetzt als Vasallen in ihre früheren Wohnsitze zurückkehren. Die Soldaten sind unter ihnen einquartiert und nähren sich von Handel und Ackerbau, da sie von der Regierung keinen Sold bekommen.

Wir kamen, als es dunkel geworden war, nach Cyprianos Wohnung, und ich schlug vor derselben mein Zelt für die Nacht auf. Hier besuchten uns die Moskitos. An den Ufern der klaren Ströme in Londa hatten sie uns nie belästigt. Am Morgen des 5. April versorgte Cypriano meine Leute reichlich mit Kürbissen und Mais und lud mich zum Frühstück ein, das aus Erdnüssen, geröstetem Mais und gekochten Maniokwurzeln bestand; als Dessert aßen wir Guajava und Honig. Ich war ihm sehr dankbar für dieses prächtige Frühstück.

Zu Mittag war Cypriano ebenso gütig, und mehrere seiner Freunde nahmen an der Mahlzeit teil. Vor dem Essen goß eine Sklavin jedem Wasser auf die Hände, um sie zu waschen. Einer der Gäste tranchierte mit Messer und Gabel Geflügel. Zum Essen hatten wir weder Gabeln noch Löffel. Die Mahlzeit wurde mit allem Anstand verzehrt, und zuletzt wuschen wir uns die Hände wie am Anfang.

Wir wurden durch Regen und den Wunsch, die geographische Lage unseres jetzigen Haltepunktes zu bestimmen, bis Montag, den 10. April, aufgehalten und fanden nur die Breite 9° 50' südlich, und nach einer mühsamen dreitägigen Reise durch das hohe Gras erreichten wir Cassange, die am weitesten landeinwärts gelegene portugiesische Station in Westafrika. Wir kamen über mehrere Nebenflüsse des Quango, und da das Gras immer noch etwa 2 Fuß über unsere Köpfe hinausragte, hinderte es unsere Fernsicht über das umliegende Land; oft hing es über den Weg herüber und durchnäßte uns von einer Seite am Morgen, wenn es taute, oder den ganzen Tag, wenn es regnete. Ich sah hinsichtlich der Kleidung ziemlich vernachlässigt aus, als ich in Cassange einzog. Der erste Herr, den ich traf, fragte mich nach meinem Paß und erklärte, er müsse mich vor die Behörde führen. Da ich ungefähr in derselben Lage war wie Leute, die ein kleines Vergehen sich zuschulden kommen lassen, um Wohnung und Kost im Gefängnis zu erhalten, folgte ich ihm freudig in das Haus des Kommandanten oder Chefe, Senhor de Silva Rego. Nachdem ich ihm meinen Paß gezeigt, lud er mich höflich zum Abendessen ein, und da wir vom Quango bis hierher nur von Cyprianos Mehl gelebt hatten, mag ich wohl den Eindruck eines gefräßigen Menschen auf die anderen Tischgäste gemacht haben. Doch schienen sie meine Lage recht wohl zu verstehen, da sie sämtlich auch große Reisen gemacht hatten; wären sie nicht dabei gewesen, so hätte ich für die Nacht noch etwas zu mir gesteckt, denn nach dem Fieber bekommt man den heftigsten Appetit, und Maniok ist ein ganz unzureichendes Nahrungsmittel. Capitain Antonio Rodrigues Reves war so gütig, mich die Nacht über in seinem Hause zu beherbergen. Am nächsten Morgen steckte er mich in anständige Kleidung und behandelte mich, so lange ich mich hier aufhielt, als wenn ich sein Bruder gewesen wäre.

Da ich es jederzeit vorzog, in meinem eigentlichen Charakter zu erscheinen, war ich für die gastfreundlichen Portugiesen ein Gegenstand der Neugier. Sie betrachteten mich offenbar als einen Agenten der englischen Regierung, der im Interesse der Unterdrückung des Sklavenhandels reiste. Sie begriffen nicht, was ein Missionar mit Längen und Breiten zu tun habe, die ich genau beobachtete. Als wir etwas bekannter wurden, richteten sie ganz possierliche Fragen an mich. »Sind die Missionare gewöhnlich Doktoren?« – »Sind Sie Doktor der Medizin und zugleich Doktor der Mathematik? Sie müssen mehr als ein Missionar sein, da Sie wissen, wie man die Länge berechnet. Sagen Sie uns doch, welches Amt Sie in der englischen Armee bekleiden?« Namentlich wunderten sie sich darüber, daß ich ein Priester war und doch eine Frau und vier Kinder hatte.

Da die Kaufleute in Cassange die ersten Weißen waren, zu denen wir auf unserer Reise kamen, verkauften wir das Elfenbein, welches Sekeletu gehörte, und das wir deswegen mitgebracht hatten, um den Unterschied des Preises bei den Makololo und den Weißen kennenzulernen. Das Resultat war für meine Begleiter höchst befriedigend, da die Portugiesen das Elfenbein weit besser bezahlen, als die Händler vom Kap es können, welche die Kosten des bedeutenden Landtransportes und mancherlei nachteilige Beschränkungen zu tragen haben. Zwei Musketen, drei kleine Fässer Schießpulver und englischer Kaliko, der hinreichte, alle meine Leute zu kleiden, sowie große Bündel Bohnen, alles dies für einen Elefantenzahn, war eine große Freude für die Meinigen, welche daran gewöhnt waren, zwei Zähne für eine Flinte zu geben. Für einen anderen Zahn kauften wir Kaliko, der hier ein sehr gangbarer Artikel ist, um unsere Reise bis nach der Küste davon zu bestreiten. Die übrigen zwei Zähne wurden für Geld losgeschlagen, um in Loanda für Sekeletu ein Pferd zu kaufen.

Dieser neue bedeutende Markt setzte meine Leute sehr in Erstaunen, und sie begannen auf die Händler zu schimpfen, die zu ihnen in ihr eigenes Land gekommen waren und, wie sie jetzt sagten, sie betrogen hatten. Sie hatten keinen Begriff von dem Wert der Zeit und des Transportes, und es fiel mir schwer, sie zu überzeugen, daß der Grund für den Unterschied im Preise lediglich daran lag, daß sie selbst hierher gekommen waren und daß, wenn die Portugiesen sie in ihrem Lande aufsuchen sollten, sie keineswegs so freigebig sein würden. Sie dachten natürlich, wenn die Kaufleute aus Cassange nach Linyanti kämen, würden sie die Preise beibehalten, welche sie in Cassange zahlten. Ich glaube, ich überzeugte sie endlich davon, daß der Preis sich nach den Kosten richten müsse, und als wir nach Loanda kamen und sahen, daß man hier noch billiger verkaufe, so schlossen sie daraus, es wäre besser, sie kämen hierher als nach Cassange.

Rego, der Kommandant, war so artig, mir einen Soldaten als Bedeckung bis nach Ambala mitzugeben. Meine Leute erzählten mir, sie hätten daran gedacht, es wäre besser, hier umzukehren; denn die Farbigen in Cassange hätten ihnen gesagt, ich nähme sie nur deshalb mit nach der Seeküste, um sie zu verkaufen; dann würden sie aufs Schiff gebracht, gebunden und schließlich gefressen, da die Weißen Kannibalen seien. Ich fragte sie, ob sie je gehört hätten, daß ein Engländer Menschen verkaufe; ob ich mich nicht geweigert hätte, die Sklavin anzunehmen, die mir Schinte anbot; ich wäre doch immer ihr Lehrer gewesen, und wenn sie jetzt an meinen guten Absichten zweifelten, so wäre es besser, sie gingen nicht mit nach der Küste; ich dagegen erwartete Landsleute daselbst zu treffen und wäre entschlossen, die Reise fortzusetzen. Sie entgegneten, sie hätten es nur für recht gehalten, mir mitzuteilen, was man ihnen gesagt habe, doch dächten sie nicht daran, mich zu verlassen, und würden mir überallhin folgen. Nachdem diese Angelegenheit so geordnet war, gab ihnen der Kommandant einen Ochsen und lud mich zu Tische, ehe wir abreisten. Alle Kaufleute von Cassange begleiteten uns, in Hängematten von Sklaven getragen, bis an den Rand des Plateaus, auf dem ihr Dorf stand, und ich schied von ihnen mit dem Gefühl unvergeßlicher Dankbarkeit für ihre uneigennützige Güte. Sie taten nicht nur alles, um mir und meinen Leuten den Aufenthalt erträglich zu machen, sondern gaben mir auch, da Hotels in Loanda nicht vorhanden sind, Empfehlungsbriefe an ihre Freunde in der Stadt, worin sie dieselben baten, mich in ihren Wohnungen aufzunehmen, denn sonst hätte ich als Fremder auf der Straße mich behelfen müssen. Gott gedenke es ihnen in den Tagen der Not!

Cassange, die östlichste Station der Portugiesen in Westafrika, liegt 9° 37' 30" südlicher Breite, 17° 49' östlicher Länge; folglich hatten wir noch 300 Meilen bis an die Küste zurückzulegen. Wir bekamen einen schwarzen Korporal als Führer. Er war aus Ambaca gebürtig und konnte, wie fast alle Einwohner dieses Distrikts, die man gewöhnlich Ambakisten nennt, lesen und schreiben. Er hatte drei Sklaven bei sich, die ihn in einer Tipoia, einer an einer Stange befestigten Hängematte, trugen. Seine Sklaven waren jung und konnten ihn nicht weite Strecken auf einmal tragen; aber er war so vernünftig zu gehen, außer wenn wir in die Nähe eines Dorfes kamen. Da stieg er in seine Tipoia und ließ sich in das Dorf tragen; auf gleiche Weise verließ er das Dorf und blieb in der Hängematte, so lange wir das Dorf sehen konnten. Es war ganz interessant zu beobachten, wie sich dieser Soldat benahm. Zwei Sklaven trugen immer die Tipoia, der dritte trug einen hölzernen, etwa drei Fuß langen Kasten, der seine Schreibmaterialien, Teller und Kleidung enthielt. Er war sehr reinlich, und obwohl selbst ganz schwarz, nannte er doch jeden Schwarzen, den er schalt, einen Neger.

Nachdem wir am 21. April Cassange verlassen hatten, durchschritten wir den letzten Teil dieses außerordentlich fruchtbaren Tales bis an den Fuß des Tala Mungongo. Wir setzten am 22. April über einen kleinen Fluß, Lui genannt, am 24. über den Luare und übernachteten am Fuß einer 1000–1500 Fuß betragenden Anhöhe.

27. April. – Nachdem wir fünf Stunden durch Wald und Wiese wie in Londa geritten waren, kamen wir in ein Dorf der Basongo, eines den Portugiesen unterworfenen Stammes. Wir setzten über mehrere kleine Flüße, welche dieselbe Richtung hatten, der wir folgten, und sich zum Quize, einem Nebenfluß des Coanza, vereinigen. Die Basongo waren sehr höflich, wie alle von den Portugiesen unterworfenen Stämme. Die Basongo und Bangala sind bis jetzt nur teilweise unterworfen. Je weiter westlich wir kommen, desto weniger unabhängig ist die schwarze Bevölkerung, bis in der Nähe von Loanda die freien Eingeborenen fast dieselbe Stellung wie die Sklaven einnehmen. Aber die Gouverneure von Angola sind klug genug, sich mit der beschränkten Unterwürfigkeit und dem geringen Tribut der westlichen Stämme zu begnügen; es ist doch besser als nichts.

Den Sonntag, 30. April, brachten wir in Ngio zu, nahe an der Furt des Quize, wo er unsere Straßen kreuzt, um in den Coanza zu fallen. Das Land erweitert sich, ist aber immer noch außerordentlich fruchtbar, mit dichtem, 2–3 Fuß hohem Graswuchs. Auch ist es reich an Wald und Wasser. Die Basongo-Dörfer sind über das Land verstreut, mit einzelnen Häusern aus Ruten und Lehm, welche die Portugiesen des Handels wegen erbauten. Die Einwohner haben Rindvieh und Schweine. Die verschiedenen, 8–10 Meilen voneinander entfernten Schlafplätze erkennt man an Hütten aus Ruten und Gras. Es ist hier ein immerwährendes Wandern von und nach der Küste. Die Waren werden auf dem Kopf oder auf den Schultern in einer Art Korb getragen, der an den Enden zweier 5–6 Fuß langer Stangen befestigt ist und Motete genannt wird. Wenn der Korb auf dem Kopf steht, so ragen die Stangen horizontal nach vorn.

Als wir den Distrikt von Ambaca betraten, sahen wir in der Ferne hohe Berge, das Gras war verhältnismäßig kurz, und das ganze Land frisch und grün. Das Land ist außerordentlich fruchtbar, berühmt durch seine Viehzucht und erzeugt alle Ackerfrüchte, die hier sehr billig sind. Der Boden enthält Eisenbestandteile, welche ihn fast ganz rot färben. Er wird von vielen Bächen durchschnitten, die sich in den Lucalla ergießen. Nach einigen Meilen jenseits dieses Flusses kamen wir in das Dorf Ambaca, das früher ein wichtiger Platz war, jetzt aber nur ein elendes Dorf ist, das angenehm auf einer mäßigen Erhöhung in einer Ebene liegt, die ringsum von hohen Bergen eingeschlossen ist.

Der Kommandant von Ambaca, Arsenio de Carpo, empfing uns außerordentlich freundlich; er sprach etwas englisch. Er empfahl mir Wein für meine Schwäche, und ich trank hier das erste Glas, seit ich in Afrika war. Ich fühlte mich sehr erquickt und konnte über die schwächenden Wirkungen des Fiebers nachdenken. Diese waren mir selbst sehr eigentümlich, denn obwohl ich seit der Abreise von Ngio wiederholt Beobachtungen angestellt hatte, so fand ich mich doch in Zeit und Entfernung nicht zurecht, ich konnte das Instrument nicht festhalten und die einfachsten Berechnungen nicht ausführen; daher mußte ich die Bestimmung mehrerer Ortslagen bis auf meine Rückkehr von Loanda verschieben. Oft wenn ich am Morgen aufstand, war meine Kleidung von Schweiß so durchnäßt, als wenn man mich in Wasser getaucht hätte. Vergeblich bemühte ich mich, die Bundasprache, den Dialekt von Angola, zu lernen oder neue Wörter zu sammeln. Ich vergaß die Wochentage und die

Namen meiner Gefährten, und hätte man mich danach gefragt, so hätte ich meinen eigenen Namen nicht nennen können. Die Krankheit nahm meine Gedanken sehr in Anspruch. Einmal glaubte ich das Wesen derselben entdeckt zu haben und den nächsten Fieberanfall heilen zu können; aber da fanden sich neue Symptome und zerstreuten alle die schönen Spekulationen.

12. Mai. – Als wir am Morgen aufbrechen wollten, versah mich der Kommandant Arsenio mit Brot und Mehl bis zur nächsten Station und gab mir zwei Soldaten als Führer mit, da der Korporal von Cassange uns hier verließ. Um Mittag suchten wir im Hause eines Herrn Mellot in Zangu Zuflucht vor der Sonne, und obwohl ich nicht sitzen und mich unterhalten konnte, fand ich doch, als ich das Lager verließ, daß er für mich Geflügel hatte kochen lassen; beim Abschied gab er mir ein Glas Wein, und so blieb der Fieberfrost aus, den ich am Nachmittag erwartete. Die allgemeine Gastfreundschaft der Portugiesen war uns höchst angenehm, da wir sie gar nicht erwartet hatten. Und selbst noch, da ich diese Zeilen schreibe, gedenke ich ihrer mit warmer Dankbarkeit.

Wir brachten den Sonntag, den 14. Mai, in Cabinda zu, einer Station der Unterkommandanten, welche an verschiedene Punkte in jedem Distrikt Angolas gestellt sind, um den Hauptkommandanten (Chefe) zu unterstützen.

Wir trafen viele Mambari, die nach Bihe zurückkehrten. Einige von ihnen hatten zu der Handelsgesellschaft gehört, die bis Linyanti vorgedrungen war, und legten ihr Mißvergnügen deutlich an den Tag, als sie sahen, daß die Makololo selbst nach den Küstenmärkten kamen, um ihr Elfenbein zu verkaufen, statt es ihnen anzuvertrauen. Sie wiederholten die Erzählungen über die Art und Weise, wie die Weißen Handel trieben. »Man läßt das Elfenbein abends am Meeresufer liegen, und am nächsten Morgen findet der Verkäufer Waren an der Stelle, welche die Weißen, die im Meere leben, dahin gelegt haben.« Sie sagten weiter: »Könnt ihr Makololo denn mit diesen Meermännern Handel treiben? Könnt ihr ins Meer steigen und sie auffordern, ans Ufer zu kommen?« Es war auffällig, diese Ansichten so nahe am Meere ausgesprochen zu hören. Meine Leute entgegneten, sie würden sich schon kümmern, und da sie jetzt einen Begriff davon bekamen, wie die Mambari Handel trieben, so machte es ihnen Vergnügen, zu erkennen, warum die Mambari lieber am Zambesi als an der Meeresküste mit ihnen zusammentreffen wollten.

Weiter nach Westen kamen wir über mehrere Gießbäche, die nie vertrocknen. Sie fließen in den Luinha und Lucalla. Da sie mehrfach Wasserfälle bilden, so würde man sie gut benutzen können, aber man läßt sie träge nach dem Meere zu fließen. Wir kamen durch Wälder voll gigantischer Bäume und fanden in einer Lichtung, Cambondo, etwa 8 Meilen von Golungo Alto, eine Menge Zimmerleute, welche diese riesigen Bäume in Bretter zerschnitten. Man fällte einen Baum von 3–4 Fuß Durchmesser, der bis zu den nächsten Zweigen 40–50 Fuß hoch war. Man zerschnitt ihn in Stücke von mehreren Fuß Länge und spaltete sie in dicke Klötze, welche weiter mit der Axt zu Brettern verarbeitet wurden. Die Zimmerleute machen kleine Kästen daraus und treiben damit Handel im Cambondo. Mit Bändern, Schloß und Schlüssel, die sie auch selbst fertigen, kostet ein solcher Kasten nur einen Schilling acht Pence. Meine Leute fanden so viel Vergnügen an diesen Kästen, daß sie einige auf dem Kopfe bis nach Linyanti mitnahmen.

In Trombeta hatte der Unterkommandant viel Geschmack entwickelt und sein Haus mit Blumen geziert. Dieser unbedeutende Umstand war um so interessanter, als es, seit ich Mozinkwa in Londa verlassen, das erstemal war, daß ich ein Streben nach Sauberkeit und Gefälligkeit bemerkte. Baumreihen waren längs der Straßen gepflanzt, dazwischen Ananas und Blumen. Ähnliches fand ich auch in anderen Distrikten dieses Landes; es macht hier auch gar keine Schwierigkeit, Bäume und Pflanzen überhaupt zu ziehen, wenn man nur das Unkraut fernzuhalten versteht.

Dieser Unterkommandant hat jetzt ein schönes Landgut, das vor wenigen Jahren noch Wald war und ihn nur sechzehn Pfund kostete. Er hat ungefähr neunhundert Kaffeebäume gepflanzt, und da diese schon nach drei Jahren tragen und in sechs Jahren ihre höchste Stufe erreichen, so zweifle ich nicht, daß die sechzehn Pfund ihm das Sechzigfache einbringen.

Weiterhin verließen wir die Berge, und als wir nach der Westküste herabstiegen, nahm das Land einen unfruchtbaren und wenig einladenden Anblick an. Da wir immer näher an das Meer kamen, betrachteten meine Gefährten alles mit ernstem Gesicht. Einer von ihnen fragte mich, ob wir in Loanda Gelegenheit haben würden, einander zu bewachen. »Vorausgesetzt, einer geht nach Wasser, werden die anderen es sehen können, ob er weggefangen wird?« Ich antwortete: »Ich merke, was ihr wollt; wenn ihr mir nicht traut, so kehrt um, denn ich kenne Loanda so wenig wie ihr; aber nichts wird euch begegnen, das nicht auch mir begegnete. Wir haben uns bis jetzt beigestanden und werden dies tun bis zum letzten Augenblick.« Die Ebenen, welche an Loanda grenzen, liegen ziemlich hoch und sind verhältnismäßig unfruchtbar. Als wir sie überschritten, erblickten wir zum erstenmal das Meer; meine Leute schauten mit Staunen auf den endlosen Ozean. Sie teilten mir später ihre Gedanken mit: »Wir gingen mit unserem Vater, in dem Glauben, den schon die Alten hatten und den wir für richtig hielten, die Welt habe kein Ende; aber auf einmal sagte die Welt zu uns: nun bin ich zu Ende, hier höre ich auf.« Sie waren früher der Ansicht, die Welt sei eine einzige grenzenlose Ebene.

Sie fürchteten jetzt, sie würden Mangel leiden, und ich konnte ihre Furcht nicht durch Versprechungen entfernen, denn ich war durch Krankheit und Sorge niedergedrückt. Das Fieber hatte eine Art chronischer Diarrhöe erzeugt, die mich so sehr plagte, daß ich nicht zehn Minuten auf dem Ochsen bleiben konnte, und als wir am 31. Mai nach der Stadt Loanda hinunterstiegen, war ich außerordentlich mutlos, denn ich wußte, daß unter einer Bevölkerung von zwölftausend Seelen ein einziger wirklicher Engländer war. Ich hätte gern gewußt, ob er gutmütig war oder einer jener launischmürrischen Menschen, die man lieber meidet.

Dieser Mann hieß Gabriel und war Bevollmächtigter zur Unterdrückung des Sklavenhandels. Er war so freundlich gewesen, mir eine Einladung zu schicken, welche mich auf dem Wege von Cassange her treffen sollte, aber unglücklicherweise verfehlte uns der Bote. Als wir in sein Vorhaus traten, entzückten mich die sorgsam gepflegten Blumen, und ich schloß daraus, daß er, was sich auch sogleich bestätigte, ein treuer gutherziger Engländer war.

Da er sah, daß ich krank war, bot er mir sein Bett an. Nie werde ich das wonnige Vergnügen vergessen, welches ich empfand, als ich wieder auf einem englischen Lager schlief, nachdem ich sechs Monate lang mit der bloßen Erde vorlieb nehmen mußte. Ich schlief ein, und Gabriel, der nach mir sah, erfreute sich an meiner guten Ruhe.

In der Hoffnung, daß ich unter der gastfreundschaftlichen Pflege Gabriels meine frühere Kraft bald wieder erlangen würde, blieb ich in seiner Wohnung; aber da der so lange dauernde Einfluß der Fieberluft meine Krankheit hervorgerufen hatte, wurde ich immer schwächer, trotz der Ruhe, die ich jetzt genoß. Mehrere Portugiesen luden mich bald nach meiner Ankunft ein, und der Bischof von Angola, Joaquim Moreira Reis, welcher zugleich Gouverneur der Provinz war, tat dasselbe durch seinen Sekretär und bot mir zugleich die Dienste des Gouvernementsarztes an.

Einige Kreuzer Ihrer Majestät kamen alsbald in den Hafen, und als sie mich so ganz abgemagert sahen, machten sie mir den Vorschlag, mich nach St. Helena oder nach Hause zu bringen, aber obwohl ich die Küste erreicht hatte, hatte ich doch gefunden, daß infolge der bedeutenden Wälder, Flüsse und Sümpfe eine Straße für Wagen nicht anzulegen sei, und ferner hatte ich eine Anzahl Leute von Sekeletu mitgebracht, welche, da die den portugiesischen Niederlassungen benachbarten Stämme sehr feindlich gesinnt waren, unmöglich allein zurückkehren konnten. Daher entschloß ich mich, die verlockenden Anerbieten zurückzuweisen und die Makololo zu ihrem Häuptling zurückzuführen und zugleich den Versuch zu machen, auf dem großen Zambesi oder Leeambye eine Straße von Sekeletus Land nach der Ostküste herzustellen.

Indes brauchte ich gern die ärztliche Hilfe Cockins, des Schiffsarztes vom Polyphemus, auf Anraten des Befehlshabers desselben, Kapitän Phillips. Cockins Behandlung, die erfreuliche Anwesenheit der gutmütigen Seeoffiziere und Gabriels unermüdliche Gastfreundschaft und Sorgen stellten mich bald wieder her. Am 14. konnte ich den Bischof besuchen; meine Leute begleiteten mich in neuen Kleidern aus gestreiftem Baumwollzeug und roten Mützen, ein Geschenk Gabriels. Er empfing uns als provisorischer Gouverneur in der großen Halle des Palastes. Er tat mancherlei geistreiche Fragen in betreff der Makololo und erlaubte ihnen dann, nach Loanda zu kommen, so oft sie wollten. Diese Unterredung gefiel den Makololo außerordentlich.

Jedermann bemerkte den ernsten Anstand der Makololo. Sie betrachteten die großen steinernen Häuser und die Kirche in der Nähe des Meeres mit Staunen. Ein zweistöckiges Haus war für sie jetzt etwas ganz Unbegreifliches. Wenn ich es ihnen erklären wollte, mußte ich immer das Wort für Hütte gebrauchen, und da ihre Hütten nur aus Stangen bestehen, die in die Erde geschlagen werden, so begriffen sie nicht, wie man die Stangen einer Hütte auf das Dach einer anderen Hütte setzen könne, oder wie Menschen in dem oberen Stock wohnen könnten, mitten über dem Dach des unteren Stockes. Die Makololo, welche ein kleines Haus in Kolobeng gesehen, beschrieben es ihren Landsleuten in Linyanti folgendermaßen: »Es ist nicht eine Hütte, es ist ein Berg mit mehreren Höhlen.«

Der Kommandant Bedingfeld und der Kapitän Skene luden sie ein, ihre Schiffe Pluto und Philomele zu besuchen. Da ich ihre Furcht kannte, so sagte ich ihnen, es brauche niemand hinzugehen, der den geringsten Verdacht hätte. Da ging fast die ganze Gesellschaft hin, und als sie auf dem Verdeck waren, zeigte ich auf die Matrosen und sagte: »Alles das sind meine Landsleute, welche die Königin geschickt hat, um den Handel derer zu unterdrücken, welche schwarze Menschen kaufen und verkaufen.« Sie entgegneten: »Wahrlich, sie sind gerade wie du«, und all ihre Furcht war auf einmal verschwunden, denn sie mischten sich unter die Matrosen, und die gutmütigen Teerjacken gaben ihnen von ihrem Mittagessen, Brot und Rindfleisch. Die Makololo würden es auch so gemacht haben. Der Kommandant erlaubte ihnen, eine Kanone abzuschießen, und da sie übertriebene Vorstellungen von der Kraft einer Kanone hatten, freuten sie sich, als ich ihnen sagte: »Damit unterdrückt man den Sklavenhandel.« Die Größe des Kriegsschiffs setzte sie in Staunen. »Es ist nicht bloß ein Kahn, es ist eine Stadt!« Das Matrosendeck nannten sie die Kotla, und die große Arche weiter beschreibend, sagten sie: »Und was für eine Stadt ist dies, daß ihr an einem Seil hinaufklettern müßt?«

Die Höflichkeit der Offiziere und der Mannschaft machte auf sie den wohltätigsten Eindruck. Sie waren von Linyanti an jederzeit sehr gütig gegen mich gewesen, und ich stieg außerordentlich in ihrer Achtung, denn was immer sie vorher gedacht haben mochten, so sahen sie jetzt, daß ich bei meinen Landsleuten geachtet war, und behandelten mich seitdem stets mit der größten Hochachtung.

Anfang August bekam ich einen Rückfall, der mich in ein wahres Skelett verwandelte. Ich konnte mich lange Zeit um meine Leu-

St. Paul de Loanda – rechts das Fort San Miguel

te nicht kümmern. Als ich mich wieder erholte, fand ich zu meiner Freude, daß ich von jener Müdigkeit nichts verspürte, die nach meiner ersten Genesung mich nicht ganz verlassen hatte. Ich fand, daß meine Leute einen lebhaften Handel mit Brennholz etabliert hatten. Mit dem Hahnenschrei am Morgen zogen sie aus, erreichten mit Tagesanbruch die unbebauten Strecken des angrenzenden Landes, sammelten Brennholz und kehrten nach der Stadt zurück. Hier teilten sie es in kleine Bündel und verkauften es an die Einwohner, und da sie reichlicher gaben als die gewöhnlichen Holzträger, fanden sie bald Abnehmer. Als ein Schiff mit Kohlen für die Kreuzer von England ankam, verwendete Gabriel sie beim Abladen und zahlte ihnen sechs Pence täglich. Diese Beschäftigung dauerte ungefähr einen Monat, und sie konnten sich gar nicht genug wundern, welche große Ladung ein solches Schiff fasse. Wie sie selbst sagten, hatten sie einen und einen halben Monat lang täglich von Sonnenaufgang bis Sonnenuntergang, so schnell sie konnten, »Steine, welche brennen« abgeladen, und wenn sie sich ganz müde gearbeitet hatten, war das Schiff immer noch voll. Für das Geld kauften sie Kleider, Perlen und andere Artikel, die sie mit in ihr Land zurücknehmen wollten. Ihre Ansichten von dem Wert der verschiedenen Artikel setzten alle in Erstaunen, die nur mit Eingeborenen an der Küste verkehrt hatten. Da ich mit großer Bestimmtheit behaupten hörte, die Afrikaner wären mit den dünnsten Stoffen zufrieden, wenn sie nur recht bunt und groß wären, so war mir dies nach den Erfahrungen, die ich im Innern gemacht hatte, so neu, daß ich widersprach, und um die gesündere Ansicht der Makololo zu zeigen, nahm ich sie mit in Schuts Laden. Als er ihnen die Menge Artikel zeigte, die sie in Loanda für einen einzigen Elefantenzahn bekommen könnten, forderte ich sie, wie ohne Grund, auf, auszuwählen, was sie am meisten schätzten. Sofort griffen sie nach dem festesten englischen Kaliko und anderen Stoffen und zeigten dadurch, daß sie mehr auf die Festigkeit als auf die Farbe gaben.

Ich nahm einen ziemlichen Vorrat an Baumwollzeug, frischer Munition und Perlen mit und gab jedem meiner Leute eine Flinte. Da sie viele Waren zusammengeschafft hatten, konnten sie die meinigen nicht mehr tragen; aber der Bischof gab mir zwanzig Träger mit und ließ an die Kommandanten aller Distrikte, die wir passierten, den Befehl ergehen, mich so viel in ihrer Macht stand zu unterstützen. Auch ein gutes neues Zelt bekam ich von einem Freund an Bord der Philomele, und so verließen wir Loanda am 20. September 1854 und fuhren zur See bis an die Mündung des Bengo. Diesen Fluß gingen wir aufwärts und kamen durch den Distrikt, in welchem die Ruinen des Klosters St. Antonio standen; von hier nach Icollo i Bengo, mit einer Bevölkerung von 6530 Schwarzen, 172 Mulatten und 11 Weißen, die Residenz eines früheren eingeborenen Königs. Die Sklaven betragen 3,38 Prozent der ganzen Bevölkerung. Der Kommandant des Ortes, Laurence José Marquis, ist ein freimütiger alter Soldat und ein sehr gastfreundlicher Mann; er ist einer der wenigen, welcher das allgemeine Lob fester unbeugsamer Redlichkeit zur Wahrheit macht und sich bis zum Major emporgearbeitet hat. Bis hierher begleitete uns Edmund Gabriel, der durch seine unermüdliche Aufmerksamkeit gegen mich und seine Freigebigkeit gegen meine Leute uns allen teuer geworden war. Meine Leute waren von seiner Güte durchdrungen und sprachen auf dem Wege nach Linyanti oft von ihm mit wahrer Bewunderung.

28. September, Kalungwembo. – Wir befanden uns noch auf demselben Wege, den wir gekommen waren, und da es hier keine Moskitos gab, konnten wir die Gegend besser genießen. Hügelreihen liefen zu beiden Seiten unseres Weges, und die schöne ebene Straße war mit einer prächtigen roten Blume, Dolcamara, geschmückt. Die Märkte oder Schlafplätze werden von zahlreichen Weibern mit Lebensmitteln versorgt; sie spinnen mit Rocken und Spindel, wie die Weiber der alten Ägypter. Man sieht fast nie eine Frau aufs Feld gehen, die nicht, obwohl mit einem Topf auf dem Kopfe, einem Kind auf dem Rücken und der Hacke auf der Schulter, zugleich noch sich mit Spinnen beschäftigte. Man brachte Baumwolle zum Verkauf, und ich kaufte ein Pfund für einen Penny. Diesen Preis verlangten sie, und gewiß war dieses doppelt so viel, wie sie voneinander nehmen.

Da ich das interessante Land und seine früheren Missionsanstalten genauer kennenlernen wollte, als es auf dem Wege möglich gewesen wäre, den wir gekommen waren, so beschloß ich, die Stadt Massangano zu besuchen, die südlich von Golungo Alto am Zusammenflusse des Lucalla und Coanza liegt. Dies führte mich durch den Distrikt Cazengo, der durch die Menge und Güte seines

Kaffees berühmt ist. Wir sahen ausgedehnte Kaffeepflanzungen an den Abhängen der hohen Berge. Sie waren meist von den Portugiesen angelegt worden. Die Jesuiten und andere Missionare brachten, wie man allgemein weiß, echten Mokka mit, der sich dann von selbst weit und breit fortgepflanzt hat; daher die Güte des Angola-Kaffees.

Begleitet von dem Kommandanten von Cazengo, der mit diesem Teil des Landes wohl bekannt war, fuhr ich in einem Kahn den Fluß Lucalla hinab bis nach Massangano. Der Fluß ist ungefähr 85 Ellen breit, und von seiner Vereinigung mit dem Coanza an bis etwa 6 Meilen oberhalb des Punktes, wo er den Luinha aufnimmt, für Kähne schiffbar. Nahe bei diesem letzteren Punkte liegen die starken massiven Ruinen einer Eisengießerei, welche 1768 auf Befehl des berühmten Marquis von Pombal errichtet wurde. Alle Gebäude waren aus Stein; als Zement diente Öl und Kalk. Das Wehr war aus demselben Material gebaut worden und 27 Fuß hoch. Es ist von einer Flut durchbrochen worden, welche alle großen Felsblöcke mit sich fortriß und einen instruktiven Beweis der Wasserkraft abgab. Nichts an diesem Orte deutete auf ungesundes Klima hin; aber acht spanische und schwedische Werkleute, die man hierher gebracht hatte, um die Eingeborenen im Schmelzen des Eisens zu unterrichten, fielen bald der Krankheit und dem unregelmäßigen Lebenswandel zum Opfer. Die Anstrengungen des Marquis wurden sonach vereitelt. Arbeit und Unterhalt sind indes hier so billig, daß fast alles zu einem Preise hergestellt werden kann, der teure Etablissements unnötig macht.

Die Stadt Massangano liegt auf einer ziemlich hohen Landzunge, welche vom linken Ufer des Lucalla und dem rechten Ufer des Coanza gebildet wird. Ich wurde von Lubata mit echt portugiesischer Gastfreundschaft aufgenommen. Die Stadt hat über tausend Einwohner, der ganze Distrikt 28 063, darunter nur 315 Sklaven. Sie steht auf Kalktuff, der reich an versteinerten Schaltieren ist, von welchen die jüngsten denen gleichen, die wir in dem Mergeltuff an der Küste fanden. Das Fort liegt an der Südseite der Stadt auf einer hohen senkrechten, über den Coanza überhängenden Uferstelle.

In Massangano sind zwei Kirchen und ein Hospital in Ruinen; ferner zeigte man die Reste zweier Klöster, deren eines schwarzen Benediktinern gehört haben soll, welche gewiß ein schweres Stück

Arbeit hatten. Es gibt weder Priester noch Schullehrer in der Stadt, doch freute ich mich, als ich sah, daß eine Anzahl Kinder von einem Einwohner unterrichtet wurde. Die zu diesen früheren geistlichen Etablissements gehörigen Ländereien werden jetzt von dem Gouvernement von Loanda verpachtet, und alle Gold- und Silbergefäße, welche ihnen gehörten, hat der Bischof nach Loanda bringen lassen.

Das Fort von Massangane ist klein, aber in gutem Stande; es hat einige sehr alte Geschütze, die zu ihrer Zeit furchtbare Waffen gewesen sein müssen. Die Eingeborenen haben bedeutende Furcht vor großen Geschützen, und dies sichert die Dauer der portugiesischen Macht. Sie fürchteten sich vor einer Kanone, deren Lafette so zerfressen war, daß sie bei dem ersten Schuß in Stücke fallen mußte; die Kanonen im Fort von Pungo Andongo haben nicht einmal Lafetten.

Massangano war eine sehr bedeutende Stadt, als die Holländer Loanda und einen Teil von Angola im Besitz hatten; aber als im Jahre 1648 die Holländer von einer kleinen Anzahl Portugiesen verjagt wurden, unter dem Gouverneur Salvador Correa de Sá Benevides, geriet Massangano in Verfall. Seit die Portugiesen den Ort zum Teil verließen, sind einige Baobal-Bäume gewachsen und haben einen Durchmesser von 18–20 Zoll und eine Höhe von ungefähr 20 Fuß erreicht. Es läßt sich zwar hieraus kein ganz sicherer Schluß ziehen, da man nicht weiß, wie bald nach 1648 sie zu wachsen angefangen haben; aber ihre jetzige Größe beweist, daß sie nicht ungewöhnlich langsam gewachsen sind.

Während unserer Anwesenheit fanden mehrere Feuersbrünste statt, da das Dachstroh infolge der dörrenden Sonne wie Zunder geworden war. Die Dächer entzündeten sich ohne eine andere bemerkbare Ursache als die brennenden Sonnenstrahlen und setzten die Einwohner in großen Schreck, denn bei dem leisesten Winde hätte die ganze Stadt in Flammen aufgehen können. Man sieht in Massangano nirgends eine Steininschrift. Wenn es zerstört würde, so könnte niemand angeben, wo diese und die meisten portugiesischen Städte im Innern gestanden haben, so wenig wie wir dies von denen der Balonda angeben können.

Als ich nach Golungo Alto zurückkehrte, fand ich mehrere meiner Leute am Fieber erkrankt vor. Ich hatte sie dort zurückgelassen, damit sie sich von den Anstrengungen der Reise von Loanda erholen könnten, die ihre Füße weit ärger mitgenommen hatte als Hunderte von Meilen auf unserer Reise nach dem Westen. Sie waren in ihrem eigenen wasserreichen Lande an Nässe gewöhnt, und wir fanden deren in Loanda im Überfluß. Aber die Straßen von Loanda nach Golungo Alto waren hart und trocken und machten ihnen viel zu schaffen; dennoch dichteten sie Lieder, die sie singen wollten, wenn sie nach Hause kämen. Die Argonauten waren nichts im Vergleich mit ihnen, und sie bemerkten mit Nachdruck: »Es war gut, daß du mit Makololo reistest; denn kein Stamm hätte tun können, was wir im Lande der Weißen auszuführen imstande waren, wir sind die wahren Alten, die Wunder erzählen können.« Zwei von ihnen hatten jetzt anhaltendes Fieber und Gelbsucht, das Weiße in ihren Augen wurde gelb wie Safran; ein dritter bekam Wahnsinnsanfälle. Er trat einmal zu seinen Gefährten und sagte: »Lebt wohl! Die Götter rufen mich weg!« und rannte spornstreichs davon. Die jüngeren Leute fingen ihn, nachdem er eine Meile gelaufen war, und banden ihn. Er wurde mehrere Tage sorgsam behandelt und bewacht, und so genas er wieder. Ich habe in diesem Lande ähnliche Fälle wiederholt bemerkt, seltener Stupidität, und dauernder Wahnsinn kommt wohl kaum vor.

Während wir auf die Genesung meiner Leute warteten, besuchte ich in Gesellschaft meines Freundes Canto das verfallene Kloster des heiligen Hilarion in Bango, wenige Meilen nordwestlich von Golungo Alto. Bango liegt in einem prächtigen Tal und hat ungefähr 4000 Feuerstellen. Es ist die Wohnung des Sova oder Häuptlings von Bango, der noch jetzt unter der portugiesischen Herrschaft eine gewisse Macht hat. Der Klostergarten, die Kirche, die Schlafsäle der Brüder sind noch immer in gutem Stande. Ich sah nach den Möbeln, Betten und den Behältnissen für die Lebensmittel der Brüder und hätte gern etwas über die früheren Besitzer erfahren; aber die Bücher und heiligen Gefäße waren vor kurzem nach Loanda geschafft worden, und selbst die Gräber der Entschlafenen waren ohne jedes Denkzeichen; doch werden ihre Ruheplätze sorgfältig gehütet. Man spricht nur Gutes von den Jesuiten und anderen Missionaren wie Kapuzinern usw., da sie sich sorgfältig der Erziehung der Kinder annahmen. Man hatte sie im Verdacht, daß sie zum Schaden der Regierung sich der Sache des Volkes annähmen; daher ersetzte man sie durch Priester, über deren Aussterben sich niemand beklagt hat. Mit Rücksicht auf die jetzigen Früchte der früheren Missionen kann man sich der Gewißheit hingeben, daß, wenn der Unterricht der Jesuiten so nachhaltig gewesen ist, der der Protestanten, welche ihren Bekehrten die Bibel in die Hand geben, nicht weniger von Erfolg sein wird. Der Bango-Häuptling hat ein großes zweistöckiges Haus nahe an dem Kloster erbaut, aber aus abergläubischer Furcht schläft er nicht darin.

Da der Kommandant Canto, mein Freund, von einem heftigen Fieber befallen wurde, gewährte es mir großes Vergnügen, in seiner Krankheit ihn zu warten, der so gütig gegen mich gewesen war, als ich mich in gleicher Lage befand. Er war einige Zeit ohne Besinnung, und da ich währenddem die Aufsicht über sein Hauswesen führte, so hatte ich Gelegenheit, die Sklaven zu beobachten. Wenn der Herr krank ist, stürzen die Sklaven über die Lebensmittel her. Ich wußte das nicht, bis ich bemerkte, daß die Zuckerdose jedesmal leer auf den Tisch kam. Als ich meinen Patienten bei Nacht besuchte, ging ich einen Korridor entlang; da begegnete mir die Waschfrau, die Ananas mit Zucker aß. Alle Süßigkeiten wurden aufgezehrt, und ich konnte kaum Brot und Butter bekommen, bis ich endlich die Tür zur Speisekammer zuschloß. Wahrscheinlich dachten die Sklaven, da sie und die Leckerbissen das Eigentum des Herrn seien, so wäre kein Grund vorhanden, weshalb sie davon getrennt sein sollten.

Da ich sie so von der Quelle des Genusses absperrte, fingen sie an, die Hühner und Gänse totzuschlagen, und brachten mir die getöteten Tiere mit den Worten: »Das lag tot draußen.« Dann ergötzten sie sich am Fleisch. Ein Gefühl der Unsicherheit herrscht im ganzen Land. Es ist ganz gewöhnlich, Fremden einen Schlüssel zu ihrem Zimmer zu geben. Wenn man zum Frühstück oder Mittagessen gerufen wird, so verschließt man seine Tür und steckt den Schlüssel zu sich. In Kolobeng schlossen wir monatelang weder Tag noch Nacht unsere Tür zu; aber dort gibt es auch keine Sklaven. Die Portugiesen sind eben nicht zu sehr für die Sklaverei und gegen die Farbe eingenommen. Canto gab ein Gastmahl, bei dem alle Klassen vertreten waren. Es erschienen zwei Sovas oder Häuptlinge und nahmen ganz ungeniert ihre Plätze ein. Der Sova von Kilombo trug Generalsuniform, der Sova von Bango einen roten, mit Brokat verzierten Rock. Er hatte auch eine Musikbande mitgebracht, sechs Trompeter und vier Trommler, die ihre Sache recht gut machten. Diese Leute sind sehr titelsüchtig, und die portugiesische Regierung schmeichelt ihnen mit allerhand Ehrentiteln.

Als wir weiterreisen wollten, bekam das Pferd, das uns der Gouverneur als Geschenk für Sekeletu gegeben hatte, eine Entzündungskrankheit, wodurch wir einige Zeit aufgehalten wurden; das Pferd starb daran. Wir hatten, als wir durch Matamba reisten, sorgsam darauf geachtet, daß kein Tsetse sich auf dasselbe setze. Der Wechsel mit dem Futter mag die Krankheit gefördert haben; denn Dr. Welweitsch, ein bedeutender deutscher Naturforscher, den wir hier mit seinen mühsamen Studien beschäftigt fanden und der hoffentlich am Leben bleibt, um seine Forschungen der Welt mitzuteilen, sagte mir, daß von den wohl fünfzig Grasarten in Loanda hier nur drei bis vier vorkommen und gerade die am wenigsten guten. Die vierundzwanzig Grasarten von Golungo Alto sind fast alle von riesiger Größe.

14. Dezember. – Nachdem wir, ich und meine Leute, uns von heftigen Fieberanfällen erholt hatten, verließen wir den gastfreundlichen Wohnort Cantos mit dem Gefühl der größten Dankbarkeit für seine Güte gegen uns alle und setzten unseren Weg nach Ambaca fort (9° 16' 35'' südlicher Breite, 15° 23' östlicher Länge).

Die heftigen Regengüsse im Oktober und November waren fast stets von Gewittern begleitet gewesen. Manchmal nimmt die Feuchtigkeit der Atmosphäre ohne eine sichtbare Ursache zu; man merkt dies daran, daß man merklich friert, obwohl das Thermometer nicht gefallen ist. Die größere Feuchtigkeit der Luft ist, da sie ein besserer Leiter für die Wärmeausstrahlung des Körpers ist, ebenso gefährlich wie der plötzliche Fall des Thermometers; sie erzeugt bedeutende Krankheiten unter den Eingeborenen, und sie nennen die Zeit, in der sie auftreten, Carneirado, als wenn sie durch die Krankheiten wie Schafe hingeschlachtet würden. Diese für die Europäer günstigste Jahreszeit ist für die Eingeborenen die ungesundeste, und doch ist es keineswegs ein Klima, in welchem Eingeborene wie Europäer sich ungestraft Unregelmäßigkeiten in der Lebensweise ergeben können.

Da meine Leute infolge der Krankheit noch schwach waren, hatten wir nur kurze Strecken marschieren können. Nach dreieinhalb Stunden kamen wir an die Ufer des Caloi, eines kleinen in den Senza mündenden Flusses. Dieser Teil des Landes ist durch sein Steinöl bekannt, obwohl die geologische Formation (nach Osten streichender Glimmerschiefer) nicht viel versprach. Mellot, der uns freundlich aufgenommen, begleitete uns bis an einen anderen kleinen Fluß, den Quango, wo ich zwei hübsche Knaben sah, die Söhne des Unterkommandanten Feltao, welche, obwohl erst sechs bis acht Jahre alt, am Fieber erkrankt waren. Im hellen Sonnenschein reisten wir weiter; die ganze Gegend war nach dem Regen so frisch und grün und alles so munter, daß man sich nur wundern konnte, in einem Fieberdistrikt zu sein.

Als wir Ambaca erreichten, fanden wir, daß der brave alte Soldat, Laurence José Marquis, seit wir Icollo i Bengo verlassen, für seine unbescholtenen Dienste zum Gouverneur dieses bedeutenden Distrikts ernannt worden war. Nach dieser Stelle streben alle Linienoffiziere, die nach Angola kommen, nicht sowohl des Gehaltes, als der Nebeneinkünfte wegen, die bei geschickter Verwaltung im Laufe weniger Jahre den Kommandanten zum reichen Mann machen.

Ehe wir Ambaca verließen, schenkte uns Schut in Loanda zehn Stück Vieh. Wie billig alle Lebensmittel hier sind, erkennt man daran, daß ein Stück Vieh nur eine Guinee kostet.

Nachdem wir über den Lucalla gesetzt waren, machten wir einen Umweg nach Süden, um die berühmten Felsen von Pungo Andongo zu sehen. Nachdem wir den kleinen Lotete überschritten, nahm die Vegetation einen anderen Charakter an. Wir fanden Bäume, identisch mit denen südlich vom Tschobe. Auch das Gras stand in Büscheln und gehört zu den Grasarten, welche die Eingeborenen für das beste Viehfutter erklären.

Das Fort von Pungo Andongo 9° 42' 14" südlicher Breite, 15° 30' östlicher Länge) liegt mitten in einer Gruppe merkwürdiger säulenartig gestalteter Felsen, deren jeder über 300 Fuß hoch ist. Sie bestehen aus einem Konglomerat verschiedener großer runder Stücke, in einer Umhüllung von dunkelrotem Sandstein, und ruhen auf einer dicken Schicht dieses letzteren Gesteins. Man hat hier fossile Palmen gefunden, so muß hier ein großes Kohlenlager sein, wie in Tete in Ostafrika.

Man zeigte uns einen Fußstapfen auf einem dieser Felsen. Er soll von einer berühmten Königin herrühren, die über das ganze

Land herrschte. Bei diesen rohen Versuchen der Überlieferung fühlt man den Wert der Schrift. In der Geschichte von Angola finden wir, daß die berühmte Königin Donna Anna de Souza als Gesandte ihres Bruders Gola Bandy, Königs der Jinga, 1621 nach Loanda kam, um Frieden zu erbitten, und den Gouverneur durch ihre schnellen und treffenden Antworten in Erstaunen setzte. Der Gouverneur schlug als Friedensbedingung vor, daß die Jinga einen jährlichen Tribut zahlen sollten. »Man spricht von Tribut, wenn man erobert hat, und nicht vorher; wir wollen von Frieden reden, nicht von Unterwerfung«, war ihre Antwort. Der Gouverneur war ebenso geschlagen wie unsere Gouverneure am Kap, wenn sie zu den Kaffern sagten, diese möchten ihre Worte aufschreiben, dann wollten sie ihnen antworten. Sie blieb einige Zeit in Loanda, erreichte, was sie wünschte, und nachdem sie von den Missionaren bekehrt und getauft worden war, kehrte sie mit Ehren in ihr Land zurück. Sie folgte ihrem Bruder, den sie vergiftet haben sollte, auf den Thron, verlor aber in einem Krieg mit den Portugiesen in einer großen Schlacht 1627 fast ihre ganze Armee. Sie kehrte nach langer Apostasie in die Kirche zurück und starb in hohem Alter. Die Jinga sind jetzt noch ein unabhängiges Volk nördlich von diesem ihrem früheren Wohnsitz. Noch kein afrikanischer Stamm ist ausgerottet worden.

In früheren Zeiten hielten die Portugiesen diesen Ort für vorzüglich ungesund, und eine Verbannung in die schwarzen Felsen von Pungo Andongo war nach dem Urteil der Richter eine weit schlimmere Strafe als die Verweisung an irgendeinen Ort der Küste; aber wie man jetzt allgemein weiß, ist dieser Teil der gesündeste von ganz Angola. Das Wasser ist ganz rein, das Land offen und wellenförmig und fällt nach dem Flusse Goanza ab, der wenige Meilen entfernt ist. Dieser Fluß ist die Südgrenze der Portugiesen, und jenseits desselben nach Süden und Südwest sieht man die hohen Berge der Libollo. Auch im Südosten ist ein bergiges Land, das die Kimbonda oder Ambonda bewohnen, welche, wie Colonel Pires sagte, ein sehr tapferes und unabhängiges Volk, aber gastfreundlich und umgänglich sind. Sie sind reich an Vieh, ihr Land erzeugt viel Bienenwachs, das sie sorgfältig sammeln und den Portugiesen bringen, mit denen sie immer in gutem Vernehmen gestanden haben.

Ansicht der Felsen von Pungo Anbongo

Die Ako (Haco), ein Zweig dieses Stammes, bewohnen das linke Ufer des Conza oberhalb Pungo Andongo. Anstatt Sklaven zum Verkauf zu bringen, wie früher einmal, kaufen sie jetzt von den Portugiesen für Wachs Sklaven. Ich sah einen Knaben, der für zwölf Schillinge verkauft worden war; er sagte, er sei aus Matiamvos Land. Ich kaufte hier ein paar gutgearbeitete Stiefel aus gegerbtem Leder, welche bis über die Knie heraufreichten, für fünf Schilling acht Pence, und ebenso viel zahlte Pires für ein Pfund Elfenbein; also war der Knabe zwei Paar Stiefel oder zwei Pfund Elfenbein wert. Die Libollo im Süden sind nicht von so gutem Charakter, aber der Coanza ist tief genug, um eine Verteidigungslinie zu bilden. Colonel Pires ist ein Beispiel dafür, was ein redlicher strebsamer Mann in diesem Lande werden kann. Er kam als Schiffsjunge hierher und ist durch fortgesetzte Mühe und Arbeit der reichste Kaufmann von Angola geworden. Er besitzt einige tausend Stück Vieh und kann im Notfall mit mehreren hundert bewaffneten Sklaven ins Feld rücken.

Während wir die Gastfreundschaft dieses reichen Kaufmannes in seiner eingerichteten Wohnung genossen, welche außerhalb der Felsen liegt und einen prächtigen Anblick über das umliegende Land gewährt, erfuhr ich, daß all meine Depeschen, Karten und mein Tagebuch in dem Postschiff Forerunner verlorengegangen seien. Ich freute mich, daß mein Freund, der Lieutenant Bedingfeld, dem ich sie anvertraut hatte, obwohl er in die größte Gefahr geriet, ihr Schicksal nicht geteilt hatte, und versöhnte mich bald damit, sie noch einmal zu schreiben. Ich machte von der Güte des Colonel Pires Gebrauch und blieb bis Ende des Jahres bei ihm, um die verlorenen Papiere zu ersetzen.

Colonel Pires hatte noch ein Etablissement an den Ufern des Coanza, etwa 6 Meilen von hier; ich besuchte es mit ihm fast jede Woche einmal, um mich zu erholen. Die Sklaven des Colonel Pires erscheinen mir mehr wie freie Sklaven als andere, die ich je gesehen. Alles war nett und reinlich, während man sonst gewöhnlich viel Nachlässigkeit bemerkt, wo Sklaven die einzige Dienerschaft sind, als wenn sie den Grundsatz hätten, so wenig wie möglich für ihre Herren zu tun.

Ich hatte das Glück, einigen Kranken beistehen zu können, denn es gibt keine Ärzte im Inneren von Angola. Trotz des hier im allgemeinen so gesunden Klimas und der köstlichen Temperatur wurde ich doch vom Fieber befallen. Da ich mein Zimmer nicht verlassen konnte, besuchte mich ein Farbiger, ein Kanonikus. Er befand sich auf einer Rundreise in den verschiedenen Distrikten des Innern, um zu taufen und zu trauen. Er war vor kurzem mit dem Fürsten von Congo in Lissabon gewesen und hier in Anerkennung seiner Dienste vom König von Portugal mit einem Orden geschmückt worden. Er sah vollständig wie ein Neger aus, aber flößte dem Volke Achtung ein, und Colonel Pires, der ihn vor dreißig Jahren kennengelernt hatte, sagte, er sei ein guter Mann. Es gibt nur drei bis vier Priester in Loanda, alles Farbige, zum geistlichen Stande erzogen. Während meines Aufenthalts in Angola wurden junge befähigte Leute aufgefordert, die sich dem Dienst der Kirche weihen wollten; sie sollten auf der Universität Coimbra in Portugal die nötige Ausbildung erhalten. Ich erfuhr aus, wie es schien, guter Quelle, daß der Fürst von Congo sich offen zum Christentum bekennt, und daß es nicht weniger als zwölf Kirchen in seinem Lande gibt, die Frucht der früher in der Hauptstadt San Salvador errichteten Mission. Diese Kirchen werden zum Teil vom Volke erhalten, auch beobachtet man die kirchlichen Zeremonien und spricht in Nachahmung der lateinischen Gebete, die sie früher hörten, im bunten Kauderwelsch Gebete über die Toten. Viele von ihnen können lesen und schreiben. Wenn ein König von Congo stirbt, wird der Körper in eine Menge Tücher gewickelt, bis ein Priester von Loanda kommt und den Nachfolger einsegnet. Der König von Congo hat noch immer den Titel Herrscher von Angola, den er führte, als die Jinga, die ursprünglichen Besitzer des Landes, sich ihm unterwarfen; und wenn er an den Gouverneur von Angola schreibt, setzt er seinen Namen zuerst, wie wenn er an einen Vasallen schriebe. Die Jinga zahlten ihm jährlich einen Tribut in Kauries, die man auf der Insel fand, welche den Hafen von Loanda deckt, und als sie sich weigerten, ihre Zahlung ferner zu leisten, übergab der König von Congo die Insel den Portugiesen; so kamen diese hier zur Herrschaft.

ZEHNTES KAPITEL

1. Januar 1855. – Nachdem ich durch die Güte des Colonel Pires eines meiner verlorenen Papiere ergänzt hatte, verließ ich Pungo Andongo am ersten Tage dieses Jahres und schlief in Candumba in einer der Milchwirtschaften meines Freundes, der im voraus für den gehörigen Vorrat an Butter, Käse und Milch hatte sorgen lassen. Unser Weg führte am rechten Ufer des Coanza hin. Das Ufer besteht aus demselben Sandstein, den wir schon als Bodenbestandteil dieses Landes kennenlernten. Das Land ist eben, hat offene Wälder und ist zur Weide sehr geeignet.

An der Mündung des Lombe verließen wir den Fluß und gingen in nordöstlicher Richtung durch ein freies grünes Land nach dem Dorfe Malange, wo wir wieder auf unseren früheren Weg trafen. Wenige Meilen westlich von hier zweigt ein Weg nach einem neuen Distrikt ab, »Herzog von Braganza« genannt. Dieser Weg führt über den Lucalla und mehrere seiner Nebenflüsse. Das ganze von diesen bewässerte Land soll außerordentlich fruchtbar sein. Das Land westlich von Braganza wird als bergig, gut bewaldet und bewässert geschildert; es ist reich an wildwachsendem Kaffee, und die Leute bauen auch ihre Hütten aus dem Holz des Kaffeebaums. Die Flüsse Dande, Senza und Lucalla sollen auf einer und derselben Bergkette entspringen. Zahlreiche Stämme bewohnen das Land im Norden, die sämtlich unabhängig sind. Die Macht der Portugiesen erstreckt sich namentlich über die Stämme, deren Länder wir passierten. Fest besteht sie nur zwischen den Flüssen Dande und Coanza. Landeinwärts erstreckt sie sich etwa 300 Meilen bis an den Fluß Quango; die Bevölkerung mag nach den unvollkommenen Ergebnissen der Zählung, welche jährlich von dem Kommandanten der fünfzehn bis sechzehn Distrikte, in die das Land zerfällt, eingereicht werden, nicht unter 600 000 Seelen betragen.

Wir verließen Malange und reisten schnell auf dem Wege, den wir gekommen waren, weiter, ohne ihn zu verlassen. Sanza liegt 9° 37' 46" südlicher Breite, 16° 59' östlicher Länge.

Hier trafen wir einen Eingeborenen von Bihe, der Schintes Land dreimal des Handels wegen besucht hatte. Er machte uns Mitteilungen über jenes ferne Land, doch sprach er nicht von den Makololo, welche im Norden immer als ein verzweifelt wildes Volk geschildert wurden, die kein Händler ungefährdet besuchen könne. Die Halbkasten-Händler, die wir bei Schinte trafen, waren mit sechsundsechzig Sklaven und mehr als fünfzig Elefantenzähnen nach Angola heimgekehrt. Längs des Weges trafen wir täglich lange Reihen Lastträger, welche große viereckige Stücke Bienenwachs, jedes ungefähr hundert Pfund schwer, und Elefantenzähne trugen, das Eigentum der Kaufleute von Angola. Viele Eingeborene gingen auch in eigenen Geschäften nach der Küste mit Bienenwachs, Elfenbein und süßem Öl. Sie schienen in größter Sicherheit zu reisen, und an vielen Stellen des Weges kauften wir Geflügel von ihnen, das Stück für einen Penny.

Während meines Aufenthalts in Tala Mungongo wurden wir auf eine Spezies roter Ameisen aufmerksam, welche verschiedene Teile dieses Landes belästigen. Sie lieben vor allem animalische Kost. Als der Kommandant des Dorfes einen Ochsen geschlachtet hatte, mußten die Sklaven die ganze Nacht munter bleiben und Feuer bei dem Fleisch erhalten, damit die Ameisen nicht den größten Teil wegfraßen. Man trifft sie in großer Menge wie kleine Armeen. Aus geringer Entfernung sehen sie wie ein braunrotes, 2–3 Zoll breites Band aus, das über den Weg gelegt ist, indem alle emsig dieselbe Richtung verfolgen. Wenn man zufällig auf sie tritt, so laufen sie an den Beinen in die Höhe und beißen außerordentlich heftig. Ich traf diesen durchaus nicht zu verachtenden Feind das erste Mal bei Cassange. Indem ich mit Aufmerksamkeit die ferne Landschaft betrachtete, trat ich zufällig auf eins ihrer Nester. Es verging kaum ein Augenblick, als gleichzeitig auf verschiedene Teile meines Leibes ein Angriff gemacht wurde, sie liefen an den Hosen herauf und bissen mich in Hals und Brust. Ihre Bisse waren wie Feuerfunken, und es gab keine Möglichkeit zu entkommen. Ich sprang mehrere Minuten hin und her, warf inzwischen die Kleider von mir und zerdrückte und zerquetschte sie eine nach der anderen, so schnell es gehen wollte. Ach, sie würden den schlaftrunkensten Menschen lebendig machen! Glücklicherweise bemerkte niemand dieses Zusammentreffen, sonst hätte man im ganzen Dorfe gesagt, ich sei toll geworden. Auf ähnliche Weise wurde ich einmal angegriffen, als ich in meinem Zelt im besten Schlafe lag, und ich konnte sie nicht anders loswerden, als indem ich die Decke übers Feuer hielt. Es ist wirklich erstaunlich, wie so kleine Tierchen so böse sein können. Sie beißen nicht bloß, sondern drehen sich nach dem Biß hin und her und verursachen dadurch heftigeren Schmerz als die bloße Wunde imstande wäre. Oft wenn man auf dem Ochsen sitzt und dieser zufällig auf einen Trupp Ameisen tritt, laufen sie ihm an den Beinen in die Höhe und lassen es den Reiter fühlen, daß er ihren Weg zerstört hat. Sie fürchten sich nicht und greifen mit gleicher Wut die größten wie die kleinsten Tiere an. Wenn man über sie hinwegspringt, so verlassen sie Reih und Glied und laufen längs des Weges hin, als befürchteten sie einen Kampf.

15. Januar 1855. – In einer Stunde waren wir die Höhen von Tala Mundongo herabgestiegen. Ehe wir Cassange erreichten, wurden wir von dem Kommandanten, Carvalho, eingeholt, der mit einer Abteilung von fünfzig Mann und einem Geschütz von einer unglücklichen Expedition gegen die Rebellen zurückkehrte. Die Rebellen waren entflohen, und er konnte nichts weiter tun, als ihre Hütten niederzubrennen. Er bat mich höflich, bei ihm Wohnung zu nehmen, aber da ich bei Capitain Neves, der mich bei meiner ersten Ankunft auf portugiesischem Boden so gütig aufgenommen hatte, wohnte, lehnte ich es ab. Rego war seiner Stelle als Kommandant entbunden worden, weil der Gouverneur Amaral, der seit meiner Abreise von Loanda seine Stelle angetreten, beschlossen hatte, das Gesetz wieder in Wirksamkeit treten zu lassen, welches verlangt, daß die Kommandantur nur von Linienoffizieren verwaltet werden solle.

Viele Kinder wurden hier vom Fieber hingerafft. Ein hübscher Knabe des Capitain Neves hatte seit meinem Durchzug nach Westen dasselbe Schicksal gehabt. Ein anderes Kind starb während meiner Anwesenheit. Während der Krankheit schickte die Mutter, eine Farbige, nach einem Wahrsager, um zu hören, was sie tun sollte. Der Wahrsager würfelte und versetzte sich in einen Zustand von Extase, in welchem er mit den Barimo sprechen zu können behauptete. Dann gab er die Antwort, das Kind werde durch den Geist eines portugiesischen Unterhändlers sterben, der einst in Cassange lebte. Die Sache verhielt sich so. Beim Tode des Händlers kamen die anderen portugiesischen Kaufleute im Dorfe zusammen und verkauften die Güter des Verstorbenen untereinander, und jeder legte über den empfangenen Teil an die Gläubiger des Verstorbenen in Loanda Rechnung ab. Die Eingeborenen, die dies sahen und nichts von geschriebenen kaufmännischen Geschäften verstanden, vermuteten, die Kaufleute von Cassange hätten die Sachen ganz einfach gestohlen, und der Geist des Verstorbenen werde jetzt das Kind des Capitain Neves töten, weil er sich an dem Geschäft beteiligt hätte. Der Wahrsager offenbarte in seiner Antwort den Eindruck, den jener Handel auf ihn gemacht hatte, und die Ansicht der Eingeborenen von Verstorbenen. Da sie die Weißen für dümmer halten als sich selbst, so sagte die Mutter des Kindes zu seinem Vater, er sollte dem Wahrsager einen Sklaven geben, damit er ein Opfer bringe, um den Geist zu beruhigen und das Leben des Kindes zu retten. Der Vater schickte sogleich zu seinem Nachbarn, und obwohl der Wahrsager noch immer in Extase zu sein vorgab, brachte ihn doch die schnelle Anwendung zweier Stöcke auf seinem Rücken plötzlich zu Verstande, und er lief in der schmählichsten Weise davon.

Die Mutter des Kindes schien zu europäischem Wissen kein Zutrauen zu haben, und obwohl ich wünschte, sie möchte das Kind vor Zug hüten, folgte sie doch ihrem eigenen Kopfe und ließ es selbst auf den Backen schröpfen. Die Folge war, daß das Kind dem Tode nahe kam, und da sein Vater wünschte, daß es getauft werde, empfahl ich seine Seele der Sorge und dem Mitleid dessen, der gesagt hat: Ihrer ist das Himmelreich. Die Mutter lief davon und begann ihr schmerzvolles Klagegeschrei, das um so angreifender ist, als es hoffnungslosen Kummer ausdrückt. Sie setzte es unausgesetzt fort, bis das Kind begraben war. Am Abend begleiteten ihre Gesellschafterinnen das Klagegeschrei mit einem musikalischen Instrument, das einen kreischenden Ton von sich gab.

Der Umgang der Eingeborenen mit den Weißen scheint ihre Lage nicht viel gebessert zu haben. Eine große Anzahl Menschen sollen jährlich in verschiedenen Distrikten von Angola infolge gräßlichen Aberglaubens das Leben verlieren, von dem die Portugiesen entweder nichts wissen oder den zu unterdrücken sie außerstande sind. Die Eingeborenen werden von denen, welche die Gottesgerichte leiten, die in der Regel den Tod des Opfers herbeiführen, zu strengem Schweigen verurteilt. Oft kommen Leute, welche der Zauberei angeklagt sind, aus fernen Distrikten herbei, um ihre Unschuld zu beteuern und die Probe zu bestehen. Sie kommen an den

Fluß Dua bei Cassange, trinken den Aufguß von einem giftigen Baum und sterben ungekannt.

Während wir in Cassange waren, wurde eine Frau von ihrem Schwager angeklagt, ihn krank gemacht zu haben. Sie erbot sich zum Gottesgericht, da sie bestimmt erwartete, ihre Unschuld würde zutage kommen. Capitain Neves verbot es und rettete ihr Leben, denn das Gift würde sie getötet haben. Wenn ein starker Magen das Gift wieder von sich gibt, so wiederholt der Kläger seine Beschuldigungen; man bringt neues Gift und der Betreffende stirbt. Auf diese Weise büßen Hunderte jährlich im Cassangetal ihr Leben ein.

Da dieselben abergläubischen Ansichten in dem ganzen Lande nördlich vom Zambesi herrschen, so kann man daraus wohl schließen, daß das Volk auch früher eines gewesen ist. Man glaubt allgemein, daß die Seele der Verstorbenen sich noch unter die Lebenden mische und an ihren Mahlzeiten teilnehme. Bei Krankheiten opfert man Geflügel und Ziegen, um die Geister zu beruhigen. Man bildet sich ein, sie wollten die Lebenden von der Erde und ihren Freuden entfernen. Hat ein Mann den anderen getötet, so bringt er ein Opfer, um den Geist des Getöteten zu besänftigen. Es soll selbst eine Sekte geben, welche Menschen tötet, um ihre Herzen den Barimo zu opfern.

Die Häuptlingsstelle wird durch Wahl aus gewissen Familien besetzt. Bei den Bangalas im Cassangetal wird der Häuptling aus drei Familien der Reihe nach gewählt. Der Bruder des Häuptlings erbt vor seinem Sohne. Die Söhne einer Schwester gehören ihrem Bruder, und dieser verkauft oft seine Neffen, um seine Schulden zu bezahlen. Durch diese und andere unnatürliche Bräuche wird der Sklavenmarkt mehr begünstigt als durch Kriege.

Die Vorurteile in dieser Beziehung haben bei den Eingeborenen tiefe Wurzeln geschlagen. Selbst in Loanda verlassen sie die Stadt, um ihre heidnischen Bräuche, ohne daß es zur Kenntnis der Obrigkeit gelangt, verrichten zu können. Ihre Religion, wenn man dieses Wort anwenden darf, ist eine Schreckensreligion. Eine Menge Zaubermittel werden in Anwendung gebracht, um die Übel abzuwehren, von denen sie sich umgeben glauben. Manchmal trifft man Personen, die, vorsichtiger oder furchtsamer als andere, zwanzig bis dreißig Zaubermittel um den Hals gehängt haben. Sie scheinen den Grundsatz des Proclus zu haben und sich an alle Götter und Göttinnen zu wenden. Unter so vielen muß doch eins das wahre sein. Die Mißachtung, welche die Europäer vor den Gegenständen ihres Schreckens an den Tag legen, ist ihnen nur der Beweis der großen Dummheit derselben.

Hier ergänzte ich die letzten mir verlorengegangenen Papiere und Karten, und da zweimal monatlich die Post von Loanda kommt, empfing ich ein Paket Nummern der Times.

20. Februar. – An dem Tage, an dem wir von Cassange aufbrachen, herrschte starker Westwind, und am folgenden Tage mußten wir haltmachen, da mehrere unserer Leute am Fieber erkrankten. Diese Krankheit ist das einzige Hindernis, das Angola bietet. Es ist in jeder anderen Beziehung ein angenehmes Land, und mehr als jede andere Gegend der Welt für den Anbau der tropischen Produkte geeignet.

Sobald wir nach dem Quango aufbrechen konnten, taten wir es und trafen unterwegs mehrere Handelsgesellschaften, Eingeborene und Portugiesen. Zwei der letzteren trugen einen Elefantenzahn, der 126 Pfund wog. Man sagte uns, daß der andere Zahn desselben Elefanten, an der linken Seite, 130 Pfund schwer war. Er war 8 Fuß sechseinhalb Zoll lang und hatte 21 Zoll im Umfang an den Teilen, wo er am Kopf aufsitzt. Der Elefant gehörte noch zu den kleineren, die im heißen Zentralafrika die gewöhnlichen sind. Man kann sich einen Begriff von der Stärke seines Halses machen, wenn man bedenkt, daß er 256 Pfund zu tragen imstande war. Das Elfenbein aus der Gegend östlich und nordöstlich von Cassange ist viel größer als das weiter südlich gefundene. Capitain Neves hatte einen Zahn, der 120 Pfund wog, und Zähne von diesem Gewicht sind gar nicht selten. Man hat selbst 158 Pfund schwere gefunden.

Ehe wir den Quango erreichten, mußten wir, da zwei meiner Leute am Fieber erkrankten, noch einmal haltmachen, nahe bei der Wohnung eines Portugiesen namens Wilhelm Tell, der trotz des Verbotes der Regierung sich hier niedergelassen hatte. Wir führten Wasser aus einem Teich mit uns, und als Wilhelm Tell, der uns zu Tische lud, davon trank, bekam er das Fieber. Wenn das Wasser von Malariagift infiziert war, so würde es ein Wunder gewesen sein, wenn wir verschont blieben; denn wir reisten in der Sonnenhitze, das Thermometer stand im Schatten zwischen 96° und 98°, das unaufhörliche Schwitzen verursachte uns heftigen Durst, und wir tranken ohne Unterschied von jedem Wasser, das wir trafen. Sonach würden wir Krankheiten besser ertragen haben können als andere, die besser dagegen geschützt waren.

Tell sagte uns, sein Garten sei ziemlich unfruchtbar und noch wild; sorgfältiger bearbeitet würde er selbst ohne Düngung besser werden. Meine Leute griffen eifrig nach Hühnern und Tauben, die besser waren als die in ihrem eigenen Lande. Tell schenkte ihnen einige große Exemplare aus Rio Janeiro. Sie waren stolz darauf und trugen den Hahn im Triumph durch das Balondaland, zum Beweis dafür, daß sie die See gesehen. Aber als wir in die Nähe von Schintes Dorf kamen, überfiel uns, als wir sämtlich schliefen, eine Hyäne und holte sich aus einem Korb mit vierundachtzig Hühnern den Riesen, welcher zum Schmerz meiner Leute verloren war.

Als wir am 28. Februar wieder an Cyprianos Dorf kamen, erfuhren wir, daß sein Stiefvater währenddem gestorben war und er nach der Landessitte mehr als sein väterliches Erbteil betrug, bei der Leichenfeierlichkeit verschwendet hatte. Er empfing uns mit seiner gewohnten Güte, obwohl er unglücklicherweise durch den Trunk so tief in Schulden geraten war, daß er sich vor seinen Schuldnern verbergen mußte. Er sagte uns, die Quango-Quelle liege acht Tage oder 100 Meilen südlich von hier in dem Mosamba-Gebirge im Basongo-Land.

Wir hörten, daß der Häuptling Gando, am anderen Flußufer, der der Zauberei angeklagt war, durch ein Gottesgericht getötet und in den Quango geworfen worden war.

Die Fährleute verlangten 30 Ellen Kaliko, waren aber auch mit 6 zufrieden. Die Kähne waren schlecht und konnten nur zwei Mann auf einmal aufnehmen; da aber meine Leute mit dem Wasser vertraut waren, so waren wir in etwa zweieinhalb Stunden alle übergesetzt. Sie erregten die Bewunderung der Einwohner durch die Art und Weise, wie sie die Rinder und Esel übersetzten. Das störrischste Tier war machtlos in ihrer Hand. Fünf bis sechs Mann erfaßten ein Tier, stießen es in den Strom, und unter solchen Verhältnissen war es wohl das beste nachzugeben und zu schwimmen. Manchmal schwammen die Leute neben dem Vieh und zwangen es vorwärtszugehen, indem sie ihm Wasser auf den Kopf spritzten. Den Unterschied zwischen meinen Leuten und denen der eingeborenen Händler, die uns begleiteten, sah man nie deutlicher als jetzt; denn während die meinigen ein Interesse an allem hatten, was uns gemeinsam gehörte, freuten sich jene, wenn die Ochsen nicht folgen wollten, denn da wir sie in solchen Fällen schlachten mußten, war der Verlust ihres Herrn für sie ein willkommenes Fest.

Die Baschinje, in deren Lande wir jetzt sind, scheinen mehr von dem niedrigen Charakter und der Physiognomie der Neger zu haben als die Balonda und Basongo; ihre Farbe ist im allgemeinen schmutzig-schwarz, die Stirn niedrig und zusammengedrückt, die Nasen platt und seitlich mehr ausgedehnt, was indes namentlich davon herrührt, daß sie Stäbchen und Stückchen Rohr durch die Nasenscheidewand stecken und dadurch die Nasenflügel nach den Wangen zu erweitern; ihre Zähne sind dadurch entstellt, daß sie zu Spitzen abgefeilt sind; ihre Lippen sind groß. Sie stehen dem allgemeinen Negertypus viel näher als alle anderen Stämme, die ich sah, was ich auf meinem Wege herwärts nicht bemerkte. Sie treiben ziemlich viel Ackerbau und verschaffen sich mit den Erzeugnissen desselben von den Bangalas, was sie an Salz, Fleisch, Tabak usw. brauchen. Ihre Kleidung besteht aus Häuten, die lose vom Gürtel vorn und hinten herunterhängen. Sie flechten ihr Haar auf seltsame Weise. So sahen wir Frauen, deren Haar wie ein Europäerhut zusammengedreht war, und nur wenn man näher hinsah, erkannte man, was es eigentlich war. Andere hatten es in Büschel gebunden und mit dreifacher Schnur umwickelt, während wieder andere nach altägyptischer Weise die ganze Wollmasse in Schnüre geflochten hatten, die bis auf die Schultern herabhingen.

Als wir weiter nach unserer früheren Station bei Sansawes Dorf vorrückten, kam dieser uns mit außerordentlicher Höflichkeit entgegen und fragte uns, ob wir Moene Put, den König der weißen Männer (der Portugiesen) gesehen hätten, und als er ging, fügte er noch hinzu, er werde am Abend wiederkommen, um die schuldigen Geschenke in Empfang zu nehmen. Ich erwiderte, da er uns so jämmerlich behandelt und seinen Leuten selbst verboten hätte, uns Lebensmittel zu verkaufen, so würde er nichts von uns bekommen, wenn er nicht ein Huhn und Eier brächte, wie er als Häuptling schuldig sei. Als er kam, erschien er, wie dies im Lande üblich ist, um seine hohe Stellung zu zeigen, auf den Schultern seines Dolmetschers, wie es die Schulknaben in England tun, und wie es auf den Südseeinseln der Fall gewesen sein soll, als Cook sie besuchte.

Meine Begleiter ergötzten sich an dieser Ansicht von Würde und begrüßten ihn mit herzlichem Lachen. Zuerst besuchte er die eingeborenen Händler, und dann kam er zu mir und brachte mir zwei Hähne als Geschenk. Ich sprach mit ihm über die unhöfliche Behandlung, die wir von ihm erfahren hatten, und erwähnte als Beispiel die Bangalas, welche von den Portugiesen unterjocht worden waren, weil sie für Brennholz, Gras, Wasser usw. übertriebene Forderungen gemacht hatten, und schloß damit, daß er kein Recht habe, für den einfachen Durchzug durch ein unbebautes Land Zahlung zu verlangen. Er gab mir durchweg Recht, und ich schenkte ihm als Zeichen der Freundschaft ein Pfännchen Schießpulver, zwei eiserne Löffel und zwei Ellen groben bedruckten Kaliko. Er betrachtete diese Gegenstände ziemlich geringschätzig, denn er hatte eben ein Faß mit 18 Pfund Pulver, 24 Ellen Kaliko und zwei Flaschen Branntwein von dem Pombeiro Pascoal erhalten. Am nächsten Tag folgten weitere Geschenke, aber wir gaben ihm nichts mehr, und die Pombeiros sagten mir, sie müßten reichliche Geschenke machen, weil sie von Sklaven und Lastträgern begleitet seien, die ihren Herren nicht besonders Freund sind, und wenn sie sich nicht der Freundschaft dieser kleinen Häuptlinge versicherten, so würden ihnen in den Wäldern viele Sklaven mitsamt ihrer Last gestohlen werden. Es ist also eine Art Abgabe, welche diese unbedeutenden Häuptlinge erheben, und die eingeborenen Händler bestechen sie gewissermaßen mit ihrer Zahlung, um sie beim Guten zu erhalten. Sansawe war ein Mann ohne alle Macht; aber ehe wir dies wußten, plagte er uns doch einen ganzen Tag lang.

Da wir fanden, daß Pascoal und die anderen Pombeiros nur sehr langsam vorwärtskamen, beschloß ich ihnen voraus nach Cabango zu gehen, nachdem ich Pascoal einige Briefe übergeben, die er nach Cassange zurückbefördern sollte. Ich zog in der Absicht weiter, meine Schreibereien zu vollenden und in einem Dorf ein Paket für ihn zurückzulassen. Wir stiegen die östlichen Anhöhen hinauf, welche das Cassangetal begrenzen, das allmählich vom Quango her aufsteigt, und fanden, daß die letzte Anhöhe, obwohl anscheinend nicht ganz so hoch wie Tala Mungongo, wirklich viel höher ist. Die Spitze ist ungefähr 5000 Fuß über dem Meeresspiegel. Wir hatten jetzt den Gipfel des westlichen Bergrückens erreicht und stiegen von hier an nach dem Zentrallande hinab in der Hoffnung, bald das

Tschiboqueland zu verlassen, das wir betreten hatten, als wir aus dem Cassange-Tal aufwärts stiegen, aber am 19. April ging das Wechselfieber, welches am 16. März begonnen hatte, in ein außerordentlich heftiges rheumatisches Fieber über. Ich hatte nämlich auf einer ausgedehnten mit Wasser bedeckten Ebene schlafen müssen. Dabei goß es unaufhörlich; doch machten wir uns die Lagerstätten zurecht, indem wir längliche Erdhügel aufwarfen, ähnlich den Gräbern auf einem Kirchhof, und dann Gras darauf legten. Da der Regen als eine wahre Flut sich über uns ergoß, konnten wir zwei Tage nicht von der Stelle, doch setzten wir unseren Weg fort, sobald es wieder schön wurde. Der schwere Tau auf dem hohen Gras war so kalt, daß es uns schüttelte, und ich mußte acht Tage lang liegen, während ich mich unter Stöhnen und heftigen Kopfschmerzen hin- und herwarf. Es war dies der heftigste Anfall, den ich je gehabt habe. Ich war ganz unfähig, mich zu bewegen, und wußte nicht, was außerhalb meines Zeltes vorging. Pascaol, der durch den Regen an einer besseren Stelle aufgehalten worden war, kam endlich herbei, und da er wußte, daß die Bäche reich an Blutegeln sind, so sammelte er solche und legte mir einige Dutzend an den Nacken und das Kreuz. Dies behob zum Teil den Schmerz. Er mußte aber weiterreisen, um für seine zahlreichen Begleiter Lebensmittel zu kaufen. Nach vielen Tagen begann ich mich zu erholen und wünschte weiterzugehen, aber meine Leute taten Einspruch meiner Schwäche wegen. Nachdem Pascoal einige Zeit im nächsten Dorf verweilt, schickte er, da er von Capitain Reves Instruktion bekommen hatte, mir so viel wie möglich zu helfen, zwei Boten zurück, die mich einladen sollten, wo möglich nachzukommen.

Es ereignete sich, daß der Vorsteher des Dorfes, in welchem ich zweiundzwanzig Tage gelegen hatte, während er in meinem Lager um ein Stück Fleisch gehandelt und gezankt hatte, von einem meiner Leute auf den Mund geschlagen worden war. Die vornehmsten unter den Meinigen zahlten fünf Stück Zeug und eine Flinte als Sühne; aber je mehr sie gaben, desto unverschämter wurde er und ließ an alle umliegenden Dörfer der Befehl ergehen, ihm zu helfen, um die durch den Schlag auf den Bart ihm angetane Beschimpfung zu rächen. Da ihr Mut gewöhnlich mit dem Erfolg wächst, beschloß ich, nichts mehr zu geben, und ging weiter. Als wir durch einen Wald kamen, wurden wir von einer Anzahl Leute, die auf uns lossprangen, aufgehalten. Sie entrissen den hintersten meiner Leute ihre Last, und mehrere Schüsse fielen, während beide Parteien zu beiden Seiten des Weges sich ausbreiteten. Glücklicherweise hatte ich meinen sechsläufigen Revolver bei mir, den mir Capitain Henry Need, von Ihrer Majestät Brig Linnet, in der besten Absicht nach meiner Abreise von Loanda nach Golungo Alto geschickt hatte. Ich nahm ihn zur Hand, und ohne an mein Fieber zu denken, ging ich schnell mit zwei oder drei meiner Leute den Weg entlang und traf glücklicherweise auf den Häuptling. Die Ansicht der sechs Läufe und mein totenbleiches Gesicht brachte plötzlich eine Änderung in seinen kriegslustigen Gefühlen hervor, und er rief: »O! Ich bin nur gekommen, um mit dir zu sprechen, und wünsche Ruhe und Frieden.« Maschauane hatte ihn an der Hand ergriffen und bemerkte, wie er zitterte. Wir untersuchten seine Flinte und fanden, daß sie abgeschossen war. Beide Parteien sammelten sich um ihre Vorgesetzten. Als einer der Gegner zu nahe herantrat, trieb ihn einer von den Meinigen mit der Streitaxt zurück. Die Feinde behaupteten ihre freundschaftlichen Absichten, und meine Leute erinnerten sie daran, daß sie ihnen doch ihre Waren heruntergerissen hätten. Ohne lange zu warten, ließ ich alle Leute sich setzen, und Pitsane beruhigte sie einigermaßen, als er die Hand auf den Revolver legte. Dann sagte ich zu dem Häuptling: »Wenn du in friedlicher Absicht gekommen bist, so haben wir auch keine andere; geh heim in dein Dorf.« Er antwortete: »Ich fürchte mich, du schießt mir in den Rücken.« Ich entgegnete: »Wenn ich dich töten wollte, könnte ich dir ebenso gut in das Gesicht schießen.« Da rief Mowantu mir zu: »Das ist eine Makalaka-List, wende ihm ja nicht den Rücken zu.« Aber ich erwiderte: »Sage ihm nur, er werde ja sehen, daß ich mich nicht vor ihm fürchte.« Hierauf wandte ich mich und bestieg den Ochsen. Es war von dem Feuer, das anfangs eröffnet wurde, nicht viel zu fürchten, da wir durch Bäume geschützt waren. Die Feinde erwarteten wahrscheinlich, daß der plötzliche Überfall uns veranlassen würde, die Waren wegzuwerfen, und sie hätten dann ruhig plündern können. Die Leute waren ohne Zweifel froh, unbeschädigt fortgehen zu können, und auch wir freuten uns, daß es nicht zum Blutvergießen kam. Meine Leute waren stolz auf ihre Tapferkeit und sprachen laut untereinander darüber, wie glänzend sie sich benommen haben würden, wenn die Feindseligkeit nicht ein so schnelles Ende gefunden hätte.

Am Abend kamen wir zu Moena Kikanje und fanden in ihm einen verständigen Mann. Er ist der letzte Tschiboque-Häuptling in dieser Richtung und verbündet mit Matiamvo, dessen Land in einiger Entfernung von hier beginnt. Sein Dorf steht auf dem Ostufer des Quilo, der hier 20 Ellen breit ist und bis an die Brust reicht.

Das Land war im allgemeinen mit Wald bedeckt, und wir schliefen jede Nacht in einem Dorf. Ich war so schwach infolge des Fiebers, daß mir die Gesellschaft Pascoals und der anderen eingeborenen Händler sehr zustatten kam. Wir reisten nur 2 geographische Meilen in der Stunde und durchschnittlich dreieinhalb Stunden oder 7 Meilen täglich. Zwei Drittel des Monats hatten wir mit Hindernissen zu kämpfen, so daß wir nur zehn Tage im Monat reisten. Diese Hindernisse waren Krankheit und der notwendige Aufenthalt, um Lebensmittel zu kaufen, und dann wollte gewöhnlich, wenn ein Träger erkrankte, keiner dessen Last auf sich nehmen.

Einer der Pombeiros führte acht gutaussehende Weiber an einer Kette, die er in Matiamvos Land verkaufen wollte. Sie schämten sich immer, wenn ich ihnen nahe kam, und mochten ihre unglückliche und entwürdigende Lage bitter fühlen. Ich glaube, sie waren im Kriege mit den aufrührerischen Cassange gefangengenommen worden. Die Art und Weise, wie man von den Sklaven in Angola und Ostafrika spricht, muß selbst ihren Herren merkwürdig vorkommen, wenn sie erst aus Europa angelangt sind. In Angola ist die gewöhnliche Benennung o diabo (Teufel) oder brutu (Vieh), und ganz gewöhnlich hört man Herren rufen: »O diabo, bringe Feuer!« In Ostafrika gebraucht man das Wort bicho (Tier), und man hört sagen: »Heiße das Vieh das und das machen.« Sklavenhalter betrachten ihre Sklaven wahrlich nicht als Menschen und verfluchen sie als »Hunderasse«. Die meisten Lastträger meiner Reisebegleiter waren gemietete Basongo; man mußte sehr acht auf sie geben, damit sie nicht die Waren stahlen, welche sie trugen. Das Salz, einer der Hauptartikel, welche eingeführt werden, wurde bedeutend leichter, je weiter wir kamen, aber die Träger verteidigten sich und sagten, der Regen habe es zergehen lassen. Jeden Abend nahm man ihnen ihre Lasten ab und stellte sie unter die Aufsicht der eigenen Sklaven Pascoals. Es dauerte mich, welch ein geplagtes Leben er führte. Zwischen der Aufführung seiner Leute und der meiner treuen Makololo war der größte Unterschied, den man sich nur denken kann.

Wir überschritten den Loange, einen tiefen, aber schmalen Strom, auf einer Brücke. Weiter abwärts wird er viel breiter und ist reich an Flußpferden. Er bildet die Westgrenze von Londa. Wir schliefen auch an den Ufern des Pezo, der jetzt ausgetrocknet war, und fanden es wunderbar, wie leicht er zur Bewässerung verwendet werden könnte. Als wir am 25. März den Fluß Tschikapa (10° 10' südlicher Breite, 19° 42' östlicher Länge) erreichten, war er 50–60 Ellen breit; er floß ostnordöstlich in den Kasai. Das angrenzende Land ist ebenso flach wie der früher beschriebene Teil von Londa; als wir aber weiter östlich kamen als auf unserer ersten Reise, fanden wir, daß sich alle Flüsse tiefere Betten ausgewaschen hatten als an den Punkten, wo wir sie früher überschritten.

Die Stämme, durch welche jetzt unser Weg führte, waren an die Besuche der eingeborenen Händler gewöhnt und glaubten gar nicht gebunden zu sein, Lebensmittel zu liefern, außer um zu betrügen. So brachte mir ein Mann ein Huhn und Mehl und kam nach kurzer Zeit zurück. Ich bot ihm ein schönes Geschenk von Perlen an; Aber er schlug es aus und verlangte Zeug dafür, das viel mehr wert war als seine Gabe. Andere stellten hohe Vorderungen, weil ich in einem Hause aus »Zeug« schliefe, und folglich reich sein müßte. Sie schienen zu glauben, sie hätten ein Recht dazu, Bezahlung für den bloßen Durchzug durch ihr Land zu verlangen.

Jenseits des Tschikapa überschritten wir den Kamaue, einen kleinen tiefen Fluß, der von Südsüdwest kommt und in den Tschikapa fließt.

Am 30. April erreichten wir den Loajima, wo wir eine Brücke herstellen mußten, um hinüberzukommen. Es war dies nicht so schwer, wie man vielleicht denkt; es war nämlich ein Baum horizontal quer über einen Teil des Flusses gewachsen, und da es nicht an zähen Schlingpflanzen fehlte, die sich leicht zu Seilen verwenden lassen, so hatte Pascoal bald eine Brücke fertig. Der Loajima war hier vielleicht 25 Ellen breit, aber viel tiefer als da, wo ich ihn auf Maschauanas Schultern überschritten hatte.

Wir machten einen kleinen Abstecher nach Süden, um billigere Lebensmittel zu bekommen. Dies führte uns längs des Bächleins

Tamba, dessen Anwohner nicht so oft von Sklavenhändlern besucht worden waren wie die übrigen, und daher etwas schüchtern und sehr höflich waren. Es war angenehm, wieder einmal unter unverdorbenen Menschen zu sein und zu beobachten, daß die Eingeborenen uns ohne jene Anmaßung ansahen, die sich auf den gebahnten Straßen so unangenehm bemerkbar macht. Die Einwohner waren gleichfalls olivenfarbig, Sie feilen ihre Zähne spitzig, lachende Frauen sehen deshalb wahrhaft schrecklich aus und erinnern an das Zähnefletschen der Aligatoren. Der Geschmack ist bei diesen Leuten eben so verschiedenartig wie bei uns selbst. Viele der Männer sind Stutzer; ihre Schultern sind beständig naß von dem Öl, das aus ihren Haaren träufelt, und alles, was sie anhaben, ist auf jede mögliche Weise herausgeputzt. Einige spielen den ganzen Tag lang ein musikalisches Instrument, und wenn sie bei Nacht aufwachen, fangen sie sogleich wieder zu spielen an. Sowie Fremde sich zeigen, kommen Männer, Weiber und Kinder herbei und fangen mit viel Lärm ihren Handel an; bei allen Geschäften scherzen sie artig und sind sehr gutmütig.

Meine Leute, welche rohes Fleisch von den Ochsen hatten, die wir von Zeit zu Zeit zum Verkauf schlachteten, wurden aufgefordert, es gegen Mehl umzutauschen; so klein auch die Stücke waren, machte ihnen das Geschäft doch Vergnügen.

Die Landschaft ringsum ist grün, ins Gelbliche spielend, das Gras ist lang, die Wege etwa einen Fuß breit und in der Mitte gewöhnlich tief ausgetreten. Wenn wir im Gehen an das hohe überhängende Gras stießen, störten wir die Eidechsen und Mäuse, manchmal auch eine Schlange, welche durch das Gras hin raschelte. Es gibt hier nicht viel Vögel; sie werden alle weggefangen und gegessen. Zu beiden Seiten des Weges sieht man meilenweit alle zehn bis fünfzehn Schritt Schlingen gelegt. Wenn man die Zeit, die man braucht, um Maulwürfe und Mäuse auszugraben, auf Ackerbau verwendete, so würde man genug erübrigen, um Geflügel und Schweine zu halten; doch trifft man die letzteren nur selten.

Wir passierten Wälder, die voller Schlingpflanzen waren, manche von ihnen so hart und fest, daß ein Mann mit einem Beil vorangehen mußte, und wenn die Lastträger mit ihren Lasten hängen bleiben, so müssen sie die Schlingpflanzen mit den Zähnen entfernen, denn alles Ziehen würde nichts helfen. Die Pfade in diesen

Wäldern gehen so zickzack, daß man glaubt, 30 Meilen gegangen zu sein, während man, nach dem Vogelflug berechnet, noch nicht 15 zurückgelegt hat.

Am 7. Mai erreichten wir den Fluß Moamba (9° 38' südlicher Breite, 20° 13' 34" östlicher Länge). Er ist 30 Ellen breit und hat wie der Quilo, Loange, Tschikapa und Loajima Alligatoren und Flußpferde. Wir fuhren auf Kähnen über ihn, Hier wie an den Abhängen nach dem Quilo und Tschikapa konnten wir die geologische Struktur des Landes genau sehen, eine Decke von eisenhaltigem Konglomerat, das an manchen Stellen wie geschmolzen erscheint, denn die runden Klümpchen sehen wie Schlacken aus und sind mit glatter Schale überzogen; aber wahrscheinlich ist es ein wässeriger Niederschlag, denn es enthält ausgewaschene, im allgemeinen kleine Kiesel aller Art. Unter dieser Masse liegt blaßroter harter Sandstein und unter diesem trappähnlicher Basalt. Zu allerunterst liegt grobkörniger Sandstein, der kleine Kiesel einschließt; auch trifft man manchmal weiße Kalkfelsen und Bänke von lockeren runden Quarzkieseln. Die Abhänge verlängern sich von den Ebenen hinauf, je weiter ostwärts wir kommen, und überall treffen wir abgegrenzte Sümpfe von Gruppen gerader hoher immergrüner Bäume umgeben, die auf dem gelblichen Grase einen angenehmen Anblick gewähren.

Die Luft ist still, heiß und drückend; das außerordentlich helle Sonnenlicht scheint ruhig auf das Laub der immergrünen Wälder, und alles freut sich, wenn der Weg in den Schatten einlenkt. Bei dem Mangel an Leben sehnte ich mich nach den Ufern des Zambesi und den zierlichen Antilopen, die dort neben den dunklen Büffeln und glatten Elen weiden. Daß es hier Flußpferde gibt, sieht man an den Fußspuren am Ufer. Nie sieht man eines blasen oder seinen Kopf emporrecken; sie haben es gelernt zu atmen, ohne daß man es hört, und sich versteckt zu halten. Nie hörten wir den schnaubenden Ton, wie am Zambesi.

Wir kamen über zwei kleine Flüsse, Kanesi und Fombeji, ehe wir Cabango erreichten, ein Dorf an den Ufern des Tschihombo. Das Land wurde dichter bevölkert, je weiter wir kamen, aber es könnte noch weit mehr Menschen ernähren. Lebensmittel waren in Menge vorhanden; ein Huhn und ein Korb Mehl von 20 Pfund Schwere wurden für eineinhalb Ellen sehr mittelmäßiges Baumwollzeug verkauft, das nicht mehr als drei Pence wert war. Man kann sich einen Begriff von der Billigkeit der Lebensmittel daraus machen, daß Capitain Neves 380 Pfund Tabak von den Bangalas für etwa zwei Pfund Sterling kaufte. In Zentral-Londa könnte man für diese Summe siebentausendfünfhundert Hühner bekommen oder siebentausend Personen einen Tag lang mit Hühnern und Mehl ernähren, wobei jeder ein Huhn und fünf Pfund Mehl erhalten würde. Wenn man hier für Salz oder Kaliko Lebensmittel kauft, so können vier Personen für einen Penny Wert einen Tag lang sich an Tier- und Pflanzenkost satt essen.

Auf dem Weg nach Cabango sahen wir die frischen Spuren eines Elens, die ersten, die wir in diesem Lande bemerkten. Ein armes kleines Sklavenmädchen, das krank war, kam vom Wege ab, und obwohl wir den ganzen nächsten Tag warteten und nach ihm suchten, war und blieb es verloren. Es war groß und schlank für sein Alter, als wenn es zu schnell gewachsen wäre; wahrscheinlich konnte es vor Müdigkeit nicht mehr fort, legte sich hin und schlief im Wald ein; als es im Finstern erwachte, ging es weiter und weiter und kam so ganz vom Weg ab. Die Behandlung der Sklaven, wie sie meine Leute mit ansahen, konnte bei diesen keine gute Meinung von den Sklavenhaltern erwecken. Gewöhnlich sagten sie: »Ga ba na pelu (sie haben kein Herz)«, und in bezug auf die Sklaven: »Warum lassen sie es denn geschehen?« gleich als wenn sie dächten, die Sklaven hätten ein natürliches Recht dazu, die Welt von solchen herzlosen Wesen zu befreien, und müßten es tun. Pascoal war immer in großer Unruhe und hatte allen Grund, Tag und Nacht auf dem Platze zu sein. Die Lastträger stahlen beständig von den Waren, die ihnen anvertraut waren, und er konnte sie nicht offen beschuldigen, wenn sie ihm nicht alles nehmen und ihn vollständig im Stich lassen sollten. Er konnte sie erst dann ernstlich vornehmen, wenn er alle übriggebliebenen Waren glücklich in ein Haus in Cabango gebracht hatte; dann konnte er von ihrem Lohne so viel abziehen wie sie ihm unterwegs gestohlen hatten.

Cabango (9° 31' südlicher Breite, 20° 31' oder 32' östlicher Länge) ist der Wohnplatz Muanzanzas, eines dem Matiamvo untergeordneten Häuptlings. Sein Dorf besteht aus etwa zweihundert Hütten und zehn bis zwölf viereckigen Häusern, die aus Pfählen und Gras erbaut sind. In den letzteren wohnen Portugiesen aus Ambaca,

Halbkasten, Agenten der Händler von Cassange. Die Kälte am Morgen war jetzt sehr streng, das Thermometer wechselte zwischen 58° und 60° Fahrenheit, obwohl es geschützt sechs Uhr früh manchmal auf 64° stand. Wenn die Sonne hoch steht, steigt das Thermometer im Schatten auf 80°, an den Abenden ungefähr auf 78°.

Da eben jemand im Dorf gestorben war, konnten wir mit dem Häuptling nicht eher ein Geschäft abschließen, als bis die Leichenfeierlichkeiten beendigt waren. Diese dauern volle vier Tage, während welcher das Tanzen, Klagen und Schmausen nicht aufhört. Am Tage werden Flinten abgefeuert, bei Nacht trommelt man, und alle Verwandten wohnen mit närrischer Kopfbedeckung der Zeremonie bei; ihre gute Laune hängt davon ab, ob sie recht viel Bier und Rindfleisch bekommen haben. Wenn recht viel vorgesetzt wurde, hört man hinterdrein gewöhnlich sagen: »Das war eine schöne Leiche!« Bei dieser Gelegenheit stellt man eine Puppe auf, die namentlich aus Federn und Perlen gemacht ist und als Idol betrachtet wird.

Da ich an einem Auge Schaden genommen hatte, indem im Walde ein Zweig mich daran schlug, so blieb ich einige Tage hier und versuchte, wenn auch mit vieler Mühe, eine Skizze des Landes bis hierher zu entwerfen, um sie an Gabriel in Loanda zu schicken. Ich war immer darauf bedacht, bei jeder sich bietenden Gelegenheit einen Bericht über meine Entdeckungen zurückzuschicken, damit sie nicht verlorengehen könnten, wenn in dem Lande, in welches ich mich begab, ein Unglück passierte. Ich erwartete ebenso sehnlichst ein Paket Briefe und Papiere, die mir mein guter Engel in Loanda gewiß geschickt haben würde, wenn sie in seine Hände kamen; aber ich erfuhr später, daß, obwohl er jedem eine große Summe bot, der mit der Bescheinigung zurückkehrte, daß er das letzte Paket richtig abgegeben habe, niemand mir damit nach Cabango folgen wollte. Die unermüdliche Aufmerksamkeit dieses guten Engländers gegen mich, vom ersten Augenblick an, da ich, ein ermüdeter, mutloser heruntergekommener Fremdling, zu ihm kam, und sein ganzes späteres Benehmen werde ich mein Leben lang nicht vergessen können.

Da wir es für das beste hielten, uns von Cabango nach Südosten zu unserem alten Freund Katema zu wenden, so bat ich Muanzanza um einen Führer, sobald die Leichenfeierlichkeiten vorüber seien. Er willigte ein und war auch mit einem kleineren Geschenk als gewöhnlich zufrieden. als Pascoal und Faria ihm vorstellten, ich sei kein Händler. Er schien dieses Geschenk als eine Abgabe für seine eigene Person anzusehen, und als Pascoals Warenladung angekommen war, betrat er sein Haus, um seinen Teil in Empfang zu nehmen, worauf Faria ihn mit dem gewöhnlichsten Topfgeschirr beschenkte, wovon große Massen hierher in den Handel gebracht werden. Der Häuptling nahm es unter Ausdrücken überströmender Dankbarkeit an, da solche Geschirre in hohem Wert stehen, weil sie sehr tief sind und viel Speise und Bier hineingeht. Die Ideenassoziation ist oft so lächerlich, daß es schwer ist, ernsthaft zu bleiben.

Einige der Kinder des verstorbenen Matiamvo kamen, um mich anzubetteln, boten mir aber nie einen Bissen an. Als ich mich gegen einen jungen Mann, namens Liula (d. h. Himmel), über ihren Geiz ausgesprochen hatte, brachte er mir alsbald Bananen und Maniok. Ich fand Gefallen an seiner Person und Unterhaltung; ich glaube, die Balonda würden nicht schwer zu unterrichten sein, aber ihre Lebensweise würde hindernd in den Weg treten. Die Balonda hier sehen weit angenehmer aus als irgendwelche näher an der Küste. Die Weiber lassen ihre Zähne in ihrem schönen weißen Zustand und würden recht hübsch sein, wenn sie nicht Stückchen Rohr durch die Nasenknorpel steckten. Sie scheinen im allgemeinen heiterer Natur zu sein und verbringen ihre Zeit mit immerwährendem Geschwätz, mit Leichenfeierlichkeiten und Hochzeiten. Ihre heitere Laune mag ein Grund für die Unverwüstbarkeit der Rasse sein. Der zur Gewohnheit gewordene Einfluß, welchen unsichtbare Geister auf sie ausüben, mag ebenfalls dazu beitragen, da er ihnen eine gewisse fatalistische Ruhe bewahrt.

Wir mußten unseren Führer und seinen Vater dazu im voraus bezahlen, und er ging nur einen Tag lang mit, obwohl er versprochen hatte, uns bis zu Katema zu bringen. Er schämte sich nicht im mindesten, seine Verbindlichkeiten zu brechen, und Muanzanza wird ihm deshalb gewiß nicht zürnen. Bei den Bakuena würde er bestraft worden sein. Meine Leute hätten ihm gern den Lohn auf seine Person wieder abgenommen; da wir aber nach den mildesten

Grundsätzen handelten, so hielten sie es für das beste, ihn mit seinem unverdienten Gewinn abziehen zu lassen.

Wir brauchten durchaus keinen Führer, um einem Pfad sicher folgen zu können, der im allgemeinen zwar nicht besser als eine Schaftrift, aber immer noch angenehmer war, als in gerader Richtung durch verschlungene Wälder und tropische Vegetation durchzudringen. Wir kannten im allgemeinen die Richtung, welcher wir zu folgen hatten; aber um ungangbare Wälder und Sümpfe zu vermeiden und die geeignetsten Furten in den Flüssen aufzufinden, sahen wir uns immer nach einem Führer um, und dieser folgte stets dem gewöhnlichen Wege von einem Dorf zum anderen, wenn es in unserer Richtung lag.

Nachdem wir Cabango am 21. April verlassen, überschritten wir mehrere kleine Flüsse, die sich in den Tschihombo zu unserer Rechten ergossen, und in einem derselben sahen wir zum erstenmal in Afrika Baumfarn (Cyathea dregei). Der Stamm war etwa 4 Fuß hoch und hatte 10 Zoll im Durchmesser. Auch sahen wir zwei Arten Grasbäume, welche an feuchten Stellen eine Höhe von 40 Fuß erreicht hatten. Der Tschihombo, den wir etwa 12 Meilen oberhalb Cabango überschritten, ging uns bis an den Leib und war reißend. Wir freuten uns, als wir an seinen Ufern die Spuren von Büffeln und Flußpferden entdecken. Sobald wir die Straße der Sklavenhändler verlassen hatten, zeigte sich wieder der freundliche Charakter der südlichen Balonda; ein alter Mann brachte uns viele Lebensmittel zum Geschenk aus einem Dorf und bot sich uns freiwillig als Führer an. Die Leute in den zahlreichen Dörfern aber, welche wir passierten, suchten uns immer aufzuhalten, um einen kleinen Handel mit uns zu machen, indem sie uns das Abendbrot gaben. In einem Dorf wollten sie uns durchaus den Weg nicht zeigen, wenn wir nicht wenigstens einen Tag bei ihnen blieben. Wir weigerten uns und schlugen einen Weg in der Richtung ein, die wir zu gehen hatten, aber wir kamen in ein undurchdringliches Dickicht. Nach dem Dorf zurückgekehrt, versuchten wir einen anderen Fußweg in derselben Richtung; aber auch diesmal gerieten wir in einen gleich ungangbaren und pfadlosen Wald. So mußten wir denn abermals umkehren und warten. Am folgenden Morgen brachten sie uns auf den rechten Weg, der uns in wenigen Stunden durch einen Wald führte, der uns sonst tagelang aufgehalten haben würde.

Jenseits dieses Waldes fanden wir das Dorf der Nyakalonga, der Schwester des verstorbenen Matiamvo, die uns gut aufnahm. Sie wünschte, ihre Leute sollten mich bis zum nächsten Dorf begleiten, aber diese weigerten sich, wenn wir uns nicht mit ihnen in Handelsgeschäfte einlassen wollten. Da bat sie uns, ein paar Stunden zu warten, bis sie ein Geschenk von Mehl, Maniokwurzeln, Erdnüssen und einem Huhn bereitet hätte. Es war wirklich angenehm, mit Leuten zu verkehren, die einen gewissen Grad von Bildung hatten, nachdem wir auf den Sklavenwegen nur Hochmut und Stolz getroffen hatten. Sie schickte ihren Sohn nach dem nächsten Dorf, ohne Bezahlung dafür zu verlangen. Der Strom, welcher an ihrem Dorfe vorüberfloß, war hier und etwa eine Meile weit zu beiden Seiten garnicht zu passieren, denn der Boden war weich und morastig und, wenn man durchbrach, etwa 6 Fuß tief.

Am 28. April erreichten wir das Dorf des Häuptlings Bango (12° 22' 53" südlicher Breite, 20° 58' östlicher Länge), der uns ein schönes Geschenk mit Mehl und dem Fleisch eines ganzen Pallah machte. Wir schlachteten hier die letzte unserer Kühe, die uns Schut geschenkt und die ich so lange gemolken hatte, bis sie nur noch einen Teelöffel voll auf einmal gab. Meine Leute lachten herzlich, als sie sahen, daß ich alle Hoffnung aufgab, denn sie hatten immer schon von meiner großen Geduld gesprochen. Wir boten Bango ein Bein der Kuh an, aber er sagte uns, weder er noch seine Leute hätten je Rindfleisch gegessen, da sie glaubten, das Rindvieh stände den Menschen sehr nahe und lebe in seiner Heimat wie Menschen. Keiner seiner Leute kaufte von dem Fleisch, was man anderwärts sofort mit größter Gier getan haben würde. Es gibt noch andere Stämme, welche ebenfalls kein Rindvieh halten, obwohl sie es als Geschenk von anderen annehmen und essen, weil, wie sie sagen, die Ochsen Frieden und Krieg bringen. Aber dies ist das erstemal, daß man es als Nahrungsmittel zurückwies. Daß man Pallahs zu diesem Zwecke tötet, beweist, daß jene Bedenklichkeit sich nicht auf Fleisch im allgemeinen bezieht.

Die kleinen Flüsse in diesem Teil des Landes gingen nicht in tiefen Betten, auch wurden wir nicht durch das riesengroße Gras gehindert, das uns an den Flußabhängen, ehe wir Cabango erreichten, jede Aussicht benahm. Das Land war ganz flach, und die Bewohner bauten außerordentlich viel Maniok. Es wohnen nicht viele

Leute an einem Ort beisammen. Es scheint jeder einen gewissen Stolz darein zu setzen, sein eigenes kleines Dorf zu haben, und wir sahen viele, die von weither Büffel und Antilopenfleisch als Tribut für Bango bringen. Jetzt haben wir wieder die Region des Wildes betreten, doch ist letzteres so scheu, daß wir noch nicht ein Stück gesehen haben.

Nichts geht in Kolobeng über die Schönheit des Übergangs vom Winter zum Frühling. Ehe der Regen beginnt, weht am Tage ein heftiger Ostwind, aber bei Nacht ist es ruhig. Die Wolken sammeln sich in immer größer werdenden Massen und mildern bis auf einen gewissen Grad den hellen Glanz der südlichen Sonne. Der Wind trocknet alles aus, und wenn er am heftigsten ist, so ist er heiß und rührt Staubwolken auf. Die allgemeine Temperatur am Tage steigt bis über 96°; dann beginnen Regenschauer zu fallen, und wenn der Boden nur einmal einen Tag lang vom Regen durchweicht ist, zeigt sich schon ein wahrhaft wunderbarer Wechsel. Nach einem oder zwei Tagen ist die ganze Landschaft grün, und nach fünf bis sechs Tagen zeigen sich die frischen Blätter, die jungen Gräser sprießen, und es zeigt sich ein Frühling, der in kälteren Klimaten Wochen zu seiner Entwicklung gebraucht hätte. Die Vögel, welche während der heißen, trockenen, windigen Jahreszeit schwiegen, fangen jetzt lustig zu zwitschern an und bauen geschäftig an ihren Nestern. Einige von ihnen hecken selbst mehrmals im Jahr. Das Fallen der Temperatur bei Regen oder aus anderen Gründen hat beinahe dieselbe Wirkung wie die zunehmende Milde des Frühlings in unseren Klimaten. Die Erde wimmelt von Myriaden junger Insekten, an einigen Stellen kommen Hundertfüße, Tausendfüße und Käfer aus ihren Verstecken hervor, etwa wie unsere Schnecken zu tun pflegen, und abends schwärmen die weißen Ameisen zu Tausenden. Ein Schwarm Ameisen kommt aus einem Loch heraus, fliegt 100–200 Ellen und läßt sich nieder, und wenn sie auf ein Stück Boden treffen, das zum Anlegen einer neuen Kolonie geeignet ist, so biegen sie ihre Schwänze in die Höhe, haken ihre Flügel aus, lassen sie fallen und beginnen sofort mit ihren Erdarbeiten.

30. Mai – Wir verließen Bango und gingen nach dem Flusse Loembwe, welcher nordnordöstliche Richtung hat und reich an Flußpferden ist. Er ist ungefähr 60 Ellen breit und 4 Fuß tief, hat aber gewöhnlich wenig Wasser wie alle afrikanischen Flüsse in die-

ser Gegend, seine beiden Ufer sind morastig, doch ist das Tal, in welchem er fließt, von oben gesehen, außerordentlich schön. Das Tal ist etwa eine Viertelmeile breit, und es war leicht, die Ähnlichkeit zwischen vielen Punkten hier und den Distrikten in unserem eigenen Lande herauszufinden und zu erkennen, daß hier noch für einen ungeheuren Zuwachs menschlicher Bevölkerung Raum vorhanden ist. Die Dörfer sind sehr verstreut und schwer zugänglich, da die Wege so sehr mit hohem Gras bedeckt sind, daß selbst ein Ochse kaum der Spur folgen kann. Das Gras schneidet den Menschen in die Füße ein, doch trafen wir eine Frau mit einem kleinen Kind und ein Mädchen, die mit Maniok beladen heimwärts gingen. Der Anblick eines Weißen verbreitet immer Schrecken bei der schwarzen Bevölkerung, und in jedem Falle der Art waren sie äußerst froh, wenn ich vorübergezogen war, ohne ihnen auf den Hals gesprungen zu sein. In den Dörfern laufen die Hunde, den Schwanz zwischen den Beinen, davon, als hätten sie einen Löwen gesehen. Die Weiber gucken hinter den Mauern hervor, bis man nahe herankommt, und dann laufen sie eiligst ins Haus hinein. Wenn man ein kleines Kind, das keine Gefahr ahnt, auf der Straße trifft, so erhebt es bei dem Anblick eines Weißen das heftigste Geschrei und sieht aus, als wollte es Krämpfe bekommen. Unter den Betschuanen mußte ich die Weiber auszanken, daß sie aus den Weißen ein Schreckgespenst machten und ihren Kinder sagten, sie würden den Weißen holen lassen, damit er sie beiße.

Nachdem wir den Loembwe passiert hatten, befanden wir uns in einem offeneren Lande und trafen fast alle Stunde ein kleines Tal, durch welches ein Bächlein rieselte. Sie waren alle schwer zu passieren, und da sie sehr zahlreich waren, blieben wir an den unteren Körperteilen immer naß. An verschiedenen Stellen trafen wir Weihopfer für die Barimo. Gewöhnlich bestanden sie aus Nahrungsmitteln, und jedes verlassene Dorf hatte noch Götzenbilder und kleine Hüttchen mit Töpfen voll Zaubermittel. Eines Nachmittags passierten wir ein kleines hölzernes Haus mit einem Ochsenkopf als Gegenstand der Verehrung. Die schreckliche Gleichförmigkeit der dunklen Wälder und freien Ebenen muß einen niederdrückenden Einfluß auf den Geist der Bewohner haben. Einige Dörfer scheinen abergläubischer zu sein als andere, wenn man nach der größeren Menge Götzenbilder in ihnen urteilen darf.

In jedem Dorfe versuchte man uns über die Nacht dazubehalten. Manchmal wollte man uns mit großen Töpfen Bier verlocken. Auch befahl uns der Ortsvorsteher ganz gebieterisch, unter einem bestimmten Baum zu halten. Andere Male wieder boten sich junge Leute an, uns in den unpassierbaren Teil des nächsten Sumpfes zu führen, in der Hoffnung, daß wir dann nicht weiter könnten, und alles das nur, um Handel mit uns zu treiben; aber die Lebensmittel waren so billig, daß wir es oft vorzogen, sie dafür zu bezahlen, damit sie uns nur in Ruhe ziehen ließen. Ein ziemlich großes Huhn konnten wir für einen Schuß Pulver haben. Jeder Eingeborene, der eine Flinte hat, hat ein Pulvermäßchen bei sich, das nur für einen Schuß ausreicht. Die Weiber gehen fast ganz nackt, ihre einzige Kleidung ist ein ganz schmales Stück Tuch ohne jeden Schmuck, und man glaubt nicht, wie gierig sie Streifen Kaliko von geringerer Sorte kaufen. Sie freuten sich, daß wir ihnen für ein Huhn und einen Korb mit mehr als 20 Pfund Mehl größere Stücke gaben, die jedoch auch nur etwa 2 Fuß lang waren. Da wir von unserem früheren Vorrat nur noch wenig übrig hatten, mußten wir uns ihrer Zudringlichkeit entgegenstellen, und da hoben viele der Frauen in echt mütterlichem Gefühl ihre kleinen Kinder in die Höhe, um uns zu veranlassen, wenigstens für diese nur ein Streifchen herzugeben. Das Feuer, sagen sie, sei ihre einzige Kleidung bei Nacht, und die Kleinen wärmen sich, indem sie sich fest an ihre Eltern anschmiegen. Statt eines Felles oder Zeuges, in dem sie ihre Kinder tragen könnten, flechten sie aus der inneren Rinde eines Baumes ein etwa vier Zoll breites Band, hängen es von einer Schulter nach der anderen und setzen das Kind hinein. Ihr Land ist sehr fruchtbar, sie können Erdnüsse und Maniok in genügender Menge anbauen. Baumwolle sah ich hier nicht, auch keine anderen Haustiere als Hühner und kleine Hunde. Der Häuptling hat einige Ziegen, und ich habe nie den Grund einsehen können, warum das Volk nicht auch Ziegen hält.

Am 2. Juni abends erreichten wir das Dorf Kawawas, einer ziemlich bedeutenden Persönlichkeit in diesem Lande. Dieses Dorf besteht aus vierzig bis fünfzig Hütten und ist von Wald umgeben. Man trommelte bei der Leiche eines Mannes, der am vorhergehenden Tage gestorben war, und einige Weiber klagten jämmerlich an der Tür seiner Hütte und redeten den Toten an, als wenn er noch lebte. Man trommelte die ganze Nacht hindurch, mit gleicher Regelmäßigkeit, wie die Dampfmaschine an Bord eines Schiffes arbeitet. Wir bemerkten einen Mann, der, phantastisch mit einer Menge Federn herausgeputzt, das tanzende und klagende Volk verließ und am Morgen in den tiefen Wald ging, um am Abend zu der Leichenfeierlichkeit zurückzukehren; er sollte einen der Barimos vorstellen.

Am Morgen hatten wir eine interessante Unterhaltung mit Kawawa; er besuchte uns; wir setzen uns und schwatzten fast den ganzen Tag mit ihm und seinen Leuten. Als wir ihm den Gegenbesuch machten, fanden wir ihn in einem großen Gerichtshaus, welches, obwohl in Form eines Bienenstockes, recht gut gebaut war. Da ich ihm allerhand Merkwürdigkeiten gezeigt hatte, holte er jetzt einen großen Krug, englisches Fabrikat, herbei, der wie ein alter Mann mit einer Kanne Bier in der Hand gestaltet war, die größte Kuriosität, die er zu zeigen hatte.

Jetzt hatten wir Gelegenheit, eine Gerichtsverhandlung mit anzuhören. Ein armer Mann und seine Frau waren angeklagt, den Mann behext zu haben, dessen Leichenfeier eben jetzt im Dorfe stattfand. Ehe Kawawa die Verteidigung anhörte, sagte er: »Ihr habt eines meiner Kinder getötet. Bringt alle eure Kinder herbei, damit ich mir eines dafür auswählen kann.« Das Weib verteidigte sich mit viel Beredsamkeit, aber das half nur wenig, denn solche Beschuldigungen sind den Häuptlingen willkommen, um Opfer für den Sklavenmarkt zu erlangen. Wahrscheinlich dachte er, ich wäre gekommen, um Sklaven zu kaufen, obwohl ich mich über meinen Zweck bereits gegen ihn und seine Leute deutlich genug erklärt hatte. Am Abend zeigten wir die Bilder der Zauberlaterne, und alle freuten sich, Kawawa selbst nur ausgenommen. Er zeigte Furcht und stand mehrmals auf, wie um davonzulaufen, doch hinderte ihn die Menge daran. Einige der Gebildeteren verstanden die Erklärungen gut und sprachen sich weitläufig darüber gegen die Dümmeren aus. Es konnte nicht artiger zwischen uns zugehen als diesen Tag; aber Kawawa hatte gehört, die Tschiboque hätten uns gezwungen, einen Ochsen zu zahlen, und jetzt wollte er es ebenso machen. Als ich daher am nächsten Morgen zu ihm schickte, um ihm sagen zu lassen, daß wir bereit wären, weiterzuziehen, antwortete er in bildlicher Weise: »Wenn jemandem ein Ochse in den Weg kommt, soll er ihn nicht essen?« Ich hätte den Tschiboque einen gegeben und müsse ihm auch einen geben sowie eine Flinte, Schießpulver und ein schwarzes Kleid, wie das, welches er am Tage vorher zum Trocknen ausgebreitet gesehen hätte; wenn ich einen Ochsen verweigerte, so müsse ich einen Mann hergeben und ein Buch, aus welchem er sehen könnte, wie Matiamvo gegen ihn gesinnt sei und das ihn warnte, wenn Matiamvo ihm den Kopf abschneiden wollte. Kawawa erschien so bald als möglich in unserem Lager, nachdem er uns jene Botschaft gesandt hatte, und sagte, er habe alles gesehen, was ich habe, und müsse alles bekommen, was er verlange, da er über den Kasai, der vor uns lag, zu gebieten habe und uns nicht über ihn lassen würde, wenn wir nicht den gewünschten Tribut bezahlten. Ich antwortete ihm, die Waren gehörten mir und nicht ihm; ich hätte aber gehört, daß ein Weißer nie Schwarzen Tribut zahle, und ich würde, auch wenn er es nicht wolle, den Kasai überschreiten. Da befahl er seinen Leuten, die Waffen zu ergreifen, und als einige meiner Leute sahen, wie sie nach Bogen, Pfeilen und Speeren liefen, erschraken sie gewaltig. Ich hieß sie vorwärts zu gehen, aber nicht eher zu feuern, bevor nicht Kawawas Leute den ersten Schuß getan hätten. Ich ging voran und erwartete, sie würden mir alle folgen wie gewöhnlich, aber es blieben viele zurück. Als ich dies bemerkte, sprang ich vom Ochsen und lief mit dem Revolver in der Hand auf sie los. Kawawa lief davon unter sein Volk und auch dieses nahm Reißaus. Da rief ich meinen Leuten zu, ihr Gepäck zu nehmen und weiterzugehen; einige taten es eiligst, in dem Gefühl, Unrecht getan zu haben, indem sie mir nicht gehorchten, sondern zurückblieben; aber einer von ihnen weigerte sich und wollte auf Kawawa feuern; doch als ich ihm einen Schlag mit der Pistole an den Kopf gab, kam er. Hier fühlte ich es wiederum, daß man um jeden Preis Subordination aufrechterhalten müsse. Wir gingen alle weiter in den Wald, Kawawas Leute standen etwa hundert Schritte davon und gafften uns nach, aber schossen weder mit Flinten noch mit Pfeilen. Es ist sehr unangenehm, sich auf solche Weise von dem Häuptling zu trennen, nachdem man einige Tage freundlich mit ihm verkehrt hat, in einem Lande, wo die Leute im allgemeinen höflich sind. Dieser Kawawa indes ist kein eben vorzüglicher Balonda-Häuptling und ist in der Nachbarschaft wegen seiner Dummheit ziemlich allgemein bekannt. So erzählte man uns, er glaube, Matiamvo werde ihm eines Tages den Kopf abschlagen, weil er die Rechte der Fremden mißachte.

Kawawa ließ sich indes von seinen vermeintlichen Rechten durch die unzeremoniöse Art und Weise, wie wir ihn verließen, nicht abbringen; denn als wir nach etwa 10 Meilen die Furt am Kasai erreichten, fanden wir, daß er vier Leute vorausgeschickt hatte, mit dem Befehl an die Fährleute, uns die Überfahrt zu verweigern. Man sagte uns hier allen Ernstes, wir müßten die erwähnten Dinge hergeben und außerdem noch einen Mann. Diese letztere Forderung schnitt uns immer ins Herz. Die Kähne wurden vor unseren Augen weggenommen, und so glaubte man, wären wir ganz hilflos, da der Strom gut 100 Ellen breit und sehr tief war. Pitsane stand am Ufer, indem er mit anscheinender Gleichgültigkeit auf den Strom schaute, und sah genau, wo die Kähne im Rohr versteckt lagen. Die Fährleute fragten einen meiner Batokas zufällig, ob es in ihrem Lande auch Flüsse gäbe, und er antwortete der Wahrheit gemäß: »Nein, bei uns sind keine Flüsse.« Da waren Kawawas Leute überzeugt, wir könnten nicht übersetzen. Ich dachte daran hinüberzuschwimmen, wenn sie fortgegangen sein würden, aber als es dunkel wurde, nahmen wir ohne Umstände einen der verborgenen Kähne und saßen bald beim Biwak am südlichen Ufer des Kasai. Ich ließ einige Perlen als Lohn für eine Mahlzeit zurück, die mir die Fährleute gegeben hatten, und da wir den Kahn an der Seite des Flusses zurückließen, wo sie zu Hause waren, lachten Pitsane und seine Genossen laut auf, wenn sie daran dachten, wie unsere Feinde sich ärgern würden und sich nicht würden erklären können, wer uns herübergefahren habe.

ELFTES KAPITEL

Nachdem wir den Kasai verlassen hatten, betraten wir die ausgedehnten flachen Ebenen, die wir das vorige Mal überschwemmt vorgefunden hatten. Das Wasser auf ihnen war noch nicht ganz ausgetrocknet und stand noch immer in einigen tieferen Stellen. Geier flogen in der Luft, ein Beweis, daß Aas vorhanden war, und wir sahen auch wirklich einige Stücke großes Wild, das aber so außerordentlich böse war, daß wir uns nicht nähern konnten. Unzählige Raupen krochen an den Grasstengeln in die Höhe, und Libellen und Schmetterlinge zeigten sich, obwohl es Winter war.

Am zweiten Tage, den wir auf dieser Ebene zugebracht, wurde ich zum siebenundzwanzigsten Male vom Fieber befallen an einer Stelle, wo kein Wasser zu sehen war. Wir hielten es nie für notwendig, in dieser Gegend Wasser mit uns zu führen, und jetzt, wo ich mich nicht rühren konnte, fanden meine Leute bald Wasser, um meinen brennenden Durst zu stillen, indem sie mit Stöcken leicht unter die Oberfläche gruben. So hatten wir Gelegenheit, die Verhältnisse dieser merkwürdigen Ebene zu verschiedenen Jahreszeiten zu beobachten. Am nächsten Tage setzten wir unseren Weg weiter fort, und am 8. Juni gingen wir durch den Lotembwa nach dem Nordwestende des Dilolo-Sees und erreichten so wieder unseren früheren Weg.

Nachdem wir den nördlichen Lotembwa überschritten hatten, trafen wir eine Gesellschaft von den Leuten Kangenkes, der uns auf unserer Reise nach Norden gütig behandelt hatte, und sandten ihm ein Stück gestreiften Kaliko zugleich mit Angabe des Grundes, warum wir nicht wieder durch sein Dorf kämen. Wir zogen dann weiter nach dem Dilolo-See. Es ist eine schöne Wasserfläche, sechs bis acht Meilen lang, ein bis zwei Meilen breit und ungefähr wie ein Dreieck gestaltet. Von einer der Ecken geht ein Arm aus, der in den südlichen Lotembwa fließt. Obwohl ich am Fieber litt, hatte doch der Anblick des blauen Wassers und der an das Ufer schlagenden Wogen, nach so viel leblosen, ebenen und dunklen Wäldern einen beruhigenden Einfluß auf den Geist. Das Herz seufzte nach den lebhaften Eindrücken, welche der Anblick der weiten Fläche des großen alten Ozeans erzeugt. Da ist Leben; aber auf den gleichförmigen Flächen, welche wir jetzt durchwandert hatten, war es mir, als wäre ich lebendig begraben. Wir fanden in Moene Dilolo (d. h. Herr des Sees) einen dicken lustigen Mann, der darüber klagte, daß Bier in Menge vorhanden sei, wenn keine Fremden kämen, wenn sie aber da wären, sei kein Topfen zu bekommen. Er machte uns ein hübsches Geschenk mit Mehl und stinkendem Büffelfleisch. Sie scheinen sich nicht viel aus Fleisch zu machen; denn sie verbrauchen es nur in kleinen Quantitäten, um Brühe zu dem geschmacklosen Maniok zu haben. Sie befanden sich jetzt auf der Antilopenjagd, um Matiamvo den Tribut an Häuten geben zu können. Im See werden Fische in großer Menge gefangen, und in den Nestern im Rohr findet man jetzt viele junge Wasservögel.

Wir waren nur langsam vorwärts gekommen, fünf Tage hintereinander immer nur fünf Stunden weit. Am sechsten waren Menschen und Tiere erschöpft. So sehr wir uns auch sehnten nach Hause zu kommen, so machten wir doch nie in einer Stunde in gerade Linie mehr als zweieinhalb bis drei Meilen. Der Unterschied im Verhältnis der Reise zwischen uns und den Sklavenhändlern war der, daß wir in schnellerem Schritt gingen, längere Tagesreisen machten und den Monat zu zwanzig statt zu zehn Tagereisen rechneten. Wenn einer meiner Leute krank wurde, aber noch gehen konnte, verteilten die Übrigen sein Gepäck unter sich; doch mußten wir oft, außer an Sonntagen, noch einen Tag in der Woche anhalten, nur um auszuruhen. Die Lage des Dilolo-Sees ist 11° 32' 1" südlicher Breite und 22° 27' östlicher Länge.

14. Juni. – Wir erreichten die verstreut liegenden Dörfer, über welche Katema herrscht, und dankten Gott, daß wir wieder alte befreundete Gesichter sahen. Schakatwala vertrat den Häuptling und brachte in seinem Namen einen großen Vorrat von Lebensmitteln. Er sagte uns, auch Katema sei auf der Jagd, um für Matiamvo Felle zu erjagen.

In verschiedenen Teilen des Landes bemerkten wir, wenn wir nach alten Freunden fragten, so bekamen wir immer die Antwort: »Ba hola«, d. h. sie befinden sich besser, oder wenn wir uns nach Leuten in einem Dorf erkundigten, so war die Antwort: »Sie sind auf dem Wege der Besserung«, als wenn Krankheit etwas ganz Gewöhnliches wäre. Allerdings waren auch viele von denen, mit welchen wir auf der Reise nach Norden Bekanntschaft gemacht hatten, gestorben. Am 15. Juni kam Katema von der Jagd zurück, da er von unserer Ankunft gehört hatte. Er wünschte, ich möchte ausruhen und mich satt essen, denn da ich ein großer Mann sei, müsse ich müde sein; und er schaffte alles herbei, damit ich mir's bequem machen könnte. Alle Leute hier sind außerordentlich gütig und freigebig mit Lebensmitteln, und Katema blieb nicht zurück. Als er unser Lager besuchte, schenkte ich ihm einen Mantel von rotem Boy, mit Goldstickerei versehen, der dreißig Schillinge gekostet hat-

Katema zieht sich auf vornehme Weise auf den Schultern seines Dolmetschers zurück

te, um mein Versprechen zu halten, das ich gab, als ich nach Loanda ging; auch ein Baumwollkleid, große und kleine Perlen, einen eisernen Löffel und ein zinnernes Pfännchen mit einem Viertelpfund Pulver. Er war erfreut über meine Freigebigkeit und versicherte mir, der Weg stände mir offen, und es würde mich niemand belästigen, solange er mir helfen könnte. Schakatwala sagte uns, der Häuptling nehme nicht eher einen Teil meiner Geschenke in Gebrauch, bevor er nicht seiner Mutter oder den abgeschiedenen Geistern, zu denen er betete, etwas davon angeboten habe. Katema fragte, ob ich ihm nicht einen Rock machen könnte, ähnlich dem, welchen ich selbst trug, damit er als Weißer auftreten könne, wenn ihn ein Fremder besuche. Als einer seiner Räte glaubte, er müsse ihn in seinen Bitten unterstützen, verwies ihm dies Katema und sagte: »Was Freunde geben, sei es wenig oder viel, nehme ich immer mit Dank an und quäle nie um mehr.« Beim Fortgehen stieg er seinem Dolmetscher auf die Schultern, die vornehmste Art und Weise, sich zurückzuziehen. Da der Dolmetscher schlank und der Häuptling 6 Fuß groß und stark gebaut war, so würde der erstere wohl zusammengebrochen sein, wenn er nicht daran gewöhnt gewesen wäre. Wir freuten uns sehr über Katema; am nächsten Tage schenkte er uns eine Kuh, damit wir zu der übrigen Kost, die er uns reichlich verabfolgt hatte, auch gutes Fleisch essen könnten. Dann ging er auf die Jagd, nachdem er mir noch die Versicherung gegeben, die Stadt und alles, was in ihr sei, gehöre mir, und daß Schakatwala, sein Faktotum, da bleiben und für alles sorgen und uns bis an den Leeba führen sollte.

Als wir die Kuh schlachten wollten, welche Katema uns gegeben hatte, fanden wir, daß die Herde so wild wie Büffel war, und als einer meiner Leute sie nur verwundet hatte, flohen sie viele Meilen weit in den Wald und wurden mit großer Mühe wieder zurückgebracht. Selbst die Hirten fürchteten sich, ihnen zu nahe zu gehen. Der größere Teil war weiß, und es waren alles schöne Tiere. Nachdem wir sie zwei Tage gejagt hatten, wurde sie endlich durch eine andere Kugel getötet. Wir sahen einen Schwarm Dohlen, die in Londa selten sind; sie suchten eifrig nach den Raupen im Tale, die auch von den Menschen gegessen werden.

Nachdem wir Katemas Stadt am 19. Juni verlassen hatten und 4 Meilen ostwärts gezogen waren, überschritten wir den südlichen Arm des Dilolo-Sees. Er war eineinviertel Meilen breit, und da er in den Lotembwa fließt, so könnte man den See für einen Ableitungskanal der umliegenden Ebene und eine Art Quelle halten. Die Furt ging uns bis an den Leib und war wegen der Menge Arum und Binsen, durch welche wir waten mußten, schwer zu passieren. Nachdem wir etwa 3 Meilen weit ostwärts gegangen waren, kamen wir an den südlichen Lotembwa selbst, der durch ein 2 Meilen breites Tal fließt. Er ist hier 80–90 Ellen breit und enthält viele Inseln, welche dicht mit Wald bedeckt sind. Während der Regenzeit ist das Land überflutet, und wenn das Wasser verdunstet, werden viele Fische gefangen. Dies geschieht sehr gewöhnlich, und man sieht überall Fischreusen. Von einem kleinen Fisch von der Größe der

Elritze werden ganze Säcke voll gefangen und in der Sonne getrocknet. Er schmeckt scharf aromatisch bitter und wurde von meinen Leuten mit großem Appetit verzehrt, obwohl sie ihn nie vorher gegessen hatten. Unseren Freund Mozinkwa fanden wir nicht in seiner schönen Heimat von Lokaloeje; seine Frau war gestorben, und er war weitergezogen. Er folgte uns eine Strecke, aber unser Wiedererscheinen schien seinen Kummer aufzuregen. Wir fanden den Ponton noch in dem Dorfe, wo wir ihn gelassen. Man hatte ihn sorgfältig aufgehoben, aber eine Maus hatte ein Loch hineingefressen und ihn unbrauchbar gemacht.

Wir gingen über die große Ebene am Nordufer des Leeba und überschritten diesen Fluß ein Stück weiter oben bei Kanyonkes Dorf, das etwa 20 Meilen westlich von den Peri-Hügeln, unserer früheren Furt, liegt. Die erste Station jenseits des Leeba war an dem Bächlein Loambo bei dem Dorfe Tschebendes, des Neffen Schintes; am nächsten Tage trafen wir Tschebende selbst, der von dem Leichenbegängnis Samoanas, seines Vaters, zurückkehrte. Er war dünn und mager, im Vergleich zu früher, wahrscheinlich infolge der Orgien, die er gefeiert hatte. Pitsane und Mohorisi, welche den Plan hatten, an den Ufern des Leeba ein Makololo-Dorf zu gründen, um dem Markt der Weißen näher zu sein, sprachen mit Tschebende, der ein einflußreicher Mann war, über den Gegenstand, aber er hütete sich, seine Meinung auszusprechen. Der Gedanke, den sie hatten, nahe am Zusammenfluß des Leeba und Leeambye eine Niederlassung zu gründen, verdiente nach meinem Urteil alle Empfehlung als ein geographisch geeigneter Punkt für Zivilisation und Handel. Das rechte Ufer des Leeba wird hier nie überflutet, und von hier aus besteht eine Verbindung durch Kähne mit dem Lande der Kanyika, auch mit Cazembe und weiterhin, die nur durch einen oder zwei Wasserfälle gestört wird. Das Barotse-Tal abwärts ist nirgends ein Hindernis, und wahrscheinlich besteht Kahnschiffahrt den Kafue oder Baschukolompo abwärts, obwohl er viele Wasserfälle haben soll. Er fließt durch ein fruchtbares Land, das von den Bamasasa gut bevölkert ist, welche die Landesprodukte fleißig anbauen.

Es war jetzt Mitte des Winters, die Temperatur des Wassers war am Morgen 47°, die der Luft 50° und, weil feucht, sehr kalt. Die Sonne jedoch schien den ganzen tag sehr heiß, und die Temperatur im kühlsten Schatten war zwischen 88° und 90°, am Abend zwischen 76° und 78°.

Ehe wir Schintes Stadt erreichten, passierten wir viele große Dörfer der Balobale, die vor dem Hauptling Kangenke geflohen waren. Die Mambari aus Bihe kommen beständig des Handels wegen zu ihnen, und da er seine Leute verkauft, so entlaufen sie in Menge zu Schinte und Katema, welche sie nicht zurückweisen.

Endlich erreichten wir unseren Freund Schinte und wurden von dem alten freundlichen Mann herzlich aufgenommen und mit dem Besten, was er hatte reichlich bewirtet. Als er meine Begleiter von ihrer Reise reden hörte und ein Stück Baumwollzeug, etwa 2 Ellen im Geviert, bekam, sagte er: »Die Mambari betrügen uns, bringen nur kleine Stücke; aber wenn ihr wieder durchreist, schicke ich meine Leute mit, um für mich in Loanda zu kaufen.« Als ich ihm sagte, wie es den Sklaven ginge, die er verkaufte, und daß er auf diese Weise seinen Stamm ganz zugrunde richte, dagegen den Stamm der Mambari vergrößere, nur um kleine Stücke Zeug zu erhalten, da schien ihm ein neuer Gedanke aufzugehen. Er ging ins einzelne ein in betreff seiner Zwistigkeiten mit Masiko, der ihn abgehalten hatte, mit den Makololo, deren ich mich annahm, Freundschaft zu schließen, und selbst die Boten ausgeplündert hatte, die er mit Kolimbota nach dem Barotse-Tal gesandt. Schinte lag es namentlich daran, mir mitzuteilen, daß Kolimbota nach meiner Abreise auf eigene Faust noch dageblieben sei und sich, ohne dazu aufgefordert zu sein, in die Streitigkeiten des Landes gemischt hatte; daß Kolimbota ferner in der Nacht durch einen Schuß verwundet worden sei; als er eines der Kinder eines Balobale rauben wollte, der die Balonda dadurch beleidigt hatte, daß er aus einem fremden Bienenstock Honig nahm. Er habe jedoch die Wunde dadurch geheilt, daß er ihm ein Weib gegeben, Sekeletu ein Geschenk mit einem Stück Zeug gemacht und den Hergang der Sache mitgeteilt. Aus Schintes Worten entnahmen wir soviel, daß Kolimbota, ehe wir die Stadt verließen, erfahren hatte, der Weg, den wir einschlagen wollten, wäre so gefährlich, daß es für ihn besser sei, uns unserem Schicksal zu überlassen; und da er einen unserer Kähne mitgenommen hatte, so mochte er wohl erwartet haben, daß wir nicht zurückkämen. Schinte indes schickte an seine Schwester Nyamoana eine Empfehlung, uns so viele Kähne zu stellen, als wir brauchen würden, um den Leeba und Leeambye hinabzufahren.

Wir blieben bei Schinte bis zum 6. Juli, da er uns nicht fortlassen wollte, ohne daß wir in feierlicher Weise in Gegenwart seines ersten Ministers Tschebende eine Botschaft von Limboa, dem Bruder Masikos, mit angehört hatten. Als Masiko, weil er damit unzufrieden war, Sebituane untergeordnet zu sein, aus dem Makololo-Lande floh, kam er zu Schinte, der ihn freundlich aufnahm und an alle Dörfer in der Nähe den Befehl ergehen ließ, ihn mit Lebensmitteln zu versorgen. Limboa floh nach Westen mit einer Anzahl Leute und wurde auch ein Häuptling. Sein Land wurde zuweilen Nyenko genannt, von den Mambari und eingeborenen Portugiesen aber Mboela, d. h. der Ort, wo sie umkehrten. Eine Folge der Polygamie ist, daß die Kinder verschiedener Mütter immer in Streit miteinander sind. Jeder Sohn versucht zur Macht zu gelangen, indem er die Nachkommen der übrigen Söhne aufreizt. Da Limboas Mutter von vornehmer Familie war, so fühlte sich dieser gekränkt, daß Masikos Verhältnisse besser waren als die seinigen. Masiko lebte in der Nähe der Saloischo-Hügel, wo es viel Eisenerz gibt, aus welchem die Bewohner Hacken, Messer usw. machen. Auch sind sie geschickt in der Verfertigung hölzerner Gefäße. Liomba ärgerte sich darüber, daß er diese Artikel nur durch Vermittlung seines Bruders erlangen konnte, den er als niedriger stehend betrachtete, und beschloß, in dasselbe Land einzudringen. Da man hierin einen Ausdruck der Überlegenheit erkannte, dem sich Masiko widersetzen mußte, so war dies notwendigerweise eine Kriegserklärung. Masiko und Schinte baten um meine Vermittlung, damit sie in Ruhe und Frieden leben könnten, aber Limboa, der auf einen glücklichen Ausgang hoffte, sandte jetzt die Botschaft, die ich mitanhören sollte: Er sei mit meiner Ansicht völlig einverstanden, aber wolle nur ein einziges Mal eine Strecke weit ins Land kommen und dann für immer sich ruhig verhalten. Er wünschte die Hilfe Schintes, um seinen Bruder zu unterjochen. Zu derselben Zeit kamen Boten von Masiko, welche um Beistand baten, um ihn zurücktreiben zu können. Schinte war geneigt, Limboa zu helfen; da er aber den Rat gegeben hatte zu warten, bis ich kommen würde, drang ich jetzt in ihn, sie ihre Sache allein ausmachen zu lassen, und er war damit zufrieden.

Wir trennten uns aufs freundlichste von unserem Freunde Schinte, und gingen auf unserem früheren Wege nach dem Dorf der Nyamoana, welche jetzt Witwe ist. Sie empfing uns anscheinend mit vieler Teilnahme und sagte: »Wir hatten unseren früheren Wohnsitz mit dem Orte vertauscht, wo ihr uns jetzt findet, und hatten nicht daran gedacht, daß es der Ort sei, wo mein Mann sterben sollte.« Sie war an den Fluß Lofuje gegangen, da die Eingeborenen hier nie an dem Ort bleiben, wo sie der Tod einmal aufgesucht hat. Sie lieh uns fünf kleine Kähne und gab uns einen von denen, die wir füher hier gelassen hatten, um den Leeba abwärts zu fahren. Nachdem ich den Coanza in Massangano gesehen, dachte ich, der Leeba wäre wenigstens den dritten Teil größer und über 200 Ellen breit. Wir sahen die deutlichen Spuren davon, da er bei der letzten Flut über 40 Fuß in senkrechter Höhe gestiegen war; doch ist dies wahrscheinlich außergewöhnlich, da es viel mehr, als man durchschnittlich annimmt, geregnet hatte. Meine Begleiter kauften auch eine Anzahl Kähne von den Balonda. Diese sind sehr klein und fassen nur zwei Personen. Sie sind ganz dünn und leicht und so schwach wie die Kähne bei Wettfahrten, da man sie braucht, um Tiere im Wasser zu jagen. Wir zahlten dafür eine Schnur Perlen, so lang wie der Kahn. Auch gaben wir ihnen den Rat, Kähne zum Verkauf in das Land der Makololo zu schaffen, für die sie recht gern Kühe bekommen würden.

Ehe wir den Bach Makondo (13° 23' 12" südlicher Breite) erreichten, trafen wir die Tsetse in solcher Menge, daß meine armen Ochsen manchen Biß davontrugen, obwohl ein Mann sie mit einem Zweige wegjagte. Dem Esel schadet der Biß dieser Fliege nicht. Am nächsten Morgen waren die Stellen, an denen meine Ochsen gebissen worden waren, daran erkenntlich, daß Büschel Haare, etwa einen Zoll breit, durch Ausschwitzung naß waren. Der arme Sinbad hatte mich den ganzen Weg vom Leeba nach Golungo Alto und wieder zurück getragen, ohne daß er je eine seiner Eigentümlichkeiten aufgab oder sich damit versöhnen konnte, daß wir ihn jeden Morgen von der guten Weide, die er gefunden, weitertrieben. Ich wollte auch noch den letzten Nutzen von ihm ziehen und das Verlangen nach Fleischkost an ihm stillen, aber meine Leute hatten Bedenken, und wir schafften ihn nach Naliele, damit er seine Tage in Frieden vollenden konnte.

Nachdem wir einen Boten an unsere alte Freundin Manenko geschickt hatten, warteten wir einen Tag lang ihrem Dorfe gegenüber, das etwa 15 Meilen vom Flusse entfernt war. Sie schickte uns sogleich ihren Mann mit Lebensmitteln als Geschenk entgegen; sie selbst konnte nicht kommen, da sie an dem einen Fuß eine Brandwunde hatte. Sambanza unterrichtete uns genau über die politische Lage des Landes und Kolimbotas Schlechtigkeiten, und am nächsten Morgen fand, um unsere Freundschaft zu befestigen, die »Kasendi« genannte Zeremonie statt. Sie wird folgendermaßen vollzogen: Die beiden Parteien geben sich die Hände (in diesem Falle waren die Parteien durch Pitsane und Sambanza vertreten); man macht kleine Einschnitte in die dargereichten Hände, auf die Magengrube, auf die rechte Backe und die Stirn. Mit einem Grashalm nimmt man eine kleine Quantität Blut von den bezeichneten Stellen der beiden Parteien. Das Blut von der einen Partei tut man in den Krug Bier, das der anderen in einen anderen Krug; jede trinkt der anderen Blut, und dadurch werden sie für immer Freunde oder Verwandte. Während des Trinkens schlagen andere mit kleinen Keulen auf den Erdboden und sprechen Worte aus, welche den Vertrag bestätigen. Die zu jeder Partei gehörenden Leute trinken sodann das Bier aus. Die Hauptbeteiligten bei der Zeremonie Kasendi werden daher als Blutsverwandte betrachtet und sind gebunden, einander drohende Gefahren zu entdecken. Wenn Sekeletu den Plan fassen sollte, die Balonda anzugreifen, so müßte Pitsane den Sambanza warnen und umgekehrt. Hernach beschenkten sie sich mit den kostbarsten Geschenken, die sie hatten. Sambanza ging mit Pitsanes Kleid aus grünem Boy und rotem Besatz, das in Loanda gemacht worden war, davon, und Pitsane erhielt außer einer Menge Lebensmittel zwei Muscheln, ähnlich der, die ich von Schinte bekommen hatte.

Einmal wurde ich zufällig mit einer jungen Frau blutsverwandt. Sie hatte eine große knorpelartige Geschwulst zwischen den Unterarmknochen, welche immer größer wurde und die Muskeln so ausdehnte, daß die Frau nicht mehr arbeiten konnte. Sie wandte sich an mich, ich sollte sie ausschneiden. Ich bat sie, ihren Mann herbeizuholen, wenn er wünsche, daß die Operation geschehen sollte, und während ich die Geschwulst entfernte, spritzte mir aus einer kleinen Arterie etwas Blut ins Auge. Als ich das Blut wegwischte, sagte sie: »Du warst schon vorher mein Freund, jetzt bis du mein Blutsverwandter; und wenn du diesen Weg passierst, so lasse mich's wissen, damit ich Speisen für dich koche«. Als wir dieses Freundschaftsbündnis schlossen, hatten meine Leute wirklich die Absicht zurückzukehren; jeder hatte seinen Molekane (Freund) in jedem Dorf der freundliche Balonda. Mohorisi heiratete sogar in der Stadt Katemas und Pitsane in der Stadt Schintes. Diese Verbindung wurde von den Häuptlingen der Balonda sehr begünstigt, da sie die Zuneigung der Makololo sicherte.

Damit der Leser die sozialen Verhältnisse der Stämme besser verstehe, will ich erwähnen, daß, während wir auf Sambanza warteten, eine Gesellschaft Barotse von Nyenko, der früheren Residenz Limboas, kam, der auf seinem Wege zu Masiko vor kurzem den Leeba überschritten hatte. Die Anführer dieser Gesellschaft hatten den Sohn Limboas zu seinem Vater gebracht, weil die Barotse in Nyenko seit dem Weggang Limboas Nananko, einen anderen Sohn Santurus an seine Stelle gewählt hatten, und jener Anführer, dem der Knabe anvertraut worden war, glaubte ihn in Gefahr und floh mit ihm zu seinem Vater. Die Barotse, welche Limboa in Nyenko zurückgelassen hatte, sagten, als sie Nananko wählen wollten: »Nein, es ist zu viel für Limboa, an zwei Orten zu regieren.« Ich hätte gern Limboa und Masiko besucht, um Feindseligkeiten zuvorzukommen, aber der Zustand meines Ochsen ließ es nicht zur Ausführung kommen. Ich sandte daher eine Botschaft an Limboa durch einige seiner Leute, protestierte gegen einen Krieg mit seinem Bruder und benachrichtigte ihn, daß der Weg auf dem Leeba aufwärts uns von den Balonda freigegeben worden sei, denen das Land gehöre, und daß man nie versuchen dürfe, den freien Verkehr zu hemmen.

Als wir diesen Ort verließen, trennte sich einer unserer Leute von uns, Nhoenga, Ein Ambonda, der uns nach Loanda und zurück begleitet hatte. Sein Vater lebte bei Masiko, und es war ganz natürlich, daß er seine Familie wiederzusehen wünschte. Er verließ uns in allen Ehren, doch ließ er ein schönes Tarifell mitgehen, das mir Nyamoana geschenkt hatte; indes ließ er dafür ein Pack Flintensteine zurück, die er von Loanda bis hierher für mich getragen hatte. Es tat mir leid, daß wir uns trennten, und ich ließ ihn wissen, er hätte nicht fortzugehen brauchen; wenn er wieder zu Sekeletu kommen wolle, so sei er willkommen. Hierauf trafen wir einen großen Trupp Barotse, welche in derselben Richtung flohen; als ich ihnen aber vorstellte, daß sie in Londa wahrscheinlich als Sklaven verkauft werden würden, dagegen in Sekeletus Land nicht, so beschlossen sie umzukehren. Das größte Leid für die Barotse ist, daß sie mit Sekeletu in Linyanti leben müssen, wo es weder Fisch noch Vogel, noch andere Lebensmittel in gleich großer Menge wie in ihrem eigenen Tale gibt.

Wenig unterhalb der Vereinigung des Leeba und Leeambye trafen wir eine Anzahl Jäger vom Stamme Mombowe, welcher Masiko untertan ist. Sie hatten getrocknetes Fleisch von Flußpferden, Büffeln und Alligatoren. Sie beschleichen das Tier, indem sie eine Mütze aus Letsche- oder Poku-Haut mit den Hörner daran und eine andere Mütze aufsetzen, welche den oberen weißen Teil des Zabiru (Mycteru Senegalensis), einer Art Kranich, darstellt, mit langem Hals und Schnabel. So kriechen sie durch das Gras; sie können so den Kopf ohne Mühe hochheben, um ihre Beute zu sehen, ohne erkannt zu werden, bis sie auf Bogenschußweite herangekommen sind. Sie beschenkten mich mit drei Schildkröten, deren eine, die wir kochten, mehr als vierzig Eier im Leibe hatte. Wahrscheinlich handelt es sich hier um eine mit dem Sternotherus sinuatus Smith verwandte Species, da sie nicht unangenehm riecht. Sie verläßt jährlich das Wasser, um Eier zu legen, mit solcher Regelmäßigkeit, daß die Eingeborenen danach die Zeit der Saat bestimmen. Die Eierschale ist biegsam und an beiden Enden gleich groß, wie die der Alligatoren. Das Fleisch, namentlich die Leber, ist vortrefflich. Die Jäger teilten uns mit, daß, als die Friedensbotschaft zu Masiko gelangte, die gewöhnlichen Leute so froh waren über die Aussicht, die »Speere zusammenbinden« zu können, daß sie nach dem Flusse liefen und badeten und darin herumsprangen. Diese Jäger waren von Masiko zu den Makololo gesandt worden, um ihnen behilflich zu sein, ihre Feinde zurückzuschlagen, aber anstatt dahin zu gehen, hatten sie die Zeit auf der Jagd zugebracht. Sie fürchteten sich vor den Makololo; daher erklärt sich ihre Freude, als der Friede verkündigt wurde. Die Mambowe-Jäger waren sehr bestürzt, ehe sie meinen Namen hörten. Dann vereinigten sie sich mit uns, und am folgenden Tage entdeckten sie ein totes Flußpferd, das sie früher verwundet hatten. Dies war das erste Mal, daß meine Leute Fleisch bekamen, denn obwohl es Wild die Menge gab, so hatte ich das Schießen ganz verlernt und fehlte stets. Einmal ging ich mit dem Entschluß fort, so nahe heranzuschleichen, daß ich ein Zebra nicht verfehlen konnte. Wir fuhren auf einem Flußarm in einem kleinen Kahn, und zwei Männer, die sich so viel wie möglich niederduckten, ruderten langsam nach einer offenen Stelle, nahe an eine Herde Zebras und Polus heran. Vom Kahn aus sah die offene Stelle wie ein Stück nasses Land aus, wie man es oft an Flußufern, als den Erholungsplätzen der Alligatoren, sieht. Als wir bis auf wenige Ellen herankamen, hörten wir das Tier in das Wasser stürzen und erkannten, daß es ein Alligator war. Obgleich ich so nahe wie möglich herankam, schoß ich das Zebra leider nur in das Hinterbein. Meine zwei Begleiter verfolgten es, aber wenn ein Zebra auch ein Hinterbein nicht gebrauchen kann, so galoppiert es dennoch davon. Als ich langsam den Leuten auf der Ebene nachging, die reich mit grünem Gras bedeckt war, das sich unter seiner eigenen Schwere bog, bemerkte ich einen einzelnen Büffel, der, von meinen Begleitern aufgejagt, in vollem Gallop auf mich losstürzte. Ich sah mich nach Schutz um, aber der einzige Baum auf der ganzen Ebene war hundert Schritte entfernt, und ein anderes Entrinnen war unmöglich. Ich zog daher die Flinte auf, in der Absicht, den Büffel in die Stirn zu schießen, wenn er bis auf drei oder vier Schritte herankäme. Da fuhr mir der Gedanke durch den Kopf: »Was tun, wenn die Flinte versagt?« Ich legte sie auf die Schulter, als er in vollem Sprunge daher kam, und das ist wirklich entsetzlich, obwohl er eigentlich sehr plump aussieht. Bei einem kleinen Busch und hohem Gras in einer Entfernung von fünfzehn Schritten mußte er eine kleine Wendung machen und stellte die Schultern bloß. Ich hörte die Kugel oben aufschlagen, als ich platt auf das Gesicht hinfiel. Vor Schmerz mußte er seinen Plan aufgegeben haben, denn er sprang an mir vorüber nach dem Wasser, wo wir ihn tot fanden. Ich dankte Gott für diese Rettung; meine Leute bedauerten es sehr, nicht bei der Hand gewesen zu sein, um mich aus dieser Gefahr zu erretten.

27. Juli. – Wir erreichten Libonta und wurden mit so großer Freude, wie noch nie vorher, aufgenommen. Die Weiber kamen uns entgegen mit eigentümlichen Tänzen und lautem Jauchzen. Einige trugen Matten und Stöcke, was Schild und Speer vorstellen

sollte. Andere eilten herbei und küßten Hände und Backen derjenigen meiner Leute, die sie kannten, und regten so viel Staub auf, daß es ein wahrer Trost war, als die Männer sich versammelten, und wir uns anständig in die Kotla setzten. Man betrachtete uns wie vom Tode Auferstandene, denn ihre geschicktesten Wahrsager hatten uns längst totgesagt. Nachdem die ersten Freudenbezeugungen vorüber waren, stand ich auf, dankte ihnen und erklärt ihnen die Ursache unseres langen Verzugs, ließ aber ihre eigenen Landsleute den Reisebericht geben. Früher war ich der Hauptsprecher gewesen, jetzt überließ ich es ihnen. Pitsane sprach hierauf länger als eine Stunde und gab ein sehr schmeichelhaftes Bild von der ganzen Reise, der Güte der Weißen im allgemeinen und Gabriels im besonderen. Er schloß damit, daß er sagte, ich hätte mehr getan, als sie erwarteten; ich hätte ihnen nicht nur den Weg zu anderen Weißen geöffnet, sondern auch freundschaftliche Beziehungen mit allen Häuptlingen unterwegs hergestellt. Da stand der Älteste unter den Anwesenden auf, beantwortete seine Rede und spielte unter anderem darauf an, welchen Widerwillen ich dagegen hätte, daß die Makololo Plünderungszüge gegen Letschulatebe und Sebolamakwaia unternähmen, von denen wir gehört hatten, und die meine Gefährten mit sehr starkem Ausdruck maschue hela, d. h. ganz schlecht, nannten. Er bat mich, den Mut nicht zu verlieren, sondern Sekeletu wie mein Kind zu tadeln. Ein anderer alter Mann pflichtete seinen Bitten bei. Am nächsten Tage dankten wir Gott für seine Güte, daß er uns alle wohl erhalten zu unseren Freunden zurückgebracht habe. Meine Leute putzten sich aufs beste, und ich fand, daß, obwohl ihre Waren verbraucht waren, sie doch noch europäische Anzüge hatten, welche weiß waren und nebst den roten Mützen sie auffällig erscheinen ließen. Sie versuchten es, wie die Soldaten, die sie in Loanda gesehen hatten, einherzustolzieren und nannten sich selbst meine Batlobani, d. h. Braven. Während des Gottesdienstes saßen sie da, die Gewehre auf den Schultern, und erregten die höchste Bewunderung der Weiber und Kinder. Ich sprach zu ihnen über die Güte Gottes, der uns vor allen Gefahren durch fremde Stämme und Krankheit bewahrt hatte. Am Nachmittag hielt ich einen ähnlichen Gottesdienst. Die Männer gaben uns zwei schöne Schlachtochsen, die Weiber Milch, Mehl und Butter in Menge. Alles dies waren Geschenke für uns, und ich bedauerte, daß ich ihnen nichts dafür bieten konnte. Meine Leute erklärten ihnen, daß alle unsere Mittel erschöpft seien, und die Libontesen antworteten artig: »Das tut nichts; ihr habt uns einen Weg geöffnet, und wir werden Schlaf (d. h. Ruhe) haben.« Fremde kamen in Scharen weit her und selten mit leeren Händen. Ihre Geschenke verteilte ich unter meine Leute.

Am 31. Juli trennten wir uns von unseren Freunden in Libonta. In verschiedenen Dörfern dieses Tales steckten wir einige Palmbaumkerne. Sie begannen zu keimen, während wir noch da waren, aber leider wurden sie von den Mäusen zerstört, welche massenhaft in den Hütten zu finden sind.

Als wir am 1. August nach Naliele kamen, fanden wir Myololo in großer Trauer über den Tod seiner Tochter und ihres Kindes; sie war erst vor kurzem niedergekommen. Ihr Vater bedachte sie stets, wenn er einen Ochsen schlachtete, oder wenn der Tribut an anderen Lebensmitteln ankam, den er an Sekeletus Stelle empfing. Dies erregte den Neid eines Makololo, der Myololo haßte, und um ihn zu kränken, ging er bei Nacht in die Hütte seiner Tochter und erwürgte sie und ihr Kind. Hierauf versuchte er Feuer anzumachen, um die Hütte zu verbrennen, damit der Mord nicht bekannt werden sollte; aber bei dem Ton den das Aneinanderreiben des Holzes hervorbrachte, erwachte ein Diener und erwischte den Mörder. Er und sein Weib wurden in den Fluß geworfen, die letztere, weil sie von der Absicht ihres Mannes gewußt und sie nicht angezeigt hatte. Sie erklärte, sie hätte ihm von dem Verbrechen abgeredet, und würde, wenn jemand für sie gebeten hätte, begnadigt worden sein.

Myololo bemühte sich auf alle Weise, uns mit Kähnen zu versehen, und wir ließen Schintes Kähne bei ihm zurück. Die Mambowe wurden gut aufgenommen und gingen mit Freundschaftsbotschaften zur ihrem Häuptling Masiko. Meine Leuten freuten sich außerordentlich über den herzlichen Empfang, der uns überall zuteil wurde; doch fand sich etwas Unangenehmes, woran niemand gedacht hatte. Viele ihrer Weiber hatten sich während ihrer Abwesenheit aufs neue verheiratet. Unter diesen war auch die Frau Maschauanas, die ihm zwei Kinder geboren hatte. Er wünschte gleichgültig zu erscheinen und sagte: »Nun, Weiber gibt es so viel wie Gras, ich kann eine andere bekommen, mag sie laufen.« Aber er dachte bei sich: »Hätte ich den Kerl, ich wollt's ihm zeigen.« Da die meisten von ihnen mehr als eine Frau hatten, suchte ich sie damit zu trösten, daß ich sagte, sie hätten immer noch mehr als ich und vollkommen genug; aber sie waren sehr verdrießlich darüber, daß, während sie sich abmühten, andere ihr Korn verzehrten. Einige dieser Weiber kamen mit ganz kleinen Kindern auf den Armen herbei. Man nahm dies nicht übel, und ich wurde beauftragt, mit dem Häuptling zu reden, daß er befehlen sollte, diejenigen meiner Begleiter, welche nur eine Frau gehabt hätten, müßten sie zurückerhalten.

Sonntag, 5. August. – Eine zahlreiche Versammlung wohnte aufmerksam meiner Morgenandacht bei. Gewiß werden manche sich meiner damals gesprochenen Worte erinnern und an unseren gnädigen Vater denken, manche, die nie an ihn gedacht haben würden, wenn ich sie nicht besucht hätte. Die stets gütige und ehrerbietige Behandlung, die mir von diesen und vielen anderen heidnischen Stämmen in Zentralafrika zuteil wurde, und die aufmerksamen Beobachtungen vieler Jahre haben mich zu der Ansicht gebracht, daß, wenn sich jemand zu ihrem Besten abmüht, er nie schlecht von ihnen behandelt wird. Man mag vielleicht seiner Lehre feind sein, aber niemals dem, der die Lehre bringt.

Während wir noch in Naliele waren, kam eine Anzahl Leute an, welche Masiko mir nachgeschickt hatte. Es war ihm sehr unlieb, daß ich ihn nicht besucht hatte. Sie brachten einen Elefantenzahn, zwei Kalabassen Honig, zwei Körbe Mais und einen Korb Erdnüsse zum Geschenk. Masiko ließ uns sagen, er habe den Befehl, den ich ihm gegeben, als Gottes Willen befolgt und im Frieden gelebt, bis sein Bruder Limboa kam, seine Weiber wegfing, als sie in ihre Gärten gingen, und dann vor seiner Umzäunung erschien. Masiko erbot sich, seine Leute anzuführen; aber sie wollten das nicht und sagten: »Laß uns, deine Diener, umkommen, du darfst nicht erschlagen werden.« Diejenigen welche dies sagten, waren junge Barotse, welche eingeübt worden waren, um mit Sebituane zu fechten, und Schilde aus Ochsenhaut trugen. Sie schlugen Limboas Leute zurück, wobei zehn verwundet und ebensoviele getötet wurden. Limboa sandte hierauf drei Sklaven, als selbstbestimmte Entschädigung für Masiko, weil er ihn angegriffen. Ich bat die Makololo, Masikos Boten gut zu behandeln, und erreichte meinen Zweck, obwohl es ihnen anfangs schwer fiel, freundlich mit ihnen zu reden, da sie dieselben als Rebellen betrachteten.

Mpololo, der das entgegengesetzte Betragen zu rechtfertigen suchte, erzählte mir, wie sie vor Sebituane geflohen seien, obwohl er ihnen viele Rinder gegeben, nachdem er sie mit Waffengewalt unterworfen habe, und wunderte sich darüber, daß ich höher von ihnen dachte, weil sie ihre Unabhängigkeit selbst um den Verlust der Milch behaupteten, denn wer einmal in Afrika von Jugend auf an Milch gewöhnt ist, der hat immer außerordentliches Verlangen danach. Ich machte sie darauf aufmerksam, wie sie einander gegenseitig unterstützen könnten, wenn sie Kähne und Rinder austauschten.

Hier gibt es einige alte Barotse, welche noch Genossen des alten Häuptlings Santuru waren. Diese durch ihr Alter geschützten Leute waren in ihren Bemerkungen über die emporgekommenen Makololo ziemlich frei. So unterbrach mich einer von ihnen, als ich eines Tages mit einigen vornehmen Makololo sprach, und riet mir, ihnen nicht zu glauben, denn sie seien Diebsgesindel, und das nahm man ihm gar nicht übel. Es ist bemerkenswert, daß keiner der Alten hier etwas davon weiß, daß jemals ein Erdbeben in diesem Lande stattgefunden hat. Ihr schnelles Erfassen sinnlich bemerkbarer Dinge und ihr gutes Gedächtnis machen es wahrscheinlich, daß zwischen dem 7. und 27.° südlicher Breite im Innern des Kontinents wenigstens in den zwei letzten Jahrhunderten keine bemerkbare Erderschütterung stattgefunden hat. Man gewahrt nirgends einen frischen Riß oder eine Störung in den Felsen, ausgenommen die Wasserfälle von Gonye. Auch Orkane sind völlig unbekannt.

Ich verließ Naliele am 13. August, und als wir um Mittag längs des Ufers hinfuhren, stieß ein Flußpferd mit der Stirn an unseren Kahn und hob die Hälfte ganz aus dem Wasser, so daß es ihn fast umwarf. Der Stoß war so heftig, daß Maschauana in den Fluß fiel und wir übrigen sprangen ans Ufer, das nur etwa 10 Ellen entfernt war. Als ich zurücksah, bemerkte ich, daß das Flußpferd ein Stück weiter wieder aus dem Wasser herauskam und sich nach dem Kahn umschaute, wie um sich zu überzeugen, ob es denselben beschädigt habe. Es war ein Weibchen, dessen Junges am Tage vorher mit einem Speer getötet worden war. Es geschah uns kein weiterer Schaden, als daß wir und unsere Sachen naß geworden waren. Es ist dies so selten, wenn man vorsichtig am Ufer hinfährt, daß meine Leute ausriefen: »Ist das Vieh toll?« Wir waren damals acht Personen im Kahn, und man sieht aus dem Erfolg, welche ungeheure Kraft das Tier im Wasser hat.

Als wir nach Gonye kamen, beschenkte mich der Ortsvorsteher Mokwala mit einem Elefantenzahn, den ich Pitsane gab, da er für den Markt in Loanda eifrig Elfenbein sammelte. Die Felsen in Gonye sind rötlichgrauer Sandstein, von fast horizontaler Lage und nach allen Richtungen hin von Madreporen durchbrochen. Der Fels selbst ist mit Eisen geschwängert, was ihm eine glänzende Oberfläche gibt, wie es in diesem Lande oft der Fall ist.

22. August. – Der Winter geht zu Ende. Die Bäume längs dem Ufer fangen an auszuschlagen und zu blühen, und man bemerkt schon die Wirkungen des frischen Saftes, der bald Knospen treiben wird, welche das alte Laubwerk abstoßen und glänzend orangegelbe Farbe annehmen. Dieses Orangegelb ist so glänzend, daß ich Massen gelber Blüten zu sehen glaubte. Man bemerkt alle möglichen Schattierungen am Laub, gelb, purpurfarbig, kupferfarbig, leberbraun und selbst schwarz wie Tinte.

Nachdem wir von Mpololo andere Kähne geliehen und drei Ochsen als Vorrat auf den Weg bekommen hatten, so daß wir nun mit den im Barotse-Tal geschenkt erhaltenen zusammen dreizehn Stück besaßen, fuhren wir flußabwärts nach Sescheke und freuten uns wie früher über den majestätischen Fluß. Die ganze Szenerie ist lieblich, obwohl infolge der Winternebel die Atmosphäre getrübt ist.

Lange bevor wir Sescheke erreichten, hatten wir erfahren, daß ein Trupp Matebele, Mosilikatzes Untertanen, für mich einige Pakete Waren an das südliche Ufer des Flusses gebracht hatten, in der Nähe der Viktoria-Fälle, und obwohl sie sagten, sie seien von Moffat gesandt worden, hatten doch die Makololo den Angaben ihrer geschworenen Feinde nicht Glauben schenken wollen. Sie waren der Ansicht, mit den Paketen habe es eine eigene Bewandtnis, man wolle den Makololo Zaubermittel in die Hände spielen.

Als die Matebele am südlichen Ufer den Makololo am nördlichen Ufer zuriefen, sie sollten übersetzten und die von Moffat für den »Nake« (d. h. Doktor) geschickten Sachen in Empfang nehmen, entgegneten die Makololo: »Geht nur, wir kennen das besser;

»Ist das Vieh toll?«

wie könnt ihr sagen, Moffat schicke diese Sachen, da er nach dem Norden gereist ist?« Die Matebele antworteten: »Hier sind die Sachen; wir stellen sie vor euren Augen her; laßt ihr sie verderben, so liegt die Schuld an euch.« Nachdem sie fort waren, überlegten die Makololo die Sache genauer, und nach allerhand Bedenken setzten sie mit Furcht und Zittern über und schafften die Sachen sorgsam auf eine Insel mitten im Fluß; dann errichteten sie eine Hütte darüber, um sie gegen das Wetter zu schützen, und ließen sie daselbst. So fand ich sie denn wohl erhalten, nachdem sie hier vom September 1854 bis September 1855 gelegen hatten. Die Neuigkeiten waren freilich, wie es mir schon oft ging, sehr alt und hatten viel von ihrem Interesse verloren; aber Frau Moffat hatte für Lebensmittel gesorgt.

Nachdem ich in Sescheke einige Tage gewartet hatte, bis die Pferde ankamen, die wir in Linyanti gelassen, gingen wir nach dieser Stadt und fanden den Wagen und alles, was wir sonst im November 1853 zurückgelassen, wohl erhalten wieder. Es wurde eine große Volksversammlung berufen, um unseren Bericht anzuhören und die Gegenstände in Empfang zu nehmen, welche der Gouverneur und die Kaufleute in Loanda geschickt hatten. Ich erklärte ihnen, daß nichts von alledem mein Eigentum sei, sondern daß alle diese Sachen zum Beweis der freundlichen Gesinnung der Weißen und ihres Verlangens, mit den Makololo in Handelsverbindung zu treten, geschickt worden seien. Hierauf forderte ich meine Begleiter auf, einen wahren Bericht von dem zu geben, was sie gesehen hätten. Die wunderbaren Dinge verloren nicht durch die Erzählung; sie schlossen immer damit, sie wären bis ans Ende der Welt gekommen, und erst da umgekehrt, wo kein Land mehr war. Ein schlauer alter Mann sagte: »Da seid ihr wohl bis zu Ma Robert (Frau Livingstone) gekommen?« Da mußten sie nun aber doch gestehen, sie wohne noch ein Stück über das Ende der Welt hinaus. Die Geschenke wurden mit großer Befriedigung und Freude aufgenommen, und als am Sonntag Sekeletu in seiner Uniform in der Kirche erschien, zog diese die Aufmerksamkeit mehr auf sich als die Predigt, und die Worte, die sie in betreff meiner Person gebrauchten, waren so schmeichelhaft, daß ich am liebsten die Augen zugemacht hätte.

Während wir in Loanda waren, hatten die Makololo zwei Raubzüge gemacht und große Viehherden erbeutet. Den einen Raubzug machten sie, um Letschulatebe zu bestrafen, daß er, nachdem er Feuerwaffen bekommen, so übermütig geworden war; den anderen gegen Sebola Makwaia, einen weiter nach Nordosten zu wohnenden Häuptling. Dieser war gar nicht zu rechtfertigen, und alle einflußreichen Makololo waren dagegen. Ben-Habib aber hatte, als er von Zanzibar kam, Sebola Makwaia besucht und gefunden, daß die Hauptstadt von einer alten Frau dieses Namens regiert würde. Sie nahm ihn freundlich auf und gab ihm eine bedeutende Quantität vortreffliches Elfenbein zu sehr niedrigen Preisen, so daß er einen guten Handel damit beginnen konnte; aber als seine Leute ihre Flinten losschossen, bemerkte Ben-Habib, daß die Regentin und ihr Volk im höchsten Grade erschraken und geflohen sein und ihr Vieh zurückgelassen haben würden, wenn er ihre Furcht nicht beruhigt hätte. Ben-Habib sagte dem Oheim Sekeletus, daß er ihn leicht dorthin bringen und er dort eine große Menge Vieh ohne alle Mühe sich verschaffen könnte. Dieser Oheim beredete den Sekeletu zu gehen, und da er nur dadurch groß zu werden glaubte, wenn er die Taten seines Vaters nachahme, so zog er aus, war aber nicht so glücklich, wie er erwartete. Sebola Makwaia war geflohen, als sie von der Ankunft der Makololo hörte, und da das Land sumpfig und nach allen Richtungen hin von Flüssen durchschnitten ist, so konnten sie ihr nicht folgen. Sie nahmen Kähne weg, befuhren mehrere Ströme und kamen an den kleinen See Schuia. Nachdem sie in den Loangwa gekommen, der nach Osten fließt, hielten sie es für geraten umzukehren, da die Eingeborenen immer kriegerischer wurden, je weiter sie in dieser Richtung vordrangen. Ehe sie umkehrten, zeigte der Araber auf einen hohen Bergrücken in der Ferne und sagte zu den Makololo: »Wenn wir das sehen, so wissen wir allemal, daß wir nur noch zehn bis fünfzehn Tage vom Meere entfernt sind.« Als ich ihn später sah, teilte er mir mit, daß auf demselben Bergrücken, aber viel weiter nördlich, die Banyassa wohnten und daß die Flüsse von dort ihren Lauf nach Südwesten nähmen. Er bestätigte auch die Angabe anderer Araber, daß der Loapula, den wir bei der Stadt Cazembes überschritten, in derselben Richtung flösse und in den Leeambye münde.

Einige einflußreiche Makololo, welche an diesem Raubzuge teilgenommen hatten, waren vor unserer Ankunft gestorben, und Nokwane war seiner sonderbaren Krankheit erlegen. Ramosantane war infolge übergroßer Anstrengung auf dem Marsch an Blutspucken gestorben, und Lerimo litt am Aussatz, der im Barotse-Tal gewöhnlich ist. Nach dem Rat, den mir ein Freund in Libonta gegeben hatte, unterließ ich es nicht »meinem Kind« Sekeletu wegen seiner Raubzüge Vorwürfe zu machen. Ich tat dies nicht in bitterer Weise, denn nie wird man durch heftige Beschuldigungen etwas gutmachen. Sein Schwager Motibe sagte zu mir: »Schilt ihn derb aus, aber laß es andere nicht hören.«

Die Makololo waren sehr zufrieden mit dem Weg, den wir ihnen nach dem Westen eröffnet hatten, und beriefen bald nach unserer Ankunft ein Pitscho, um darüber zu sprechen, ob sie ihre Wohnsitze nicht nach dem Barotse-Tale verlegen wollten, um dem Markt näher zu sein. Einige der älteren Leute waren dagegen, die durch die Flüsse Tschobe und Zambesi gebotene Verteidigungslinie gegen ihre Feinde im Süden zu verlassen. Die Makololo haben im allgemeinen eine Abneigung gegen das Barotse-Tal wegen der Fieberkrankheiten, die jährlich dort entstehen, sobald das Wasser verdunstet. Sie schätzen es nur als Viehstation, denn obwohl die Herden durch eine Epidemie (Pneumonie) häufig gelichtet werden, gedeihen sie doch so schnell, daß der Verlust bald wieder ausgeglichen ist. Wohin auch die Makololo gehen, sie lassen in jenem fruchtbaren Tal immer einen Teil ihres Viehs unter Hirten zurück. Einige der Jäger waren gegen die Veränderung des Wohnorts, weil das üppige Gras im Barotse-Tal sie am schnellen Laufen hindern würde, und weil es dort nie kühl werde.

Sekeletu stand zuletzt auf und zu mir gewandt sagte er: »Ich bin vollkommen zufrieden mit den Handelsvorteilen auf dem Pfade, den du uns eröffnet hast, und bin der Ansicht, daß wir nach dem Barotse-Tal aufbrechen, um bis Loanda einen kürzeren Weg zu haben; aber mit wem soll ich dort leben? Wenn du mit uns kämest, würde ich morgen aufbrechen; aber du willst jetzt in das Land der Weißen gehen, um Ma Robert zu holen, und wenn du zurückkehrst, wirst du mich nahe bei dem Orte finden, wo du zu wohnen wünschest.« Ich wußte damals nicht, daß ein gesunder Wohnort in dem Lande wäre, und dachte nur an Orte im Innern, die zum Verkehr mit den angrenzenden Stämmen und mit der Küste geeignet waren, wie zum Beispiel am Zusammenschluß des Leeba und Leeambye.

Nachdem ich gesehen, daß es ausführbar war, einen Fahrweg nach dem Westen zu eröffnen, entstand die Frage, nach welchem Teil der Ostküste wir unsere Schritte richten sollten. Die Araber waren von Zanzibar her durch ein friedliches Land gekommen. Sie versicherten mir, daß die mächtigen Häuptlinge nordwestlich vom Cazembe, wie Moatutu, Moaroro und Mogogo, die Häuptlinge der Stämme Batutu, Baroro und Bagogo, nichts dagegen haben würden, wenn ich durch ihr Land reiste. Sie teilten mir mit, die dortige Bevölkerung wohne in kleinen Dörfern wie die Balonda, und ich würde keine Schwierigkeit finden, durch ihr Land zu reisen. Sie sagten auch, daß in einer Entfernung von zehn Tagereisen jenseits Cazembe ihr Pfad sich um das Ende des Sees Tanganyenka wende. Aber etwas nordwestlich vom Südende dieses Sees macht es keine Schwierigkeiten, Kähne zur Überfahrt zu bekommen. Sie schliefen auf Inseln, denn man braucht drei Tage zur Überfahrt, er mag daher 40–50 Meilen breit sein. Sie stoßen die Kähne mit Stangen fort, was beweist, daß der See seicht ist. Viele kleine Flüsse und drei große Stöme finden sich auf diesem Wege. Es schien mir daher der sicherste Weg zu sein; da ich aber einen Wasserweg dem Landwege vorzog, so war mir der Zambesi oder der Leeambye lohnender. Die Makololo kannten das ganze Land ostwärts bis an den Kafue, da sie früher nahe an der Mündung dieses Flusses in den Zambesi gewohnt haben, und sie alle rieten mir mehr zu diesem Wege als zu dem nach Zanzibar. Die einzige Schwierigkeit fanden sie in den Viktoria-Fällen. Einige empfahlen mir, nach Sescheke zu gehen und nordöstlich nach dem Kafue vorzudringen, der nur sechs Tagereisen entfernt ist, und auf diesem Flusse abwärts in den Zambesi zu fahren. Andere empfahlen mir, am südlichen Ufer des Zambesi weiter bis über die Fälle hinaus zu gehen, dann Kähne zu nehmen und weiter stromabwärts zu fahren. Alle stimmten in der Schwierigkeit einer Reise am nördlichen Ufer überein, da das Land an dieser Seite des Flusses außerordentlich zerklüftet und felsig sei. Und als Ponuane, der vor kurzem einen Raubzug dahin angeführt hatte, vorschlug, ich sollte Kähne längs des Ufers bis dahin mitnehmen, wo der Leeambye wieder breit und ruhig wird, so erklärten andere, da er selbst Schwierigkeiten gefunden hätte, als er die Leute, die ihn begleiteten, zwingen wollte, das zu tun, so würde man mich gewiß im Stiche lassen, wenn ich ihnen etwas derartiges zumuten könnte. Ein anderer Einwurf gegen eine Reise auf einem der beiden Flußufer bezog sich auf die Tsetse, die hier so häufig ist, daß die Anwohnenden keine anderen Haustiere als Ziegen halten können.

Während wir über diese verschiedenen Wege nachdachten, bedauerte ich es sehr, daß ich allein war. Wenn mein früherer Begleiter Oswell bei mir gewesen wäre, so wäre der eine auf dem Zambesi gefahren, der andere hätte den Weg nach Zanzibar eingeschlagen. Der letztere Weg war entschieden der bequemste, weil alle Stämme im Innern freundlich, die in der Richtung des Zambesi wohnenden dagegen feindlich gesinnt waren, und ich mußte jetzt eine Truppe Leute, die von den Batoka in jener Gegend als feindliche Eindringlinge betrachtet wurden, durch Feindesland führen; da aber gute Aussicht vorhanden war, den Wasserweg auf die Dauer benutzen zu können, so entschied ich mich, den Zambesi abwärts zu reisen und mich am rechten Ufer zu halten, weil auf Bowdichs Karte Tete, die am weitesten nach dem Binnenlande zu gelegene Station der Portugiesen, irrtümlich auf dieser Seite gezeichnet ist. Da der September zu Ende ging, erwarteten wir täglich Regen; die Wolken sammelten sich, und der Wind wehte heftig aus Osten, doch war es außerordentlich heiß. Die Makololo drängten mich alle zu warten, bis der Erdboden sich durch Regen abgekühlt habe, und da ich wahrscheinlich am Fieber erkrankt sein würde, wenn ich jetzt eine Reise antrat, so entschloß ich mich zu warten. Die Landstriche zwischen dem 17° und 18° leiden an Trockenheit und Staub. Es beginnt hier die feuchte Region nach Norden zu, daher sich naß und trocken hier vereint findet. Man kann sich einen Begriff von der Hitze im Oktober machen, wenn man bedenkt, daß das geschützte Thermometer im Schatten meines Wagens den ganzen Tag lang 100° zeigte. Dem Winde ausgesetzt stieg es bis auf 110°, am Abend auf 89°, um 22 Uhr auf 80°, und sank bis Sonnenaufgang auf 70°. Um diese Zeit ist es gewöhnlich alle vierundzwanzig Stunden am kältesten. Die Eingeborenen bleiben während der größten Hitze in ihren Hütten, die am Tage angenehm kühl, bei Nacht beengend und erstickend sind. Wer es tun kann, trinkt tüchtig Bier oder Boyaloa; die Transpiration nach vielem Trinken scheint ihnen sehr angenehm zu sein, da sie ein Gefühl von Kühle erzeugt. Die Dienerschaft des Häuptlings lärmt dabei in einem fort, man neckt sich, spaßt, lacht und flucht. Bei Mondschein beginnt der Tanz und dauert bis nach Mitternacht. Die Weiber klatschen dazu fröhlich in die Hände, die alten Männer sitzen verwundert dabei und rufen: »Wirklich prächtig!« Da sie in großer Menge kamen, um mich zu sehen, so unterhielt ich mich viel mit ihnen, da man auf diese Weise viel belehren kann. Bei dem öffentlichen Gottesdienst hörten die Leute sehr aufmerksam zu und benahmen sich verständiger als früher. Sie sind wirklich ein einladendes Feld für einen Missionar. Gewiß werden die so oft wiederholten Worte von der Güte und Liebe unseres himmlischen Vaters, der seinen Sohn für uns Sünder in den Tod gab, auch in den Herzen dieser Heiden Liebe erwecken.

1. Oktober. – Ehe Ben Habib nach Loanda aufbrach, verlangte er Sebituanes Tochter zur Frau. Auf diese Weise suchen die Araber sich bei einem Stamme Einfluß zu erwerben, und sie gehen dabei so vorsichtig und Schritt für Schritt zu Werke, daß sie alle Stämme für ihre Religion gewinnen. Ich hörte nie von einer Verfolgung, obwohl die Araber, mit denen ich in Berührung kam, sehr für ihre Religion eingenommen waren. Die Tochter Sebituanes, Mantschunyana, war etwa zwölf Jahre alt. Da ich der Busenfreund ihres Vaters war, so setzte man voraus, daß ich auch ein Wort hineinzureden hätte, und als man mich fragte, so sprach ich mich gegen die Heirat aus, da man nicht wüßte, wohin sie komme und wo wir sie wiedersehen würden. Sie war nicht vollkommen schwarz, ebenso schön wie eine Araberin und hatte ein ganz arabisches Gesicht; aber ich zweifle nicht daran, daß Ben Habib bei anderer Gelegenheit mit mehr Erfolg um sie werben wird. Bei solchen Verheiratungen fragt man die Mädchen selten um ihre Einwilligung. Eine Dienerin Sekeletus indes, die, wie meine Makololo sagten, recht hübsch aussah, wurde zu dieser Zeit von fünf jungen Männern zur Ehe begehrt. Sekeletu, der gerade bei meinem Wagen stand, als einer von diesen Fünfen seine Werbung anbrachte, hieß sie ganz ruhig, sich alle fünf in einer Reihe vor dem Mädchen aufzustellen, damit sie ihre Wahl treffen könnte. Zwei weigerten sich, weil sie wahrscheinlich einen Korb erwarteten, obwohl sie gern zugegriffen hätten, wenn Sekeletu ihren Bitten nachgekommen wäre, ohne auf den Willen des Mädchens Rücksicht zu nehmen. Drei stutzermäßig aussehende junge

Männer traten vor, und sie wählte, ohne zu zögern, wirklich den schönsten von ihnen. Es war interessant, den Ärger auf den schwarzen Gesichtern der unglücklichen Heiratskandidaten zu sehen, während die Zuschauer sie herzlich auslachten.

Solange ich bei den Makololo blieb, sorgte Sekeletu reichlich für mich; er bestimmte einige Kühe, die für uns gemolken wurden, und wenn er auf die Jagd ging, ließ er Ochsen für uns schlachten. Daß er kein Knicker war, sieht man daraus, daß er dagegen protestierte, als ich am 20. Oktober aufbrechen wollte, da ich nicht in solcher Sonnenglut fortgehen sollte. »Warte nur den ersten Regenschauer ab«, sagte er, »dann will ich dich gehen lassen.«

27. Oktober 1855. – Die ersten anhaltenden Regengüsse begannen in der Nacht bei Nordostwind, gerade wie in Kolobeng. Die Regenzeit hatte also begonnen, und ich rüstete mich zur Reise. Sekeletus Mutter machte mir einen Sack voll Erdnüsse zurecht, die sie in Rahm und etwas Salz röstete. Dies ist Häuptlingskost. Andere mahlten Mais aus meinem eigenen Garten, und Sekeletu bestimmte Sekwebu und Kanyata zu Anführern derer, die mich begleiten sollten. Sekwebu war von den Matebele als kleiner Knabe gefangengenommen worden und mit dem Stamme, unter dem er als Gefangener lebte, in das Land bei Tete gewandert; er war an beiden Ufern des Zambesi zu wiederholten Malen gereist und mit den Dialekten, die dort gesprochen werden, genau bekannt. Ich fand in ihm einen klugen Mann von gesundem Urteil, und sein späterer Tod auf Mauritius hat mich immer sehr geschmerzt. Er empfahl uns, wir sollten uns immer fern vom Flusse halten. Mamire, welcher die Mutter Sekeletus geheiratet hatte, kam, um Abschied von mir zu nehmen, und sagte: »Du kommst jetzt zu Leuten, denen man nicht trauen kann, weil wir sie schlecht behandelt haben; aber du kommst mit einer Botschaft, die weit verschieden ist von jeder, die sie früher gehört haben. Jesus wird mit dir sein und dir unter Feinden helfen; und wenn er dich sicher geleitet und dich und Ma Robert zurückbringt, so werde ich sagen, daß er mir eine große Gnade erwiesen hat. Möchten wir einen Pfad finden, auf dem wir andere Stämme besuchen und von ihnen und den Weißen besucht werden können!« Als ich sagte, ich fürchte, er hänge immer noch an dem alten Plünderungssystem, das allen Verkehr hindere, und er sei vermöge seiner einflußreichen Stellung schuld an den letzten Raubzügen, so

gab er mir zwar zu leicht recht, schien aber doch recht wohl zu wissen, daß das alte System ein Unrecht sei. Als ich sagte, ich könne die Leute, die mich begleiten, nicht bezahlen, so antwortete er: »Ein Mann wünscht natürlich, wenn er nach langer Abwesenheit wieder unter seinen Freunden erscheint, etwas als sein Eigentum zeigen zu können; alles Elfenbein in diesem Lande gehört dir, nimm soviel du kannst, und Sekeletu wird dir Leute mitgeben, die es tragen.«

Zwölftes Kapitel

Am 3. November sagten wir unseren Freunden in Linyanti Lebewohl, von Sekeletu und etwa zweihundert Mann begleitet. Wir wurden alle auf seine Kosten unterhalten, und er nahm deshalb Vieh an jeder Station, an welche wir kamen. Die Vornehmsten der Makololo, Lebeole, Ntlarie, Nkwatlele und andere waren auch dabei. Wir kamen bei Nacht durch das Tsetsegebiet zwischen Linyanti und Sescheke. Der größere Teil der Gesellschaft reiste am Tage, um unser Nachtlager zurechtzumachen. Sekeletu und ich mit ungefähr vierzig Mann warteten an der Grenze des Tsetsegebiets, bis es dunkel wurde. Dann reisten wir weiter, und um zehn Uhr wurde es so pechfinster, daß Pferde und Menschen vollständig blind waren. Der Blitz fuhr über den Himmel hin, in acht bis zehn Armen auf einmal, so daß er gleichsam einen Baum bildete. Diese Blitze und heftiges Wetterleuchten ließen uns auf Augenblicke die ganze Gegend überschauen. In der Zeit von Blitz zu Blitz war es so dunkel, daß wir uns einen Begriff von Stockblindheit machen konnten. Die Pferde zitterten, wieherten auf und wandten sich hin und her, als suchten sie einander, und bei jedem neuen Blitz sah man, wie die Leute nach verschiedenen Richtungen gingen und aneinander anstießen. Der Donner war so fürchterlich laut, wie man ihn nur in den Tropen hört, und wie mir Freunde aus Indien versicherten, donnert es in Afrika viel lauter als irgendwo sonst. Hierauf kam ein Regenguß, der unsere Verwirrung noch größer machte. Nach der außerordentlichen Tageshitze froren wir bald recht heftig und gingen auf ein Feuer los, das wir in der Ferne sahen. Dieses hatten

Leute angezündet, die gleichfalls auf dem Marsch waren; denn dieser Weg ist selten frei von Fremden, die von und nach der Hauptstadt reisen. Da meine Kleider bereits voraus waren, lag ich auf dem kalten Erdboden und erwartete eine elende Nacht, aber Seketu deckte mich freundlich mit seiner eigenen Decke zu und blieb selbst ungeschützt liegen.

In Sescheke versah mich Sekeletu mit zwölf Ochsen (drei darunter waren Reitochsen), mit Hacken und Perlen, um einen Kahn dafür zu kaufen, wenn wir jenseits der Fälle an den Leeambye kämen. Er gab uns auch reichlich gute frische Butter und Honig und tat überhaupt alles, was in seiner Macht stand, um mich bequem für die Reise einzurichten. Ich war ganz und gar von seinem Edelmut abhängig, denn die Waren, welche ich ursprünglich vom Kap mitgenommen, waren alle auf der Reise von Linyanti nach der Westküste verbraucht worden. Ich nahm damals siebzig Pfund von meinem Gehalt, bezahlte meine Leute damit und kaufte Waren für die Rückreise nach Linyanti. Da diese jetzt aber verbraucht waren, statteten mich die Makololo wieder aus und sandten mich nach der Ostküste. So war ich also von ihrer und anderer Afrikaner Güte in bezug auf meine Reisen von Linyanti nach Loanda und von Linyanti nach der Ostküste abhängig, und ich bin ihnen sehr dankbar dafür. Geld würde wertlos gewesen sein, denn Gold und Silber sind hier ganz unbekannt. Hier vereinigte sich Moriantsane, Sekeletus Onkel und Vorsteher von Sescheke, mit uns, und als wir am 13. November Kähne bestiegen, fuhren die einen stromabwärts nach der Mündung des Tschobe, während die anderen das Vieh längs des Ufers hintrieben. Wir blieben eine Nacht in Mparia, der Insel vor der Mündung des Tschobe; sie besteht aus Trapp, der Quarzkristalle mit einem Überzug von grünem Kupfererz enthält. Als wir am nächsten Tag unsere Reise stromabwärts fortsetzen wollten, wurden wir einige Stunden durch einen heftigen Ostwind aufgehalten, der so hohe Wogen aufregte, daß wir die Kähne in Gefahr glaubten. Der Fluß ist hier sehr breit und tief; es liegen hier zwei bedeutende Inseln in ihm, welche von jedem Ufer aus mit dem entgegengesetzten verbunden zu sein scheinen. Während wir warteten, daß der Wind sich lege, erzählten mir meine Freunde von diesen Inseln und priesen die Weisheit Sebituanes, der die Batoka hinterging, welche früher wandernde Stämme an sich lockten und sie umkommen ließen; Sebituane zwang nämlich die Häuptlinge, an seiner Seite zu bleiben, bis all sein Vieh und seine Leute übergesetzt waren.

Nachdem wir 10 Meilen stromabwärts gefahren, kamen wir zu der Insel Nampene, am Anfang der Stromschnellen, wo wir die Kähne verlassen und längs dem Ufer zu Fuß weitergehen mußten. Am nächsten Abend schliefen wir der Insel Tschondo gegenüber, überschritten dann den Lekone oder Lekwine und waren zeitig am nächsten Morgen auf der Insel Sekotes, Kalai genannt. Dieser Sekote war der letzte der Batoka-Häuptlinge, welche Sebituane ausrottete. Die Insel ist von einem felsigen Ufer und tiefen Kanälen umgeben, durch welche der Fluß mit großer Kraft hindurchströmt. Sekote, der sich auf seiner Insel sicher glaubte, wagte es, die Matebele, die Feinde Sebituanes, überzusetzen. Nachdem sie sich zurückgezogen, machte Sebituane einen jener Eilmärsche, die er immer bei jeder Unternehmung ausführte. Er kam von Naliele her den Leeambye herab, indem er am Tage am Ufer und während der Nacht in der Mitte des Stroms hinsegelte, um die Flußpferde zu vermeiden. Als er Kalai erreichte, benutzte Sekote die größeren Kähne, die sie in den Stromschnellen verwenden, und floh während der Nacht nach dem entgegengesetzten Ufer. Die meisten seiner Leute wurden erschlagen oder gefangengenommen, und seitdem hat die Insel immer den Makololo gehört. Sie ist für eine bedeutende Stadt groß genug. Auf der Nordseite fand ich die Kotla des älteren Sekote, welche mit zahlreichen Menschenschädeln auf Stangen umgeben ist; daneben lagen eine große Menge Hirnschalen von Flußpferden, deren Zähne nur die Zeit berührt hatte. In geringer Entfernung unter einigen Bäumen sahen wir Sekotes Grab, das mit siebzig großen Elefantenzähnen geschmückt war, welche mit den Spitzen nach innen gestellt waren; andere dreißig standen auf den Gräbern seiner Verwandten. Sie zerfielen sämtlich infolge von Sonne und Wetter; nur wenige, die im Schatten gelegen, waren noch ziemlich gut erhalten. Ich hätte mir gern einen solchen Flußpferdzahn mitgenommen, da es die größten waren, die ich je gesehen; aber ich fürchtete, die Leute möchten mich als einen Grabschänder ansehen, wenn ich es täte, und in irgendeinem ungünstigen Ereignis in der Folge eine Strafe für das Sakrileg erkennen. Die Batoka glauben, daß Sekote hier einen Topf mit Medizin vergraben hat, der, wenn man ihn öffnet, eine Epidemie im Lande erzeugen würde. Diese Tyrannen benutzten die Furcht ihrer Völker zu allem Möglichen.

Da dies die Stelle war, wo wir uns nach Nordosten wenden wollten, beschloß ich am folgenden Tage, die Viktoria-Fälle zu besuchen, die von den Eingeborenen Mosioatunya, oder früher Schongwe genannt wurden. Von diesen Fällen hatten wir oft gehört, seit wir in das Land gekommen, und Sebituane richtete wirklich die Frage an uns: »Habt ihr Rauch in eurem Lande, welcher tot?« Sie gingen nicht nahe genug, um sie zu untersuchen; sie blickten sie nur mit Staunen aus der Ferne an und sagten in bezug auf den Rauch und den Lärm: »Mosi oa tunya« (d. h. hier tost Rauch). Früher hieß der Ort Schongwe; die Bedeutung dieses Namens kenne ich nicht. Das Wort, welches Topf bedeutet, klingt ähnlich, und vielleicht soll es heißen: siedender Kessel; aber ich weiß es nicht mit Bestimmtheit. In der Überzeugung, daß Oswell und ich die einzigen Europäer waren, welche je den Zambesi im Zentrum des Landes besuchten, und daß diese Stelle das Bindeglied zwischen dem bekannten und unbekannten Teil des Flusses ist, nahm ich mir dieselbe Freiheit wie die Makololo und gab dem Wasserfall einen englischen Namen; es ist der einzige Fall, in dem ich in diesem Teil des Landes einen Ort benannte. Es gibt keinen besseren Beweis dafür, daß dieser Fluß früher unbekannt war, als daß ein Herr, der nie gereist, der aber einen großen Teil seines Lebens mit dem Studium der Geographie Afrikas zugebracht und alles kannte, was von Ptolemäus an über diese Gegend geschrieben war, wirklich, während ich auf dem Roten Meere fuhr, im Athenäum behauptete, dieser prächtige Fluß, der Leeambye, stehe mit dem Zambesi nicht in Verbindung, sondern fließe unter der Kalahari-Wüste hin und verschwinde; ferner, der Zambesi entspringe, wie alle alten Karten zeigen, auf eben den Hügeln, zu denen wir jetzt gekommen sind. Diese bescheidene Behauptung ist ungefähr so, wie wenn ein Eingeborener von Timbuktu erklärte, die Themse und der Pool seien verschiedene Flüsse, während er weder den einen noch den andern gesehen. Leeambye und Zambesi haben aber ganz dieselbe Bedeutung, nämlich Fluß.

Sekeletu wollte mich begleiten; da aber nur ein Kahn anstatt zwei gekommen waren, so verzichtete er darauf. Nach zwanzig Minuten Fahrt von Kalai aus sahen wir zum ersten Male die Rauchsäulen, die sich in einer Entfernung von 5–6 Meilen erhoben, gerade wie wenn große Strecken Gras in Afrika angebrannt werden. Es stiegen fünf Säulen auf, deren Spitzen sich mit den Wolken zu vermischen schienen. Unten waren sie weiß, höher aber wurden sie dunkel, so daß sie fast wie Rauch aussahen. Die ganze Szene war außerordentlich schön; die Ufer und die auf dem Fluß verstreuten Inseln sind mit Waldbäumen der verschiedensten Farben und Gestalt geschmückt. Während unseres Besuchs blühten mehrere Bäume. Jeder Baum hat seine eigene Physiognomie. Hier steht über alle erhaben der große starke Baobab, von dessen Armen jeder einzelne den Stamm eines ansehnlichen Baumes abgeben könnte, neben Gruppen schlanker Palmen, welche mit ihren federartigen Zweigen, die sich am Himmel abspiegeln, viel zur Verschönerung der Szene beitragen. Der silberfarbige Mohonono, der in den Tropen die Zeder des Libanon vertritt, bildet einen angenehmen Kontrast zu dem dunkelfarbigen Motsuri, der wie eine Zypresse gestaltet und jetzt mit schönen scharlachroten Früchten bedeckt ist. Manche Bäume sind auch großen Eichen ähnlich, andere unseren Ulmen und Kastanienbäumen; aber niemand kann sich nach dem Schönsten, was er anderwärts gesehen, den schönen Anblick vergegenwärtigen. Noch kein Europäer vor mir ist hierher gekommen; aber so liebliche Szenen müssen selbst von den Engeln auf ihrer Flucht angestaunt worden sein. Das einzige, was man vermißt, ist ein Hintergrund mit Bergen. Die Fälle sind auf drei Seiten von 300–400 Fuß hohen Bergketten eingeschlossen, die mit Waldbäumen bedeckt sind, zwischen denen der rote Erdboden durchschimmert. Etwa eine halbe Meile von den Fällen ließ ich den Kahn zurück, mit dem ich bis hierher gekommen war, und bestieg einen leichteren mit Leuten, die mit den Fällen genau bekannt waren, und, in der Mitte des Stromes fahrend, zwischen hervorstehenden Felsen hindurch, mich an eine Insel brachten, die hart am Rande des Abgrunds lag, über welchen das Wasser hinunterstürzte. Hier war Gefahr, von der Strömung zu beiden Seiten der Insel mit fortgerissen zu werden; aber der Fluß war jetzt niedrig, und wir fuhren an eine Stelle, wo es, wenn das Wasser hoch ging, ganz unmöglich war zu fahren. Aber obwohl wir die Insel erreicht hatten und nur wenige Ellen von der Stelle entfernt waren, von wo aus ein Blick das ganze Rätsel lösen sollte, so glaube ich doch, daß niemand sehen kann, wohin die

Wassermasse geht; sie schien sich in der Erde zu verlieren, da die gegenüberliegende Seite des Spaltes, in der sie verschwand, nur 80 Fuß entfernt war. Wenigstens konnte ich mir es nicht erklären, bis ich voll Scheu bis an den äußersten Rand kroch und in einen großen Spalt schaute, der von einem Ufer des Zambesi bis zum andern reichte; da sah ich, daß der Strom etwa 1000 Ellen breit war, 100 Fuß tief hinunterstürzte und dann plötzlich in einem Raume von 15–20 Ellen eingeengt wurde. Die Fälle sind nichts weiter als ein Riß in den harten Basaltfelsen vom rechten nach dem linken Ufer des Zambesi, der sich am linken Ufer noch etwa dreißig bis vierzig Meilen weit fortsetzt. Wenn man rechts von der Insel in den Spalt hinunterblickt, sieht man nichts als eine dichte weiße Wolke, auf welcher sich, als wir dort waren, zwei glänzende Regenbogen zeigten. Aus dieser Wolke erhob sich eine große Dunstsäule 200–300 Fuß hoch, welche dicker wurde, die Farbe von dunklem Rauch annahm und in einem dichten Regen herunterfiel, der uns bald bis auf die Haut durchnäßte. Dieser Regen fällt namentlich auf der entgegengesetzten Seite des Spaltes, und wenige Ellen vom Rande steht eine Gruppe immergrüner Bäume, deren Blätter stets naß sind. Von ihren Wurzeln rieseln eine Unzahl kleiner Bäche in den Abgrund zurück; aber während sie an der steilen Wand herabrinnen, leckt sie die aufsteigende Dunstsäule rein vom Felsen weg, und sie steigen wieder empor. Sie fließen beständig hinunter, aber erreichen nie den Boden.

Ich sagte oben, daß wir fünf Dunstsäulen aus dem geheimnisvollen Abgrunde aufsteigen sahen. Sie werden offenbar durch das Aufschlagen des herabstürzenden Wassers in den nicht nachgebenden spaltförmigen Raum gebildet. Von den fünf Säulen waren zwei zur Rechten und eine zur Linken der Insel die größten. Es war jetzt niedriger Wasserstand im Leeambye, aber soweit ich es beurteilen konnte, war es ein 500–600 Ellen breiter, am Rande des Abgrunds wenigstens 3 Fuß tiefer Strom.

An drei Stellen nahe an diesen Wasserfällen, darunter auch auf der Insel in der Mitte des Stroms, auf welcher wir uns befanden, richteten drei Batoka-Häuptlinge Gebete und Opfer an die Barimo. Sie beteten mitten im Tosen des Wasserfalls, im Angesicht des glänzenden Regenbogens in den Wolken. Sie müssen mit Ehrfurcht auf die Szene blicken. Furcht mag sie zur Wahl dieses Ortes bestimmt haben. Der Fluß selbst ist geheimnisvoll für sie. Die Schiffer singen: »Leeambye, niemand weiß, woher er kommt und wohin er geht.« Das Farbenspiel des doppelten Regenbogens in den Wolken, das sie sonst nur am Himmel bemerkten, mag sie auf den Gedanken gebracht haben, daß dies die Wohnung der Gottheit sei. Einige Makololo, die mit mir nach Gonye kamen, betrachteten diese Erscheinung mit gleicher Ehrfurcht. Den Regenbogen am Himmel nennen sie Motse oa barimo, d. h. Götterstab.

Nachdem ich mich an dem schönen Anblick ergötzt hatte, kehrte ich zu meinen Freunden in Kalai zurück, und als ich Sekeletu sagte, er habe nichts Sehenswerteres in seinem Lande, bekam er auch Lust, am nächsten Tage hinzugehen. Ich begleitete ihn, um auf der Insel Beobachtungen anzustellen, aber der Himmel war ungünstig; daher beziehen sich meine Beobachtungen nur auf Kalai (17° 51' 54" südlicher Breite, 25° 41' östlicher Länge). Sekeletu gestand, er habe Angst, daß er von dem Abgrund verschlungen werden möchte, ehe er noch die Insel erreichte. Seine Begleiter warfen zum Vergnügen Steine hinunter und wunderten sich, daß sie in Stücke sprangen und selbst verschwanden, ehe sie noch den Boden erreichten.

Auf dieser Rückfahrt sahen wir die Hütte auf der Insel, wo meine Sachen so lange in Sicherheit gelegen hatten. Sie stand unter einer Gruppe Palmbäume, und Sekeletu sagte mir, die meisten der Makololo seien so fest davon überzeugt gewesen, daß gefährliche Zaubermittel in den Paketen wären, daß sie dieselben gewiß nicht angerührt haben würden, wenn ich ihnen nicht das Gegenteil gesagt hätte. Einige ihrer Wahrsager hatten so entschieden ihre Behauptungen ausgesprochen, daß die Leute, welche einen Sack aufhoben, glaubten, eine lebendige junge Ziege darin zu fühlen.

Ich sah die Fälle bei niedrigem Wasserstande und die Dunstsäulen in einer Entfernung von 5–6 Meilen. Bei hohem Wasserstande soll man die Säulen 10 Meilen weit sehen, und man hört das Tosen bis über Kalai hinaus, das etwa ebenso weit entfernt liegt. Dann kann aber niemand die Insel im Strom besuchen. Dies darf ein Reisender, der nach mir hinkommt und seine Beschreibung mit der meinigen vergleicht, nicht unberücksichtigt lassen.

Wir hörten von einem Raubzug, den ein Makololo in der Richtung gemacht hatte, welche wir einschlagen wollten. Das nahm mich nicht wunder, es ist eben die Politik dieses Landes. Aber der Mann hatte Sekeletus Namen mißbraucht und gesagt, er sende ihn, und wenn die Sache sich wirklich so herausstellte, konnte er seiner Strafe entgegensehen. Da dies das erste Beispiel war, daß man jemand strafte, weil er geplündert hatte, so erkannte ich darin den Anfang eines besseren Standes der Dinge. Bei den Stämmen, welche an Viehdiebstahl gewöhnt sind, gilt so etwas eben nicht als Diebstahl. Ehe ich die Sprache noch genau kannte, sagte ich zu dem Häuptling: »Du hast dem und dem das Vieh gestohlen«. »Nein«, war seine Entgegnung, »ich habe es nicht gestohlen, ich habe es nur weggenommen.« Das entsprechende Wort hieß gapa.

20. November. – Nachdem mich Sekeletu mit seinen Leuten bis hierher begleitet und mir noch 114 Mann gegeben hatte, welche das Elfenbein bis an die Küste tragen sollten, sagten wir den Makololo Lebewohl und reisten nordwärts nach dem Lekone. Das Land ringsum ist sehr schön und war einst dicht von Batoka bevölkert, welche bedeutende Rinderherden besaßen. Als Sebituane in früheren Zeiten mit seiner kleinen, aber kriegerischen Schar Makololo hierher kam, fand ein allgemeiner Aufstand der Batoka im ganzen Lande statt, um ihn »aufzufressen«; aber sein gewöhnlicher Erfolg verließ ihn nicht, und nachdem die Makololo sie vertrieben hatten, gewannen sie so viele Rinder, daß sie die Schaf- und Ziegenherden ganz unberücksichtigt lassen mußten. Die Tsetse ist von Büffeln in einige Distrikte gebracht worden, wo es früher viele Rinder gab. Dies nötigte uns, die ersten zwei Stationen zur Nachtzeit zu reisen. Wir konnten zwar bei dem düsteren Mondschein die Natur des Landes nicht genau erkennen; doch schien der Weg längs des hohen Ufers der Vertiefung hinzugehen, welcher früher das Bett des Zambesi war, ehe der Spalt entstanden. Jetzt fließt der Lekone in entgegengesetzter Richtung hindurch.

24. November. – Wir blieben einen Tag in dem Dorf Moyaras. Hier wendet sich das Tal, in welchem der Lekone fließt, nach Osten, während wir eine mehr nordöstliche Richtung annahmen. Das Land ist felsig und uneben, der Boden roter Sand, mit schönen grünen Bäumen, welche wilde Früchte in Menge tragen. Der Vater Moyaras war ein mächtiger Häuptling, sein Sohn aber sitzt jetzt unter den Ruinen seiner Stadt mit vier bis fünf Weibern und sehr wenig Volk. Es waren eine Anzahl Stangen mit Menschenschädeln in

die Erde gesteckt, deren ich vierundfünfzig zählte. Dies waren Matebele, welche Sebituane auf der Insel Loyola nicht erreichen konnten und halb verhungert umkehrten. Moyaras Vater machte sich diese ihre traurige Lage zunutze, tötete sie und steckte ihre Köpfe nach der Sitte der Batoka auf Stangen. Der alte Mann, der diese Tat vollführte, ruht jetzt in der Mitte der Hütte seines Sohnes; auf seinem Grabe liegt angefaultes Elfenbein. Man kann nur froh sein, daß die Regierung solcher Bösewichte zu Ende ist. Sie bewohnten diesen ganzen Landstrich und hinderten wahrscheinlich die Handelsausdehnung der Portugiesen in dieser Richtung. Als ich diese Schädel sah, bemerkte ich zu Moyara, viele von ihnen müßten Knaben angehört haben. Er stimmte mir bei und bezeichnete die einzelnen. Ich fragte ihn, warum sein Vater Knaben getötet habe. »Um seine Bravour zu zeigen«; antwortete er. »Ist es Bravour, Knaben zu töten?« »Ja, sie hatten hier nichts zu tun.« Als ich ihm sagte, dies könnte seinen eigenen Tod zur Folge haben, wenn die Matebele wiederkämen, so antwortete er: »Wenn ich höre, daß sie kommen, so verstecke ich die Gebeine.« Er war stolz auf diese Trophäen der Bravour seines Vaters, und andere Batoka versicherten mir, daß wenige Fremde, die hierher kämen, je wieder zurückkehrten. Wenn sich jemand bei einem Batoka-Häuptling einschmeicheln wollte, so benachrichtigte er ihn davon, wenn ein Fremder abreisen wollte, und lauerte ihm ein Stück von der Stadt auf; brachte er dann seinen Kopf dem Häuptling mit, so wurde er als Trophäe auf eine Stange gesteckt, da die verschiedenen Häuptlinge miteinander wetteiferten, wer die größte Zahl Schädel in seinem Dorfe zusammenbrächte.

Als wir am 25. November Moyara verlassen wollten, brachte er eine Wurzel, welche, zerstoßen und den Ochsen aufgestreut, der Tsetse so unangenehm sein soll, daß sie fortfliegt. Er versprach mir die Pflege zu zeigen, wenn ich ihm einen Ochsen gäbe; aber da wir reisen wollten und nicht Zeit genug hatten, um uns gegen Betrug sicherzustellen, so verschob ich die Sache bis auf meine Rückkehr. Es ist wahrscheinlich nur ein momentanes Mittel und schützt die Tiere eine einzige Nacht. Moyara ist jetzt ganz von den Makololo abhängig, und meine jetzigen Begleiter zwangen ihn, ihnen einen Zahn zu tragen. Als ich ihn ablöste, ergoß er sich förmlich in Danksagungen, daß er zurückkehren und bei seinen Schädeln schlafen könne.

Am nächsten Tage kamen wir nach Namilanga, d. h. Quelle der Freude. Es ist eine kleine Quelle unter einem sehr großen Feigenbaum, dessen Schatten das Wasser angenehm kühl macht. Die Temperatur am Tage war im Schatten 104° und nach Sonnenuntergang 94°, doch war die Luft durchaus nicht drückend. Die Quelle hat ihren Namen davon, daß in früheren Zeiten Raubzüge, welche mit Rindern zurückkehrten, sich hier lagerten und sich an Boyaloa, Musik und dem Jauchzen der Weiber aus den zunächst gelegenen Ortschaften ergötzten.

Das ganze umliegende Land war früher dicht bevölkert, jetzt ist es einsam und still. Der alte Vorsteher dieses Ortes sagte uns, sein Vater sei einmal nach Bambala gekommen, wo weiße Händler lebten, als er, der Erzähler, noch ein Kind war, und sei zurückgekehrt, als er ein Knabe von etwa zehn Jahren war. Hierauf ging er noch einmal und kehrte zurück, als die Zeit da war, seinem Sohn einen Zahn auszuschlagen. Da dies beim Anfang der Pubertät geschieht, so muß er auf jede der zwei Reisen wenigstens fünf Jahre verwandt haben. Er setzte noch hinzu, viele, die dorthin gezogen, seien nicht wiedergekehrt, weil es ihnen dort besser gefiel als hier. Sie hatten selbst Weiber und Kinder verlassen, und Kinder hatten sich durch den Putz und Schmuck, den man ihnen dort schenkte, so weit verleiten lassen, daß sie ihre eigenen Eltern verleugneten und andere annahmen. Was sie Bambala nannten, war wahrscheinlich Dambarari, nahe bei Zumbo. Dies war die erste Nachricht von einem Verkehr mit Weißen.

26. November. – Da die Ochsen nur bei Nacht weiter konnten, weil wir fürchteten, die Büffel möchten die Tsetse in diesen Bezirk eingeführt haben, ging ich gewöhnlich am Tage zu Fuß weiter, während einige meiner Leute die Ochsen bei Nacht nachbrachten. Wir passierten die Überreste einer sehr großen Stadt, welche, nach den Ruinen zu urteilen, lange Zeit bewohnt worden sein muß; die Mühlsteine aus Gneis, Trapp und Quarz waren 2¹/₂ Zoll senkrecht ausgewaschen. Das Elfenbein auf den Gräbern zerfällt bald. Dasjenige auf dem Grabe von Moyaras Vater, welcher etwa erst vor zwölf Jahren starb, war ganz zu Staub geworden, und so war es fast im ganzen Batoka-Lande. Das Land ringsum ist mit schönem Wald be-

deckt; aber hier ist Überfluß an offenem Weideland; je höher wir kommen, um so kürzer wird das Gras, so daß es mit dem dichtverschlungenen Gras im Barotse-Tal gar nicht zu vergleichen ist.

27. November. – Wir sind noch immer bei Marimba. Im umliegenden Lande sind viele Palmen, doch geben sie kein Öl; Ölpalmen finden sich nur an der Küste. Eine Menge Blumen und Knollen kommen jetzt aus der Erde. Der Boden ist rauh und voller Vertiefungen, und obwohl das Land ausgedörrt ist, so sieht man doch viele Bäume mit frischem grünem Laubschmuck zu der Zeit, wo es hätte regnen sollen. Unter anderem finden wir den Mola, einen Baum mit dunklem braungrünem Laub, der wie die Eiche sich ausbreitet. In der Entfernung erscheinen niedrige Hügelreihen; die im Norden heißt Kanjele, die im Osten Kaonka. Nach der letzteren wollen wir morgen aufbrechen. Wir haben einen großen Umweg nach Norden gemacht, einmal um die Tsetse zu vermeiden und dann, um die Bewohner kennenzulernen. In Kaonka trafen wir die letzten Batoka, welche mit den Makololo in Freundschaft leben.

Nachdem ich diesen armen Leuten zum erstenmal in ihrem Leben erzählt hatte, daß der Sohn Gottes sie so geliebt habe, daß er vom Himmel herabgekommen sei, sie zu erlösen, gingen wir nach dem Walde zu. Hier sah ich viele Scharen schwarzer Ameisen, die von ihren Raubzügen zurückkehrten. Ich habe sie schon oft früher in verschiedenen Teilen des Landes bemerkt, und da wir in Kolobeng Gelegenheit hatten, sie genau zu beobachten, so will ich hier einen kurzen Bericht von ihnen geben. Sie sind schwarz, ins Grünliche spielend, etwa $^1/_2$ Zoll lang; auf dem Marsche gehen sie zu vieren; wenn sie gestört werden, lassen sie einen zischenden Laut hören. Sie folgen ihren Anführern, welche nie etwas tragen, wie es scheint, nach dem Geruch, denn als ich einmal hinter einem Busch, wo ich mich ankleidete, ein Becken ausgoß und das Wasser auf den Weg traf, den kurz vorher eine Schar Ameisen passiert hatte, so waren sie bei ihrer Rückkehr in der größten Verlegenheit und suchten wohl eine halbe Stunde vergeblich nach dem Wege. Erst nachdem eine Ameise rund um den nassen Fleck herumgegangen war, wußten sie wohin. Aus dem Geruch erklärt sich wohl auch, daß sie immer in einer und derselben Richtung gehen. Wenn man eine Handvoll Erde auf den Weg mitten unter sie wirft, mögen sie nun von Hause kommen oder dahin zurückkehren, so wissen die hintersten nicht, wohin sie sich wenden sollen, bis endlich eine den Weg um das Hindernis herum findet, worauf die übrigen alle ihr folgen. Wenn sie einen Angriff auf die Wohnungen der weißen Ameisen machen wollen, so sieht man die letzteren in der größten Bestürzung herumlaufen. Die schwarzen Anführer, welche größer als die übrigen sind, packen die weißen Ameisen eine nach der anderen und bringen ihnen einen Stich bei, der ihnen wie es scheint eine Flüssigkeit injiziert, welche in ihrer Wirkung dem Chloroform ähnlich ist; denn sie werden dadurch bewußtlos, aber nicht tot, und können nur die Vorderbeine bewegen. Während die Anführer sie auf die Seite werfen, packen sie die übrigen und schleppen sie fort.

Die Batoka in diesem Landesteil sind in ihrem Äußeren sehr heruntergekommen, und es sieht aus, als könnten sie sich weder geistig noch körperlich wieder erholen, weil sie so außerordentlich viel Mutokwane (Cannabis sativa) rauchen. Sie lieben seine narkotische Wirkungen, obwohl der heftige Husten, welcher sich nach wenigen Zügen einstellt, sehr unangenehm ist und bei den Zuschauern Ekel erregt. Noch unangenehmer wird dies, wenn sie den Mund voll Wasser nehmen und dieses zugleich mit dem Rauch ausspritzen, wobei sie eine Reihe unzusammenhängender Gedanken zu ihrem eigenen Lobe aussprechen. Dieses verderbliche Kraut ist bei allen Stämmen im Innern bekannt und angewendet. Es erzeugt eine Art Wahnsinn, und wenn Sebituanes Soldaten ihre Feinde zu Gesicht bekamen, so setzten sie sich nieder und rauchten, um dann einen um so wirksameren Angriff machen zu können. Vergeblich bemühte ich mich, Sekeletu und die jungen Makololo zu bewegen, seinem Gebrauch zu entsagen, obwohl sie keinen einzigen alten Mann in ihrem Stamme namhaft machen können, der diesem Laster gefrönt hätte. Ich glaube, das war die nächste Ursache zu Sebituanes letzter Krankheit, denn es bewirkt manchmal Lungenentzündung. Da ich es nie versucht habe, so kann ich die angenehmen Wirkungen, die es haben soll, nicht beschreiben; aber das Haschisch der Türken ist nichts anderes als ein Extrakt aus derselben Pflanze und wirkt wie das Opium, bei verschiedenen Personen verschieden. Manche sehen alle Gegenstände wie durch ein Fernrohr; andere wieder heben die Beine, wenn sie über einen Strohhalm gehen, gleich als wenn sie über einen Baumstamm hinwegstiegen. Die Por-

Eingeborene Frauen unter Mokolane-Palmen

tugiesen sind so sehr von seinen schädlichen Wirkungen überzeugt, daß sie es einem Sklaven zum Verbrechen anrechnen, wenn er diese Pflanze raucht.

28. November. – Die Bewohner des letzten von Kaonkas Dörfern klagten, daß sie von den unabhängigen Batoka ausgeplündert worden seien. Die weiter entfernt wohnenden Stämme werden von den Makololo für Rebellen gehalten. Ich versprach ihnen mit den Rebellen zu reden, und machte es Kaonka zur Pflicht, sie nicht zu beleidigen. Nach Sekeletus Befehlen gab uns Kaonka den Tribut an Mais und Erdnüssen, der sonst nach Linyanti gewandert wäre. Dies war in jedem Dorf geschehen, und so ersparten wir den Leuten die Reise nach der Hauptstadt. Die mich begleitenden Batoka hatten so große Vorräte an Lebensmitteln aus ihrer Heimat mitgebracht, daß es nie daran fehlte.

Nachdem wir Kaonka verlassen, reisten wir über ein unbewohntes, sanft wellenförmiges und sehr schönes Stück Land, die Grenze zwischen denen, welche die Herrschaft der Makololo anerkennen, und denen, welche nichts von ihr wissen mögen. Das Land erscheint wie lange Wogen, die sich nach Norden und Süden erstrekken. Wir hatten jetzt das Land erreicht, das alle meine Leute als ein vollständiges Paradies beschrieben. Sebituane war von den Makololo daraus vertrieben worden. Es gefiel ihm namentlich wegen seines Reichtums an Rindern und an Korn und wegen seines gesunden Klimas. Der Boden ist trocken, oft rötlicher Sand, es gibt nur wenig Bäume, doch sieht man schöne große schattige Bäume hier und da über das Land zerstreut, wo früher Städte gestanden haben. Ich maß einen Feigenbaum aus, er hatte 40 Fuß im Umfang; sein Inneres war ausgebrannt und als Wohnung benutzt worden; wir sahen noch die Reste von einem Bett und Feuer. Der Anblick des offenen Landes, das immer höher anstieg, war sehr erfrischend für uns. Wild ist in Menge vorhanden. Wir sahen in der Ferne Büffel, Elen, Hartebeests, Gnus, und Elefanten, alle außerordentlich zahm, da sie niemand stört. Löwen, welche immer andere große Tiere begleiten, brüllten um uns, da aber der Mond schien, so war keine Gefahr. Als ich am Abend auf einem Granitfelsen stand, brüllte mich einer an, obwohl es noch hell war. Die Temperatur war angenehm, da es an vielen Orten, wenn auch nicht allgemein, geregnet hatte. Der Himmel war bewölkt, und ich konnte keine Beobachtungen anstellen. Die Temperatur war um sechs Uhr früh 70°, um Mittag 90°, am Abend 84°. Das ist angenehm auf dem Hochland, wo die Luft nur wenig Feuchtigkeit enthält.

Am 30. November überschritten wir den Kalomo, der etwa 50 Ellen breit ist, der einzige Strom, welcher auf diesem Höhenzug nie austrocknet. Sein Lauf ist reißend, seine Richtung südlich; er vereinigt sich wenig unterhalb der Fälle mit dem Zambesi.

Am 3. Dezember überschritten wir den Fluß Mozuma oder Dila, nachdem wir durch ein schönes wellenförmiges Weideland gereist waren. Südlich und etwas östlich davon ist der Hügel Taba Tscheu, d. h. weißer Berg, so genannt wegen einer Masse weißen Gesteins, wahrscheinlich Dolomit, auf seinem Gipfel. Keiner der Hügel ist von bedeutender Höhe. Als ich zu Linyanti von diesem Berg hörte, dachte ich, die glänzende Substanz möchte Schnee sein, und mein Berichterstatter sprach so viel von seiner außerordentlichen Höhe, daß ich fast davor erschrak; ich hatte aber vergessen, daß ich mit Leuten sprach, die an Ebenen gewöhnt waren und nichts von hohen Bergen wußten. Als ich mich erkundigte, was die weiße Substanz sei, antworteten sie sogleich, es sei eine Gesteinsart. Ich wäre gern näher hingegangen und hätte ihn bestiegen, aber unser Weg führte nach Nordosten. Doch zweifle ich nicht, daß die Eingeborenen recht haben, wenn sie es Stein nennen. Die fernen Hügelreihen längs der Ufer des Zambesi im Südosten, und Landschaften, welche dem Auge gestatten, zu gleicher Zeit 20–30 Meilen zu überblicken, mit kurzem Gras zu unseren Füßen, waren ein sehr erfrischender Anblick für Leute, welche monatelang gemeinsam durch ebene Wälder mit beschränkter Aussicht und durch das verschlungene üppige Gras des großen Zentraltales gereist waren.

Der Mozuma oder Dila war der erste Wasserweg, welcher uns zeigte, daß wir uns jetzt auf der Abdachung nach der Ostküste befanden. Er hatte kein fließendes Wasser, aber wir fanden etwas in ihm, das mir große Freude machte, nämlich Stücke Lignit, der vielleicht die Existenz von Steinkohlen anzeigt, deren Mangel im Zentrallande ich immer beklagt hatte. Von Zeit zu Zeit kamen wir zu den Ruinen großer Städte, und sahen ausgewaschene Mühlsteine, sozusagen die einzige Hieroglyphe dieses Landes, und runde Quarzstücke, mit denen man gemahlen hatte. Es lagen viele solche Quarzkugeln umher und zeigten, daß die Entvölkerung die Folge von Krieg war; denn andernfalls hätten die Bewohner diese Kugeln gewiß mitgenommen.

Am Flusse Dila sahen wir die Stelle, wo Sebituane wohnte, und Sekwebu zeigte uns die Haufen Knochen der Ochsen, welche die Makololo hatten schlachten müssen, nachdem sie mit großen Herden, die sie den Batoka geraubt hatten, durch einen Tsetsedistrikt gekommen waren. Als Sebituane die Symptome der Vergiftung sah, gab er seinen Leuten den Befehl, die Rinder zu essen. Er hatte noch große Massen, und als die Matebele über den Zambesi kamen und ihn angreifen wollten, so ließ er den Batoka sagen, sie möchten sich ihre Herden wiederholen, da er so viel habe, daß er sie gar nicht alle beaufsichtigen könne. Das Land war damals außerordentlich reich an Rindern, und von der Weide abgesehen, ist es auch für den Anbau der Landesprodukte sehr wohl geeignet. Da es auf dem Ostabhang des Höhenzuges liegt, so regnet es hier mehr als auf dem Westabhang. Sekwebu war beauftragt worden, mich auf die Vorteile dieser Ortslage als Viehstation aufmerksam zu machen, da die Makololo in dieser Beziehung immer Klage geführt hatten. Es bedurfte keiner Lobsprechung von seiten Sekwebus; ich war selbst voll Bewunderung, und der Genuß guter Gesundheit im schönen offenen Lande hatte eine erheiternde Wirkung auf meinen Geist. Das einzige, was fehlte, waren Menschen, die Batoka waren sämtlich in die Hügel geflohen. Wir waren jetzt in der Nähe derer, welche die Makololo Rebellen nennen, und waren etwas bekümmert um die Aufnahme, die uns zuteil werden würde.

Am 4. Dezember erreichten wir das erste Dorf. Wir machten eine Viertelmeile davor halt und sandten zwei Männer voraus, welche sagen sollten, wer wir wären und daß wir in friedlicher Absicht kämen. Der Ortsvorsteher kam und sprach höflich mit uns; als es aber dunkel wurde, kamen die Leute aus einem anderen Dorf und benahmen sich ganz anders. Sie fingen damit an, daß sie den Versuch machten, einen jungen Mann, der nach Wasser gegangen war, mit dem Speer zu töten. Dann näherten sie sich uns, und einer von ihnen brüllte ganz laut auf die erschrecklichste Weise; seine Augen traten aus den Höhlen, seine Lippen waren mit Schaum bedeckt, und er zitterte am ganzen Leibe. Er trat nahe an mich heran, mit einer kleinen Streitaxt in der Hand, und meine Leute fürchteten, er möchte Gewalt gegen mich gebrauchen; aber sie fürchteten sich, ungehorsam gegen mich zu sein, sonst hätten sie ihn gewiß zu Boden gestreckt. Auch ich wurde etwas ängstlich, aber wollte es meinen Leuten und den Fremden nicht sehen lassen und richtete meine Augen schroff auf die Streitaxt. Er schien in freiwilliger Extase oder prophetischem Wahnsinn zu sein. Es wäre traurig gewesen, so aus der Welt zu scheiden, den Kopf von einem tollen Wilden gespalten; doch war dies vielleicht immer noch besser als Hundswut oder Delirium tremens. Sekwebu ergriff einen Speer und tat, als wollte er ein Stück Leder durchbohren, in Wahrheit aber war sein Zweck, den Mann damit zu töten, wenn er mir Gewalt antäte. Nachdem ich meinen Mut genügend bewiesen hatte, winkte ich dem höflichen Ortsvorsteher mit dem Kopfe, er möchte den tollen Kerl fortschaffen, er tat es auch und schleppte ihn beiseite. Dieser Mann behauptete, nicht zu wissen, was er tue. Ich hätte ihm gern nach dem Pulse gefühlt, um mich zu überzeugen, ob das heftige Zittern nicht Verstellung war, indes mochte ich seiner Axt nicht wieder zu nahe kommen. Doch bemerkte ich heftige Perspiration, die Aufregung dauerte ungefähr eine halbe Stunde, dann hörte sie stufenweise auf. Die zuletzt gekommenen Besucher scheuten sich nicht, ihre Verachtung über unsere kleine Anzahl auszusprechen, und riefen einander im Triumphe zu: »Das ist ein ganz unerwarteter Fund für uns!« (Wörtlich: »Gott hat sie uns zugeteilt.«) »Sie sind verloren unter dem Stamme!« »Sie gehen der Vernichtung entgegen und was können sie ohne Schilde unter so vielen tun?« Einige vermuteten, daß noch mehr Züge nachkämen. Sekeletu hatte meinen Leuten befohlen, ihre Schilde nicht zur Hand zu nehmen, wie meine frühere Begleitung. Man betrachtete uns als unbewaffnet und als leichte Beute. Gegen einen Nachtangriff luden wir unsere Flinten, doch wurden wir nicht belästigt. Aber einige der Feinde versuchten, uns zu den Baschukulompo zu führen, welche als der wildeste Stamm im ganzen Bezirke galten. Da wir unsere Richtung nach dem Kafue und Zambesi kannten, so lehnten wir ihre Hilfe ab, und der höfliche Ortsvorsteher vom vorigen Abend begleitete uns. Scharen von Eingeborenen umschwärmten uns im Walde; er aber ging voraus und sprach mit ihnen, und so wurden wir nicht belästigt. Diese Nacht schliefen wir bei einem Dörfchen am Fuße einer Hügelreihe, Tschizamena genannt. Das Land ist hier mehr bewaldet als auf den

Höhen, die wir verlassen haben, aber die Bäume sind im allgemeinen nicht groß.

Nachdem wir die Grenzdörfer passiert hatten, welche allein glauben, mit den Makololo auf dem Kriegsfuße zu stehen, fanden wir die Batoka oder Batonga, wie sie sich hier selbst nennen, ganz friedlich gesinnt. Sie kamen in großer Menge aus allen umgebenden Dörfern mit Geschenken von Mais und Masuka und waren sehr erfreut beim Anblick des ersten weißen Mannes und Friedensboten. Die Weiber kleiden sich besser als die Balonda, aber die Männer gehen in puris naturalibus. Sie gehen einher ohne das mindeste Gefühl von Scham und scheinen selbst die Tradition vom Feigenblatt verloren zu haben. Ich fragte einen schön gebauten alten Mann, ob es nicht besser wäre, sich zu bekleiden. Er sah mich mitleidig an und lachte überrascht, daß ich ihn für unanständig hielte; er dachte sich über solche Schwächen erhaben. Ich sagte ihm, wenn ich wiederkäme, würde ich eine Familie mitbringen, und dann dürfe niemand in solchem Zustand erscheinen. »Was sollen wir denn anziehen? Wir haben keine Kleider.« Sie hielten es für lächerlich, als ich ihnen sagte, wenn sie nichts anderes hätten, so sollten sie ein Bündel Gras nehmen.

Je weiter wir kamen, um so mehr umschwärmten uns die Einwohner des Landes. Sie kamen in großer Menge, den weißen Mann zu sehen, ein Anblick, den sie früher noch nie hatten. Sie brachten stets Mais und Masuka als Geschenke mit. Ihre Art zu grüßen ist höchst eigentümlich. Sie legen sich auf den Rücken, und indem sie sich von einer Seite auf die andere wälzen, schlagen sie sich auf die Hüften, um Dank und Willkommen auszudrücken, wobei sie rufen: »Kina bomba!« Diese Art der Begrüßung mißfiel mir außerordentlich, ich konnte mich nie mit ihr befreunden. Ich rief: »Gut, gut, ich mag dies nicht«, aber da sie dachten, ich wäre noch nicht zufrieden damit, machten sie es noch viel toller. Da die Männer ganz nackt waren, so machte ihr außerordentlich niedriger Standpunkt auf mich einen schmerzlichen Eindruck. Meine eigenen Batoka waren viel gesunkener als die Barotse und viel rücksichtsloser. Wir mußten genau darauf achten, daß wir nicht, weil sie so gern stahlen, die Einwohner auf den Hals bekamen, in deren Land und Macht wir waren. Auch mußten wir ihre Zungen im Zaume halten, denn einige sagten so laut, daß es die Leute hören konnten: »Ich habe alle Töpfe im Dorfe zerbrochen«, oder: »Ich habe dort einen Mann totgeschlagen.« Sie sprachen ferner von ihren Kriegstaten, als sie mit den Makololo in früherer Zeit auf Eroberungszüge ausgingen. Durch solche Bemerkungen brachten sie uns in Gefahr. Ich rief sie zusammen, hielt ihnen ihre Torheit vor und schärfte es ihnen ein, ich müßte, wie auf meiner ersten Reise, auf strengste Subordination halten; dies sei zu unser aller Sicherheit notwendig. Glücklicherweise brauchte ich kein weiteres Mittel in Anwendung zu bringen, um ihren Gehorsam zu erlangen, denn sie wußten, daß ich ihn erzwingen würde.

6. Dezember. – Wir brachten die Nacht bei einer Reihe Dörfer zu. Ehe wir unter einem Baum halt machten, kam ein Mann gelaufen, dem die Hände und Arme mit Stricken auf den Rücken gebunden waren, und bat mich, ihn zu befreien. Als ich abgestiegen war, trat der Ortsvorsteher herzu, und ich fragte ihn, was der Gefangene getan habe. Er erzählte mir, er sei ein flüchtiger Baschukulompo und habe von ihm ein Weib und einen Garten und die nötigen Sämereien bekommen; aber als er ihm abgeschlagen habe, ihm mehr zu geben, habe der Gefangene gedroht, ihn zu töten, und man habe ihn in der vergangenen Nacht in dieser Absicht um das Dorf schleichen sehen. Ich mochte nicht vermitteln, wenn er seinem Schwiegervater nicht beichten und Besseres versprechen wollte. Anfangs weigerte er sich, das Versprechen zu geben, sich jeder Tätlichkeit zu enthalten; endlich stimmte er bei. Hierauf sagte der Schwiegervater, er wolle ihn mit ins Dorf nehmen und seine Bande lösen, aber der Gefangene schrie bitterlich: »Er will mich dort töten; laß mich nicht bei ihm, weißer Mann.« Ich ließ mir ein Messer geben, und einer der Leute befreite ihn sofort. Seine Arme waren von den Stricken ganz durchgerieben, und er war ganz lahm von den Schlägen, die er bekommen hatte.

Die Leute dieses Dorfes versahen uns reichlich mit Erdnüssen, Mais und Korn. Alle waren erfreut, als sie meine Botschaft hörten und ich ihre Aufmerksamkeit auf Jesus, als ihren Heiland, lenkte, dessen Wort »Friede auf Erden und den Menschen ein Wohlgefallen« ist. Sie riefen aus: »Wir sind des Fliehens müde, gib uns Ruhe und Schlaf.« Sie verstanden also nicht den vollen Sinn der Botschaft, aber es ist nicht zu verwundern, daß sie die Friedensidee eifrig auffaßten. Ihr Land ist während der letzten fünfzig Jahre von einer fortlaufenden Reihe von Plagen heimgesucht worden, und sie sind jetzt ein Volk, »unstet und flüchtig«. Als Sebituane kam, waren die Rinder zahllos, und doch waren es nur die Reste, welche der Häuptling Pingola, der aus Nordost kam, zurückgelassen hatte. Er zog durch das ganze Land, das von seinen Rindviehzucht treibenden Landsleuten bewohnt war, und raffte Ochsen, Kühe und Kälber hinweg, ohne ein einziges Stück zu behalten. Er scheint dies nur aus Eroberungssucht getan zu haben, und dies ist nur ein Beispiel von dem, was in diesem Lande alle hundert Jahre zwei- bis dreimal seit undenklichen Zeiten vorgefallen ist. Ein Mann von mehr Energie oder Ehrgeiz als seine Landsleute steht auf und erobert ein großes Gebiet; sobald er aber stirbt, stürzt das errichtete Gebäude wieder ein, und seine Schreckensregierung hat ein Ende. Dieses und der Mangel an Bildung hat die Gründung eines großen Reiches im Innern Afrikas verhindert. Pingola nahm auf seinen Eroberungszügen eine Menge Schmiedeblasebälge mit. Die Pfeilspitzen wurden geglüht, ehe sie in eine Stadt geschossen wurden, und jede Wunde an Tieren und Menschen machte die größte Verwirrung. Nach Pingola kam Sebituane, und nach diesem die Matebele von Mosilikatze, und diese aufeinander folgenden Einfälle haben die Batoka in einen Zustand gebracht, in dem sie natürlich sich an der Aussicht auf Befreiung und Frieden nur erfreuen können.

Sonntag, den 10. Dezember brachten wir im Dorfe Monzes zu, welcher als der Häuptling aller Batoka angesehen wird. Er wohnt nahe bei dem Hügel Kisekise, von wo man eine Aussicht auf wenigstens 30 Meilen eines offenen wellenförmigen Landes hat, das mit kurzem Gras bedeckt ist und nur wenig Bäume aufzuweisen hat. Diese offene Strecke würde anderwärts als Weideland benutzt werden, aber die Leute haben hier keine Rinder und nur wenig Ziegen und Hühner. Sie wohnen im ganzen Lande in kleinen Dörfern verstreut und bebauen große Gärten. Sie sollen deshalb so verstreut wohnen, um beim Erscheinen eines Feindes Lärm machen zu können. In früherer Zeit lebten sie in größeren Städten. In der Ferne nach Südosten sahen wir Reihen dunkler Berge längs der Ufer des Zambesi; auch soll dort die Stromschnelle Kansala sein, welche die Schiffahrt hindert. Der Fluß soll oberhalb derselben ruhig fließen bis zum Lande Sinamanes, eines Batoka-Häuptlings, der ihn beherrschen soll, nachdem der Fluß unterhalb der Fälle wieder einen ruhigeren Lauf annimmt. Kansala ist die einzige Stromschnelle, von der ich hörte bis nach Kebrabasa, 20–30 Meilen oberhalb Tete. Im Norden erscheinen Berge am Horizont, welche an den Ufern des Kafue liegen sollen.

Der Häuptling Monze kam Sonntag morgen zu uns, in einem langen Kleide und wälzte sich im Staube herum, wobei er schrie: »Kina bomba.« Der Anblick nackender Erwachsener, die sich auf der Erde wälzen, obgleich es zu unserer Ehre geschah, hat immer etwas Peinliches; ich dankte Gott, daß ich unter anderen Verhältnissen geboren war. Eine seiner Frauen begleitete ihn; sie wäre hübsch gewesen, wenn sie ihre Zähne geschont hätte; sie hielt eine kleine Streitaxt in der Hand und half ihrem Mann schreien. Sie war sehr aufgeregt, denn sie hatte noch nie einen Weißen gesehen. Wir hatten Monze gern, denn er fühlte sich bald heimisch unter uns und unterhielt uns fast den ganzen Tag. Ein Ortsvorsteher nach dem andern erschien, und jeder beschenkte uns mit Erdnüssen, Mais und Korn. Monze gab uns eine Ziege und ein Huhn, und freute sich sehr über einige Tücher, die ich in dem Paket auf der Insel gefunden hatte. Sie waren aus Kattun und erregten seine Aufmerksamkeit in hohem Grade, und als ich seinem Kind ein buntes Tuch wie einen Schal um den Hals band, sagte er, er wolle sein ganzes Volk herbeirufen, damit es um das Kind herumtanze. Ich sagte ihnen, meine Absicht sei, einen Weg zu öffnen, auf welchem sie Waren für Elfenbein bekommen könnten und ihre Kinder nicht mehr zu verkaufen brauchten, und ich fragte Monze und die bei ihm waren, ungefähr hundertfünfzig Mann, ob sie etwas dagegen hätten, wenn ein Weißer unter ihnen lebe und sie belehre. Alle freuten sich bei der Aussicht auf einen Weißen und auf einen Handelsweg und sagten, sie würden ihn und sein Eigentum beschützen. Da es von großer Wichtigkeit sein würde, Stationen in diesem gesunden Distrikt zu haben, so stellte ich die Frage auf, wohin die Weißen, wenn sie kommen würden, sich begeben könnten. Ihre Antwort besagte nicht viel mehr, als ich schon wußte, ein vernünftiger Weißer würde überall willkommen und sicher sein.

Monze war nie von einem Weißen besucht worden, aber er hatte schwarze eingeborene Händler gesehen, welche, wie er sagte, wegen Elfenbein, nicht wegen der Sklaven kamen. Er hatte gehört, daß weiße Männer weit östlich von ihm zu Cazembe reisten, und meinte wohl Pereira, Lacerda und andere, welche jenen Häuptling besucht hatten.

Die Flüsse in diesem Lande sind nicht perennierend; ich fand nicht einen, der zur Bewässerung tauglich gewesen wäre. Es gibt nur wenig Waldung, hier und da sieht man einzelne große Bäume oder kleine Gruppen immergrüner Bäume, aber die Fülle an Mais und Erdnüssen, die wir fanden, beweist, daß es hier mehr als im Betschuanenlande regnet, denn dort versucht man nie, Mais anzubauen, außer in den feuchten Vertiefungen in der Nähe der Flußufer. Die Weide ist vortrefflich für Schafe und Rinder. Meine eigenen Leute, welche das Land genau kennen, behaupteten, daß es durch und durch Gartenland sei und daß die Getreidearten, welche fetteren Boden als das Kaffernkorn verlangen, hier ohne weitere Pflege gediehen. Selten ist der Boden steinig.

Monze kam am Montag morgen und schenkte mir beim Abschied ein Stück Fleisch von einem Büffel, der am Tage vorher von Löwen getötet worden war. Wir gingen über den Makoe, der westwärts in den Kafue fließt, und von hier wandten wir uns nordwärts, um den einflußreichen Häuptling Semalembue zu besuchen. Wir schliefen in einem Dorf der Schwester Monzes, die denselben Namen führte. Er und seine Schwester sahen weibisch aus, sind aber dadurch entstellt, daß sie sich die oberen Vorderzähne ausgeschlagen haben.

Es ist selten, daß aus solchen, die im Gefängnis gesessen haben, etwas Gutes wird; aber der erste, der in dem Dorf der Schwester Monzes kam, um uns zu begrüßen, war der Gefangene, den wir früher befreit hatten. Er kam mit einem schönen Geschenk von Korn und Mehl, und nachdem er den um uns versammelten Dorfbewohnern unsere Güte gepriesen, fragte er sie: »Was steht ihr da und gafft? Wißt ihr nicht, daß sie einen Mund wie andere Menschen haben?« Er ging und holte Gras und Holz zu unserer Bequemlichkeit und einen Kochtopf.

12. Dezember. – Am Morgen regnete es anhaltend. Der Regen kam aus Norden, und dies war das erste Mal, wo wir in so südlicher Breite aus jener Himmelsgegend ihn kommen sahen. Im Betschuanenlande kommt anhaltender Regen stets aus Nordosten oder Osten, in Loanda und Angola aus Norden. In Pungo Andongo ist deshalb die weiße Tünche von der Nordseite der Häuser rein abge-

waschen. Gegen Mittag klärte sich der Himmel auf, und Monzes Schwester begleitete uns etwa 2 Meilen weit. Beim Abschied sagte sie uns, sie hätte nach einem fernen Dorf den Befehl ergehen lassen, Nahrungsmittel an den Ort zu bringen, wo wir schlafen würden. Sie war erfreut über die Aussicht auf Frieden und sagte, es wäre so angenehm zu schlafen, ohne vor jemandem zu zittern, der einem mit einem Speer nachstellt.

Die Leute auf unserem Wege versorgten uns reichlich mit Lebensmitteln. Sie hatten irgendwie erfahren, daß ich Arzneien bei mir führte, und brachten mir ihre kranken Kinder herbei, was meine Leute ärgerte, da sie die Arzneien für sich behalten wollten. Einige der Kinder litten am Keuchhusten, eine der wenigen Krankheiten, welche hier epidemisch auftreten.

Dreizehntes Kapitel

13. Dezember. – Das Land wird sehr schön und ist von tiefen Tälern durchschnitten; das unter dem Boden liegende vulkanische Gestein bewirkt große Fruchtbarkeit. Es gibt hier außerordentlich viel großes Wild. Die Büffel lieben freie Stellen und Anhöhen, an denen sie sich den Tag über aufhalten. Wir überschritten den Mbai und fanden in seinem Bett rosenfarbenen Marmor.

14. Dezember. – Wir betraten ein sehr schönes Tal, das reich an großem Wild war. Ich sah einen Büffel liegen und wollte ihn für unsere Bedürfnisse haben. Drei Kugeln töteten ihn nicht, und als er sich wandte, wie um uns anzugreifen, suchten wir hinter Felsen Schutz. Ehe wir diese Erreichten, fanden wir, daß drei Elefanten, wahrscheinlich durch den Lärm herbeigelockt, uns den Weg dahin abgeschnitten hatten; doch sie wandten sich plötzlich, und so konnten wir die Felsen erreichen. Da sahen wir, wie der Büffel schnell davonlief, und um nicht ganz leer auszugehen, schoß ich nach dem letzteren der Elefanten und zerschmetterte ihm, zur großen Freude meiner Leute, das Vorderbein. Die jungen Leute brachten ihn bald zum Stehen, und ein Schuß ins Gehirn tötete ihn.

Am folgenden Tage, während meine Leute den Elefanten zerlegten, kamen die Dorfbewohner in Menge herbei, um an dem Schmaus teilzunehmen. Wir saßen an der Seite eines schönen grünen Tales, das hier und da Bäume trug und von unzähligen Bächlein durchschnitten war. Ich hatte mich von dem Lärm zurückgezogen, um zwischen lamelliertem Kiesgestein eine Beobachtung anzustellen, als ich ein Elefantenweibchen mit seinem Jungen in einer Entfernung von etwa 2 Meilen am Ende des Tales erblickte. Das Junge wälzte sich im Schlamm und seine Mutter fächelte sich mit ihren großen Ohren. Als ich sie mit dem Glase betrachtete, sah ich, wie eine lange Reihe meiner Leute an der anderen Seite erschien, und Sekwebu kam und sagte mir, sie seien mit den Worten fortgezogen: »Unser Vater wird heute sehen, was für Leute er hat.« Ich ging dann an der Seite des Tales höher hinauf, um zuzusehen, wie sie jagten. Das arme Tier, das die Annäherung eines Feindes nicht ahnte, säugte sein Junges, das etwa zwei Jahre alt sein mochte; hierauf gingen sie zusammen in eine Schlammgrube und bestrichen sich über und über damit, wobei das Junge um seine Mutter herumsprang, mit den Ohren klatschte und den Rüssel immer hin- und herwarf, ganz nach Elefantenweise. Das alte Weibchen klatschte mit den Ohren und wedelte mit dem Schwanze, als wäre es außerordentlich vergnügt. Hierauf begannen die Feinde zu pfeifen, indem sie in ein Rohr oder in die zusammengehaltenen Hände bliesen, wie Knaben mit einem Schlüssel pfeifen. Sie rufen, um die Aufmerksamkeit des Feindes auf sich zu ziehen: »O Häuptling! Häuptling! Wir sind gekommen, dich zu töten. O Häuptling! Häuptling! Viel mehr werden außer dir noch sterben müssen! Die Götter haben es gesagt« usw. Beide Tiere spitzten die Ohren und lauschten; dann verließen sie ihr Bad, als die Leute auf sie zustürzten. Das Junge lief voran, nach dem Ende des Tales zu, kehrte aber, als es dort die Männer gewahrte, zu seiner Mutter zurück. Sie stellte sich vor ihr Junges auf die Seite, von welcher die Gefahr drohte, und bewegte ihren Rüssel wie zum Schutz über ihm hin und her. Wiederholt sah sie sich nach den Männern um, die unaufhörlich schrien, sangen und pfiffen. Dann sah sie wieder auf ihr Junges und lief bald neben, bald hinter ihm, gleich als wäre ihr Gefühl geteilt zwischen der Angst, ihr Junges zu schützen, und dem Wunsch, sich an dem Übermut der Verfolger zu rächen. Die Männer hielten sich

Elefanten-Jagd

hundert Schritt hinter und neben ihr, bis sie über ein Bächlein gehen mußte. Die Zeit, welche sie brauchte, um das jenseitige Ufer zu erreichen, benutzten die Männer, um bis an den Rand heranzukommen und aus einer Entfernung von etwa 20 Ellen ihre Speere nach ihr zu werfen. Nach dem ersten Angriff lief das Blut an ihrer Seite herunter, und indem sie an ihre eigene Flucht dachte, schien sie ihr Junges ganz aus den Augen zu lassen. Ich hatte schon vorher Sekwebu mit dem Befehl abgeschickt, sie sollten das Junge schonen. Dieses lief sehr schnell, doch weder die Alte noch das Junge galoppierten; ihr schnellster Schritt ist nur ein scharfer Gang. Ehe Sekwebu sie noch erreichen konnte, hatte sich das Junge in das Wasser geflüchtet und war getötet worden. Der Schritt der Alten wurde immer langsamer. Mit einem fürchterlichen Schrei wandte sie sich um und machte einen wütenden Angriff mitten unter die Leute. Sie liefen ihr alle aus dem Wege, und da sie geradeaus lief, so rannte sie mitten durch sie hindurch und kam niemandem zu nahe, außer einem, der ein Stück Zeug auf der Schulter trug. Helle Kleidung ist in solchen Fällen immer gefährlich. Sie wiederholte ihren Angriff drei- bis viermal, kam aber, das erste Mal ausgenommen, nie weiter als 100 Ellen. Sie blieb oft stehen, wenn sie ein Bächlein überschritten hatte, und trotzte den Männern, obwohl sie immer frische Speere empfing. Durch die unaufhörlichen Speerwürfe und den Blutverlust wurde sie endlich getötet; sie nahm noch einen kurzen Anlauf, dann taumelte sie und sank tot auf das Knie nieder.

Ich hatte nicht die ganze Jagd mit angesehen. Ich wandte mich von diesem Schauspiel der Vernichtung dieser edlen Tiere, die man in Afrika sich so außerordentlich nützlich machen könnte, mit einem krankhaften Gefühl ab, und auch der Gedanke, daß das Elfenbein mir gehöre, hatte keinen Einfluß darauf. Ich bedauerte ihren Tod, namentlich den des Jungen, da wir so viel Fleisch auf einmal gar nicht brauchten; aber ich muß hinzufügen, daß ich jenes Gefühl nicht empfand, als mein eigenes Blut einen Tag vorher in Wallung war. Wir sollten wohl eigentlich solche Taten, mit denen wir selbst uns nicht befassen möchten, gelinder beurteilen. Hätte ich nicht früher dasselbe getan, so wäre ich wohl auf meine eigene höhere Humanität stolz gewesen, als ich mich mit Widerwillen von dem Schauspiel abwandte.

Nachdem wir das Elefantental verlassen hatten, passierten wir ein sehr schönes, aber nur dünn bevölkertes Land, erreichten am 18. November die Residenz Semalembues. Sein Dorf liegt am Fuße der Höhenzüge, durch welche der Kafue seinen Weg nimmt, nahe am Ufer dieses Flusses. Der Kafue, manchmal auch Kahowhe oder Baschukolompo genannt, ist hier mehr als 200 Ellen breit und voller Flußpferde, man sieht die Jungen ihrer Mutter auf dem Halse sitzen. Hier hatten wir etwa das Niveau von Linyanti erreicht.

Semalembue besuchte uns am Tage nach unserer Ankunft und sagte, er habe oft von mir gehört, und jetzt, da er das Vergnügen habe, mich zu sehen, fürchte er, daß ich die erste Nacht in seinem hungrigen Dorfe schlafen sollte. Dies war eine höfliche Manier, uns ein Geschenk anzubieten, denn er gab uns hierauf fünf bis sechs Körbe Mehl und Mais und eine ungeheure Menge Erdnüsse. Am nächsten Morgen folgten noch etwa zwanzig Körbe Mehl. Ich konnte ihm seine Güte nur schlecht vergelten, aber er nahm meine Entschuldigung höflich auf und sagte, er wisse, daß in dem Lande, aus welchem wir kämen, nichts zu haben sei, und als ich ihm die Friedensbotschaft verkündigte, war er sehr erfreut und sagte: »Jetzt werde ich fleißig anbauen, in der Hoffnung, im Frieden zu essen und zu schlafen.« Es ist bemerkenswert, daß alle, mit denen wir verkehrten, sich fest an den Gedanken hielten, im Frieden zu leben, da sie hierin wahrscheinlich die Folge des Evangeliums erkannten. Sie verlangen keine Erklärung für das Dasein der Gottheit; Sekwebu gebrauchte das Wort Reza, und dies scheint von allen verstanden zu werden. Wie die Neger im allgemeinen, haben sie einen starken Hang zum Götzendienst, und ich hörte, daß Semalembue von den umliegenden Stämmen viel Elfenbein erhält, weil sie glauben, er besitze übernatürliche Kräfte. Er gibt es weiter an die Häuptlinge am Zambesi und erhält dafür englische Baumwollwaren, welche von Babisa-Händlern aus Mozambique gebracht werden. Meine Leute fingen hier an, ihre Perlen und sonstigen Schmuck für Baumwollzeuge zu verkaufen. Semalembue war von etwa vierzig, lauter großen Männern begleitet. Sie haben viel Wolle auf den Köpfen, die manchmal auf dem Wirbel in einen spitz zulaufenden Knäuel zusammengebunden wird. Die Stirn und die Stellen um die Ohren werden bis an jenen Knäuel abgeschoren. Andere raufen das Haar auf einer Seite aus und flechten es zu kleinen Zöpfen. Die übrigen

Haare werden über die kahlen Stellen gezogen und hängen über die Ohren, so daß es aussieht, als hätten sie eine Mütze schief auf den Kopf gesetzt.

Man begrüßt sich mit Händeklatschen. Verschiedene Trupps Weiber kamen aus den umliegenden Dörfern, um den weißen Mann zu sehen, schienen sich aber alle zu fürchten. Infolge dieser Furcht, die ich nur selten beruhigen konnte, klatschten sie, wenn ich sie anredete, nur noch heftiger in die Hände. Sekwebu war der einzige von den Makololo, der diesen Teil des Landes kannte, und nach seiner Ansicht war dies ein Land, das sich für die Niederlassung eines Stammes ganz vortrefflich eignete. Die Eingeborenen haben im allgemeinen eine gute Vorstellung von der Natur des Bodens und der Weide, und Sekwebu sprach mit großer Beredsamkeit davon, wie trefflich dieses Land imstande sei, die Bedürfnisse der Makololo zu befriedigen. Hier ist gewiß noch für tausend und abertausend Menschen Platz.

Nahe am Losito passierten wir ein früheres Lager der Matebele, bei denen Sekwebu gelebt hatte. Beim Anblick der Gebeine von den Ochsen, die sie verzehrt hatten, und des Ortes, wo die wilden Tänze stattgefunden hatten, obwohl jetzt alles öde und leer war, brach der arme Kerl in einen wilden Matebele-Gesang aus. Er zeigte uns einen Ort, etwa zweieinhalb Tagereisen westlich vom Semalembue, wo Sebituane früher gewohnt hatte. Auf den Hügeln hier ist eine heiße Quelle, Nakalombo, aus welcher Dampf kommt; man sieht sie aus einiger Entfernung.

Wir fanden eine Menge kleiner Dörfer zwischen den Hügeln, als hätten die Bewohner allen Grund, sich vor den Beobachtungen ihrer Feinde zu verbergen. Ich bestieg den Hügel Mabue asula (d. h. Steine riechen schlecht), und obwohl nicht der höchste in der Gegend, war er doch gewiß nicht mehr als 100 Fuß niedriger als die höchsten. Nach dem Siedepunkt des Wassers fand ich, daß er etwa 900 Fuß über dem Niveau des Flusses lag, also auf gleicher Höhe mit Linyanti. Diese Hügel schienen meinen Leuten von ungeheurer Höhe zu sein, denn sie waren nur an Ameisenhügel gewöhnt. Wenn sie von Bergen hörten, die bis über die Wolken reichen, hielten sie den Atem zurück und legten die Hände auf den Mund. Und als ich ihnen sagte, ihre Beschreibung vom Taba Tscheu ließe mich etwas Ähnliches erwarten, so fand ich, daß die Vorstellung von einem wolkenbedeckten Berge ihnen nie in den Sinn gekommen war.

Von diesem Hügel aus sieht man fünf verschiedene Hügelketten, von denen Bolengo die westlichste, Komanga die östlichste ist. Die zweite heißt Sekonkamena, die dritte Funze. Zwischen ihnen zeigen sich viele konische Hügel; sie sind im allgemeinen mit Bäumen bedeckt. Semalembue wollte, wir sollten ein Stück nordöstlich gehen und das Land der Babimpe passieren, und einige Leute dieses Volkes kamen und schlugen uns vor, diesen Weg zu wählen, da er bequemer sei; da wir aber gern nach dem Zambesi zurück wollten, so beschlossen wir, die Hügel in der Richtung seines Zusammenflusses mit dem Kafue zu überschreiten. Die Strecke, welche in gerader Linie nur gering ist, kostete uns drei Tage. Die steilen Abhänge dieser Hügelkette erschöpften die Ochsen, und wir mußten zwei schlachten, von denen wir den einen, ein prächtiges Stück, das mit mehr als dreißig Streifen seiner eigenen Haut geziert war, die lose an ihm herabhingen, nach Sekeletus Wunsch als ein Exemplar seiner Rinder mit zu den weißen Männern nehmen sollten. Wir sahen viele Elefanten zwischen den Hügeln; meine Leute töteten drei derselben. Als wir die Höhe der äußeren Hügelreihe erreichten, hatten wir einen prächtigen Anblick. In geringer Entfernung unter uns sahen wir den Kafue, der sich durch eine mit Wald bekleidete Ebene nach dem Vereinigungspunkt hinschlängelte, und auf der andern Seite, jenseits des Zambesi, lag eine lange dunkle Hügelkette. Eine Reihe flockiger Wolken zeigte sich längs des Laufes des Zambesi an ihrem Fuße. Die Ebene unter uns, links vom Kafue, war reicher an großem Wild, als irgendein Teil Afrikas, den ich bisher gesehen. Hunderte von Büffeln und Zebras grasten an den offenen Plätzen, und majestätische Elefanten weideten hier, wie es schien, nichts als den Rüssel bewegend. Ich wünschte, ich hätte eine Gegend, wie man sie so selten sieht, und die von der Erde verschwinden wird, je mehr Flinten ins Land kommen, fotografisch aufnehmen können. Als wir herunterkamen, fanden wir, daß die Tiere alle ganz zahm waren. Die Elefanten standen unter den Bäumen und fächelten sich mit ihren großen Ohren gleich als wenn sie uns in einer Entfernung von 200–300 Ellen gar nicht bemerkten. Wir sahen eine Menge roter Schweine (Potomochoerus), die uns verwundert anstaunten. Die Leute wohnen auf Hügeln, und da sie keine Flinten haben, stören sie das Wild nur selten. Sie sind nicht einmal von Halbkasten besucht worden, und nur Babisa-Händler kommen dann und wann. Anhaltender Regen hielt uns einige Zeit an den Ufern des Tschiponga auf, und hier hatten wir das Unglück, unter die Tsetse zu geraten.

Wir versuchten an einem Morgen weiterzuziehen, aber da es von frischem zu regnen anfing, mußten wir anhalten, und nach einer Stunde bis auf die Haut durchnäßt, wieder an unseren letzten Ort zurückkehren. Dieser Regen kam von Osten her, und man konnte die Wolken auf den Hügeln sehen. Jetzt waren wir zum ersten Male wieder naß geworden, seit wir Sescheke verlassen hatten, denn ich hatte mir einige Erfahrung durchs Reisen erworben. In Loanda trotzten wir dem Regen, und da ich mich nie gern durch fließendes Wasser tragen lassen wollte, war ich beständig durchgeweicht; jetzt aber machten wir jedesmal halt, wenn wir ein Wetter herankommen sahen. Die Leute schafften schnell Gras herbei und machten sich ein Dach, indem sie es auf einen Strauch legten, und wenn ich einen Feldstuhl und den Regenschirm und etwas Gras unter den Füßen hatte, so blieb ich ganz schön trocken. Auch zündeten wir große Feuer an, und die Leute ließen sich dadurch nicht stören, daß Wasserströme an ihnen herunterliefen. War das Wetter vorüber, so wärmten sie sich am Feuer, und wir reisten ganz bequem weiter. Die Folge davon war, daß weit weniger Krankheitsfälle bei uns vorkamen als bei der Reise in Loanda, wo wir doch weniger Leute waren. Ferner vermied ich jetzt stets einen vollständigen Wechsel in der Kost. Als wir nach Loanda gingen, nahm ich wenig oder keine europäische Kost mit, um meine Leute nicht zu beschweren und ihnen den Mut zu benehmen, und verließ mich ganz auf das, was mir die Flinte verschaffen könnte, und auf die Freigebigkeit der Balonda. Auf der jetzigen Reise dagegen hatte ich etwas Mehl mit, das teils im Wagen zurückgeblieben war, teils sich bei meinem Gepäck auf der Insel fand, und backte mein Brot auf dem ganzen Wege in einem extemporierten Backofen, der aus einem umgestürzten Topfe bestand. Bei dieser Vorsicht, zusammengenommen mit dem gesünderen Klima, befand ich mich außerordentlich wohl.

Als wir dem Zambesi näher kamen, war das Land mit breitblättrigen, dichtstehenden Büschen bedeckt, und wir mußten mehrmals

Lärm machen, damit die Elefanten aus dem Wege gingen. An einer offenen Stelle kam eine Herde Büffel herbeigetrabt, um unsere Ochsen zu sehen, und sie zogen sich nicht eher zurück, als bis ich einen erschossen hatte. Ihr Fleisch ist dem Ochsenfleisch sehr ähnlich; der geschossene Büffel war ein sehr schönes Exemplar. Die einzige Gefahr, der wir hier begegneten, kam von einem weiblichen Elefanten mit drei Jungen von verschiedener Größe. Er brach mitten durch unseren Zug hindurch, so daß die Leute ihr Gepäck eiligst auf die Erde werfen mußten; dafür wurde er von einem Speer getroffen. Ich sah nie vorher einen Elefanten mit mehr als einem Jungen. Wir erkannten an der Unzahl Wasservögel, die wir bemerkten, daß wir wieder nahe am Zambesi waren, selbst ehe wir den großen Fluß noch zu Gesicht bekamen. Ich tötete auf zwei Schüsse vier Gänse und hätte, wenn ich den Wünschen meiner Leute folgte, die ganze Gesellschaft mit Wasservögeln versorgen können. Nie sah ich so viel animalisches Leben um und in einem Fluß, und die Barotse sagen, »seine Fische und Vögel sind sehr fett«. Als sich unsere Augen endlich an dem Anblick der schönen breiten Wasserfläche erfreuten, fanden wir sie viel breiter als selbst oberhalb der Wasserfälle. Es würde vergeblich sein, sich über den Fluß hinüber vernehmbar zu machen. Seine Strömung war schneller als bei Sescheke, oft $4^1/_2$ Meilen in der Stunde, und was ich nie vorher bemerkt, das Wasser war trübe und sah dunkelbraunrot aus. Wir kamen an den Fluß, ungefähr 8 Meilen östlich von der Vereinigung mit dem Kafue, konnten daher diesen interessanten Punkt nicht in Augenschein nehmen. Der Himmel war so bewölkt, daß ich keine Beobachtungen anstellen konnte, um nur den Ort bestimmen zu können, wo wir uns befanden; wir setzten daher unsere Reise weiter fort, gingen am linken Ufer stromabwärts und kamen der Insel Menye makaba gegenüber. Der Zambesi ist reich an Inseln; die genannte Insel war etwa $1^1/_2$–2 Meilen lang, und über eine Viertelmeile breit. Außer der menschlichen Bevölkerung findet sich hier noch eine Büffelherde, welche die Insel nie verläßt. Aus der Entfernung schienen es mehr als sechzig Stück zu sein. Tiere und Menschen verstehen einander; denn wenn die ersteren sich wegen der an ihren Gärten begangenen Beschädigungen rächen wollen, so kommen die Führer der letzteren kühn und kampfbereit herbei. Man erzählte uns, daß sie nur dann mit Erfolg gegen sie kämpfen könnten, wenn der Fluß geschwollen und ein Teil der Insel überschwemmt ist. Dann greifen sie die Büffel von den Kähnen aus an.

Jetzt erscheinen Hügelreihen, welche mit dem Zambesi parallel gehen, in einer Entfernung von ungefähr 15 Meilen. Die am nördlichen Ufer sind dem Flusse am nächsten. Dort wohnen die Batonga, am südlichen Ufer die Banyai. Die Hügel sind reich an Büffeln und Elefanten, die an beiden Ufern in Menge getötet werden. Sie erbauen Gerüste auf hohen Bäumen, welche über die Pfade, zu denen die Elefanten kommen, überhängen, und nehmen einen großen Speer mit einem Schaft, der so dick wie die Handwurzel eines Mannes und 4–5 Fuß lang ist. Wenn das Tier unter das Gerüst kommt, so werfen sie den Speer, und wenn die wenigstens 20 Zoll lange und 2 Zoll breite Klinge oben zwischen den Rippen eindringt, so hilft man noch damit nach, daß man den Griff an den Baum stemmt; auf diese Weise entstehen fürchterliche Wunden, welche bald den Tod herbeiführen. Auch tötet man sie mit einem in einem hölzernen Balken steckenden Speer; man hängt den Balken an einen Baumast mit einem Seil, das mit einer auf dem Wege befestigten Falle in Verbindung steht. Tritt das Tier auf diese Falle, so fällt der Balken, und da der Speer vergiftet ist, so erfolgt der Tod in wenigen Stunden.

Wir wurden bei dieser Insel mehrere Tage durch heftigen Regen aufgehalten. Die von Osten her kommenden Wolken blieben auf den Spitzen der Hügel stehen und ergossen gewaltige Regenfluten auf die Täler. Sobald wir weiter konnten, lieh uns Tomba Nyama, der erste Mann der Insel, freiwillig einen Kahn, damit wir über den kleinen Fluß Tschongwe setzen konnten, welcher etwa 50–60 Ellen breit und ausgetreten war. Dieser ganze Landstrich war dem Sekwebu wohl bekannt; er erzählte uns, damals, als er, noch ein Kind, hier durchkam, hatten die Einwohner großen Überfluß an Rindern, und es gab keine Tsetse. Das jetzige Vorhandensein dieses Insekts beweist, daß es in Begleitung des größeren Wildes kommen mag. Die Vegetation längs des Ufers war außerordentlich üppig und das Gebüsch so verwachsen, daß es schwer war durchzukommen. Die Wege waren nur Pfade des Wildes, denn die Leute benutzen gewöhnlich den Fluß auf Kähnen. Wir folgten in der Regel den Pfaden des Wildes, und an diesen war hier kein Mangel. Büffel, Zebras, Pallahs und Wasserböcke sind in Menge vorhanden, ebenso wilde Schweine, Kudus und schwarze Antilopen. Wir trafen einen Büffel, als er sich eben im Schlamm wälzte; ein großes Stück Fell war ihm wahrscheinlich von einem Alligator abgerissen worden.

Sobald wir zwischen die Hügelreihen längs des Zambesi kamen, war der Regen warm. Bei Sonnenaufgang stand das Thermometer zwischen 82° und 86°, um Mittag im kühlsten Schatten, nämlich in meinem Zelt unter einem schattigen Baum, zwischen 96° und 98°, bei Sonnenuntergang auf 86°. Dies ist ganz verschieden von den Beobachtungen, die wir im Innern machten; denn bei solchem Regenwetter fällt das Quecksilber bis auf 72°, selbst 68°. Auch fanden wir einen kleinen schwarzen Käfer, der wie die Moskitofliege stach, aber weniger Gift injizierte; wir wurden dadurch wieder an die Moskitos erinnert, die auf dem Hochland, das wir verlassen hatten, nicht existierten.

6. Januar 1856. – Jedes Dorf, das wir passierten, stellte uns Leute, welche uns bis in das nächste Dorf brachten. Sie waren namentlich deshalb sehr brauchbar, weil sie uns die Stellen zeigten, welche am wenigsten mit Dickicht bedeckt waren. Wenn wir in die Nähe eines Dorfes kamen, sahen wir Männer, Weiber und Kinder mit ihren Gärten beschäftigt, sie befaßten sich fleißig mit Bodenkultur. Die meisten Männer sind muskulös und haben derbe Bauernhände. Ihre Farbe zeigt dieselben Abstufungen, ganz schwarz bis hellolivenfarbig, wie wir es in Londa sahen. Obwohl alle dicke Lippen und platte Nasen haben, sieht man doch nur bei den verkümmerten Individuen die häßliche Negerphysiognomie. Sie schmücken sich von der Nasenspitze bis an die Haarwurzeln an der Stirn mit einer Reihe etwas erhabener Narben, von denen jede etwa einen Viertelzoll lang ist.

Die Weiber durchbohren sich hier die Oberlippe und vergrößern die dadurch entstandene Öffnung so weit, bis sie eine Muschel durchstecken können. Die Lippe wird dadurch bis über die Nase vorgezogen, wodurch sie sehr häßlich aussehen. Sekwebu bemerkte: »Diese Weiber wollen wie Enten aussehen«, und in der Tat, es ist fast so, als glaubten sie, daß das Muster für eine schöne Lippe nur beim Ornithorhynchus paradoxus zu finden sei. Diese Sitte herrscht im ganzen Lande der Maravi, und niemand kann dies sehen, ohne zu bekennen, daß die Mode wohl nie eine albernere Grille hervorgebracht haben kann. Es regnete jetzt jeden Tag, der Himmel war bedeutend bewölkt, doch brach die Sonne oft mit ihren sengenden Strahlen durch. Da riefen gewöhnlich alle: »Ach Sonne! Das ist neuer Regen!« Es ist bemerkenswert, daß meine Begleiter nie über die Hitze klagten, so lange wir auf dem Hochlande waren; sobald wir aber in das angolensische Tiefland herabkamen, um so mehr fingen sie an, darüber ärgerlich zu werden. Auch ich litt unter dem drückenden Dunst der Atmosphäre, eine Bemerkung, die ich auf dem Hochlande nie gemacht hatte.

Da Wild in Menge vorhanden und auch die Gesellschaft sehr zahlreich war, mußte ich immer wieder mit der Flinte für ihre Bedürfnisse sorgen. Wir schlachteten die Ochsen nur dann, wenn die Jagd unglücklich war. Mit den Ortsvorstehern der verschiedenen Dörfer setzten wir uns stets in freundschaftliche Beziehungen, und sie brachten uns Korn und andere Lebensmittel freiwillig. Ein Mann gab uns eine Schüssel voll Reis, der erste, den ich in diesem Lande sah. Im Innern kommt er gar nicht vor. Er nannte ihn das »Korn des weißen Mannes«, und als ich mehr haben wollte, verlangte er einen Sklaven. Es war dies die erste Spur des Sklavenhandels auf dieser Seite des Landes. Der letzte der freundlichen Ortsvorsteher war Mobala, und als wir ihn passiert hatten, hatten wir keine Ahnung von etwas Bösem. Aber als wir nach einigen Stunden Selole oder Tschilole erreichten, fanden wir, daß er uns nicht nur als Feinde betrachtete, sondern sogar einen Expressen geschickt hatte, um den Stamm Mburuma gegen uns aufzuhetzen. Alle Weiber Seloles waren geflohen, und die wenigen Leute, die wir trafen, waren sehr erschrocken. Infolge der Aufforderung war eine bewaffnete Schar von Mburuma gekommen; aber der Anführer derselben, Mburumas Bruder, der es für einen schlechten Witz hielt, kam in unser Lager und erzählte uns alles. Als wir ihm unseren Zweck darlegten, so entgegnete er, er zweifle nicht daran, Mburuma werde uns gut aufnehmen. Warum Selole so sonderbar gehandelt hatte, erklärte sich später. Ein Italiener nämlich, Simoens, mit dem Beinamen Siriatomba (d. h. iß keinen Tabak), hatte die Tochter eines Häuptlings, Sekokole, der nördlich von Tete lebte, geheiratet. Er bewaffnete eine Schar von zwanzig Sklaven mit Flinten, fuhr den Fluß in Kähnen bis eine Strecke jenseits der Insel Meya makaba hinauf, griff mehrere bewohnte Inseln an und schleppte viele Gefangene und Elfenbein mit sich fort. Auf Andichten seines Schwiegervaters, der durchaus nicht wünschte, daß er sich wie ein Häuptling benehmen sollte, vereinigten sich nach seiner Rückkehr die verschiedenen Häuptlinge, griffen die Leute Simoens' an, zerstreuten sie und töteten ihn selbst, als er zu Fuß entfliehen wollte. Selole hielt mich für einen solchen Italiener, oder, wie er sagte, für einen »wiederauferstandenen Siriatomba«. In seiner Botschaft an Mburuma sagte er sogar, daß Mobala und alle weiterhin gelegenen Dörfer durch unsere Feuerwaffen ganz zerstört worden seien, aber der Anblick Mobalas selbst, der in Seloles Dorf gekommen war, machte es Mburumas Bruder klar, daß die ganze Sache erlogen sei. Ohne dies würde der alberne Selole uns viel Not gemacht haben.

Wir sahen hier in den Dörfern viele freigelassene Gefangene jenes Italieners, und Sekwebu erkannte sie als Matebele. Mburumas Bruder hatte eine Flinte, die erste, die wir auf unserer Reise nach Osten sahen. Ehe wir Mburuma erreichten, griffen meine Leute einen Trupp Elefanten an, da sie kein Fleisch mehr hatten. Als der Trupp zu laufen begann, fiel einer von ihnen in ein Loch, und ehe er sich wieder heraushelfen konnte, hatten alle Männer Gelegenheit, ihre Speere nach ihm zu werfen. Als er endlich herauskam, sah er aus wie ein ungeheuer großes Stachelschwein, denn jeder der siebzig bis achtzig Männer hatte mehr als einen Speer nach ihm geworfen. Da sie keine mehr hatten, schickten sie nach mir, dem Tier ein Ende zu machen. Um ihn auf einmal zu erlösen, ging ich bis auf 20 Ellen heran, indem ein Ufer zwischen uns war, das er nicht erklettern konnte. Ich legte die Flinte auf einen Ameisenhügel, um sicherer zielen zu können; aber obwohl ich alle zwölf Kugeln, die ich hatte, jede zwei Unzen schwer, nach verschiedenen Teilen seines Leibes abschloß, konnte ich ihn doch nicht töten. Als es dunkel wurde, gab ich meinen Leuten den Rat, ihn zu lassen, da ich der Überzeugung war, ihn am Morgen tot zu finden; aber obwohl wir den ganzen nächsten Tag suchten und mehr als 10 Meilen gingen, sahen wir ihn doch nicht wieder.

Als wir Mburumas Dorf erreichten, kam uns sein Bruder entgegen. Wir erklärten ihm den Grund unseres Verzugs, und er sagte, daß man uns mit Unruhe kommen sehe, Siriatomba sei in der Nähe von Seloles Dorf ermordet worden, daher die Furcht des letzteren. Der Italiener habe auch wie wir anfangs von Frieden gesprochen, aber er habe Kinder geraubt und Elfenbein dafür gekauft, und man glaube, wir würden es ebenso machen. Ich wies auf meine Leute und fragte, ob Sklaven und Kinder darunter wären, und ich glaube, wir stellten ihn völlig zufrieden. In bezug auf unser Unglück auf der Jagd am vorigen Tage entgegnete er: »Der Mann, bei dessen Dorfe ihr bliebt, tat Unrecht daran, es euch an Fleisch fehlen zu lassen; denn wenn er zu Mburuma gekommen wäre, so hätte dieser ihm Mehl gegeben, und wenn er dies als Opfergabe den Göttern auf den Weg gestreut hätte, so würdet ihr euren Elefanten gefunden haben.« Die Häuptlinge betrachten sich hier als eine Art Priesterschaft, und das Volk glaubt, durch sie die Gottheit sich günstig machen zu können. Hierher gehört auch Folgendes. Als wir unter den Stämmen westlich von Semalembue waren, erschienen Leute, die sich uns vorstellten, der eine als Elefantenjäger, der andere als Flußpferdjäger, der dritte als einer, der Fallgruben anlegt, offenbar mit dem Wunsch, ich sollten ihnen Medizin geben, die ihnen bei ihrer Beschäftigung Glück bringe und mit der sie die Krankheiten derjenigen heilen könnten, bei denen ich meine Mittel in Anwendung brachte. Ich glaubte, sie schrieben ihnen übernatürliche Kraft zu, denn wie alle Afrikaner setzen sie unbeschränkten Glauben in die Wirksamkeit der Zaubermittel; aber ich bemühte mich, sie darauf aufmerksam zu machen, daß sie die Hilfe im Gebet und Vertrauen auf eine andere Macht als die meine suchen möchten. Mburuma selbst sahen wir nicht, und das Benehmen seines Volkes machte starken Verdacht rege, obwohl er uns mit Mehl, Mais und Kaffernkorn beschenkte. Seine Leute kamen nur in größeren Trupps und vollständig bewaffnet zu uns. Wir mußten ihnen befehlen, Pfeile, Bogen und Speere niederzulegen, ehe sie unser Lager betreten durften. Wir machten uns jedoch jetzt nicht viel aus einiger Unruhe, da wir hofften, wenn wir diese Zeit ohne viel Verdruß hinbrächten, so könnten wir um so eher wieder zurückkehren, ohne saure und argwöhnische Gesichter erwarten zu müssen.

Mburuma schickte uns zwei Männer als Führer bis an den Loangwa. Diese Männer wollten uns nach einem Wege von 6 Meilen vom Dorfe aus nicht weiter lassen und sagten: »Mburuma befiehlt euch, unter diesen Bäumen zu schlafen.« Als wir uns weigerten, sagte man uns, wir müßten in einem gewissen Dorf auf Korn warten. Da nach einer Stunde niemand kam, setzten wir unseren Weg fort. Es ist nicht ganz gewiß, ob sie feindliche Absichten hatten, aber dies schien ihre Pläne zu stören, und wir sahen bald, wie einer zu Mburuma zurücklief. Zuerst hatten sie versucht, uns zu trennen; sie boten uns nämlich freiwillig einen Kahn an, um Sekwebu und mich nebst unserem Gepäck auf dem Flusse weiterzuschaffen. Alsdann wollten sie uns in einem Engpaß aufhalten, aber ohne Verdacht zu zeigen, lehnten wir es höflich ab, uns an einem so ungünstigen Orte in ihre Macht zu geben. Später hörten wir, daß eine Anzahl Babisa-Händler, welche mit englischen Waren aus Nordosten von Mozambique herkamen, von diesem Volke geplündert worden seien.

Elefanten waren noch immer sehr zahlreich, aber wilder; sie liefen eiligst davon, sobald sie uns erblickten. Das Land zwischen Mburumas Dorf und dem seiner Mutter war sehr bergig und schwer zugänglich, so daß wir den Tag nicht mehr als 10 Meilen reisen konnten. Im Dorf der Ma Mburuma (d. h. Mburumas Mutter) machten die Führer, die sich wieder mit uns vereinigt hatten, günstige Mitteilungen über uns, und Weiber und Kinder liefen nicht davon. Hier erfuhren wir, daß Händler, die man Bazunga nannte, gewöhnlich in Kähnen herkämen, und man mich für einen derselben hielt. Ich glaubte, es würden dies Halbkasten-Portugiesen sein, denn man sagte mir, Kopfhaare und Hautfarbe seien bei ihnen anders als bei mir. Ma Mburuma versprach uns Kähne, um über den Loangwa fahren zu können, der vor uns lag. Es machte mir Spaß, als Männer, Weiber und Knaben herbeikamen, um die Bücher, die Uhr, den Spiegel, den Revolver u. a. zu sehen. Es ist ein starker muskulöser Menschenschlag; Männer und Weiber bebauen den Boden. Die Weiber sehen ihrer entstellten Lippen wegen sehr häßlich aus; ich sah nie eine Frau lachen. Die Leute verstehen hier, was ich von Gott sage; denn sie hören mit großer Aufmerksamkeit zu, und teilen mir dann ihre eigenen Ideen über die abgeschiedenen Seelen mit. Das Dorf von Mburumas Mutter hat eine außerordentlich schöne Lage zwischen hohen steilen Bergen; in den Tälern finden wir nichts als Gärten voller Kaffernkorn und Mais, was hier vortrefflich gedeiht. Wir mußten weitereilen, denn die Ochsen wurden täglich von den Tsetse gebissen, welche, wie ich schon oben bemerkte, jetzt ausgedehnte Strecken in Besitz genommen haben, die früher Rinderherden nährten.

14. Januar. – Wir erreichten den Zusammenfluß des Loangwa und Zambesi und dankten Gott für seine große Gnade, daß er uns bis hierher geholfen hatte. Mburumas Leute hatten sich so verdächtig benommen, daß wir trotz der von ihnen erhaltenen Führer durchaus nicht sicher waren, ob wir nicht vielleicht bei der Überfahrt über den Loangwa angegriffen werden würden. Wir sahen sie hier in großer Menge versammelt, und obwohl sie von Freundschaft sprachen, hielten sie sich doch von unserem Lager entfernt. Sie weigerten sich, uns mehr als zwei Kähne zu leihen, obwohl sie viele hatten. Sie verkehren mit Europäern nur durch die Babisa. Sie erzählen uns, daß hier früher der Wohnort der Bazunga gewesen, sagen aber nicht, aus welchem Grunde diese ihn verlassen haben. Ich wanderte durch steinerne Ruinen und entdeckte die Reste einer Kirche und eine zerbrochene Glocke mit den Buchstaben I. H. S. und ein Kreuz, aber ohne Datum. Inschriften fanden sich nicht, auch wußten die Leute nicht, wie die Bazunga diesen Ort genannt hatten. Später erfuhren wir, daß es Zumbo war.

Ich fühlte mich am Abend sehr unruhig, wenn ich daran dachte, daß ich, bei dem besten Willen für das Wohl dieses Landes und seiner Bewohner, am nächsten Tag totgeschlagen werden könnte, von den Wilden, von denen man hinterdrein sagen würde, sie wüßten nicht, was sie täten.

15. Januar. – Die Eingeborenen des umliegenden Landes sammelten sich am Morgen bewaffnet um uns. Weiber und Kinder wurden fortgeschickt, und auch Mburumas Frauen, welche in der Nähe wohnten, durften nicht näher kommen, obwohl sie ihr Dorf verlassen hatten, um mich zu besuchen. Es wurde uns nur ein Kahn geliehen, obwohl wir noch zwei andere am Ufer angebunden sahen. Der Punkt, an dem wir übersetzten, war noch etwa eine Meile vom Zusammenfluß entfernt, und da jetzt hoher Wasserstand war, so schien der Fluß über eine halbe Meile breit zu sein. Zuerst schafften wir unsere Sachen auf eine Insel im Fluß, dann das noch übrige Vieh und die Leute; ehrenhalber konnte ich erst zuletzt den Kahn besteigen. Eine Anzahl Leute stand die ganze Zeit über bewaffnet da. Ich zeigte ihnen die Uhr, die Lupe u. a., um sie zu beschäftigen, bis nur die Leute noch da waren, welche mit mir zugleich fahren sollten. Ich dankte ihnen für ihre Güte und wünschte ihnen Frieden. Wahrscheinlich wollten sie nur bereit

sein, wenn ich ihnen einen schlimmen Streich zu spielen unternähme, denn sie haben allen Grund, den Weißen nicht zu trauen. Die Führer kamen herüber, um Abschied von uns zu nehmen, und wir setzten uns unter einen Mangobaum, der 15 Fuß Umfang hatte. Jetzt waren sie weit gesprächiger. Sie sagten, das Land zu beiden Seiten des Flusses gehörte den Bazunga, und sie hätten es vor langer Zeit verlassen, als Tschangamera, Ngaba und Mpakane erschienen seien. Mit dem letzteren Namen war Sekwebu gemeint, aber er behauptete, sie seien nie bis zum Zusammenfluß gekommen, obgleich sie dem Mburuma sein ganzes Vieh wegtrieben. Die Führer bestätigten dies und sagten, die Bazunga seien nicht angegriffen worden, sondern in Eile geflohen, als sie den Feind kommen sahen. Ich gab ihnen einige Geschenke in Tuch und Perlen; sie freuten sich außerordentlich über ein Kleid von rotem Boy für Mburuma, das Sekeletu mir gegeben hatte, um einen Kahn dafür zu kaufen. Wir dankten Gott, daß wir als gute Freunde schieden.

Am nächsten Morgen gingen wir am Fuße der Bergkette Mazanzwe hin und fanden die Ruinen von acht bis zehn steinernen Häusern. Sie standen alle nach dem Flusse zu und hoch genug auf der Mazanzwe-Kette, um einen prächtigen Anblick über den breiten Zambesi zu gestatten. Alle diese Niederlassungen waren nach einem und demselben Plan angelegt, ein Haus an der Seite eines großen Hofes, von einer Mauer umgeben; Haus und Mauer waren aus weichem grauem Sandstein und Lehm erbaut. Sklaven, die nichts vom Bauen verstanden, hatten die Arbeit ausgeführt. Jetzt stehen Feigenbäume auf den Mauern und umschlingen sie mit ihren Wurzeln. Wenn der Lehm naß wird, stürzen ganze Stücke Mauer ein. Balken und Dachwerk waren heruntergefallen, aber noch ganz geblieben, und mitten in den Häusern sah man mannshohe Bäume. Am gegenüberliegenden südlichen Ufer des Zambesi sahen wir die Reste einer Mauer auf einer Anhöhe, die wahrscheinlich ein Fort war, und die Kirche stand in der Mitte eines vom rechten Ufer des Loangwa und vom linken des Zambesi eingeschlossenen Raumes.

Die Lage von Zumbo war für einen Handelsort ganz vortrefflich gewählt. Nach rückwärts zu sehen wir eine Masse hoher, dunkler, mit Bäumen bedeckter Berge; hinter uns erhebt sich der schöne hohe Mazanzwe, der sich nordwärts am linken Ufer des Loangwa ausdehnt; im Südosten liegt ein offenes Land mit einem kleinen runden Hügel in der Ferne, Tofulo genannt. Wenn die Kaufleute unter den Veranden von ihren Häusern sahen, hatten sie den prächtigen Anblick der beiden Flüsse an ihrem Vereinigungspunkte, in der Ecke stand die Kirche, und sie überschauten alle Gärten zu beiden Seiten des Flusses. In diesen Gärten bauten sie Weizen an ohne künstliche Bewässerung, und zwar, wie die Portugiesen behaupten, von zweimal so großem Korn wie der in Tete. Von den Führern erfuhren wir, daß die Einwohner nicht viel vom Christentum gelernt hätten, denn für die Kirchenglocke und die Wahrsagertrommel hatten sie ein und dasselbe Wort.

Als wir den Loangwa verließen, erwarteten wir keine Berge mehr zu sehen; aber es gibt deren noch hinter Mazanzwe, in einer Entfernung von 5–6 Meilen vom Fluß. Die Tsetse und die Berge kosteten uns zwei Reitochsen, und wenn der kleine, den ich jetzt ritt, auch noch draufging, so mußte ich zu Fuß weiterreisen. Da das Gebüsch sehr dicht und hoch war, so gingen wir unter den Bäumen weiter, als plötzlich drei Büffel, die sich von Menschen umringt glaubten, unsere Linie durchbrachen. Mein Ochse galoppierte augenblicklich davon, und als ich mich endlich umschauen konnte, sah ich einen meiner Leute in der Luft, etwa 5 Fuß über einem Büffel, der heftig blutend davonrannte. Als ich zu dem armen Kerl zurückkam, fand ich, daß er aufs Gesicht gefallen war, und obwohl der Büffel ihn vielleicht 20 Ellen weit auf den Hörnern getragen hatte, ehe er ihn in die Höhe schleuderte, so war doch weder seine Haut irgend verletzt noch ein Glied gebrochen. Als die Büffel erschienen, hatte er seine Last abgeworfen und einen in die Seite gestochen. Dieser wandte sich sogleich gegen ihn und schleppte ihn fort, ehe er sich noch hinter einem Baum retten konnte. Wir rieben ihn tüchtig ein und zogen weiter, und nach einer Woche konnte er schon wieder auf die Jagd gehen.

Am 17. Januar morgens freuten wir uns, als wir von der Insel Schibanga einen Mann mit Jacke und Hut kommen sahen. Er war ganz schwarz, war aber von den portugiesischen Niederlassungen in Tete oder Nyungwe hierhergekommen, und jetzt erst erfuhren wir, daß die Niederlassung der Portugiesen am anderen Flußufer lag und daß sie die letzten zwei Jahre hindurch mit den Eingeborenen Krieg geführt hatten. Wir waren so mitten in einen Kaffernkrieg hineingekommen, ohne daß ich für die einen oder die anderen Par-

Büffel sprengen den Reisezug Livingstones

tei zu nehmen wünschte. Er riet uns, sogleich über den Fluß zu setzen, da Mpende auf dieser Seite lebte. Mburumas Führer hatten uns vor ihm gewarnt, denn sie sagten, wenn wir Mpende passierten, so würden wir die Weißen erreichen, aber er ließe keine Weißen vorüber. Da wir dem Rat des Mannes zu folgen bereit waren, schlugen wir ihm vor, er möchte uns seine Kähne borgen; aber er fürchtete die Herren des Flusses zu beleidigen und schlug es uns ab. Die Folge davon war, daß wir auf dem feindlichen Ufer bleiben mußten. Die nächste Insel gehörte einem Manne namens Zungo, einem netten Mann, der uns sogleich Korn brachte. Er glaubte uns gern, daß wir ihm nicht auch ein Geschenk geben konnten, da er wußte, daß es im Innern nichts gäbe, und schickte außerdem eine Empfehlung an seinen Schwager Pangola. Das Land am Fluß ist mit dichtem, dornigem und verwickeltem Gebüsch bedeckt, so daß wir nicht von der Stelle konnten, wenn nicht meine Leute vorher die Zweige wegbrachen oder auf die Seite neigten. Es gibt auch viel üppiges Gras, doch nicht so hoch und üppig wie in Angola.

18. Januar. – Gestern ruhten wir unter einem sich weit ausdehnenden Feigenbaum. Große Scharen Büffel und Wasserantilopen weideten ruhig auf den Wiesen; von Flinten und Pulver weiß man hier nichts, sonst würden die Tiere nicht so zahm sein. Pangola besuchte uns und beschenkte uns mit Lebensmitteln. An wenigen anderen Orten würden hundertundvierzehn Landstreicher mit solcher Güte von den Ortsvorstehern und ihren Leuten aufgenommen worden sein. Meine Leute verschafften sich ihren Unterhalt sehr gut, sie gingen in die Dörfer tanzen. Namentlich die jungen Weiber fanden viel Gefallen an ihren Sprüngen und sagten: »Tanze für mich, so mahle ich Korn für dich.« Bei jedem neuen Beweis ihrer Gastfreundschaft sagte Sekwebu: »Habe ich euch nicht, als wir noch in Linyanti waren, gesagt, daß diese Leute Herzen hätten?« Alle gaben ihm recht, und einige bemerkten: »Sieh, obwohl wir schon so lange von Hause weg sind, ist doch keiner von uns mager geworden.« Es ist auch wirklich wahr, daß wir immer gut mit Fleisch versehen waren, entweder durch meine Flinte oder ihre eigenen Speere oder durch den Edelmut der Einwohner. Pangola versprach uns über den Zambesi zu fahren, hielt aber sein Versprechen nicht. Er schien es vermeiden zu wollen, seinen Nachbarn Mpende dadurch zu beleidigen, daß er uns aus seiner Hand rettete; daher mußten wir am Ufer

weitergehen. Obwohl wir hinsichtlich unserer Aufnahme bei Mpende voller Sorgen waren, konnte ich doch nicht umhin, das schöne Land zu bewundern. Nur ein kleiner Teil des Tals ist bebaut, aber ich stellte einen Vergleich mit Kolobeng an, wo wir ängstlich monatelang auf Regen warteten und oft nur ein einziger Gewitterregen folgte. Ich werde nie die trockenen heißen Winde jener Gegend vergessen, den gelblichen, schwülen, wolkenlosen Himmel, das vor Trockenheit einschrumpfende Gras, das dürre Vieh, die mutlosen Bewohner und unser eigenes hoffnungsloses Herz. Dort hörten wir oft im Todesdunkel der Nacht den schrillen Schrei des Regendoktors um Regen, der nicht kam, während wir hier bei Nacht den Donner rollen hörten, und am Tage die schwellenden Täler reich geschmückt sahen. Es regnet fast täglich, und alles ist frisch und grün. Es war mir wie einem, der nach einer langen Seereise ans Land kommt, und ich sah die Landschaft im günstigsten Licht. Die Hügel sind mit Wäldern bedeckt, und oft liegt eine Reihe flockiger Wolken auf ihnen; sie sind außerordentlich schön. Da uns niemand übersetzen wollte, gingen wir weiter nach Mpendes Dorf. Jetzt erschien ein schöner, großer, konischer Hügel im Nordnordosten; er ist der höchste, den ich hier gesehen; an einzelnen Stellen sieht er wie zwei zusammen verbundene Kegel aus, wobei der nördliche etwas niedriger ist als der südliche. Ein anderer Hügel liegt auf derselben Seite nach Nordosten, und weil er auf der Spitze wie eine Axt aussieht, heißt er Motemwa. Östlich von ihm liegt das Land Kaimbwas, eines Häuptlings, der mit den Bazunga Krieg geführt hat und sie schlug, wie man hier erzählt. Die Hügel am Südufer heißen Kamoenja. Als wir an Mpendes Dorf kamen, schickte er sogleich, um zu erfahren, wer wir wären, und hieß dann die Führer, die vom letzten Dorf aus mit uns bis hierher gekommen waren, umkehren und ihre Herren herbeirufen. An uns selbst schickte er keine Botschaft. Wir waren sehr langsam bis hierher gereist, da die von der Tsetse gebissenen Ochsen nicht weiter als 2 Meilen in der Stunde gehen konnten. Auch wurden wir dadurch aufgehalten, daß wir bei jedem Dorf warten und den Ortsvorsteher von unserer Ankunft unterrichten mußten, der dann erschien, uns ausfragte und Lebensmittel hergab. Wären wir, ohne Notiz von ihnen zu nehmen, vorübergereist, so würden sie es sehr übelgenommen haben, und wir würden mehr als Feinde denn als Freunde erschienen sein. Ich tröstete mich über den Zeitverlust mit dem Gedanken, daß diese Unterhaltungen dazu beitragen würden, den künftigen Weg zu eröffnen.

23. Januar. – An diesem Tage früh bei Sonnenaufgang kamen eine Anzahl von Mpendes Leuten nahe an unser Lager; sie stießen sonderbare Laute aus und bewegten ein glänzendes rotes Ding auf uns zu. Dann zündeten sie mit Zaubermitteln ein Feuer darin an und schrien dazu so abscheulich wie zuvor. Damit wollten sie uns machtlos machen und erschrecken. Von der Morgendämmerung an sammelten sich Bewaffnete von allen Seiten und zogen, bis es dunkel wurde, an uns vorüber. Wären wir gleich flußabwärts weitergezogen, so hätte dies wie Furcht oder eine Herausforderung ausgesehen; ebenso war es, wenn wir zurückgingen. Ich beschloß daher zu warten, im Vertrauen auf Ihn, der alle Herzen in Seiner Hand hat. Sie beabsichtigten offenbar, uns anzugreifen, denn es kam keine freundliche Botschaft, und als in der Nacht vorher die Batoka in das Dorf gingen und um Nahrung baten, so ging ein Mann um sie herum und brüllte wie ein Löwe. Die Einwohner des Dorfes forderten sie dann auf, ihnen zu huldigen, und als sie es taten, ließ ihnen der Häuptling Spreu als Nahrungsmittel vorwerfen. Andere Dinge bewiesen auch ihre unverkennbare Feindseligkeit. Da wir jetzt auf ein Scharmützel gefaßt sein mußten, so ließ ich einen Ochsen schlachten, ein Mittel, das Sebituane immer anwandte, um Mut zu machen. Ich zweifle nicht daran, daß wir gesiegt haben würden; meine Leute, die weit besser mit dem Fechten bekannt waren als irgendein Volk am Zambesi, freuten sich auch wirklich, Gefangene zu machen, die ihnen dann das Elfenbein tragen mußten. »Jetzt werden wir«, sagten sie, »Korn und Kleider in Menge bekommen.« Sie waren in schlechtem Zustand, die armen Kerle! Denn infolge der Regengüsse waren ihnen die Kleider stückweise vom Leibe gefallen, und die wohlgenährten und wohlgekleideten Zambesier sahen sie mit Verachtung an. Sie waren indes Veteranen im Plündern, und statt vor Furcht kleinmütig zu werden, gaben sie mir offen zu verstehen, ich müßte ihnen Mpendes Weiber überlassen. Das Fleischbraten ging schnell vor sich, und einige der jungen Leute sagten zu mir: »Du hast uns mit Elefanten umgehen sehen, und jetzt sollst du sehen, was wir mit Menschen anfangen.« Ich glaube,

hätte Mpende den ersten Streich geführt, er hätte keinen größeren Mißgriff in seinem Leben tun können.

Sein ganzer Stamm war in Entfernung von etwa einer halben Meile versammelt. Da das Land mit Bäumen bedeckt ist, konnten wir sie nicht sehen, aber dann und wann erschienen einzelne als Spione und antworteten uns auf keine Frage. Zweien von ihnen gab ich ein Bein des Ochsen, den wir geschlachtet hatten, und sagte, sie möchten es Mpende bringen. Nachdem wir eine ziemliche Zeit in Ungewißheit geblieben waren, kamen zwei alte Männer und fragten, wer wir seien. Ich antwortete: »Ich bin ein Lekoa« (d. h. ein Engländer). Sie antworteten: »Einen Stamm dieses Namens kennen wir nicht, wir vermuten, ihr seid Mozunga, der Stamm, mit dem wir gekämpft haben.« Da ich noch nicht wußte, daß der Name Mozunga die Portugiesen bedeute, und glaubte, sie meinten Halbkasten, so zeigte ich ihnen mein Haar und meine Haut auf der Brust und fragte, ob die Mozunga gleiches Haar und gleiche Haut hätten. Da die Portugiesen ihr Haar kurz schneiden und auch etwas dunkler sind als wir, so antworteten sie: »Nein, wir sahen nie so weiße Haut wie die deinige«, und fügten dann hinzu: »Ach, du mußt zu dem Stamm gehören, der die Schwarzen lieb hat.« Natürlich sagte ich mit Freuden ja. Sie kehrten in das Dorf zurück, und wir hörten später, es habe dort eine lange Unterredung zwischen Mpende und seinen Ratgebern stattgefunden, und einer der Leute, mit denen wir am Tage vorher gesprochen, habe uns verteidigt. Er hieß Sindese Oalea. Als wir nach einer kurzen Unterredung sein Dorf passierten, sagte er: »Ist das der Mann, der sich hier aufzuhalten wünscht, nachdem er so viele Stämme passiert hat? Warum sollte Mpende ihm den Durchzug verwehren?« Diesem Mann und dem Umstand, daß ich dem »befreundeten weißen Stamme« angehörte, verdankten wir es, daß Mpende uns passieren ließ. Als ich das günstige Resultat der Beratschlagung erfuhr, schickte ich Sekwebu, um wegen des Kaufs eines Kahnes zu unterhandeln, da einer meiner Leute sehr krank geworden war und ich es seinen Gefährten leichter machen wollte, indem ich ihn mit in den Kahn nahm. Ehe Sekwebu noch ausgeredet hatte, bemerkte Mpende: »Dieser Mann ist gewiß einer von unseren Freunden. Sieh, wie er mir seine Not klagt!« Sekwebu benutzte diese Wendung des Gesprächs und sagte: »Ach, wenn du ihn so gut kenntest wie wir, die wir mit ihm gelebt haben, so würdest du wissen, daß er deine und Mburumas Freundschaft hochschätzt, und da er fremd ist, so verläßt er sich auf dich.« Er entgegnete: »Gut, er muß nach dem jenseitigen Ufer hinüber, denn dieses Ufer ist bergig und rauh, und der Weg nach Tete ist hier länger als jenseits.« »Aber wer wird uns hinüberbringen, wenn du es nicht tust?« »Natürlich«, entgegnete Mpende, »ich wünschte nur, ihr hättet mir's früher gesagt, aber ihr sollt hinüberkommen.« Mpende wiederholte mehrmals, es bekümmere ihn, mich nicht früher gekannt zu haben, aber sein Zauberer sei schuld daran, und er bedauerte, daß eben dieser ihn auch abgehalten habe, das von uns ihm gebotene Fleisch zu essen. Er tat später alles, was in seiner Macht stand, um uns zu helfen, und unser Weggang von diesem Dorf war unserer Ankunft ganz unähnlich. Es freute mich außerordentlich, daß man den englischen Namen so weit von der Küste mit solcher Achtung nannte, und dankte Gott, daß sich nicht etwas ereignete, das dem guten Einfluß desselben hätte schaden können.

24. Januar. – Mpende sandte zwei seiner Vornehmen nach einer großen Insel und ließ den Bewohnern derselben befehlen, uns überzusetzen. Der Fluß ist sehr breit, und obwohl meine Leute mit den Kähnen recht gut umzugehen verstanden, kam doch der Abend heran, ehe wir alle das andere Ufer erreichten. Von Ufer zu Ufer ist eine Strecke von 1200 Ellen, davon 700–800 Ellen tiefes Wasser, das $3^3/_4$ Meilen in der Stunde fließt. Wir landeten zuerst auf einer Insel, und um nicht hintergangen werden zu können, zogen wir die Kähne ans Land und schliefen darin. Am nächsten Morgen erreichten wir wohlbehalten das andere Ufer.

29. Januar. – Ich war sehr froh, daß ich mich auf dem südlichen Ufer des Zambesi befand, und da ich nichts Besseres hatte, schickte ich Mpende einen meiner zwei Löffel und ein Hemd als Gabe der Dankbarkeit. Die verschiedenen Ortsvorsteher längs des Flusses handeln gewöhnlich im Einverständnis, und verbietet einer den Durchzug, so tun sie es alle; denn sie denken, wenn der und der seine Kähne nicht hergab, so muß er seinen guten Grund dazu gehabt haben. Die nächste Insel, an welche wir kamen, gehörte dem Mozinkwa. Hier wurden wir einige Tage durch beständigen Regen aufgehalten, so daß mein Zelt ganz zerfiel. Einer meiner Leute starb hier nach einer langen Krankheit, mit der ich nichts anzufangen wußte. Er war ein Batoka, und als er nicht mehr gehen konnte, hat-

te ich alle Mühe, seine Kameraden zu bewegen, ihn zu tragen. Sie wollten ihn liegen und sterben lassen, da sein Zustand hoffnungslos war. Ein anderer entlief zu Mozinkwa. Als Grund gab er an, die Makololo hätten ihm Vater und Mutter getötet, und da er weder Weib noch Kind habe, sehe er nicht ein, warum er noch länger mitreisen solle. Ich hatte nichts dagegen, sagte ihm aber, wenn er seinen Entschluß ändern sollte, so würde er mir wieder angenehm sein; und Mozinkwa bat ich dringend, er sollte ihn nicht als Sklave verkaufen. Jetzt sind wir unter einem Volk, das sich viel mit Sklavenhandel beschäftigt. Es besuchten uns Leute, welche bis in Tete oder Nyungwe gewesen waren und uns sagten, daß wir nur noch zehn Tagesreisen von dort entfernt seien. Einer von ihnen, ein Maschona, der weit aus Südwesten gekommen war, bot sich an, uns in das Land der weißen Männer zu begleiten. Er war viel gereist, und ich sah, daß er auch die Engländer und ihre Abneigung gegen den Sklavenhandel kannte. Er sagte zu Sekwebu, die Engländer seien »Menschen« und betonte das letztere Wort, während alle anderen verächtlich nur »Sachen« genannt werden. Andere sprachen sich in gleicher Weise aus, und ich fand, daß ich von Mpendes Dorf an täglich in der Achtung meiner Leute höher stieg. Selbst die Sklaven haben eine sehr gute Meinung von den Engländern, und ich erfuhr später, daß, als mein Besuch in Tete gemeldet wurde, die Diener meines Freundes, des Kommandanten, im Scherz zu ihm sagten: »Ach! Das ist unser Bruder; wir werden dich alle verlassen und mit ihm gehen.« Doch standen uns noch Schwierigkeiten bevor, ehe wir Tete erreichten.

Der Mann, der uns zu begleiten wünschte, kam vor unserer Abreise und sagte, seine Frau ließe ihn nicht mitgehen; sie erschien auch selbst und bestätigte es. Hier haben die Weiber nur ein kleines Loch in der Oberlippe, in das sie ein Stück Zinn stecken. Dieses Loch wird nach und nach gemacht, indem man einen Ring mit einer Öffnung an die Lippe bringt und die Enden desselben allmählich zusammendrückt. Kinder sieht man noch mit dem Ring an der Lippe, also ist das Loch noch nicht fertig. Zinn kaufen sie von den Portugiesen, und obwohl sich früher hier Silber gefunden haben soll, konnten die Einwohner es doch nicht von Zinn unterscheiden. Indes kannten sie das Gold, und zum erstenmal hörte ich das Wort Dalama (d. h. Gold) in der Sprache der Eingeborenen. Aus den Unterredungen mit den verschiedenen Völkern ersah ich, daß die Vorstellung die herrschende sei, alle diejenigen, welche Sklaven von ihnen gekauft hätten, hätten unrecht getan. »Alle Sklaven in Nyungwe«, sagte einer, »sind unsere Kinder; die Bazunga haben auf unsere Kosten eine Stadt erbaut.« Als ich fragte, ob sie denn nicht den dafür gebotenen Preis angenommen hätten, so bejahten sie dies sogleich, aber meinten doch, man habe unrecht getan, sie so zu verführen. Aus der Art und Weise, wie man von den Ländereien von Zumbo sprach, welche noch den Portugiesen gehörten (sie sollen sie nämlich gekauft haben), zog ich den Schluß, daß die Eingeborenen den Landkauf anders ansehen als das Kaufen von Sklaven.

1. Februar. – Wir trafen einige eingeborene Händler, und da viele meiner Leute fast ganz nackt waren, kaufte ich amerikanischen Kaliko, gezeichnet: Lawrence Mills, Lowell, für zwei kleine Elefantenzähne und verteilte ihn an die Bedürftigsten. Nachdem wir Mozinkwa verlassen, kamen wir an den Zingesi, ein versandetes Bächlein, jetzt voll Wasser (15° 38' 34" südlicher Breite, 31° 1' östlicher Länge). Er war 60–70 Ellen breit und ging uns bis an den Leib. Wie alle diese versandeten Bäche ist er meistens trocken; wenn man aber einige Fuß tief gräbt, so findet man Wasser, welches längs des Bettes auf einer Tonschicht seinen Weg nimmt. Dies ist es, was man gewöhnlich »unterirdische« Flüsse genannt hat. Wir versuchten ihn zu überschreiten, aber unsere Fußtritte machten so tiefe Löcher in den Sand, daß das Wasser sofort heraufkam und wir so tief einsanken, daß wir froh waren, wieder umkehren zu können, ehe wir noch den halben Weg gemacht hatten.

Nahe bei Mosusas Dorf passierten wir das Flüßchen Tschobe, das jetzt voll Regenwasser war. Die Einwohner gewinnen etwas Salz aus dem Sande, wenn er trocken ist, und alle umliegenden Völkerschaften kommen und kaufen es von ihnen. Es war dies das erste Salz, das wir trafen, seit wir Angola verlassen, denn im Balonda- und Barotse-Land gibt es keins. Doch hörten wir von Salzpfannen, etwa vierzehn Tage westlich von Naliele, und ich erhielt eine kleine Quantität von Mpololo, als ich dort war. Dies war seitdem längst verbraucht, und zwei Monate hindurch war ich ohne Salz gewesen; dieser Mangel störte auch nicht eben sehr, außer daß ich lebhaftes Verlangen nach Fleischkost oder Milch fühlte.

Als wir weiterzogen, war der rotbraune Boden so zäh, daß wir Mühe hatten zu gehen. Indes ist er sehr fruchtbar, und die Leute bauen außerordentlich viel Korn, Mais, Hirse, Erdnüsse, Kürbisse und Gurken an. Wir bemerkten, daß man die Pflanzen, wenn sie an einem Ort nicht mehr gut gedeihen, nach einem anderen Ort verpflanzte. Auch hatte man viele junge Pflanzen auf der Insel gezogen, wo sie durch die Feuchtigkeit aus den Flüssen begünstigt wurden, und von hier schaffte man sie auf das Festland. Man sieht hieraus, daß es hier weniger regnet als in Londa, denn dort fanden wir zu einer und derselben Zeit das Korn in allen Stadien des Wachstums.

Jetzt waren wir bei Völkern, die in Fülle lebten und wirklich sehr freigebig waren. Meine Leute kehrten nie aus einem Dorf zurück, ohne Korn oder Mais mitzubringen. Die Höflichkeit, mit welcher fast alle Stämme im Innern, die noch nicht viel mit Europäern umgegangen sind, Lebensmittel hergeben, erleichtert die Annahme derselben. Immer und immer wieder entschuldigten sie die Unbedeutendheit des Geschenkes und bedauerten, daß sie meine Ankunft nicht zeitig genug erfahren hätten, um Korn zu mahlen, und waren zufrieden mit unserer Erklärung, daß wir ihnen nichts dafür geben könnten; sie wüßten ja recht gut, sagten sie, daß die Ware des weißen Mannes nicht im Innern zu finden sei. Wenn ich konnte, gab ich ihnen allemal etwas wirklich Nützliches. Katema, Schinte und anderen machte ich Geschenke, von denen mich jedes zwei Pfund kostete. Wie Männer drei Knöpfe oder eine andere Lumperei geben können, während sie Überfluß an besseren Dingen haben, kann ich nicht begreifen. Wenn sie dies auch noch in ihren Büchern schreiben, so müssen sie gar nicht wissen, daß sie damit die englische Ehre kompromittiert haben. Die Leute schämen sich fast, eine solche Gabe anzunehmen, und man sieht, wie Frauen sie schnell ihren Begleitern geben, und wenn sie fortgehen, lachen, bis ihnen die Tränen in den Augen stehen, und sagen: »Ist das ein weißer Mann? Also gibt es auch Knicker unter ihnen? Manche von ihnen haben gar kein Herz.« Ein weißer Händler, der einem Häuptling eine alte Flinte zum Geschenk machte, wurde zum Sprichwort unter ihnen; man sagte: »Der weiße Mann, der eine Flinte schenkte, welche neu war, als sein Großvater an seiner Urgroßmutter saugte.« Wenn solche Dinge sich wiederholen, so glauben die Eingeborenen solche Menschen, die so wenig gesunden Verstand an den Tag legen, an ihre Pflicht erinnern zu müssen; sie sagen ihnen daher, was sie geben sollen, und dann klagen die Reisenden über ihr schamloses Betteln. Ich wurde nur an der Grenze der Zivilisation und als ich den afrikanischen Boden kaum betreten hatte, belästigt.

Am 6. Februar kamen wir in das Dorf Boromas, das unter einer Menge anderer Dörfer liegt, welche alle mit ausgedehnten bebauten Ländereien umgeben sind. Am entgegengesetzten Ufer ist eine Hügelgruppe, Tschoritschori genannt. Boroma selbst erschien nicht; er schickte mir einen Stellvertreter, der sehr höflich war. Am Morgen schickte ich Sekwebu, um ihm sagen zu lassen, daß wir weiterziehen wollten; seine Mutter entgegnete, es seien keine Lebensmittel bereitet, da sie erwartet hätte, wir würden dableiben. Doch schickte sie ein Körbchen mit Korn und Geflügel. Zur Entschuldigung, warum Boroma nicht selbst komme, ließ sie sagen, er sei diesen Morgen von den Barimo ergriffen worden; das sollte wahrscheinlich heißen, er sei betrunken.

Im Tschicova-Distrikt untersuchte ich die geologische Struktur des Landes mit Interesse, weil hier Silberminen gewesen sein sollen.

Tschicova ist nicht ein Königreich, wie man angegeben hat, sondern ein ebener Landstrich, von welchem ein Teil jährlich vom Zambesi überflutet wird. Er eignet sich vortrefflich zum Getreideanbau. Ich freute mich sehr, hier Kohle zu finden. Von Silber fand ich keine Anzeichen, und wenn die Eingeborenen es je verarbeiteten, so ist es bemerkenswert, daß sie die Kenntnis desselben ganz verloren haben und Zinn und Silber nicht mehr zu unterscheiden wissen. Als ich Tete erreichte, hörte ich von einer kleinen Stromschnelle im Fluß bei Tschicova; hätte ich das im voraus gewußt, so würde ich den Fluß nicht verlassen haben, ohne sie zu untersuchen. Sie heißt Kebrabasa und soll durch eine Menge Felsen gebildet werden, die aus dem Wasser hervorragen. Ich glaube bestimmt, daß sie von den Basaltgängen gebildet wird, die wir jetzt sahen; denn sie haben im allgemeinen diese Richtung. Als ich den Fluß verließ, wollte ich zugleich mehrere Häuptlinge umgehen, welche von allen Passierenden einen hohen Tribut erheben. Unser Weg ging eine Strecke im Bett des Nake hin, dessen Ufer mit undurchdringlichem Dickicht bedeckt waren. Dörfer sind nicht zahlreich, doch gingen wir von einem nach dem anderen und wurden freundlich aufgenommen. Die Leute nennen sich hier Bambiri, obwohl der allgemeine Name der ganzen Nation Banyai ist. Einer unserer Führer war ein alter Dolmetscher, der immer stehenblieb und Bezahlung verlangte, damit er heiteren Mutes weiterziehen könne. Ich glaubte, er führe uns die schwierigsten Wege, damit wir einen hohen Begriff von seinem Wert bekommen sollten, denn wenn wir ein Dickicht nach dem anderen passiert hatten, kamen wir immer wieder in das Bett des Nake, und da dieses mit Sand angefüllt und das Wasser, das uns nur bis an die Knöchel ging, durch die glühenden Sonnenstrahlen heiß wie ein Fußbad war, so wurden wir außerordentlich müde. Auch verunglimpfte er uns in jedem Dorf, welches wir passierten, und rief den Leuten zu, sie sollten es nur erlauben, daß er uns fortführe, denn wir wären schlechte Leute. Sekwebu verstand jedes Wort, das er sagte, und da er unausstehlich wurde, entließ ich ihn, gab ihm 6 Ellen Kaliko, die ich von eingeborenen Händlern gekauft hatte, und sagte ihm, seine Zunge schade uns nur. Es ist im allgemeinen gut, wenn man jemand auszanken muß, ihm zugleich ein Geschenk zu geben und ihn dann wegzuschicken. Der Führer ging lächelnd fort, und meine Leute sagten: »Seine Zunge ist jetzt geheilt.« Am Nake ist das Land hügelig, die Täler sind mit dichtem Gebüsch bedeckt. Die Bewohner haben die Gärten dem Walde abgewonnen, und der Boden ist außerordentlich fruchtbar.

Vierzehntes Kapitel

14. Februar. – An diesem Tage früh verließen wir Nyampungo. Der Weg wand sich den Molinge aufwärts, ein anderer versandeter Bach, der in den Nake mündete. Nachdem wir uns durch das verschlungene Gebüsch an den Ufern dieser Bäche durchgearbeitet hatten, kamen wir in das Mopane-Land, wo wir mit Bequemlichkeit unsere Reise fortsetzen konnten. Nach einigen Stunden erspähten meine Leute einen Elefanten, und bald befanden sie sich in heftig-

ster Verfolgung. Sie hatten kein Fleisch mehr und mehrere Tage lang nur Getreide zu essen gehabt. Das Verlangen nach Fleischkost regte sich heftig, und obwohl es ein altes Männchen war, wurde es doch bald getötet. Die Leute von Nyampungo hatten noch nie so verzweifelte Jäger gesehen. Einer sprang herbei und hieb dem Elefanten, während er noch stand, mit einer Axt die Knieflechsen durch. Einige Banyai, die sich auch auf der Elefantenjagd befanden, waren zufällig zugegen. Einer von ihnen nahm seine Dose herbei und schüttete den ganzen Inhalt an einen Baum als Opfergabe für die Barimo um des glücklichen Erfolges willen. Sobald das Tier fiel, tanzten alle meine Leute um dasselbe herum, worüber die Banyai sehr erschraken, und derjenige, welcher das Opfer dargebracht hatte, sagte mir: »Ich sehe, du reist mit Leuten, die keine Beute zu machen verstehen; daher opferte ich zu ihrem Besten das einzige, was ich hatte, und der Elefant fiel.« Einer von Nyampungos Leuten, der bei mir geblieben war, lief nach einer offenen Stelle im Wald, von wo aus der Kampf gut anzusehen war, und betete laut um günstigen Erfolg. Ich bewunderte den frommen Glauben, den sie an das wirkliche Vorhandensein unsichtbarer Wesen haben, und betete, daß sie noch jenes gütige Wesen kennenlernen möchten, das uns alle als die seinigen ansieht. Meine eigenen Leute bemerkten, als ich hinzukam: »Gott gab ihn uns. Er sagte zu dem alten Vieh: Auf da! Es kommen Leute, die dich töten und essen werden!« Diese Bemerkungen werden dem Leser einen Begriff von der Ausdrucksweise der Eingeborenen geben.

Da wir jetzt in dem Lande waren, wo strenge Wildgesetze galten, so mußten wir immer zu Nyampungo zurückschicken, um einem Mann Nachricht zu geben, der von dem eigentlichen Besitzer des Grundes und Bodens dort gelassen war, um sein Eigentum zu bewachen, da er selbst nahe am Zambesi wohnte. An der Seite, auf welcher der Elefant fiel, hatte er einen kurzen abgebrochenen Zahn; an der oberen Seite, welche uns gehörte, war ein großer starker Zahn. Die Banyai machten Bemerkungen über unser Glück. Die Leute, welche wir nach Nyampungo geschickt hatten, kamen erst spät am Abend des folgenden Tages wieder. Sie brachten einen Korb voll Korn, ein Huhn und einige Schnüre schöner Perlen mit, zum Dank dafür, daß wir den Elefanten auf ihrem Boden getötet hatten, und sagten, sie hätten den Barimo für unser Glück mit den

Worten gedankt: »Hier eßt und seid froh.« Hätten wir das Tier früher zerlegt, so würden wir gar nichts bekommen haben. Es kam zugleich eine starke Gesellschaft mit, um ihren Teil zu verzehren, und wir teilten den Elefanten auf die beste Weise. Meine Leute waren sehr erfreut über den Schmaus, obwohl das Fleisch einen ganzen Tag ungeschützt gelegen hatte und schon sehr angegangen war. Es sammelte sich eine Unmasse Hyänen, welche zwei ganze Nächte lang ihr unheimliches Lachen hören ließen. Bei einigen ist das Lachen wirklich täuschend. Ich fragte meine Leute, worüber die Hyänen lachten; da sie dem Tier ein gewisses Verständnis beilegten, sagten sie, sie lachten, weil wir den Elefanten nicht ganz aufzehren könnten und sie sich so gut satt äßen wie wir selbst.

15. Februar. – Einige meiner Leute sind von Spinnen und anderen Insekten gebissen worden, doch haben sie keinen Schmerz empfunden. Wir passierten die Vungue- oder Mvungwe-Hügel, welche aus verschiedenem Eruptivgestein bestehen. Sie bilden die Wasserscheide zwischen den versandeten Bächen, welche nach Nordost fließen, und anderen, die südwärts fließen, wie der Kapopo, Ue und Due, welche sich in den Luia ergießen.

Obwohl wir uns jetzt den portugiesischen Niederlassungen näherten, war das Land doch immer noch voll Wild. Unsere Leute töteten sechs Büffelkälber von einer Herde, auf die wir stießen. Das häufige Vorkommen dieser Tiere und der Antilopen beweist, daß Bogen und Pfeil nicht hinreichen, sie zu vermindern. Auch sieht man viele große Löwen und Hyänen, und nichts hindert die Zunahme der ersteren; denn die Eingeborenen glauben, daß die Seelen ihrer Häuptlinge in dieselben fahren, und töten sie deshalb nicht. Auch glauben sie, daß ein Häuptling sich selbst in einen Löwen verwandeln kann, dann tötet, wen er will, und wieder menschliche Gestalt annimmt. Wenn sie daher einen Löwen sehen, so klatschen sie in die Hände, welches ihre Art zu grüßen ist. Infolgedessen sind Löwen und Hyänen so häufig, daß wir auf den Bäumen kleine Hütten fanden, in denen die Eingeborenen schliefen, wenn sie bei Nacht auf dem Felde blieben. Als meine Leute öfter vom Wege abwichen, um Korwe- oder Honigkuckuck-Nester auszunehmen, so erregten sie das Erstaunen unserer Führer, welche sie immer vor der Gefahr warnten, die ihnen durch die Löwen drohe. Ich war der Hauptmasse meiner Leute oft ein bedeutendes Stück voran und mußte ein bis zwei Stunden warten; da aber die Sonne am Tage entsetzlich heiß war, so freute ich mich, eine Entschuldigung dafür zu haben, daß ich ausruhte. Wir konnten nicht so schnell vorwärts kommen, wie dies in der arktischen Gegend möglich ist. Zehn bis zwölf Meilen am Tage war ein derber Marsch für meine Leute und mich selbst, aber auch diese Strecke konnten wir nicht jeden Tag zurücklegen, es war zu anstrengend für uns. Der Weg war weit länger, als er auf der Karte aussieht, denn wir vermieden die Dörfer. Ich trank beim Reiten weniger als die Eingeborenen, aber meine ganze Kleidung war beständig feucht infolge des Wassers, das wir aus jedem Tümpel in großer Quantität tranken. Wir nahmen uns nicht erst Zeit, es mit Alaun oder sonstwie zuzubereiten, sondern tranken es ohne alle Furcht. Die Atmosphäre kam mir nie so dunstig vor wie auf den Niederungen am Zambesi, und doch war es kühler als auf dem Hochland.

Wir überschritten die Bäche Kapopo und Ue, die jetzt voll Wasser waren, gewöhnlich aber trocken sind. Hier gibt es viele wilde Schweine, wie überall längs des Zambesi. Im Batoka-Lande gibt es einen Weinstock, der schwarze, außerordentlich süße Trauben trägt. Die Blätter sind sehr groß und hart, wie um die heißen Sonnenstrahlen ertragen zu können. Aber die gewöhnlichsten Arten (eine mit runden Blättern und grünen Trauben und eine andere mit einem dem des veredelten Weinstockes ähnlichen Blatt und dunkler oder purpurfarbiger Frucht) haben große Kerne, die sehr adstringierend sind und die Frucht unangenehm machen. Die Eingeborenen essen alle diese Arten; auch kostete ich Weinessig, den ein Eingeborener aus diesen Trauben gewonnen hatte. Ein Land, das wilde Weine in solcher Menge hervorbringt, wird sich gewiß auch für den Anbau der veredelten Sorten eignen. Die Ranken hatten sich hier so über den Weg hin ausgebreitet, daß man sehr vorsichtig sein mußte, um nicht zu straucheln. Der Boden war mit runden Dachschiefern bedeckt, die man unter dem Gras nicht leicht sehen konnte. Fußwanderungen mögen für den sehr angenehm sein, der seiner Korpulenz wegen sich Bewegung machen muß; aber für einen Mann, der infolge der beständigen Transpiration in der heiß brennenden Sonne so dünn wie eine Stange geworden war, bestand das einzige Gute, das es mit sich brachte, darin, daß er sich einen lebhaften Begriff von einer Tretmühle machen konnte.

Am 20. Januar kamen wir zu Moninas Dorf, nahe an dem versandeten Fluß Tangwe, unter 16° 13' 38" südlicher Breite, 32° 32' östlicher Länge. Monina ist unter den Stämmen seiner Gastfreundschaft wegen sehr beliebt. Boroma, Nyampungo, Monina, Jira, Katolosa (Monomotapa) und Susa, alle erkennen die Autorität eines gewissen Nyatewe an, der alle Streitigkeiten hinsichtlich der Ländereien entscheiden soll. Ähnliche Konföderationen findet man auch in Londa und anderen Teilen Afrikas. Katolosa ist der in der Geschichte bekannte »Kaiser Monomotapa«, doch ist er ein Häuptling von geringer Macht und erkennt Nyatewes Oberherrschaft an. Die Portugiesen beehrten früher den Monomotapa mit einer Leibwache, welche bei Leichenfeierlichkeiten zu feuern hatte; auch wurde er mit Geld unterstützt. Der einzige Beweis höheren Standes bei seinem Nachfolger ist, daß er ungefähr hundert Weiber hat. Wenn er stirbt, erwartet man Erbfolgestreitigkeiten.

Die Regierungsform der Banyai ist bemerkenswert, es ist eine Art Lehensrepublik. Der Häuptling wird gewählt, wobei der Sohn der Schwester des verstorbenen Häuptlings seinem eigenen Sohne vorgezogen wird. Wenn die Untertanen mit einem der Kandidaten unzufrieden sind, so gehen sie selbst zu einem fernen Stamm, um einen Nachfolger zu holen, der gewöhnlich von der Familie des verstorbenen Häuptlings, ein Bruder oder ein Schwestersohn ist, nie aber sein eigener Sohn oder seine Tochter. Wenn man mit ihm über den Gegenstand zu sprechen beginnt, so tut er, als sei er der Aufgabe nicht gewachsen und der Ehre unwürdig; aber wenn er einmal die Stelle angenommen hat, so gehören ihm alle Weiber, Kinder und sonstiges Vermögen seines Vorgängers, und er trägt Sorge dafür, daß sie in abhängiger Stellung von ihm verbleiben. Wenn jemand es müde wird, sein Vasall zu sein und sich ein eigenes Dorf gründet, so sammelt der erwählte Häuptling eine Anzahl junger Leute um sich und besucht ihn. Empfängt man ihn nicht mit Händeklatschen und gehöriger Unterwürfigkeit, so zündet man ihm das Dorf an. Die Kinder des Häuptlings haben weniger Privilegien als gewöhnliche freie Leute. Sie dürfen nicht verkauft werden; aber ehe man eines von ihnen zum Häuptling für die Zukunft bestimmt, wählen die Freien lieber einen aus ihrer Mitte, der nur entfernt mit der Häuptlingsfamilie verwandt ist. Diese freien Männer bilden eine hervorragende Kaste, die nicht verkauft werden darf; unter ihnen steht eine Klasse von Sklaven, die in ihrem Äußeren und ihrer Stellung sehr gedrückt sind. Monina hatte eine große Anzahl junger Leute um sich. Es waren dies alles Söhne freier Männer; und Scharen junger Männer wie diese in den verschiedenen Distrikten verlassen ihre Eltern, wenn sie mannbar werden, und leben bei Leuten wie Monina, um sich unterrichten zu lassen. Als ich mich nach dem Wesen dieses Unterrichtes erkundigte, so nannte man mir ihn »Bouyai«, was wahrscheinlich soviel wie mannhaftes Wesen bedeuten mag; denn es klingt etwa so, als wenn wir sagen, daß wir einen Amerikaner lehren, wie er Amerikaner, oder einen Engländer, wie er Engländer werden kann. So lange sie diesen Unterricht genießen, sind sie sehr strengen Satzungen unterworfen. Sie müssen sorgfältig jeden Höherstehenden, dem sie begegnen, mit Händeklatschen begrüßen, und wenn Essen aufgetragen wird, dürfen die Jüngeren nicht nach dem Teller greifen, sondern warten, bis ein Älterer ihnen eine Portion vorsetzt. Sie bleiben unverheiratet, bis eine neue Schar junger Leute da ist, um ihre Stelle einzunehmen. Die Eltern geben ihren Söhnen Bedienung mit, die für sie Lebensmittel in Gärten anbaut, und schicken Monina Elfenbein, damit er für ihre Kleidung Sorge trage. Wenn die Burschen in das Dorf ihrer Eltern zurückkehren, wird ihnen ein Rechtsfall zur Entscheidung vorgelegt, und wenn sie gehörig darüber sprechen, so freuen sich die Eltern außerordentlich.

Als wir Monina sagten, wir könnten ihm nichts weiter bieten als ein Paar Schuhe, so entgegnete er, er brauche nichts derartiges, er habe absolute Macht über das Land vor uns, und wenn er uns nicht weiterlassen wollte, so könnte ihn niemand zwingen. Als sein kleiner Knabe Boromo zu unserem Lager kam, um uns zu sehen, gab ich ihm ein Messer; er ging und brachte ein Gefäß mit Honig dafür. Bald darauf kam sein Vater, und ich bot ihm ein Hemd an. Er sagte zu seinen Ratgebern: »Es ist offenbar, daß dieser Mann nichts hat; denn hätte er etwas, so würden seine Leute Lebensmittel kaufen, aber wir sehen nicht, daß sie es tun.« Seine Ratgeber stimmten ihm nicht bei. Sie glaubten bestimmt, wir hätten Waren bei uns, aber hielten sie verborgen, und es tat uns weh, daß man uns in so schlechtem Verdacht hatte. Wahrscheinlich fand auf ihre Veranlassung am Abend ein Kriegstanz statt, um uns zu schrecken und zu zwingen, unsere Geschenke auszupacken. Einige von Moninas jungen Leuten hatten Flinten; die meisten waren aber mit Bogen, Pfeilen und Speeren bewaffnet. Sie trommelten fürchterlich und schossen von Zeit zu Zeit eine Flinte los. Da man diesen Tanz nur dann aufführt, wenn man einen Angriff beabsichtigt, so erwarteten meine Leute nichts Geringeres. Wir setzten uns hin und schauten ihnen eine Zeitlang zu, und als es dunkel wurde, legten wir uns nieder, alle bereit, sie gehörig zu empfangen. Aber ein oder zwei Stunden nach Eintritt der Dunkelheit hörte der Tanz auf, und als wir niemand herankommen sahen, schliefen wir ein.

Nachdem wir das Dorf verlassen, gingen wir im Bett eines versandeten Flusses, Tangwe genannt, weiter. Solcher Sand ermüdet wie Schnee. Das Land ist flach und mit niedrigen Bäumen bedeckt, doch sahen wir Hügel in der Ferne. Etwas südlich sind die Hügel von Lobole. Dieses Land wird viel von Löwen heimgesucht, und niemals gehen Menschen allein weit in den Wald. Als ich einmal mittags beiseite und unter Gras, das etwas größer als ich selbst war, hinging, sprang ein Tier auf, das gewiß keine Antilope war.

Nach einigen Stunden erreichten wir das Dorf Nyakobas. Zwei Männer, die uns von Monina bis zu Nyakoba begleitet hatten, wollten uns nicht glauben, daß wir keine Perlen hätten. Aber als ich die Schachteln öffnete und ihnen zeigte, daß alles, was ich hatte, für sie nutzlos war, so waren sie mit einigen Perlen Sekwebus zufrieden, und ich versprach ihnen, von Tete 4 Ellen Kalik zu schicken. Nachdem wir Moninas Dorf verlassen hatten, kam ein Zauberdoktor, nach dem man geschickt hatte, und alle Weiber Moninas gingen aufs Feld und fasteten. Hier müssen sie den Aufguß einer Pflanze trinken, die man Goho nennt. Es ist dies eine Art Gottesurteil. Die Zeremonie heißt Muavi und wird auf folgende Weise vollzogen. Hat ein Mann eine seiner Frauen im Verdacht, ihn behext zu haben, so läßt er den Zauberdoktor kommen; alle Weiber gehen aufs Feld und fasten, bis der Doktor den Trank fertig hat. Dann trinken alle, wobei jede zum Zeichen der Unschuld die Hand zum Himmel erhebt. Diejenigen, die den Trank wieder ausbrechen, werden für unschuldig angesehen, während diejenigen, welche davon purgieren, für schuldig erklärt und verbrannt werden. Die Unschuldigen kehren nach Hause zurück und schlachten den Schutzgeistern aus Dankbarkeit einen Hahn. Gottesurteile sind bei allen Negerstämmen nördlich vom Zambesi üblich. Dieses summarische Verfahren setzte mich sehr in Erstaunen; denn mein Umgang mit den Eingeborenen hatte mich zu der Ansicht gebracht, daß die Weiber hier so hoch geachtet werden, daß die Männer es nicht wagen würden, sich auf diese Weise ihrer zu entledigen. Man erklärte es mir folgendermaßen. Bei dem geringsten Verdacht wünschen sie die Untersuchung; sie sind sich ihrer Unschuld bewußt und glauben fest, daß die Zeremonie Muavi allein ihre Schuld aufdecken kann; daher gehen alle willig und selbst mit Begier, den Goho zu trinken. In Angola zeigte man mir einen Halbkasten, einen der größten Kaufleute in Londa; seine Mutter, die vollständig frei war, ging auf eigenen Antrieb den weiten Weg von Angola nach Cassange, um sich dem Gottesurteil zu unterwerfen, da ihr Sohn keinen Einspruch tat. Dieselbe Sitte herrschte bei den Barotse, Baschubia und Batoka, wenn auch mit geringen Abweichungen. Die Barotse zum Beispiel geben die Medizin einem Hahn oder einem Hund und urteilen über die Schuld oder Unschuld der angeklagten Person danach, ob das Tier bricht oder purgiert. Ich erzählte meinen Leuten die Hexenprobe, wie sie früher in Schottland üblich war. Die vermeintlichen Hexen wurden an Händen und Füßen gebunden und in einen Teich geworfen; schwammen sie, so wurden sie für schuldig erklärt und verbrannt; sanken sie unter und ertranken, so waren sie unschuldig. Sie wunderten sich über die Ansichten meiner Vorfahren ebenso, wie ich mich über die ihrigen wunderte.

Der Mann, den Nyakoba zu unserem Führer bestimmt hatte, erschien und verlangte für seine Dienste eine Hacke. Ich hatte nichts einzuwenden und zeigte sie ihm; er war erfreut darüber und ging, um sie seiner Frau zu zeigen. Bald darauf kehrte er zurück und sagte, er wolle zwar gern mit uns gehen, aber seine Frau ließe es nicht zu. Da sagte ich: »Bringe die Hacke wieder.« Er antwortete: »Ich brauche sie.« »Nun gut, komm mit, und du sollst sie behalten.« »Aber meine Frau läßt mich nicht.« Da fragte ich meine Leute: »Habt ihr je von einem solchen Narren gehört?« Sie antworteten: »O ja, das ist hier Landessitte, die Weiber haben das Regiment.« Und Sekwebu sagte mir, er wäre in das Haus jenes Mannes gegangen und hätte gehört, wie er zu seiner Frau sagte: »Denkst du denn, ich werde dich je verlassen?«, und sich zu Sekwebu wendend, habe er gesagt: »Denkst du denn, ich kann diese hübsche Frau verlassen? Ist sie nicht hübsch?« Sekwebu hatte weitere Forschungen unter dem Volk angestellt und gefunden, daß die Weiber wirklich viel Einfluß hatten. Wir fragten den Führer, den wir endlich von Nyakoba bekamen, einen verständigen jungen Mann, der fast wie ein Araber aussah; er bestätigte, was wir gehört hatten. Wenn ein junger Mann Neigung für ein Mädchen aus einem anderen Dorfe faßt und die Eltern nichts gegen die Heirat einzuwenden haben, so muß er kommen und in ihrem Dorf leben. Hier muß er der Schwiegermutter allerlei Dienste erweisen, zum Beispiel sie immer mit Brennholz versorgen, und in ihrer Gegenwart darf er nur kniend erscheinen, denn er würde die alte Dame beleidigen, wenn er die Füße gegen sie ausstreckte. Hat er es satt, in so untertänigen Verhältnissen zu leben, und wünscht zu seiner Familie zurückzukehren, so muß er seine Kinder zurücklassen, sie gehören der Frau. Es ist dies eben nur eine strengere Handhabung des Gesetzes, das aus der Sitte hervorgeht, welche in Afrika weit verbreitet ist, nämlich die Sitte, die Weiber zu kaufen. Virtuell ist es dasselbe, wenn es auch nicht immer in diesem Lichte erscheint. Man gibt eine Anzahl Rinder oder Ziegen den Eltern des Mädchens, damit sie sie »aufgeben«, das heißt allen Ansprüchen auf ihre Nachkommenschaft entsagen und ihre und ihrer Kinder Verpflanzung in eine andere Familie erlauben. Wenn nichts gegeben wird, kann die Familie des Mädchens die Kinder als einen Teil ihrer selbst beanspruchen; die Bezahlung löst dieses Band. Meine Leute erregten die Bewunderung der Bambiri, welche sie wegen ihres Mutes auf der Elefantenjagd für einen höheren Menschenschlag hielten und sie unter den angegebenen Bedingungen zu Schwiegersöhnen wünschten; aber keiner ließ sich verlocken.

Wir kamen mit Nyakoba besser aus, als wir erwarteten. Er war ganz altersschwach und mußte sich füttern lassen. Ich zeigte dem Boten, daß wir nichts zu geben hatten. Nyakoba war ärgerlich, daß er uns nicht glaubte, und schickte uns sogleich einen Korb mit Mais und einen Korb mit Korn, mit der Versicherung, er glaube meinen Worten und wolle Leute mit mir nach Tete schicken, die mich in kein anderes Dorf bringen sollten.

Wir passierten mehrere Dörfer auf Umwegen durch den Wald. Wir fanden die Reste eines Löwen, den ein Büffel getötet hatte, und die Hörner einer scharzen Antilope (Putokwane), der schönsten, die ich je gesehen, die durch einen Löwen ihren Tod gefunden hatte. Die ganze Nacht hindurch wurde in einem Dorf, in dessen Nähe wir schliefen, getrommelt; es mußte also dort jemand gestorben sein. Wenn ein Häuptling stirbt, so muß ein Händler es sich gefallen lassen, ausgeraubt zu werden, denn bis zur Wahl eines neuen Häuptlings hält sich das Volk für gesetzlos. Wir setzten unseren krummen Weg fort, um den Häuptling Katolosa zu vermeiden, der von denen, welche in seine Hände fallen, große Summen erhebt. Einer unserer Führer war ein großer junger Mann, das wahre Abbild des Arabers Ben-Habib. Sie trugen getrocknetes Büffelfleisch auf den Markt nach Tetge, eine Privatspekulation.

Wir waren so ziemlich glücklich in Vermeidung der Dörfer und schliefen eine Nacht am Hügel Zimika. Hier sahen wir zum ersten Male Hügel mit kahlen, glatten, felsigen Gipfeln und kamen über breite Gänge von Gneis und Syenit-Porphyr. Da wir jetzt nahe bei Tete waren, so gratulierten wir uns schon, daß wir diejenigen vermieden hatten, die uns geplagt haben würden; aber am nächsten Morgen sahen uns einige Leute und sagten es in den benachbarten Dörfern. Sogleich verfolgte uns ein Trupp Leute, und da sie wußten, daß wir im Bereich Katolasas (Monomotapas) waren, so drohten sie, es diesem Häuptling zu melden, daß wir ohne Erlaubnis das Land passierten. Wir mußten ihnen zwei kleine Elefantenzähne geben, denn wenn sie Katolosa etwas gesagt hätten, so hätten wir wahrscheinlich alles hergeben müssen. Hierauf kamen wir durch ein sehr rauhes, steiniges Land ohne allen Weg. Da ich am 2. März abends sehr ermüdet war, so blieb ich etwa 8 Meilen von Tete, Tete oder Nyungwe. Meine Leute forderte ich auf weiterzugehen; ich war aber zu müde und schickte die Empfehlungsbriefe vom Bischof in Angola und anderen an den Kommandanten. Dann legte ich mich ruhig nieder. Da unsere Lebensmittel erschöpft waren, hatten sich meine Leute eine Zeitlang von Wurzeln und Honig ernähren müssen. Etwa um zwei Uhr morgens am 3. März wurden wir von zwei Offizieren und einer Compagnie Soldaten geweckt, welche mit dem nötigen Material zu einem »Zivilisierten« Frühstück und mit einem Mascheela gekommen waren, um mich nach Tete zu bringen. (Das Haus des Kommandanten lag unter 16° 9' 3" südlicher Breite, 33° 28' östlicher Länge.) Meine Gefährten glaubten Gefangene zu sein und riefen mich ängstlich herbei. Nachdem ich ihnen das Mißverständnis aufgeklärt und gut gefrühstückt hatte, war alle meine Müdigkeit dahin, obwohl ich vorher so ermattet gewesen war, daß ich nicht einschlafen konnte. Es war das erfrischendste Frühstück, das ich je genossen, und ich ging die letzten 8 Meilen, ohne die mindeste Müdigkeit zu verspüren.

Ich wurde von dem Kommandanten Tito Augusto d'Araujo Sicard aufs gütigste empfangen; er tat alles, was in seiner Macht stand, damit ich wieder zu Kräften kommen konnte, und da jetzt in Kilimane noch die ungesunde Periode herrschte, so riet er mir, bis zum nächsten Monat bei ihm zu bleiben. Auch beschenkte er meine Leute mit einem reichlichen Vorrat an Hirse.

Das Dorf Tete ist auf einem langen Abhang nach dem Fluß zu erbaut, das Fort nahe am Wasser. Der Felsen darunter ist grauer Sandstein und sieht wie vom Fluß zerdrückt aus; die Schichten sind daher faltig und zerknittert. Der Raum zwischen jeder Falte bildet eine Straße; auf den Vorsprüngen stehen die Häuser. Die Felsen auf der Spitze des Abhangs sind viel höher als das Fort und beherrschen es daher vollständig. Hier liegt ein großes Tal und jenseits desselben der längliche abgerundete Hügel Karueira. Das ganze angrenzende Land ist felsig und zerklüftet, aber jedes irgend nutzbare Fleckchen ist angebaut. Die steinernen Häuser in Tete sind mit Schlamm statt Mörtel gebaut und mit Rohr und Gras gedeckt. Da der Regen den Schlamm zwischen den Steinen weggewaschen hat, sehen alle Häuser rauh und unsauber aus. Erst bei Mozambique findet sich Kalk; der bei einzelnen Veranden verwendete Kalk ist von dorther gebracht worden. Es gibt hier etwa dreißig europäische Häuser; die übrigen gehören Eingeborenen und sind aus Zweigen und Lehm gebaut. Eine etwa 10 Fuß hohe Mauer umgibt das Dorf, doch wohnen die Eingeborenen lieber außerhalb desselben. Im ganzen sind es etwa zwölfhundert Hütten, welche mit den europäischen Haushaltungen zusammen eine Bevölkerung von ungefähr viertausendfünfhundert Seelen ergeben. Doch wohnt nur ein kleiner Teil von dieser in Tete selbst, der größere Teil beschäftigt sich mit Ackerbau in der Umgegend. Im allgemeinen trafen wir nicht mehr als zweitausend Menschen; denn mit seiner Vergangenheit verglichen ist Tete jetzt eine Ruine. Die Zahl der Portugiesen ist sehr gering; das Militär abgerechnet noch nicht zwanzig Menschen. Doch wurden vor kurzem hundertfünf Soldaten von Portugal nach Senna geschickt, wo in einem Jahr fünfundzwanzig vom Fieber hingerafft wurden. Daher versetzte man sie von dort nach Tete, wo sie sich besserer Gesundheit erfreuen, obwohl man sich auch hiervon keine zu großen Hoffnungen machen darf, weil sie sich dem Trunke der reichlich aus verschiedenen Pflanzen, wilden Früchten und Korn gewonnenen Spirituosen ergeben und außerdem die Kost der Eingeborenen sehr ungesund ist.

Das Fort von Tete ist die Rettung der portugiesischen Macht in dieser Gegend gewesen. Es ist ein kleines viereckiges Gebäude mit einem strohgedeckten Nebengebäude für die Truppen; und obwohl es nur wenige Geschütze gibt, so befinden sie sich doch in weit besserem Zustand als in den Forts im Innern von Angola. Die Ursache des Verfalls der portugiesischen Macht hier ist einfach folgende. In früheren Zeiten wurden bedeutende Quantitäten Getreide, wie Weizen, Hirse und Mais, sodann Kaffee, Zucker, Öl und Indigo, außerdem Goldstaub und Elfenbein ausgeführt. Der Getreideanbau wurde von Sklaven besorgt, deren die Portugiesen in großer Anzahl besaßen. Der Goldstaub wurde durch Waschen an verschiedenen Orten nördlich, südlich und westlich von Tete gewonnen. Ein Kaufmann nahm alle seine Sklaven mit nach der Wäscherei, und außerdem so viel Kaliko und andere Waren, als er nur auftreiben konnte. An der Wäscherei angekommen, machte er dem Häuptling Geschenke von etwa einem Pfund Sterling an Wert. Dann wurden die Sklaven verteilt und jede Abteilung einem zuverlässigen Diener anvertraut, der nicht nur die Oberaufsicht über das Waschen führte, sondern auch Staub von den Eingeborenen kaufte und wöchentlich seinem Herrn Rechenschaft darüber ablegte. Vereinigten sich mehrere Herrn an einem Ort, so nannte man dies eine Bara; man errichtete eine Kirche auf Zeit, in welcher ein Priester von der Mission die Messe las. Der Häuptling und seine Untertanen waren mit diesem Besuch sehr zufrieden, weil die Händler für die mitgebrachten Waren ihnen die Lebensmittel für die Sklaven abkauften. Die Arbeit wurde so lange fortgesetzt, bis alle Güter verkauft waren, und so gewann man jährlich ungefähr hundertdreißig Pfund Gold. Wahrscheinlich belief sich der Ertrag auf mehr, aber da es sich leicht verbergen ließ, brachte man der Behörde eben nicht mehr als dieses Quantum. Jetzt beläuft sich der ganze Erwerb an Gold durch die Portugiesen nur etwa auf acht bis zehn Pfund. Als der Sklavenhandel begann, schien er vielen Kaufleuten eine bessere Quelle zu sein, um schnell reich zu werden, als das langsam vor sich gehende Goldwaschen und der Ackerbau, und sie setzten die Sklavenausfuhr so lange fort, bis sie keine Käufer mehr zur Arbeit und Verteidigung hatten. Es war ganz und gar die Geschichte von der Gans und dem goldenen Ei. Die Kaffee- und Zuckerplantagen und die Goldwäschereien wurden verlassen, weil die Arbeitskräfte nach Brasilien geschafft worden waren. Viele Portugiesen folgten ihren Sklaven nach, und die Regierung mußte ein Gesetz erlassen, um ferneren Auswanderungen zu steuern, da diese mit der Zeit die gesamten portugiesischen Besitzungen entvölkert haben würden. Jetzt erbaute ein gescheiter Mann von asiatischer und portugiesischer Herkunft (er was aus Goa), mit Namen Nyande, ein Etablissement am Zusammenfluß des Luenya und Zambesi, und als der Kommandant von Tete einen Offizier mit seiner Compagnie abschickte, ihn zu holen, bat Nyaude den Offizier um die Erlaubnis, sich ankleiden zu dürfen. Dies wurde ihm gewährt, er zog sich in sein Zimmer zurück, und der Offizier hieß seine Mannschaft die Gewehre zusammenstellen. Da wurde die Kriegstrommel geschlagen, ein den Einwohnern wohlbekanntes Signal. Die Soldaten erschraken, als sie dies hörten, der Offizier mißachtete diese Warnung, und nach wenigen Minuten war er mit seinen Leuten entwaffnet und an Händen und Füßen gebunden. Hierauf bewaffnete der Kommandant von Tete alle seine Sklaven und zog gegen Nyaude; aber als sie schon nahe herangekommen waren, mußten sie den Luenya noch überschreiten. Da dies nicht schnell geschah, so schickte Nyaude eine starke Abteilung und seinen Sohn Bonga unterhalb seiner Niederlassung über den Fluß und auf das linke Ufer des Zambesi bis nach Tete. Sie griffen Tete an, das nur von wenigen Soldaten im Fort verteidigt wurde, plünderten und verbrannten die ganze Stadt mit Ausnahme des Hauses des Kommandanten und einiger anderer sowie der Kirche und des Forts. Weiber und Kinder flohen in die Kirche, und es ist eigentümlich, daß die Eingeborenen in dieser Gegend nie eine Kirche angreifen. Nachdem Bonga Tete in einen Schutthaufen verwandelt hatte, nahm er alles Vieh und sonstigen Raub mit fort zu seinem Vater. Als das Heer diese Nachricht bekam, liefen alle in einem panischen Schrecken davon, und da sie ihre Flucht auf Umwegen bewerkstelligten, schickte Katolosa, der sich bisher freundlich gegen sie gezeigt hatte, seine Leute aus, um so viele wie möglich wegzufangen. Viele wurden um ihrer Waffen willen getötet. So erzählten mir Eingeborene und Portugiesen den Hergang der Sache.

Ein anderer Halbkaste aus Macao, Kisaka oder Tschoutama, empörte sich am anderen Flußufer. Nachdem sein Vater gestorben war, glaubte er, er sei von den Portugiesen behext worden; deshalb plünderte und verbrannte er alle Plantagen der reichen Kaufleute von Tete am nördlichen Ufer. Wie ich schon oben bemerkte, ist dieses Ufer sehr fruchtbar, und dort hatten die Portugiesen ihre Villen und Pflanzungen, die sie täglich von Tete aus besuchten. Nachdem er diese zerstört hatte, waren die Bewohner von Tete vollständig verarmt. Man machte einen Versuch, den Rebellen zu strafen, doch ohne Erfolg, und er ist später von der Regierung des Mutterlandes begnadigt worden. Ein Punkt in dieser Erzählung ist von Interesse. Sie kamen in so große Zuckerplantagen, daß viertausend Mann zwei Tage lang aßen und doch nicht fertig wurden. Die Portugiesen standen so zwischen zwei Feinden, Nyaude auf dem rechten, Kisaka auf dem linken Flußufer, und da Nyaude seine Niederlassung auf dem Stück Land am rechten Ufer des Luenya und Zambesi angelegt hatte, so hinderte er den Verkehr mit dem Meere. Der Luenya ergießt sich mit großer Kraft in den Zambesi, wenn der letztere niedrig ist, und Kähne, welche den Zambesi aufwärts gehen, müssen diesen und den Luenya besonders kreuzen und selbst ein Stück auf dem letzteren hinauffahren, um nicht vom Strom in dem Zambesi fortgerissen und an den Felsen am anderen Ufer zerschmettert zu werden. Wenn nun die Boote und Kähne den Luenya hinauffuhren, kamen sie dem Nyaude so nahe, daß sie beraubt wurden. Nyaude hielt die Portugiesen zwei Jahre lang im Fort von Tete eingeschlossen, und sie konnten nur dadurch Lebensmittel bekommen, daß sie längs des nördlichen Zambesi-Ufers nach Kilimane schickten. Das Mutterland bezahlte in diesem Krieg die Rechnungen nicht; so wurde niemand reich, und die Missionare traf kein Tadel.

Die Kaufleute konnten sich nicht mehr mit Handel befassen, und der Verkehr stockte. Der jetzige Kommandant von Tete, Major Sicard, welcher vermöge seines guten Charakters vielen Einfluß bei den Eingeborenen hat, machte dem Krieg mehrmals durch sein bloßes Erscheinen ein Ende. Wir hörten bei den Bauyai, daß er ein

Mann sei, mit dem sie nie fechten würden, denn er habe ein gutes Herz. Wäre ich 1853 hierhergekommen, statt nach Loanda zu gehen, so würde ich mitten in die Kriegswut hineingeraten und vielleicht ums Leben gekommen sein. Jetzt kam ich an, als eben Frieden geschlossen worden war; und als die portugiesische Behörde durch Lord Clarendon und den Grafen de Lavradio davon in Kenntnis gesetzt worden war, daß ich hier erwartet würde, so erklärte sie, der gegenwärtige Stand der Dinge sei der Art, daß kein Europäer die Stämme passieren könne. Endlich kamen einige Eingeborene stromabwärts nach Tete und sagten, mit Anspielung auf den Sextanten und den künstlichen Horizont, der Sohn Gottes sei gekommen, er könne die Sonne vom Himmel herunter und unter den Arm nehmen. Major Sicard vermutete, es sei dies der Mann, von dem die Depesche Lord Clarendons sprach.

Am Tag meiner Ankunft wurde ich von allen Vornehmen des Ortes besucht, von Weißen und Farbigen, den Pater mit inbegriffen. Keiner von ihnen hatte eine Idee davon, wo die Quelle des Zambesi lag. Sie sandten nach den Eingeborenen, die am weitesten gereist waren, aber keiner von ihnen kannte den Fluß nur bis Kansala. Der Vater eines der Rebellen, die gegen sie gefochten hatten, war weit nach Südwest gereist und hatte auch von unserem Besuch am Ngami-See gehört; aber er wußte so wenig wie die anderen, daß der Zambesi im Zentrum des Landes fließt.

Während unseres Aufenthalts in Tete stattete der Sohn Monomotapas dem Kommandanten einen Besuch ab. Er heißt Mozungo, das heißt weißer Mann, hat einen schmalen, spitz zulaufenden Kopf und wahrscheinlich nicht die Geschicklichkeit und Energie seines Vaters. Er war der Liebling seines Vaters, welcher hoffte, daß er seine Stelle einnehmen werde. Eine mächtige Partei im Stamme setzte jedoch Katalosa in die Häuptlingsstelle ein, und der Sohn wurde, wie man sich ausdrückt, ein Kind dieses Mannes. Den Portugiesen sind wiederholt Ländergebiete angeboten worden, wenn sie nur das Grabmal des verstorbenen Häuptlings mit Truppen umgeben, über das Grab schießen und die Anstellung des neuen Häuptlings mit dem nötigen Pomp begleiten wollten. Ihre Anwesenheit würde gewiß auf die Wahl Einfluß haben, denn viele würden sich auf die Seite der Macht stellen, und ein Kandidat würde mit Vergnügen ein Stück Land hergeben, wenn er sich nur dadurch die Häuptlingswürde sichern könnte. Wollen die portugiesischen Händler das Land jenseits Katalosa besuchen, so schenken sie ihm etwa 32 Ellen Kaliko und einige andere Dinge; dann gibt er ihnen die Erlaubnis, in jede beliebige Richtung zu reisen. Doch mußten sie außerdem auch noch eine Menge kleiner Häuptlinge beschenken und sich nach den Wildgesetzen richten. Sie haben also eine Anzahl »exklusiver« Stämme um sich, welche den Verkehr zwischen ihm und der jenseits wohnenden Bevölkerung verhindern. Es ist sonderbar, daß sie, als es in ihrer Macht stand, nicht auf freier Fahrt auf dem Zambesi bestanden. Ich kann es mir nicht anders erklären als eine ähnliche Erscheinung im Westen. Alle Händler waren in den Händen der Sklaven, und es fehlte ihnen der moralische Mut, den nur ein freier Mann mit freien Dienern, auf die er sich verlassen kann, haben kann. Wären die Engländer hier gewesen, so würden sie auf der freieren Schiffahrt als einer Hauptbedingung des freundschaftlichen Verhältnisses bestanden haben.

Am 1. April besuchte ich die Stelle einer früheren Jesuitenniederlassung, Micombo genannt, etwa 10 Meilen südöstlich von Tete. Wie bei allen ihren Etablissements, die ich gesehen, haben sie es nicht an Urteil und Geschmack bei der Wahl des Ortes fehlen lassen. Ein kleiner Strom mineralischen Wassers wurde in einer Zisterne gesammelt und in ihr Haus geleitet, vor dem sich ein kleiner Garten befand, um zu der Zeit, wo kein Regen fällt, Vegetabilien zu ziehen. Jetzt ist das Gebäude in einem dichten schattigen Hain von Mangobäumen begraben. Ich wurde vom Capitain Nunes begleitet, dessen Großvater, ebenfalls Capitain zur Zeit des Marquis von Pombal, versiegelte Depeschen empfing, die erst an einem bestimmten Tage geöffnet werden sollten. Als dieser Tag kam, lautete der Befehl, er solle mit seiner Compagnie marschieren, alle Jesuiten ergreifen und als Gefangene nach der Küste transportieren. Die Reichtümer der Brüderschaft, welche ganz ungeheuer waren, nahm der Staat in Besitz. Große Quantitäten Gold hatten sie, in Bildern verschlossen, oft an ihre Vorgesetzten in Goa geschickt. Die Jesuiten scheinen hier nicht die Sympathie in gleicher Weise für sich gehabt zu haben wie ihre Brüder in Angola. Sie waren unternehmende Händler mit Elfenbein und Goldstaub. Jedermann lobt ihre Gewerbstätigkeit. Was sie auch taten, das ergriffen sie mit aller Macht, und wahrscheinlich mochten sie dadurch, daß sie den hauptsächlichsten Handel für sich in Beschlag nahmen, den Neid der nichtgeistlichen Bevölkerung erregt haben.

Am 2. April stieg der Zambesi plötzlich wieder mehrere Fuß. Drei solcher Fluten erwartet man jährlich, aber dieses Jahr waren es vier. Die letzte war von Trübung des Wassers begleitet und mußte durch einen heftigen Regenfall östlich vom Höhenzug entstanden sein. Wir hatten eine Flut getrübten Wassers beobachtet, als wir den Kafue erreichten; dann fiel er 2 Fuß, und infolge mehrerer aufeinander folgender Regengüsse stieg. er so hoch, daß wir ihn den Pinkwe-Bergen gegenüber verlassen mußten. Etwa am 10. März stieg der Fluß mehrere Fuß bei verhältnismäßig klarem Wasser und fuhr fort zu steigen bis zum 21. mit geringer Trübung. Dieses allmähliche Steigen war das höchste und wahrscheinlich durch Überschwemmungen im Innern veranlaßt. Das plötzliche Steigen am 2. April bei tiefer Trübung wies wieder auf Regen in verhältnismäßig geringer Entfernung hin.

Nachdem ich einen Monat auf den Beginn der gesunden Jahreszeit in Kilimane gewartet hatte, wäre ich gern Anfang April aufgebrochen, doch zögerte ich noch einige Tage, bis der Mond schien, um stromabwärts einige astronomische Beobachtungen anstellen zu können. Am 4. April trat mit dem Neumond plötzlicher Temperaturwechsel ein, und der Kommandant, ich und fast alle Bewohner seines Hauses wurden von heftigem Fieber befallen. Ich erholte mich bald nach Anwendung meiner gewöhnlichen Mittel, aber Major Sicard und sein kleiner Knabe brachten viel länger zu. Von Mitte März an fand eine allgemeine Abnahme der Temperatur um 4° statt (9 Uhr am Vormittag 84°, 9 Uhr abends 87°); die größte Hitze um Mittag war 90°, die niedrigste bei Sonnenaufgang 81°. Es war mir ein Vergnügen, die Kranken pflegen zu können, obwohl ich nicht den zehnten Teil der dem Kommandanten schuldigen Dankbarkeit abtragen konnte. Mein Chinin und die übrigen Mittel waren fast ganz erschöpft und frische Mittel hier nicht zu finden, da es keine Ärzte in Tete und nur eine Feldapotheke für die Truppen gibt, deren Vorräte gering sind. Die Portugiesen sagten mir indes, es wüchsen Chinarindenbäume (Cinchona) bei ihnen, in geringerer Anzahl in Tete, ganze Wälder bei Senna und nahe am Delta von Kilimane. Man sieht das Walten der Vorsehung darin, daß das

Heilmittel gegen das Fieber in größter Menge sich dort findet, wo man seiner am meisten bedarf.

Als sich mein Freund, der Kommandant, wieder erholt hatte und ich mich wieder stark fühlte, bereitete ich mich zur Reise auf dem Zambesi stromabwärts vor. Eine Anzahl meiner Leute waren auf der Elefantenjagd, andere trieben flotten Handel mit Brennholz, wie ihre Landsleute in Loanda. Ich wählte sechzehn von ihnen aus, die mit Kähnen umzugehen wußten. Es würden viel mehr mitgekommen sein, aber wir erfuhren, daß, weil der Regen nicht zu rechter Zeit eingetreten, die Ernte bei Kilimane ausgeblieben sei und Tausende verhungert seien. Ich hörte nicht, daß man den Versuch gemacht habe, zur Erleichterung der Not Lebensmittel auf dem Zambesi hinzuschaffen. Es waren ja meistens nur Sklaven, die umkamen, und andere schienen zu denken, ihre Herren könnten es ja bezahlen. Am schlimmsten war es auf dem den Portugiesen gehörenden Delta. Die dort Wohnenden sind gewissermaßen Sklaven, werden aber auf Landgütern beschäftigt und mild behandelt. Einzelne geben ihren Herren nur ein gewisses Quantum Korn und sind im übrigen frei. Achttausend sollen umgekommen sein. Major Sicard lieh mir ein Boot, das am Fluß gebaut worden war, und gab mir den Lieutenant Miranda als Begleiter bis an die Küste mit.

Eine portugiesische Dame, welche mit ihrem Bruder von Lissabon gekommen war, bekam ein heftiges Fieber, das mehrere Tage anhielt. Sie starb am 20. April um 3 Uhr morgens. Da bis 6 Uhr die Wärme ihres Körpers dieselbe blieb, wurde ich herbeigerufen und fand, daß ihre Brust noch ebenso warm war wie bei einer noch lebenden Fieberkranken. Dieser Zustand hielt noch drei Stunden an. Da ich einen solchen Fall noch nicht erlebt hatte, verbot ich das Begräbnis, bis untrügliche Zeichen der Auflösung eintreten würden. Sie war Witwe, erst zweiundzwanzig Jahre alt, sie hatte zehn Jahre in Afrika gelebt. Ich wohnte am Abend dem Leichenbegräbnis bei und wunderte mich über die Sitten des Landes. Eine Anzahl Sklaven gingen voraus und gaben Salve um Salve. Wenn eine bei der Bevölkerung beliebte Persönlichkeit begraben wird, so schicken alle umwohnenden Häuptlinge Deputationen, welche über das Grab schießen. In Tete wurden bei einer Gelegenheit mehr als dreißig Pfund Pulver verschossen. Früh am Morgen am 21. April zogen die Sklaven des Bruders der verstorbenen Dame um das Dorf herum und klagten, und den ganzen Tag wurde getrommelt, wie wir es bei den Heiden bei solchen Veranlassungen gesehen haben.

Der Kommandant sorgte reichlich für die Reise, gab dem Lieutenant Miranda Befehl, daß ich auf dem ganzen Wege nach der Küste nichts bezahlen sollte, und schickte Botschafter an seine Freunde, die Herren Ferrao, Isidore, Asevedo und Nunes, mich so zu behandeln, als wenn er selbst es wäre. Jeder dieser Herren bewies mir die uneigennützigste Güte, und ich werde die portugiesische Gastfreundschaft jederzeit zu preisen wissen. Ich habe jeden einzelnen Beweis ihrer Höflichkeit notiert, weil wir den portugiesischen Charakter immer etwas geringschätzend behandelt haben.

Wir verließen Tete am 22. April und kamen am Nachmittag an den Garten des Herrn A. Manoel de Gomes, des Schwiegersohnes und Neffen Bongas. Der Kommandant von Tete hatte einen Brief an den Rebellen Bonga gesandt und darin geschrieben, er solle mich gütig behandeln. Bonga ist seinem Vater Nyaude, welcher ein sehr gewandter Mann war, durchaus nicht ähnlich. Er steht auch bei den Portugiesen in schlechtem Rufe, weil er alle davongelaufenen Sklaven und Verbrecher aufnimmt. Er traut den Portugiesen nicht und soll sehr abergläubisch sein. In seinem Schwiegersohn fand ich einen außerordentlich freundlichen Mann, der auf sehr angenehme Weise zu unterhalten wußte. Er war in seinem Garten, als wir ankamen, kleidete sich aber sofort anständig an und setzte uns Tee und ein Mittagsbrot vor. Nachdem wir am nächsten Morgen Tee, Eier und Zwieback gefrühstückt hatten, schenkte er uns noch für die Reise sechs Hühner und drei Ziegen. Hierauf passierten wir die Besitzung Bongas an der Mündung des Luenya, gingen aber nicht näher hin, weil er sehr argwöhnisch sein soll. Die Portugiesen gaben mir den Rat, hier keine astronomischen Beobachtungen anzustellen, da die Instrumente bei Bonga Furcht erwecken könnten, aber Manoel sagte, ich sollte es immerhin tun; da indes sein Garten oberhalb des Zusammenflusses lag, konnte er mir nicht als Beobachtungspunkt dienen. In seiner Besitzung sind einige gute Häuser. Die Pallisaden, welche die Besitzung umgaben, schienen mir lebende Bäume zu sein und konnten nicht angezündet werden. Sonderbar, daß dieses Pfahlwerk den ganzen Handel auf dem Fluß an der Stelle bedrohte, wo die Geschütze eines Fahrzeugs das schönste Spiel hätten, während es freilich für bloße Musketen ein schweres

Unternehmen ist. Als Nyaude einmal von Kisaka angegriffen wurde, kämpfte er vier Wochen, und obwohl Nyaude seine Kupferringe für Kugeln hergeben mußte, konnten seine Feinde doch nicht in seine Besitzung eindringen.

Am 24. April fuhren wir nur etwa drei Stunden, wie am Tage vorher; als wir aber an eine kleine Insel am Westende der Schlucht von Lupata kamen, wo Dr. Lacerda seine astronomischen Beobachtungen angestellt haben soll und der Insel den Namen Mozambique gab, weil er glaubte, sie läge in derselben Breite (15° 1'), so wünschte ich seine Position zu berichtigen und blieb die Nacht hier; mein Berichterstatter mußte sich geirrt haben, denn ich fand die Lage der Insel 16° 34' 46" südlicher Breite, 33° 51' östlicher Länge.

Wir passierten die Schlucht in zwei Stunden und fanden sie ziemlich gewunden, und zwischen 200–300 Ellen breit. Der Fluß soll hier immer außerordentlich tief sein; es schien mir, als könnte ein Dampfer mit größter Eile durchfahren. Am östlichen Ende der Schlucht stehen zwei konische Hügel aus Porphyr mit großen viereckigen Kristallen. Diese Hügel heißen Moenda en Goma, d. h. Fußspur eines wilden Tieres. Ein anderer konischer Hügel am entgegengesetzten Ufer heißt Kasisi (Priester), weil er einen kahlen Gipfel hat. Wir fuhren schnell mit der Strömung des Flusses weiter und fanden, daß er mehr als 2 Meilen breit war; er ist aber voller Inseln, welche im allgemeinen mit Rohr bedeckt sind, vor dem Kriege bewohnt waren und viel Getreide hervorbrachten. Gewöhnlich landeten wir, um unser Frühstück zu kochen, und reisten dann schnell weiter. Am nächsten Tage landeten wir in Schiramba, um zu frühstücken, nachdem wir von Lupata aus achteinhalb Stunden gefahren waren. Es war dies einstmals die Residenz eines portugiesischen Brigadiers, der große Summen auf die Verschönerung seines Hauses und seiner Gärten verwandte; diese lagen jetzt in Ruinen, da sein Sohn, ein Halbkaste, sie ganz zerstört und dann gegen die Portugiesen sich empört hatte, doch mit geringerem Erfolg als Nyaude und Kisaka, denn er war kurze Zeit, ehe wir ankamen, als Gefangener nach Mozambique geschickt worden. Das ganze südliche Ufer ist von den Kaffern verheert worden, die man hier Landeens nennt, und die meisten der noch zurückgebliebenen Einwohner erkennen die Autorität Bongas, nicht die der Portugiesen an. Als wir frühstückten, fingen die Leute in Schiramba an die Kriegstrommel zu rühren. Lieutenant Miranda, der mit den Sitten des Landes wohl vertraut ist, sprang sogleich auf und rief alle unsere Soldaten unter die Waffen; dann fragte er die Eingeborenen, warum getrommelt würde, während wir hier seien. Sie antworteten ausweichend. Da sie aber auf diese Weise ihre Nachbarn herbeirufen, wenn sie Kähne zu berauben beabsichtigen, so mögen sie durch unsere Aufmerksamkeit von weiteren Schritten sich haben abhalten lassen.

Am 26. April verbrachten wir die Nacht auf der Insel Nkuesi, einem merkwürdigen, sattelartig gestalteten Berge gegenüber, und fanden, daß wir gerade unter dem 17. Breitengrad waren. Die Fahrt stromabwärts ist sehr schön; die Hitze nahm ab; aber da die Ufer flach und fern sind, so war die Szenerie uninteressant. Wir frühstückten am 27. April bei Pita, wo sich einige Halbkasten-Portugiesen niedergelassen hatten, nachdem sie vor Kisakas Leuten am jenseitigen Ufer geflohen waren, die jetzt das ganze Magania-Land verwüsteten. Am 27. April erreichten wir Senna (Kommandant Isidores Haus, 300 Ellen südwestlich vom Fort, am Ufer des Flusses, lag 17° 27' 1" südlicher Breite, 35° 10' östlicher Länge). Senna lag von Tete dreiundzwanzigeinhalb Stunden zu Wasser entfernt.

Ich hielt Tete schon für ein ganz erbärmliches Nest, aber Senna war noch zehnmal schlechter. In Tete ist einiges Leben; hier ist alles in Stockung und Verfall. Das Fort ist aus an der Sonne getrockneten Backsteinen gebaut; auf seinen Mauern, die zum Teil mit Pfahlwerk ausgebessert sind, wächst Gras. Die Landeens besuchen zu gewissen Zeiten das Dorf und erhalten Abgaben von den Einwohnern, da sie die Portugiesen als einen unterjochten Stamm ansehen. Sehr selten kommt ein Eingeborener hierher, um Handel zu treiben. Der Kommandant Isidore, ein energischer Mann, hatte den Vorschlag gemacht, das ganze Dorf zum Schutz gegen die Landeens mit Pallisaden zu umgeben, und die Einwohner begannen am Tag nach meiner Abreise die Arbeit. Es war traurig, jedes Gebäude in Verfall zu sehen, aber die Halbkasten scheinen mit den Rebellen und Landeens verbündet zu sein; denn wenn die Portugiesen den Versuch machen, den Feind einzuengen oder sich zu verteidigen, so wird es sogleich ins Lager der Landeens gemeldet, und obwohl der Kommandant es verbietet, den Landeens Tribut zu zahlen, so kaufen sich die Halbkasten doch schleunigst los, sobald sie sich sehen lassen. Während meiner Anwesenheit plünderte ein Trupp von

Kisakas Leuten das schöne Land am gegenüberliegenden Ufer. Sie kamen mit den Gefangenen, die sie gemacht hatten, und sogleich gingen die Leute von Senna zu ihnen hinüber, um Sklaven zu kaufen. Hierdurch ermutigt kamen Kisakas Leute vollständig bewaffnet und trommelnd nach Senna hinüber und wurden im Hause eines eingeborenen Portugiesen aufgenommen. Sie hatten das Dorf vollständig in ihrer Gewalt, obwohl ein halbes Dutzend Polizeimänner sie weggejagt haben würde. Der Kommandant sah dies mit großer Betrübnis. Er hatte zwar Soldaten, aber es ist notorisch bekannt, daß die eingeborene Miliz von Senna und Kilimane nie standhält und kämpft, sondern stets davonläuft und ihre Offiziere preisgibt. Sie sind nur unter friedlichen Einwohnern brav. Von Kilimane kam ein Soldat mit einem Paket Briefe an, als ich in Senna war. Es war ihm die größte Eile anempfohlen worden, aber Isidore war währenddem nach Kilimane gegangen, blieb dort vierzehn Tage und kam nach Senna zurück, ehe der Bote erschien. Er konnte ihn nicht strafen. Wir nahmen ihn in unser Boot auf, aber er verließ uns unterwegs, um seine Frau zu besuchen, und gab »wichtiger Privatgeschäfte wegen« wahrscheinlich seine Stelle ganz auf, denn solange ich in Kilimane war, kam er nicht dahin. Es ist unmöglich zu beschreiben, in welchen Verfall die portugiesischen Besitzungen geraten sind. Die Einnahmen sind den Ausgaben nicht gleich, und jeder Offizier, mit dem ich sprach, teilte mir dasselbe Klagelied mit, er habe in den letzten vier Jahren nicht einen Heller Sold bekommen. Sie sind sämtlich genötigt, Handel zu treiben, um ihre Familien ernähren zu können. Miranda war in den letzten vier Jahren wirklich zu Felde gegen den Feind gewesen und war in der Depesche des Kommandanten an die Regierung des Mutterlandes außerordentlich gelobt worden; aber als er vom Gouverneur von Kilimane seinen Sold für diese vier Jahre forderte, gab dieser ihm nur zwanzig Dollars. Miranda legte infolgedessen seine Stelle nieder. Die gemeinen Soldaten, welche von Portugal hierher geschickt wurden, empfingen ihren Sold in Kaliko. Sie heiraten eingeborene Frauen, und da der Boden sehr fruchtbar ist, so fällt es den Frauen nicht schwer, ihre Männer zu unterstützen. Direkter Handel mit Portugal besteht nicht. Eine beträchtliche Anzahl Banianen (Eingeborene aus Indien) kommen jährlich in kleinen Fahrzeugen mit englischen und indischen Waren aus Bombay. Es ist daher nicht zu verwundern, daß in den letzten Jahren spekulative Portugiesen in Lissabon den Versuch gemacht haben, den Handel Ostafrikas durch Handelscompagnien wieder zu beleben.

Am 9. Mai waren sechzehn meiner Leute damit beschäftigt, Waren für das Gouvernement in Kähnen nach Tete hinaufzuschaffen. Diese Arbeit machte ihnen viel Vergnügen. Am 11. begleitete uns die gesamte Bevölkerung von Senna nebst dem Kommandanten nach den Booten. Ein ehrwürdiger alter Mann, der Sohn eines Richters, sagte, ihre gesunkenen Verhältnisse und das freche Benehmen der Leute Kisakas, die jetzt im Dorf seien, mache ihm großen Kummer. Wir wurden vom Kommandanten und von Herrn Ferrão reichlich mit Lebensmitteln versehen und fuhren den breiten Strom hinunter. Etwa 30 Meilen unterhalb Senna passierten wir die Mündung des Flusses Zangwe zu unserer Rechten, der weiter oben den Namen Pungwe führt; und etwa 5 Meilen weiter zur Linken, nahe am Ausgang der Hügelreihe, in welcher der Morumbala endet, berührten wir die Mündung des Schire, der etwa 200 Ellen breit zu sein schien. Ein Stück landeinwärts von dem Vereinigungspunkt ist wieder ein mit Pfählen umzäuntes Besitztum eines anderen Rebellen, das der Fähnrich Rebeiro mit drei europäischen Soldaten angriff und einnahm; sie entwaffneten die Rebellen und warfen ihre Flinten ins Wasser. Dieser Fähnrich und Miranda boten sich freiwillig an, die Leute Kisakas zu vertreiben, welche die Bewohner von Senna tyrannisierten; aber man wies ihr Anerbieten zurück, da die wenigen wirklichen Portugiesen sich vor den treulosen Halbkasten, unter denen sie lebten, fürchteten. Sklaverei und Immoralität haben hier ihren Einfluß geltend gemacht; nirgends sonst wird der europäische Mann so geringgeachtet; aber was soll man auch erwarten? Nur wenige portugiesische Frauen werden in die Kolonien gebracht, und ich sah hier nicht, daß man sich seiner Nachkommenschaft so annahm wie in Angola. Den Sohn eines früheren Gouverneurs von Tete zeigte man mir in Sklavenkleidern. In Senna gibt es weder Priester noch Schule, nur Ruinen von Klöstern und Kirchen.

Wenige Meilen unterhalb Schire verließen wir die Hügel ganz und fuhren zwischen ausgedehnten Ebenen. Die in der Ferne sichtbaren Ufer sind mit Bäumen bedeckt. Wir schliefen auf einer großen bewohnten Insel und kamen an die Mündung des Flusses

Mutu (18° 3' 37" südlicher Breite, 35° 46' östlicher Länge); dieser Punkt heißt Mazaro, das heißt Mund des Mutu. Die nördlich davon wohnenden Völker heißen Baroro und ihr Land Bororo. Das ganze rechte Ufer ist den Landeens unterworfen, von denen wir erwarteten, sie würden eine Abgabe von uns verlangen, denn das tun sie gewöhnlich bei Fremden. Ich bedaure, daß wir nicht mit ihnen zusammentrafen, denn, obwohl sie Kaffern genannt werden, weiß ich doch nicht, ob sie zu den Zulu oder zu den Maschona gehören. Ich hätte gern ihre Bekanntschaft gemacht und erfahren, was sie von den Weißen denken. Von Sekwebu und von einem von Tschangameras Leuten, der in Linyanti lebte und bei dem Angriff auf Senna zugegen war, wußte ich, daß sie die Weißen als einen unterjochten Stamm ansehen.

In Mazaro wurde ich von einem heftigen Tertianfieber befallen, doch reise ich auf dem rechten Ufer des Mutu nordnordöstlich und östlich etwa 15 Meilen. Wir fanden dann, daß er durch den Fluß Pangazi, welcher von Norden her in ihn fließt, schiffbar wurde. Ein anderer Fluß, der aus derselben Richtung kommt, Luare genannt, führt ihm noch mehr Wasser zu; diese alle und endlich der Likuare machen erst den rechten Kilimane. Der Mutu bei Mazaro ist nur ein Verbindungsglied, wie man es oft in Afrika sieht, und sein höherer oder niederer Wasserstand hat auf den Kilimane gar keinen Einfluß. Das Wasser des Pangazi war mit dem des Zambesi verglichen ganz hell.

Mein Fieber wurde außerordentlich heftig, weil wir in der heißen Sonne reisten und das enge Gras den Weg so sehr einnam, daß die Luft keinen Zugang hatte. Der Pulsschlag war erstaunlich heftig, und es war immer, als wenn ich Stöße an den Kopf bekäme. Magen und Milz schwollen bedeutend an und gaben mir ein Ansehen, über das ich immer lachen mußte, wenn ich es bei Portugiesen bemerkte. In Interra trafen wir Herrn Asevedo, der allen bekannt ist, die Kilimane besuchen, und den die Admiralität für die Aufmerksamkeit, die er englischen Offizieren erwiesen, mit einer goldenen Chronometeruhr beschenkt hatte. Er bot mir sogleich sein großes Segelboot an, das ein Haus am Heck hatte. Dies war mir sehr angenehm, denn es lag mitten im Strom vor Anker und beschützte mich vor den Moskitos, die im ganzen Delta wahrhaft fürchterlich sind. Indem wir in diesem bequemen Boot auf dem Kilimane weiterfuhren, erreichten wir jenen Ort (17° 53' 8" südlicher Breite, 36° 40' östlicher Länge) am 20. Mai 1856. Am Tage zuvor waren es vier Jahre, daß ich Kapstadt verlassen hatte. Hier wurde ich im Hause des Obersten Galdino Jose Nunes, eines der besten Männer im ganzen Lande, aufgenommen. Drei Jahre lang hatte ich nichts von meiner Familie gehört; sie hatte oft an mich geschrieben, aber einen einzigen Brief ausgenommen, hatten sie mich nicht erreicht. Ich empfing jedoch einen Brief vom Admiral Trotter, der mir ihr Wohlbefinden meldete, und einige Zeitungen, die wirklich ein Genuß waren. Ihrer Majestät Brigg Frolic hatte im vorigen November nach mir fragen lassen, und Nolloth, der Kapitän derselben, hatte einige Weine sowie der Schiffsarzt Dr. Jas. Walsh aus Vorsorge eine Unze Chinin für mich zurückgelassen. Dies erfreute mich außerordentlich. Ich hatte auf meiner ganzen afrikanischen Reise nichts Geistiges getrunken; aber als ich ganz abgeschwächt nach Angola kam, tat mir ein wenig Wein sehr gute Dienste. Auch nahm ich von Loanda eine Flasche Branntwein in einem Medizinkasten mit, um ihn nötigenfalls zu verbrauchen; aber der Knabe, der den Kasten trug, drehte ihn um, das Unterste zuoberst, und zerbrach die Flasche, so daß ich über die Güte des Branntweins nicht urteilen kann.

Acht meiner Leute baten, mich bis Kilimane begleiten zu dürfen, und da ich wünschte, sie möchten den Ozean sehen, so erlaubte ich es ihnen, obwohl infolge der Teuerung die Lebensmittel so knapp waren, daß sie hungern mußten. Sie würden gern noch weiter mitgekommen sein; denn als Sekeletu sich von ihnen trennte, gab er den Befehl, es solle keiner von ihnen eher zurückkehren, als bis sie Ma Robert getroffen hätten und sie mit zurückbringen könnten. Als ich ihm die Schwierigkeiten der Seefahrt vorstellte, sagte er: »Sie müssen dir überallhin folgen.« Da ich noch nicht wußte, wie ich selbst nach Hause kommen würde, gab ich ihnen den Rat, nach Tete zurückzukehren, wo es Lebensmittel genug gab, und meine Rückkehr zu erwarten. Ich kaufte ein Quantität Kaliko und Messingdraht für die zehn kleineren Elefantenzähne, die wir bei uns hatten, und sandte den Kaliko denen, welche in Tete geblieben waren. Die noch übrigen zwanzig Zähne ließ ich bei Oberst Nunes, damit, wenn meine Rückkehr durch etwas verhindert würde, es nicht den Anschein nehme, als habe ich mich mit Sekeletus Elfenbein aus dem Staube gemacht. Ich gab Oberst Nunes den Auftrag, im Fall meines Todes das Elfenbein zu verkaufen und den Erlös meinen Leuten zu geben; sollte ich dagegen am Leben bleiben, so war es meine Absicht, die Waren, welche Sekeletu bei mir bestellt hatte, in England für mein Geld zu kaufen, um mich nach meiner Rückkehr mit dem für das Elfenbein empfangene Geld bezahlt zu machen. Ich erklärte dies meinen Leuten ausführlich; sie verstanden mich vollkommen und sagten: »Nein, Vater, du wirst nicht sterben, du kommst wieder und führst uns zu Sekeletu zurück.« Sie versprachen, bis zu meiner Rückkehr zu warten, und ich versicherte ihnen, nur der Tod könne mich davon abhalten.

Das Dorf Kilimane steht auf einer großen Schlammbank und ist von ausgedehnten Sümpfen und Reisfeldern umgeben, Die Flußufer sind mit Mangelbaum-Büschen bedeckt, deren Wurzeln nebst den schlammigen Ufern, auf denen sie stehen, abwechselnd der Ebbe und Flut und der Sonne ausgesetzt sind. Die Häuser sind gut aus Backsteinen und Lehm erbaut; den letzteren bezieht man aus Mozambique. Wenn man 2–3 Fuß tief im Dorf gräbt, so findet man Wasser; daher senken sich die Mauern nach und nach auf dem schlammigen Ufer. Es ist sonach fast unnötig zu bemerken, daß Kilimane sehr ungesund ist. Vollblütige Leute müssen sich immer auf das Fieber gefaßt machen, und von starken Personen hört man oft sagen: »Ach, die leben nicht lange, die müssen bald sterben.«

Ein Hamburger Fahrzeug war nahe an der Barre gescheitert, kurz bevor wir herkamen. Die Leute lebten viel regelmäßiger als die englischen Matrosen; das Fieber war also ein langsames Gift. Sie fühlten sich nur übel gelaunt, aber bald wurden sie blaß, blutarm, mager, dann schwächer und schwächer, bis sie endlich unter der Krankheit dahinsanken, fast wie Ochsen, die von der Tsetse getötet werden. Der Kapitän, ein kräftiger junger Mann, blieb drei Monate vollkommen gesund, dann aber brach er plötzlich zusammen und war infolge der schrecklichen Krankheit hilflos wie ein Kind. Er war törichterweise gegen das Chinin eingenommen, unseren Hauptanker in der Krankheit. Chinin ist bei Fieber unschätzbar und hat in keinem Stadium der Krankheit nachteilige Wirkungen, wenn man es in Verbindung mit einem Abführmittel anwendet. Der Kapitän wurde dadurch wider Willen gerettet, und ich dankte Gott, daß dieses bei den Eingeborenen mit so großem Erfolg angewandte Mittel bei den Europäern so gut anschlug.

Nachdem wir sechs Wochen an diesem ungesunden Ort gewartet hatten, an dem ich mich jedoch durch die gütige Aufmerksamkeit des Oberst Nunes und seines Neffen teilweise von meinem Tertianfieber erholte, kam Ihrer Majestät Brigg Frolic an. Da Kilimane zwölf Meilen von der Barre liegt und das Wetter rauh war, lag sie bereits zehn Tage vor Anker, ehe wir etwas davon wußten, etwa 7 Meilen vom Eingang in den Hafen entfernt. Sie brachte alles mit, was mir fehlte, und 150 Pfund, um die Heimreise bestreiten zu können, von meinem gütigen Freunde Thompson, dem Agenten der Gesellschaft am Kap. Der Admiral am Kap bot mir die Fahrt nach Mauritius an, die ich dankbar annahm. Nur Sekwebu und ein Diener blieben bei mir. Er war sehr verständig und hatte mir die besten Dienste geleistet; wahrlich, ohne seinen gesunden Verstand, seinen Takt und seine Kenntnis der Sprache derjenigen Stämme, durch welche wir reisten, würden wir kaum die Küste erreicht haben. Ich war ihm dankbar dafür, und da sein Häuptling wünschte, daß alle meine Gefährten mit mir nach England gehen sollten und es wohl übel aufgenommen hätte, wenn keiner mitging, so dachte ich, es würde eine Wohltat für ihn sein, wenn er die zivilisierte Welt kennenlernen und darüber seinen Landsleuten berichten könnte; auch wollte ich ihm seine wichtigen Dienste vergelten. Andere hatten auch gebeten mitzugehen, aber ich sprach von der Gefahr, die der Wechsel des Klimas und der Nahrung mit sich bringt, und konnte sie nur mit Mühe zurückhalten. Der einzige, welcher jetzt blieb, bat mich so sehr, an Bord zu gehen, daß ich es sehr bedauerte, daß die Kosten mich hinderten, ihm seinen Wunsch zu erfüllen. Ich sagte zu ihm: »Du wirst sterben, wenn du in ein so kaltes Land kommst.« »Das tut nichts« antwortete er, »laß mich nur zu deinen Füßen sterben.«

Als wir von unseren Freunden in Kilimane schieden, war die See im Hafen selbst für erfahrene Seeleute fürchterlich. Hier sah Sekwebu zum erstenmal das Meer. Kapitän Peyton hatte zwei Hilfsboote mitgesandt. Die Wogen gingen außerordentlich hoch. Jetzt standen wir auf der Spitze einer Woge, und im nächsten Augenblick stürzten wir tief an der anderen Seite hinunter. Drei Wellen gingen über uns hinweg, und wir glaubten, das Boot ginge unter;

doch fuhr es nur unter einer Woge hin und kam an der anderen
Seite wieder heraus. Der arme Sekwebu sah mich an und sagte: »Ist
das dein Weg?« Ich lächelte und sagte: »Ja, wie du siehst.« Er war
mit Kähnen ganz vertraut, aber so etwas hatte er noch nicht gesehen. Als wir in das Schiff kamen, war es uns unmöglich, an dem
Seil hinaufzuklettern; man ließ deshalb einen Stuhl herab, und wir
wurden wie Damen hinaufgeholt. Hier wurden wir von Kapitän
Peyton und allen, die an Bord waren, herzlich empfangen, und ich
fühlte mich sogleich heimisch, die Sprache ausgenommen. Ich
kannte die Sprache wohl noch ganz gut, aber es fehlten mir die
Worte. Als ich England verließ, hatte ich nicht die Absicht, dahin
zurückzukehren, und beschäftigte mich nur mit den afrikanischen
Sprachen, wobei ich das Englische ganz verlernte. Mit Ausnahme
meines kurzen Aufenthalts in Angola hatte ich dreieinhalb Jahre
kein englisches Wort gesprochen, und da ich vorher schon dreizehn
Jahre lang nur selten meine Muttersprache angewandt hatte, so befand ich mich an Bord der Frolic in ziemlicher Verlegenheit.

Wir verließen Kilimane am 12. Juli und erreichten Mauritius am
12. August 1856. Sekwebu lernte einiges Englisch und war der Liebling der Mannschaft und der Offiziere. Er schien etwas bestürzt, da
ihm an Bord alles neu und seltsam war; aber er bemerkte mehrmals: »Dein Land ist recht angenehm« und »Was ist das für ein
sonderbares Land, nichts als Wasser.« Er sagte auch, jetzt verstünde er, warum ich den Sextanten gebrauchte. Als wir Mauritius erreichten, kam der Dampfer heraus, um uns in den Hafen zu holen.
Die beständigen neuen und gewaltigen Eindrücke erreichten jetzt
bei Sekwebu ihren höchsten Grad, er wurde in der Nacht wahnsinnig. Anfangs dachte ich, er wäre vergiftet. Er war in ein Boot hinabgestiegen, und als ich ihm nachgehen und ihn ins Schiff heraufholen wollte, lief er nach dem Spiegel des Schiffes und schrie: »Nein,
nein, es ist genug, wenn ich allein sterbe. Du sollst nicht mit zugrunde gehen; wenn du herankommst, stürze ich mich ins Wasser.«
Da ich nun seinen Zustand erkannte, so rief ich: »Sekwebu, jetzt
gehen wir zu Ma Robert.« Da wurde er aufmerksam und sagte:
»Ach ja, wo ist sie? Und wo ist Robert?« und er schien nachzudenken. Die Offiziere schlugen vor, ihm Ketten anzulegen, aber da er
in seinem Land ein vornehmer Mann war, so wollte ich dies nicht
tun, da ich wußte, daß der Wahnsinnige oft eine Erinnerung an

schlechte Behandlung behält, und ich mochte nicht, daß man in Sekeletus Land sage, ich hätte einen seiner Vornehmen wie einen Sklaven in Ketten gelegt. Ich versuchte es, ihn ans Land zu schaffen; aber er wollte nicht. Am Abend bekam er einen neuen Anfall. Er wollte einen der Mannschaft mit dem Speer töten und sprang dann über Bord. Wir sahen den Leichnam des armen Sekwebu nie wieder.

In Mauritius wurde ich von dem Generalmajor C. M. Hay auf das gastfreundlichste aufgenommen; und er bat mich, bei ihm zu bleiben, bis ich mich unter dem Einfluß eines guten Klimas und ruhigen englischen Komforts von den Folgen des afrikanischen Fiebers erholt hätte. Im November fuhr ich auf dem Roten Meer; ich entging dem Schiffbruch durch die bewundernswürdige Leitung des Kapitän Powell, von der Candia, einem Schiff der Peninsular and Oriental Steam Company, und am 12. Dezember war ich wieder einmal in dem teuren Alt-England. Die Company zahlte mir das Überfahrtsgeld zurück.

Ich habe nicht die Hälfte von all dem Guten erwähnt, das mir zuteil wurde; aber ich füge noch hinzu, daß niemand mehr Grund hat zur größten Dankbarkeit gegen seine Mitmenschen und gegen Gott als ich. Möge Gott gewähren, daß ich nur um so aufopfernder mich seinem Dienste weihe!

Worterklärungen

Ba-	Vorsilbe der →Betschuanensprache (Bantu), die die Stämme bezeichnet, z. B. Ba-kuena. Das einzelne Individuum wird mit Mo- oder Le- bezeichnet, also Mo-kuena, ein Mann vom Stamme der Ba-kuena.
Bakalahari	Stamm der →Betschuanen, der im 19. Jh. in die →Kalahari einwanderte.
Bakuena	Stamm der →Betschuanen. Der Name bedeutet soviel wie »Menschen vom Alligator«.
Balonda	= Balunda. Die zur Bantugruppe gehörenden Bewohner des Lunda-Reiches, das einst der Muata Jamvo beherrschte.
Bamangwato	Stamm der →Betschuanen, früher zugleich auch Bezeichnung für ein Eingeborenenreich.
Baobab	Affenbrotbaum (Adansonia). Laubwerfender Steppenbaum mit ungemein dickem Stamm.
Barotse	= Rotse. Bantustamm, der am Sambesi ein größeres Reich gegründet hatte.
Baschinje	Stamm am Ostrand des Kongobeckens.
Basongo	Bantustamm zwischen Malansche und →Quango.
Basuto	Zu den →Zulu gehörende Bantustämme im südlichen Afrika. Gliedern sich in drei Gruppen, die Matebele (Nordsotho), die eigentlichen Basuto und die →Betschuanen.
Batoka	Ackerbautreibender großer Stamm am Sambesi.
Betschuanen	= Tswana. Zentrale Gruppe der →Kaffern in Südafrika mit zahlreichen Stämmen. Von den Zulu aus ihren ursprünglichen Wohnsitzen verdrängt (helle bis dunkel-

	braune Hautfarbe und pseudomongolide Zuge).
Boa Constrictor	Unterfamilie der Riesenschlangen.
Boers	(holl. Bauern). Der im 19. Jh. geläufige Name für die aus dem Kapland auswandernden Kolonisten und deren Nachkommen in den ehemaligen Republiken von Oranje und Transvaal.
Buschmänner	Kleinwüchsiges Jäger- und Sammlervolk in der →Kalahari.
Kaliko	Baumwollgewebe, das nach der indischen Stadt Calicut (Kozhikode) genannt wurde. Häufig bunt bedruckt.
Cumming	Gordon Cumming (1817-1866), schottischer Afrikareisender, der ab 1845 vorwiegend als Jäger Südafrika durchstreifte.
Dingaan	Bruder, Mörder und Nachfolger des →Zulukönigs Chaka. 1838 von den Buren geschlagen, gestorben 1840.
Elle	Längenmaß. Unterschiedlich in verschiedenen Ländern zwischen 0,5 m und 0,8 m.
Griquas	Mischlinge von →Boers und Hottentotten.
Jesuiten	Mitglieder des Ordens der »Gesellschaft Jesu«, gegr. 1534, in den ehemaligen portugiesischen Kolonien in Afrika schon seit 1547 als Missionare tätig.
Kaffern	(von arab. kafir = Ungläubiger). Alte Bezeichnung für die Völker der Bantusprachgruppe im südlichen Afrika.
Kalahari	Kerngebiet des abflußlosen Südafrikanischen Beckens. Im Süden wüstenhaft, in der Mitte Sandfeld mit Buschwald und Salzpfannen, im Norden Sumpfland.
Kasai	= Kassai. Linker Nebenfluß des Kongo, der im Hochland von Angola entspringt.
Kattun	Leinwandartig gewebtes Baumwollzeug.

Kauri	Porzellanschnecke, deren Schale als Zahlungsmittel (Muschelgeld) verwendet wird.
Kilimane	= Quillimane. Hafenort in Mozambique am Indischen Ozean.
Kolobeng	Siedlung im Gebiet der →Bamangwato. Wurde von Livingstone gegründet und 1852 von den →Boers zerstört, die damit eigentlich Setschele (siehe Text) treffen wollten, der sich weigerte, die Engländer aus seinem Gebiet zu vertreiben.
Kuruman	Hauptort des →Betschuanenstammes der Batlapi an einem Nebenfluß des →Oranje. Von 1817-1862 Missionsstation Robert Moffats (siehe Einleitung).
Leeambye	= Liambi. Name des →Zambesi an seinem Oberlauf.
Linyanti	Hauptort der →Makololo am →Tschobe.
Loando	= Loanda = São Paulo de Loando. Hauptort der portugiesischen Kolonie (heute Republik) Angola. Zu Livingstones Zeit bewohnt von ca. 800 Weißen, 2400 Mischlingen und 9000 Schwarzen, davon 5000 Sklaven.
Makololo	Stamm der Betschuanen. Bald nach Livingstones Reisen durch Aufstände ihrer Sklaven stark dezimiert.
Mangobaum	(Mangifera). Immergrüne Bäume mit kleinen Blüten und wohlschmeckenden Steinfrüchten.
Maniok	= Manihot. Tropische Nahrungspflanze. Der bittere Maniok- oder Cassave (Kassawa)-Strauch hat bis zu zehn Kilo schwere Wurzelknollen, die zu Mehl verrieben werden.
Matebele	= Matabele. Stamm der →Basuto.
Mauritius	Insel der Maskarenen im Indischen Ozean.

Meile	Livingstone rechnete in englischen Meilen (Statute Miles) = 1 609,81 m.
Mo-	Bantuvorsilbe, die eine Einzelperson bezeichnet. Vgl. ba-.
Mohonono	Silbergrauer Laubbaum der südafrikanischen Steppe.
Moleskin	»Maulwurfsfell« oder »Englisch-Leder«, ein Baumwollgewebe.
Monomotapa	Entgegen der Auffassung Livingstones einst mächtiger Herrscher über das im 15. Jh. von den →Barotse gegründete Monomotapa-Reich im Gebiet des heutigen Simbabwe-Rhodesien. Zur Zeit Livingstones hatte Monomotapa seine große Bedeutung längst eingebüßt.
Mopanebaum	(Copaifere Mopane). Ein im Gebiet des →Ngami-Sees weit verbreiteter Baum mit breiten, haarigen Blättern.
Ngami-See	Der von Livingstone entdeckte See ist nur zeitweilig mit Wasser gefüllt. Heute etwa 65 km lang und 12 km breit. Früher bedeckte er einmal eine Fläche von rund 50 000 km^2.
Oranje	1860 km langer Strom in Südafrika. Er gab dem 1842 von den →Boers gegründeten Oranje-Freistaat seinen Namen (heute Provinz der Republik Südafrika).
Park	Mungo Park (1771-1806), bedeutender schottischer Afrikaforscher. Vgl. »Reisen ins innerste Afrika« (Horst Erdmann Verlag).
Potgeiter	= Potgieter, Hendrik (geb. 1792), einer der bedeutendsten Anführer der →Boers und Trekker-Kommandant.
Pretorius	Andries Willem Pretorius (gest. 1853) war einer der Anführer der →Boers im Kampf gegen die →Zulu. Organisierte 1842 den

	Widerstand gegen die englische Herrschaft.
Quango	= Quanga. Nebenfluß des Kongo.
Quilo	= Kwilu = Kweelo. Etwa 1000 km langer Nebenfluß des Kuango.
Rhinozeros	Nashorn.
Schire	600 km langer linker Nebenfluß des →Zambesi.
Sextant	Winkelmeßgerät. Wichtig für die Bestimmung der geographischen Breite.
Syenit-Porphyr	Tiefengestein.
Tafelberg	1092 m hoch bei Kapstadt.
Tapiokamehl	Sagomehl.
Temperatur	Livingstone rechnet nach der Fahrenheit-Skala. Umrechnung: $x°$ Celsius = $(9/5 \times +32)°$ F. Also 0° C = 32° F, 10° C = 50° F, 20° C = 68° F, 30° C = 86° F.
Tertianfieber	Malaria tertiana, eine Form der Malaria mit Fieberanfällen jeweils nach 48 Stunden.
Tete	Ort in Mozambique.
Transvaal	In das Gebiet nördlich des Flusses Vaal wanderten seit 1835 aus der Kapkolonie und seit 1843 aus Natal →Boers ein und gründeten hier 1852/56 einen von Großbritannien unabhängigen Freistaat. Heute ist dieser Staat die nördlichste Provinz der Republik Südafrika.
Tschobe	Versumpfter Fluß in Südafrika. Entspringt als Kuando in Angola und mündet in den →Zambesi.
Tsetse-Fliege	(Zungenfliege-Glossinidae). Blutsaugende große Fliegen, die beim Stich die Tsetse-Krankheit auf das Vieh und die Schlafkrankheit auf die Menschen übertragen. Livingstone hat die verheerende Wirkung dieser Insekten auf den Viehbestand in

	den gekürzten Teilen des Reisewerkes ausführlich beschrieben.
Zambesi	= Sambesi. Größter Fluß im südlichen Afrika, 2600 km lang. Er entspringt an der Lunda-Schwelle und mündet in den Indischen Ozean.
Zanzibar	= Sansibar. 1660 km² große Insel vor der Ostküste Afrikas.
Zulu	Kriegerischer →Kaffernstamm in Südafrika, der unter seinen Häuptlingen Chaka (Tschaka) und →Dingaan zahlreiche Stämme und weite Gebiete in Südafrika unterwarf.

Quellen und Literatur

Beck, Hanno: Große Reisende. Entdecker und Erforscher unserer Welt. München 1971. Darin: S. 227-38 David Livingstone.

Campbell, R. J.: David Livingstone. London 1929.

Hassert, Kurt: Die Erforschung Afrikas. Leipzig 1941.

Livingstone, David: Missionsreisen und Forschungen in Süd-Afrika während eines sechzehnjährigen Aufenthalts im Innern des Continents. 2 Bde. Leipzig 1858.

ders.: Neue Missionsreisen in Süd-Afrika unternommen im Auftrage der englischen Regierung... in den Jahren 1858-1864. 2 Bde. Jena und Leipzig 1866.

ders.: Letzte Reise von David Livingstone in Centralafrika von 1865 bis zu seinem Tode 1873. Hrsg. v. Horace Waller. 2 Bde. Hamburg 1875.

Schiffers, Heinrich: Wilder Erdteil Afrika. Das Abenteuer der großen Forschungsreisen. Bonn 1954.

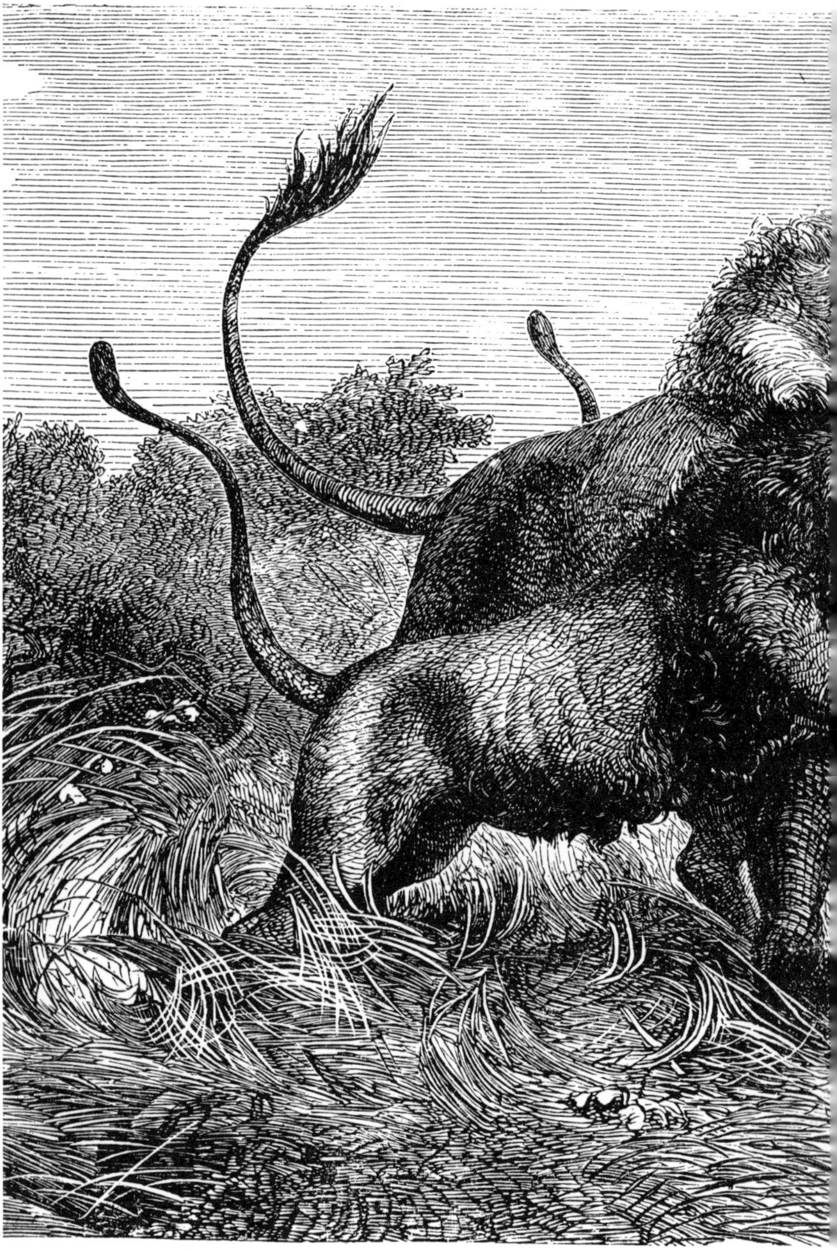